Christian Friedrich Gottlieb Thon

Die Kunst Bücher zu binden

Die Buchbinderei in allen ihren Teilen

Christian Friedrich Gottlieb Thon

Die Kunst Bücher zu binden
Die Buchbinderei in allen ihren Teilen

ISBN/EAN: 9783743605404

Hergestellt in Europa, USA, Kanada, Australien, Japan

Cover: Foto ©Andreas Hilbeck / pixelio.de

Weitere Bücher finden Sie auf **www.hansebooks.com**

Neuer Schauplatz

der

Künste und Handwerke.

Mit

Berücksichtigung der neuesten Erfindungen.

Herausgegeben

von

einer Gesellschaft von Künstlern, Technologen und
Professionisten.

Mit vielen Abbildungen.

Zweiter Band.

C. F. G. Thon's Kunst Bücher zu binden.

Sechste Auflage.

Weimar, 1865.
Bernhard Friedrich Voigt.

C. F. G. Thon,

die Kunst Bücher zu binden,

oder die

Buchbinderei

in allen ihren Theilen und auf dem neuesten
Standpunkte.

Ein Lehr- und Handbuch

für angehende und ausgebildete Buchbinder, über die allen
Anforderungen entsprechende Verfertigung jeder Art älterer
und neuerer Büchereinbände, die Kenntniß und Bezugsquellen der dazu erforderlichen Materialien, die Anschaffung
und Behandlung der dazu nöthigen Werkzeuge, Maschinen
und Instrumente, so wie über die Fabrikation der Brief-
couverts. Nebst gründlicher Anweisung zur Bedienung der
Vergoldepressen, zum Färben und Appretiren des Leders,
zum Marmoriren und Vergolden der Bücherschnitte und
Anleitung zu der, über der gewöhnlichen Buchbindervergol-
dung stehenden freien Handvergoldung, dem größten Prüfstein der Buchbinderei.

Sechste verbesserte und vermehrte Auflage

vom

Buchbindermeister Herm. Krehan in Weimar.

(3 Medaillen.)

von 12 Foliotafeln, enthaltend 70 Abbildungen.

Weimar, 1865.

Bernhard Friedrich Voigt.

Seinem Lehrmeister

Herrn

Auguſt Lüttich

zu Weimar

in größter Hochachtung und Verehrung

gewidmet vom

Verfaſſer.

Vorrede

Vorliegendes Werk, welches in der ersten bis vierten Auflage einen namhaften technologischen Schriftsteller, Hrn. C. F. G. Thon, in seiner fünften Auflage aber einen praktischen Buchbinder, Herrn A. Kirsch zu Weimar, zum Verfasser hatte, zeigt eben durch die nöthig gewordenen öftern Auflagen, daß es einem industriellen Bedürfniß genügt und insbesondere dem Fortschritt in dem betreffenden Gewerbszweige Rechnung getragen hat.

Auch diese neue Auflage, mit deren Bearbeitung mich der Herr Verleger ehrend beauftragte, wird ja wohl zeigen, daß bei ihr die neuesten Erscheinungen im Gebiete der Buchbinderei ins Auge gefaßt worden sind. Und seit dem Auftreten der 5ten Auflage dieses Buches (1856) ist der Fortschritt in der Buchbinderarbeit, insbesondere auch durch Zuführung verbesserten Materials, so wie unterstützender Maschinen, sind die, namentlich in den seitherigen großen Industrieausstellungen, hervorgetretenen Muster so reichhaltig geworden, daß es nicht ein gar Kleines war, dem Publikum durch erläuternde Vorführung des Neuen und Neuesten gerecht zu werden.

Ohne Zweifel mußte es von größter Wichtigkeit sein, die neuesten Verbesserungen der bereits existirenden, so wie die erst in den letzten Jahren erfundenen Maschinen, als Pappenscheere, Abpreß= und Paginirmaschine, Stempelpressen 2c. aufzuführen, während dieselbe Nothwendigkeit vorlag, der neuesten Arbeitsmethoden des Schnittvergoldens und Marmorirens, ebenso der Pressenvergoldung und Reliefpressung zu gedenken, der Handvergoldung als größten Prüfsteins der Buchbinderei, sowie endlich der neuesten Methoden in Anfertigung der Handlungsbücher, Photographie=Albums, Stempeln der Briefpapiere u. s. w.

Bei meiner Darstellung von Arbeitsmethoden und Behandlung der Maschinen habe ich mich zumeist von der eigenen Erfahrung leiten lassen und hoffe auch die Deutlichkeit gewonnen zu haben, der ich mich dabei befleißigte. Bei Angabe der vortheilhaftesten Bezugsquellen von Material und Maschinen habe ich mich außerdem nach Preislisten renommirter Häuser umgethan und dieselben als besonders kennenswerth mit aufgeführt.

So wünsche ich denn, daß dieß Buch in seiner neuen Bearbeitung eben so sein Publikum finde, wie die früheren Auflagen und als zweckentsprechend erkannt werde.

Im Ganzen genommen, glaube ich auch, daß letzterer Fall eintreten wird, da ich mich der ganzen Arbeit mit großem Eifer gewidmet habe und ich hauptsächlich für die Buchbinderei eine so bedeutende Vorliebe hege, als es wohl selten der Fall sein dürfte.

Weimar, Ende 1864.

H. Krehan.

Inhaltsverzeichniß.

Zweiter Abschnitt.

Praktischer Theil.

Dritter Abschnitt.

Zur Geschichte der Buchbinderei.

Einleitung.

Obgleich sich die Zeit der Entstehung oder Erfindung der Buchbinderei nicht mit Sicherheit bestimmen läßt, so ist wohl immerhin die Annahme gerechtfertigt, daß ihre eigentliche Entstehung in einer weit früheren Zeit als die Erfindung der Buchdruckerkunst und der Bücher im engern Sinne des Wortes gesucht werden muß. Wenn auch nicht in Abrede gestellt werden kann, daß hauptsächlich die Erfindung der Buchdruckerkunst von wesentlichem Einfluß auf die Buchbinderei und auf deren Stellung als Gewerbe war und sein mußte, so ist doch andererseits ebenso richtig, zuzugestehen, daß letztere in jener Zeit, – wenn auch noch in ihrer Kindheit – schon einen gewissen Grad von Vollkommenheit erreicht hatte.

Hin und wieder finden sich, in Archiven, Museen, Bibliotheken u. s. w., Einbände von Handschriften, aus der Zeit vor Erfindung der Buchdruckerkunst stammend, in denen sich, wenn man den Umstand in Erwägung zieht, daß sie im Mangel aller Hülfsmittel und nöthigsten Werkzeuge gefertigt zu sein scheinen, eine gewisse Kunstfertigkeit bei deren Anfertigung, vorzüglich beim Heften, nicht verkennen läßt. Doch mögen dergleichen Arbeiten, schon der Kostspieligkeit halber ebensowohl, wie aus

Mangel eigentlicher Bücher, sehr selten, und blos auf die Klöster damaliger Zeit beschränkt gewesen sein.

Als eigentliches Gewerbe konnte die Buchbinderei sich natürlich dann erst gestalten, als es durch die Erfindung der Buchdruckerkunst möglich wurde, Bücher massenhaft in Umlauf zu bringen. Und in der That scheinen beide — Buchdrucker- und Buchbinderkunst, — seit jener Zeit, in Bezug auf ihre successive Vervollkommnung und Ausbildung, gleichen Schritt gehalten zu haben.

Wie im Mittelalter alle Gewerbe, wurde auch die Buchbinderei — und zum großen Theil noch in jetziger Zeit, — zünftig betrieben, das heißt, die dieses Gewerbe Betreibenden bildeten geschlossene Vereine, Innungen, Zünfte, Gilden, übten als solche am Orte ihres Sitzes ein Verbietungsrecht gegen alle hierzu nicht Befugten, nach eigenen, früher sehr strengen Gesetzen, und waren gewöhnlich auf eine gewisse, nicht zu überschreitende Zahl beschränkt. Als zur selbstständigung Ausübung nicht befugt wurden alle diejenigen angesehen, die nicht die gesetzlich vorgeschriebene Lehrlings- und Gesellenzeit durchgemacht (nicht zünftig gelernt) hatten.

Gegenwärtig ist beinahe in ganz Deutschland Gewerbefreiheit eingeführt und trug sich natürlich auch auf die Buchbinderei über, wodurch alles Zünftige in Wegfall kam. In England, Frankreich rc. besteht die Freiheit der Arbeit schon seit langer Zeit.

Wollten wir hier die Frage zur Beantwortung aufwerfen: unter welcher der obengenannten Formen (der zünftigen oder der freien) ist die Buchbinderei, im Bezug auf ihre Vervollkommnung, am besten gediehen? — so muß wohl, um dieselbe gründlich und unparteiisch zu beantworten, mancherlei berücksichtigt werden. Als sicheren Maßstab bei Beantwortung dieser Frage kann man wohl aber zweifelsohne die verschiedenen Gewerbe- und Industrieausstellungen neuester Zeit annehmen, auf welchen auch die Buchbinderei stets zahlreich vertreten war und auf die wir in einem andern Abschnitte zurückkommen werden.

Es kann hier nicht der Ort sein, dieses Thema allseitig und gründlich zu erörtern (obgleich ein näheres
Eingehen hierauf und eine sorgfältige Prüfung des eben
angeregten Gegenstandes ebenso interessant, als — wenn
dieß am gehörigen Orte geschähe, — von unabsehbar
nützlichen Folgen wäre); das Resultat jedoch der Prüfung dieses Gegenstandes im allgemeinen, das der denkende, unparteiisch prüfende Techniker oder Fachgenosse
nach obengenanntem Maßstabe erhalten wird, muß wohl
unzweifelhaft zu Gunsten der freieren Gewerbsver-
fassung ausfallen.

In Deutschland wird die Buchbinderei fast durchgehends in, nach Verhältniß, kleineren Etablissements und
ohne Theilung der Arbeit betrieben, während wir
in England, Amerika, auch in Frankreich, weniger, aber
größere und großartige derartige Etablissements finden,
in denen das System der Arbeitstheilung, oder ein
fabrikmäßiger Betrieb, eingeführt ist, d. h. diejenige Einrichtung, nach welcher ein Arbeiter oder eine
Arbeiterin, fortwährend nur eine Manipulation an den
zu fertigenden Stücken vornimmt und auf diese speciell
und gründlich eingeübt ist.

Da in jenen Ländern der Buchhandel vorzüglich viel
für die Buchbinderei thut und ihr Arbeit in größern
Massen zuführt, so ist das letztgenannte System für jene
Verhältnisse allerdings zweckentsprechender, während es
bei uns, obgleich auch der deutsche Buchhandel in der
Neuzeit in dieser Beziehung für die Buchbinderei von
hochwichtiger Bedeutung geworden ist, nicht gut zur
Durchführung kommen kann.

Doch beschränkt sich der größte Theil der Buchbinderarbeit, welche dem Publikum durch den Buchhandel zu-
geführt wird, blos auf leichte, zwar elegant ausgestattete
Einbände, welche allerdings fürs Auge gefällig sind, bei
welchen jedoch von großer Haltbarkeit nicht die Rede
sein darf.

Im Laufe der Zeit sind aus der Buchbinderei Gewerbszweige entstanden, die in der Industrie der Jetztzeit

von nicht geringer Bedeutung sind und in mehrfachen
Beziehungen eine Rückwirkung auf die Buchbinderei ausüben, die man nur kultivirend nennen kann: die Papp-
galanteriewaaren- und die Portefeuilles- und
Ledergalanteriewaaren-Fabrikation. Beide
Industriezweige hatten sich schon früher aus den Fesseln
des Zunftzwanges befreit und sich eine Selbstständigkeit
errungen, die eine für ihr ferneres Bestehen günstige
Zukunft verspricht. Sie können jedoch hier nur eine oberflächliche Erwähnung finden; da sie bereits an andern
Orten literarisch und gründlich abgehandelt worden sind*).

Inwieweit die Liniirkunst, die Papiermaché-
fabrikation ihren Ursprung der Buchbinderei ver-
danken, das zu beweisen ist nicht Zweck dieser Blätter;
dürfte aber wohl eben so leicht als interessant sein.

---

*) Leischner's Papparbeiter. 3. Aufl. von A. Kirsch.
Weimar, Voigt. Kirsch, Portefeuilles- und Etuisfabrikation. Daf.

Erster Abschnitt.

Theoretischer Theil.

Erstes Kapitel.

Der Buchbinder und seine Werkstatt.

Bei der hohen Stufe der Vollkommenheit, auf welcher heutigen Tags fast alle Gewerbe und Künste stehen,
und auf welcher auch die Buchbinderei nicht am wenigsten vorgeschritten ist, kann es nicht auffallen, wenn an
die, dieselbe Erlernenden, im Verhältniß zu früher, und
zu andern Gewerben, jetzt ungleich höhere Anforderungen
in Bezug auf persönliche Bildung sowohl als auch auf
Schulbildung gemacht werden. Die Begründung dieser
Thatsache liegt einfach in den Grundelementen und dem
Wesen der Buchbinderei.

Da dieselbe fast durchgehends lauter edlere und edle
Materialien verarbeitet, so ist die erste unbedingte Anforderung an den Buchbinder, die größtmöglichste Reinlichkeit und Akkuratesse in seinem ganzen Wesen überhaupt
sowohl, als in der Werkstatt insbesondere.

Bei Anlage der letzteren müssen wohl natürlich die
individuellen Verhältnisse maßgebend sein, doch sollten

und müßten hierbei die Anforderungen, welche Licht, Raum und Reinlichkeit stellen, unbedingt nicht außer Acht gelassen werden. Die Anschaffung der Instrumente und Werkzeuge anlangend, so kann selbstredend nicht die Menge derselben, sondern nur ihre Güte und Brauchbarkeit von Nutzen sein, da sich nur mit gutem Werkzeug eine tadellose Arbeit herstellen läßt.

Zweites Kapitel.

Von den Materialien.

Die zur Verarbeitung des Buchbinders nöthigen Materialien sind ungefähr alphabetisch geordnet folgende:

1) Alaun dient zum Planiren, um die klebende Kraft des Leimes zu schwächen, ohne dessen schleimige Substanz, die zur Ausfüllung der kleinen Papierporen nöthig ist, zu zerstören, indem er vielmehr dem Papierstoff mehr Steifheit verleiht und für Feuchtigkeit undurchdringlicher macht. Ein wenig Alaun unter den Kleister gethan, dient als gährungshemmendes Mittel, und hält sich dann derselbe dadurch länger.

2) Bimsstein wird in Stücken zum Abschleifen der Goldkissen und in gepulvertem Zustande zum Putzen der Maschinen gebraucht.

3) Copal, aufs feinste gepulvert dient derselbe zum Vergolden; der beste ist der levantinische. Ueber dessen Behandlung wie Anwendung wird in einem spätern Abschnitt ausführlicher Erwähnung geschehen.

4) Eiweiß gebraucht der Buchbinder in ungeschwächtem Zustande als Grund zur Vergoldung des Leders, Leinwand ꝛc., zum Ueberfahren gefärbter Leder,

um sie zum Abglätten vorzubereiten. Mit Waffer ver=
dünnt wird es bei der Schnittvergoldung angewendet,
und findet daffelbe in gepulvertem Zuftande bei Sam=
met = und Seidenvergoldung feine Verwendung.

Bei Abhandlung der Hand =, Preß = und Schnitt=
vergoldung wird der Zubereitung specieller gedacht werden.

5) Farben werden zum Färben, Sprengen und
Marmoriren der Bücherfchnitte gebraucht und find es
vorzüglich folgende:

Berliner Blau, Kaffeler Braun (ein helles Braun),
Kölner Erde (ein dunkles Braun), Chromgelb, Chrom=
grün, Karmin oder Münchner Lack, Karmin ff.„ Flo=
rentiner Lack, Elfenbeinfchwarz, Schieferfchwarz, ge=
glübter Kienruß, Indigo, Parifer Blau, Seidengrün,
Zinnober, grün und roth. Ein näheres Eingehen über
Zubereitung derfelben, fo wie Bezugsquellen, wird fpäter
beim Schnittmarmoriren speciell behandelt werden.

6) Gold, Blattgold, deffen Verarbeitung in der
Buchbinderei feit neuerer Zeit einen fehr bedeutenden
Umfang genommen hat, befteht aus äußerft dünngefchlage=
nen Blättchen und dürfte eine Befchreibung von deren
Erzeugung, fo wie das Erzielen der verfchiedenen Farben
des Goldes durch Legirung nicht unintereffant fein.

Gold, Silber und Kupfer werden zufammen legirt,
alle drei müffen chemifch rein fein, damit man ficher ift,
die gewünfchte Farbe zu erzielen. Die dunklen Farben
werden dadurch gegeben, daß man mehr Kupfer und we=
niger Silber zufetzt, die hellen Farben, indem man mit
viel Silber und weniger Kupfer oder auch nur mit Sil=
ber legirt.

Die dunkelen Farben enthalten einen Zufatz von
circa 10 Procent Silber und Kupfer, diefe Farben wer=
den meift zu Goldfchnitten, oder bei Vergoldungen in
zweierlei Gold, angewendet. Am meiften wird vom Buch=
binder das Citronengold verwendet.

Daffelbe enthält 85 Procent Gold, $13\frac{1}{2}$ Procent
Silber und $1\frac{1}{2}$ Procent Kupfer, das noch hellere faft eben
fo häufig zur Verwendung kommende Grüngold enthält

80 Procent Gold und 20 Procent Silber (kein Kupfer). Die Legirung ist selbstverständlich nicht bei allen Fabriken ganz gleich, doch ist die angegebene die gewöhnliche.

Bei dem Schmelzen muß besonders darauf geachtet werden, daß das unedle Metall nicht wegbrennt, sich verflüchtigt, denn sonst erhält man eine andere Farbe, als die Gewünschte.

Nachdem das legirte Gold in Stangenform ausgegossen worden ist, kommt es unter ein aus zwei Stahlwalzen bestehendes Walzwerk und wird hier bis zur Dünne gewöhnlichen Konceptpapiers ausgewalzt, dann wird es in Stückchen geschnitten und kommt in die sogenannten Quetschformen, das heißt viele auf einander liegende Pergamentstückchen, die durch einen Pergamentumschlag zusammengehalten werden, und in die zwischen je zwei Pergamentblättchen ein Stückchen Gold gelegt wird.

Diese Formen werden auf einem Steine mit schweren circa 25pfündigen Hämmern geschlagen, so daß sich das Gold auf ungefähr die Größe der Pergamentstückchen ausdehnt. Hierauf werden die so gewonnenen Goldblättchen in mehrere Theile gerissen und in die Goldschlägerformen eingefüllt; diese bestehen aus vielen hundert Stück (gewöhnlich 800 bis 1000) sogenannter Goldschlägerhäutchen, welche gleichfalls durch einen Pergamentumschlag zusammengehalten werden. Auch hier folgt auf jedes Goldschlägerhäutchen ein Stückchen Gold, so daß aus einer Form, wenn sie aus 800 Goldschlägerhäutchen besteht, 799 Blättchen Gold gewonnen werden müßten, dieß ist aber nicht der Fall, denn es ist immer eine größere Anzahl Blättchen, bei guten Arbeitern circa $\frac{1}{8}$, unbrauchbar.

Das Gold wird in diesen Formen gleichfalls auf Steinen, aber mit wesentlich leichtern Hämmern, die übrigens immerhin noch 11—12 Pfund schwer sind, auf die gewünschte Größe getrieben.

Aus diesen Formen wird das Gold, nachdem es vorher beschnitten wurde, in die Büchelchen gelegt, in denen es verkauft wird, dieselben bestehen aus Seidenpapier, welches mit Bolus bestrichen ist, damit das Gold nicht aufklebt.

Das gewöhnliche Gold ist so dünn geschlagen, daß etwas über 20 Quadratfuß nur einen Dukaten wiegen, so daß 1 Pfund Blattgold etwa 3000 Quadratfuß bedecken würde.

Von einem Blattgold guter Qualität verlangt man, daß es gegen das Licht gehalten, keine kleinen Löcher und keine dünnen Stellen zeigt.

Räthlich für die Konsumenten ist auch, nicht allzusehr auf dünne und daher billige Waare zu sehen, denn je dünner das Gold ist, je mehr Blättchen werden bei dem Gebrauche unnütz zu Grunde gehen. Für Schnittgold ist es räthlich, eine etwas dickere Qualität zu nehmen, auch dürfte es sich empfehlen, für die Vergoldung der Schnitte nicht die gewöhnliche Farbe Citron, sondern etwas dunklere Farbe z. B. Hellorange oder Gelborange zu verwenden.

Für die vielem Gebrauche ausgesetzten Schnitte von Photographiebüchern muß eine starke, wenig legirte Qualität genommen werden, die dann natürlich auch ungefähr 5 bis 10 Sgr. per Buch theurer kommt.

In Fällen, in welchen größere Quantitäten Bücher gleichzeitig gebunden werden und auf der Decke Vignetten erhalten, ist es vortheilhaft, das Gold nach der Größe dieser Vignetten zu bestellen. Der Preis desselben wird jedoch dadurch etwas erhöht, es entsteht aber wesentlich weniger Abfall.

Unter Doppelgold versteht man Blattgold, bei welchem zwei Blättchen auf einander gelegt wurden; da das Gold sofort aneinander klebt, so haben diese Blättchen allerdings nur das Aussehen eines einzigen Blattes. — Der Vortheil ist aber, daß dünne Stellen kaum vorkommen können, denn es ist fast nicht möglich, daß in dem einen Blättchen, gerade da, wo in dem andern ein dünner Punkt war, dasselbe vorkommen sollte. Uebrigens wird Doppelgold sehr selten angefertigt, gewöhnlich wird unter dieser Benennung nur eine etwas dickere Qualität geliefert.

Zwischgold wird in der Art fabricirt, daß ein Blättchen Gold auf ein Blättchen Silber geschmiedet und in glühendem Zustande gewalzt wird, sodann werden diese Blättchen zusammengeschlagen und ganz so behandelt wie wirkliches Gold. Wenn man eben so viel Gold darauf lassen würde, als in wirklichem Blattgold enthalten ist, so würde die Qualität nichts zu wünschen übrig lassen, da das Zwischgold aber wenig kosten soll, so kann ebenfalls nur wenig Gold dabei verwendet werden und der Erfolg ist, daß das untenliegende Silber an einzelnen Stellen auch auf der oberen Seite sichtbar wird, und so im Golde weißliche Flecken erscheinen.

Die Verwendung dieses Surrogats für Gold dürfte sich daher im Ganzen nicht empfehlen.

Der Preis von Blattgold ist dermalen ungefähr:

2 Thlr. 22 Sgr. 6 Pf. für das Buch von 252 Blatt 3 Zoll im Geviert groß;

3 „ — „ — „ für das Buch von 300 Blatt

3 „ 15 „ — „ für eine stärkere Qualität 300 Blatt;

5 „ — „ — „ für 300 Blatt 3¼ Zoll groß.

Das größere Gold ist in der Regel in der Qualität etwas besser, da bessere Goldschlägerhäutchen bei der Fabrikation desselben verwendet werden.

Bezugsquellen für obige Artikel sind:

J. A. Varrentrapp, Frankfurt a. M.,

Georg Schäßler, Nürnberg,

Hofer jun., Leipzig ꝛc.

7) Gelatine, der feinste Leim, in weißen durchsichtigen Tafeln, mit dessen Auflösung Landkarten, Bilder u. s. w. planirt oder grundirt werden, um sie lackiren zu können.

Ist billiger als Hausenblase, daher auch mehr zu empfehlen.

8) Gummi, arabisches, gebraucht man zum Kleben der Briefkouverts und Gummiren derselben, da Kouverts fast gar nicht mehr ohne gummirt zu sein verkauft werden.

Gummi-Tragant giebt im Wasser aufgelöst einen dicken Schleim, mit welchem, siehe später, Marmorirfarben angerieben werden, und der gleichzeitig als Marmorirgrund seine Anwendung findet.

9) Kleister. Zum Anmachen des Kleisters zum Zwecke der Buchbinderei ist das beste Material Weizenstärke. Gute Stärke besteht aus großen Stücken oder Stangen, ist leicht, sehr weiß, geruch= und geschmacklos und im Wasser sehr leicht löslich. Bei ihrer Aufbewahrung muß man darauf sehen, daß sie an keinen feuchten Ort kommt, da sie sehr leicht schimmelt und von Milben zerfressen wird. Sehr gute Stärke wird in Halle, Nördlingen, Köln, Regensburg, Landshut, Wien z. a. O. fabricirt.

Um einen guten Kleister herzustellen, beachte man Folgendes: Das Verhältniß der Wassermenge zur guten Weizenstärke (exkl. der Wassermenge zur Auflösung der Letzteren) ist 1 zu 4, d. h. zu 1 Pfund Stärke gehören 4 Pfund kochendes Wasser. In einem zum Umrühren gut geeigneten Gefäße wird die Stärke mit soviel Wasser aufgelöst, daß sie einen nicht zu dicken Brei bildet, was unter öfterem Umrühren geschehen muß. Nach vollkommener Auflösung, wird das kochende Wasser unter fortwährendem Umrühren über die aufgelöste Stärke und zwar in der Art geschüttet, daß man anfangs langsamer, aber gleichmäßig, dann aber schneller zugießt, wenn sich die Stärke zu verdicken anfängt.

Bei diesen Verhältnissen und dieser Verfahrungsart wird der Kleister die gehörige Konsistenz erhalten und knotenrein sein. In Folge schlechter Stärke kann jedoch der Fall eintreten, daß letztere entweder durch bloßes Ueberbrühen gar nicht quillt und folglich nicht zu Kleister wird, oder wenn letzteres der Fall ist, wird er durch Knollen und Knoten zum sofortigen Gebrauche ungeschickt.

Ersterenfalls kann man sich leicht dadurch helfen, daß man unter Zusatz von kaltem oder warmem Wasser die aufgelöste, aber nicht gequollene Stärke in einem Gefäße über gelindes Feuer bringt und dieselbe unter fortwährendem Umrühren bis zur gehörigen Konsistenz aufkocht; im zweiten Falle aber muß der Kleister zur Beseitigung der Knollen und Knoten durch ein Tuch gedrückt werden.

In dem Maße, als zu dünner Kleister unter Beobachtung der gehörigen Vorsicht gebrauchsmäßig gemacht werden kann, kann auch zu dicker Kleister sofort nach dem Kochen durch Zusatz von kaltem oder warmem Wasser und unter fleißigem Umrühren, unbeschadet seiner Güte, auf jeden gewünschten Grad von Konsistenz gebracht werden. Ein Zusatz von wenig Alaun schützt denselben vor dem schnellen Sauerwerden.

Wird dem Wasser, womit der Kleister gebrüht werden soll, etwas Koloquinte oder gepulvertes Wermuthskraut zugesetzt, so erhält der Kleister die Eigenschaft, nicht von Insekten und Würmern angegriffen zu werden.

Wenn der Kleister gut werden soll, muß er so lange umgerührt werden, bis er völlig erkaltet ist.

Als Surrogat für Weizenstärke behufs der Kleisterbereitung hat man neuerer Zeit, veranlaßt durch die hohen Stärkepreise, billigere Ingredienzien zu substituiren gesucht und theilen wir deshalb einige dieser Verfahrungsarten zur weiteren Prüfung hier mit.

Der Buchbindermeister Kühle in Berlin hat dem Vereine zur Beförderung des Gewerbfleißes in Preußen folgende Bereitungsarten zweier Kleistersorten mitgetheilt, für deren Veröffentlichung jener Verein ihm 100 Thaler auszahlte *).

A. Man nehme 4 Loth Stärkemehl und 6 Loth recht fein pulverisirte Kreide, 2 Loth guten Leim, 2 Loth venetianischen Terpentin; ⅛ Quart (ungefähr 10 Loth) Korn-

*) Vergl. hierüber Allgem. Zeitung für National-Industrie und Verkehr 1853. S. 119 und Journal für Buchbinder. Heft 1.

branntwein mit ⅓ Quart Waſſer gemiſcht. Von beiden letzteren wird ſo viel genommen, als nöthig iſt, um das Stärkemehl und die Kreide zuſammen zu einem Breie bereiten zu können; mit dem Reſt des Gemiſches von Branntwein und Waſſer wird der Leim gekocht und während des Kochens der Terpentin hinzugethan. Iſt nun der Leim und Terpentin aufgelöſt, ſo wird die Maſſe mit dem Brei unter fortwährendem Umrühren gemiſcht. Obige Mengen geben 1 Pfund Kleiſter, das auf 2 Sgr. 6 Pf. zu ſtehen kommt.

B. 6 Loth Stärkemehl werden mit Waſſer zu einem mäßig ſtarken Brei eingeweicht; 3 Loth Leim und 3 Loth amerikaniſcher Terpentin, mit ⅜ Quart (28½ Loth) Waſſer verdünnt, über gelindem Feuer in's Kochen gebracht und dann wie bei A weiter verfahren. Man erhält dann 1 Pfund Kleiſter, der etwas ſtärker als A ausfällt und beſonders für Galanterie- und Lederarbeiten zu empfehlen iſt, da derſelbe bei Seidenzeugen nicht durchdringt und dem Papier wie dem Leder, weder Glanz noch Narben und Preſſungen benimmt. Da dieſer Kleiſter kalt verbraucht wird, ſo würde man noch obendrein die Koſten der Feuerung für Leim erſparen, den er in den meiſten Fällen vollkommen erſetzt.

Der von Berzelius angegebene Kleiſter verdient, ſeiner guten Eigenſchaft wegen, bekannter zu werden, da mit demſelben ſelbſt an polirten Sachen ſich Gegenſtände dauerhaft aufziehen laſſen; man nimmt hierzu Tiſchlerleim, der in ſtarkem Eſſig aufgelöſt wird und zwar auf 2 Loth etwa 16 Loth Eſſig; während des Kochens wird dieſe Auflöſung mit feinem Weizenmehl zu einer gewöhnlichen Kleiſtermaſſe verdickt.

Um dieſen Kleiſter beſſer aufbewahren zu können, kann man etwas Queckſilberchlorid zuſetzen, und ihn in einem weithalſigen Gefäße mit eingeſchliffenem Stöpſel verwahren, wo er ſich lange Zeit, ohne zu faulen, gut erhält. Er haftet ſehr gut und muß vor dem Gebrauche an einer Lichtflamme etwas erwärmt werden, wenn es nöthig iſt, ihn dünner zu machen.

Geschälte und an einem schwachen Feuer getrocknete, hierauf zu einem feinen Mehle gemahlene Roßkastanien geben, mit einem Drittel gewöhnlichen Mehls vermischt, ebenfalls einen billigen, jedoch nur zu ordinären Arbeiten brauchbaren Kleister.

Ein billiger Kleister kann auch aus Erdäpfeln auf folgende Weise bereitet werden: 1 Pfund rohe Erdäpfel werden gut gewaschen und von allem Schmuze gereinigt, dann auf einem gut verzinnten Reibeisen in 3 Pfund Wasser ungeschält abgerieben, oder auf einer jetzt fast in jeder Haushaltung gebräuchlichen kleinen Presse ausgepreßt. — Das ganze Gemenge bringt man sogleich zum Feuer und rührt es während des Siedens, das nur zwei Minuten währen darf, gut um. Wenn man es hierauf vom Feuer nimmt, setzt man dem Brei durch langsames Einstreuen ein halbes Loth feingepülverten Alaun zu, rührt die Mischung mit einem Löffel gehörig untereinander, und so ist der Kleister zum Gebrauche fertig. Er ist ungemein schön, ganz durchscheinend, frei von allen Klümpchen, läßt nicht so leicht Luft unter die aufzuziehenden Blätter, verdirbt nicht die Farbe derselben, hat keinen unangenehmen Geruch, kommt um ein Drittheil wohlfeiler als Weizenmehlkleister und hält sich 10 bis 12 Tage lang der Luft ausgesetzt sehr gut.

10) Lack, Buchbinderlack, zum Lackiren des Leders, Papiers rc. und Ausmalen der Pressungen, um ein besseres Hervortreten derselben zu erzielen. Dessen Bereitung und Bezugsquelle siehe später.

11) Leder. Die eigentliche Buchbinderei (abgesehen von der Portefeuillesfabrikation) verarbeitet zu ihren verschiedenen Artikeln sowohl rohe (ungefärbte), als gefärbte, sowohl glatte, als gepreßte oder appretirte, sowohl gespaltene als ungespaltene Rind-, Kalb- und Schafleder. Bei der Wichtigkeit dieses Materials für den Buchbinder erscheint es uns eben so wünschenswerth, als zweckentsprechend, demselben eine ausführlichere Abhandlung zu gönnen. Dabei kann aber wohl füglich das rohe (ungefärbte) Kalb- und Schafleder, vorzüglich letzteres, das nach älterem Ver-

fahren selbst zubereitet (gefärbt) werden mußte, weil es neuerer Zeit durch schöneres und fast eben so billiges, gefärbtes appretirtes oder chagrinirtes Kalb=, Ziegen= und Schafleder ersetzt wird sowohl, als auch weil seine Zubereitung für den Rohzustand ebenso einfach, als bekannt ist, stillschweigend übergangen werden.

A. Juchtenleder (Juften), welches von jeher in Rußland am besten verfertigt wurde, obgleich man es in neuerer Zeit auch in andern Ländern, vorzüglich auch in Deutschland ziemlich gut nachahmen lernte, zeichnet sich durch einen eigenthümlichen Geruch, durch Stärke und Geschmeidigkeit aus. — Es giebt **rothe** und **schwarze** Juchten, desgleichen braune und grüne, und unter diesen giebt es wieder ganz **feine**, **ordinärfeine**, **feine Mittelsorten** und **Ausschuß**. Vorzüglich geschmeidig sind die ganz feinen, weich, sanft, hochroth und karmoisinroth und inwendig hellbraun; ihre Narben sind erhaben, fein und spielend. — Auf der Zunge haben alle ächten Juchten den Geschmack, wie verbranntes Leder.

Zu Buchbinderarbeiten werden gewöhnlich Juchten aus Kalb=, Bock= und Ziegenfellen, weniger aus Rindfellen verarbeitet. — Die Ziegenfelle, besonders die von zweijährigen Thieren, sind vorzüglich fein, weich und sanft anzufühlen, werden gewöhnlich zu rothen Juchten bestimmt und im Verhältniß zu den übrigen auch am theuersten bezahlt.

Lange Zeit war die Juchten=Fabrikation für das übrige Europa, außer Rußland, ein Geheimniß. — Am unerklärlichsten blieb immer der eigenthümliche Geruch dieses Leders, und erst in neuerer Zeit wurde man gewahr, daß er von Birkenöl oder sogenanntem **Birkentheer** herrührt, mit welchem die Felle getränkt werden. Der Juchten hat seinen Namen davon, daß die Felle beim Färben paarweise mit dünnen Riemen oder mit Bast wie ein Sack zusammengenäht werden, Jufti aber im Russischen ein Paar heißt.

Der ächte Juchten hat, außer dem unvertilgbaren eigenthümlichen Geruche, als wahres Kennzeichen aber auch noch eine fein genarbte und gegitterte Oberfläche, eine gute Farbe und vollkommene Geschmeidigkeit. Die Russen sagen selbst, daß diejenigen, welche ihre Juchten recht kennen lernen wollen, alle fünf Sinne dabei zu Rathe ziehen müssen: das Auge muß von der Farbe, die Nase vom Geruch urtheilen; das Ohr muß, wenn das Leder zwischen den Fingern gedreht wird, ein Knistern bemerken; auf der Zunge muß es wie gebranntes Leder schmecken; und das Gefühl muß die weiche Beschaffenheit des Leders unterscheiden.

Mit der Zeit bekommen die Juchten auf der Narbenseite hier und da weiße Flecken, die wie Schimmel aussehen. — Man nennt sie Blumen und hält sie für ein Zeichen ächter Juchten; indessen sind sie nichts anderes, als eine Efflorescenz des Alauns, womit die Felle vor dem Färben bestrichen wurden und der an feuchten, dumpfigen Orten gern ausschlägt. Frisch bereitete Juchten riechen nicht so angenehm, als altgewordene, weil sie noch brenzliches Oel und Holzsäure enthalten, die mit der Zeit verdunstet. Bücher, die der Zeit und ihren Angriffen widerstehen sollen, sollte man nur in Juchtenleder binden.

B. Chagrinleder (Lederchagrin).

Der Chagrin ist ein schönes, starkes Leder, welches sich vorzüglich dadurch auszeichnet, daß es auf der Narbenseite lauter kleine Erhöhungen hat, wodurch es das Ansehen bekommt, als wenn es mit vielen kleinen Körnchen übersäet wäre. Da es in Wasser sich gut erweichen läßt, so kann man es in alle beliebige Formen bringen.

Man darf den eigentlichen Lederchagrin nicht mit dem Fischhautchagrin verwechseln, welcher aus den Häuten der Haifische, der Meerschweine ꝛc. bereitet und vorzüglich zu Etuisarbeiten verwendet wird.

Den ursprünglich ächten orientalischen Lederchagrin fabricirt man in der Türkei, in Persien, Armenien, zu Ismail in der Bucharei, in der Moldau und in

Aſtrachan. Zur Verfertigung des Chagrins nimmt man nicht die ganzen Häute, ſondern nur die hintern Streifen auf dem Rücken über dem Schwanze; alles Uebrige wird, aus hinreichender Erfahrung, für untauglich zur Chagrin= fabrikation gehalten.

Die körnerartigen Erhöhungen erhält der ächte Leder= chagrin durch Behandlung mit Allabuta, d. i. die har= ten, ſchwarzen Samenkörner der wilden Melde (Gänſefuß, Chenopodium album), indem man die Häute, vorher an= gefeuchtet, in hölzerne Rahmen ſpannt, die Narbenſeite mit jenem Samen beſtreut und ihn gewaltſam mit den Füßen in die Haut eintritt. Wenn nach dem Trocknen die eingetretenen Körner entfernt werden, ſo erſcheint die Haut auf der einen Seite voller Grübchen, auf der an= dern voller Körnchen, welche Beſchaffenheit auch durch die nachfolgenden Gewerbeproceſſe nicht verändert wird. Man erhält den Chagrin in allen Farben, doch iſt der meer= grüne am beliebteſten.

Wegen ſeines hohen Preiſes wird der ächte Leder= chagrin jedoch nur ſelten verarbeitet; ſtatt deſſen hat man als Surrogat chagrinartig zubereitetes Ziegen= und Schaf= leder, das man auf folgende Art fertigt: Auf einer Tafel legt man eine Fiſchhaut mit der Narbenſeite nach unten, worauf man mit einem Blankſtoßcylinder (von dieſem ſpä= ter) eine Stelle des Leders nach der andern abreibt, wo= durch ſich die körnigen Narben der Fiſchhaut auf der Narbenſeite des Leders ausprägen. Am gewöhnlichſten giebt man dieſe Narben mit einem Walzenzuge, deſſen Cylinder nach der Länge und ſenkrecht auf dieſe gekerbt iſt, folglich ſtumpfe Erhöhungen hat, durch welche ſich ähnliche Grübchen in dem Leder eindrücken.

C. Der Saffian

iſt in Europa ſeit ungefähr 140 Jahren bekannt, wo ſeine Verfertigung durch die Londoner Societät zur Aufmunte=

rung der Künste und durch den französischen Marineministter Maurepas aus Kleinasien und den marokkanischen Staaten, wo noch heutzutage die bedeutendsten Fabriken dieser Lederart bestehen, auch in England und Frankreich bekannter wurde. 1794 kam der erste Saffian aus dem Oberelsaß, von St. Hippolite, nach Deutschland, und später entstanden zu Kalm und Hall in Würtemberg die ersten deutschen Saffianfabriken, zu denen dann auch in anderen Städten Deutschlands bedeutende derartige Anstalten hinzukamen.

Gegenwärtig liefern die englischen und deutschen Fabriken Saffian von allen Farben, obgleich man ursprünglich nur rothen, gelben und schwarzen Saffian fabricirte, welches auch in den asiatischen und marokkanischen Staaten immer noch die Hauptfarben sind.

Der ächte Saffian wird aus Ziegenfellen bereitet, doch ist der aus Schaffellen bereitete bedeutend gelinder und billiger im Preise.

Der Saffian kommt theils glatt, theils appretirt im Handel vor. Der appretirte Saffian wird entweder ein wenig feucht drei bis vier Mal durch eine gestreifte metallene Walze geführt, oder er wird in feuchtem Zustande geglättet und dann auf der Fleischseite mit dem Krispelholze gekrispelt. In letzterem Falle werden die Felle zu wiederholten Malen geglättet, um den Glanz wieder herzustellen, der durch das Krispelholz verloren ging, und endlich läßt man die Narben wieder erscheinen, indem man die Haut auf der Fleischseite sehr schwach mit dem sogenannten Pantoffelholze (einem Krispelholze von weichem, mit Kork belegtem Holze) reibt. Auf diese Art erhält die Fleischseite ein lockeres, sammetartiges Ansehen, und ist diese Art Saffian zu Buchbinderarbeiten vorzüglich geeignet.

D. Der Korduan.

Das Korduanleder wird meistens aus Bock- und Ziegenfellen, entweder mit glatter oder rauher, aber sanft

anzufühlender Oberfläche fabricirt. Seinen Namen hat
es von der spanischen Stadt Kordofa und man erhält
von dorther wie überhaupt aus Spanien den besten Korduan. Nächst diesem sind die levantischen, und unter
diesen die aus Konstantinopel, Smyrna und Aleppo die
schönsten, aber auch die ungarischen und französischen sind
sehr gut. Mit manchen Deutschen ist man ebenfalls wohl
zufrieden, vorzüglich sind hierin: Danzig, Bremen, Lübeck,
Leipzig, Hamburg, Stettin, Berlin und Halle Hauptfabri-
kationsorte.

Gegenwärtig haben die andern Lederarten den Korduan fast gänzlich aus der Buchbinderei verdrängt. Man
erhält im Handel den Korduan in allen Farben, und von
dem sogenannten glatten Korduan, aus Ziegenfellen,
welcher hauptsächlich zu Buchbinder-Arbeiten verarbeitet
wird, unterscheidet man vier Hauptsorten: Türkischen,
Danziger, Lübecker und Leipziger.

Von Saffian unterscheidet sich der Korduan durch
die Beschaffenheit der Felle, welche stärker und weniger
geschmeidig ausgearbeitet, dann mittels des Krispelns mit
ihrer natürlichen Narbe versehen sind, während die Saffiane
mittels des Plattirens künstlich gemacht sind.

E. Das Kalbleder

wird in der Buchbinderei sowohl gespalten, als ungespalten, roh und gefärbt, glatt und appretirt verarbeitet. —
Gut zu verarbeitendes Kalbleder muß auf seiner Rückseite
ein weiches, sammetartiges Ansehen haben; zwischen den
Fingern gedreht, muß das Ohr ein leises Knirschen bemerken. Kalbleder, dem diese Eigenschaften mangeln, und
vorzüglich solches, das eine festgestoßene, kernige Fleischseite hat, ist spröde und läßt sich nicht gut verarbeiten.
Das beste derartige Kalbleder liefern die Mainzer und
Idsteiner Fabriken, auch das Mühlhäuser in Thüringen
ist sehr gut.

2*

Am häufigsten jedoch wird

F. das Schafleder,

in seinen verschiedenen Arten, verarbeitet. Auch dieses wird, wie das Kalbleder, gespalten oder ungespalten, ge-färbt oder roh (lohgar), glatt, appretirt, oder chagrinirt (levantirt) verarbeitet.

Das Schafleder unterscheidet sich in glattes (glanz- oder blankgestoßenes), appretirtes (deutsch appretirtes oder gekrispeltes und französisch appretirtes) und chagri-nirtes oder levantirtes Schafleder. Die hier aufgeführ-ten Arten trifft man im Handel nur gefärbt und größten-theils gespalten an. Man erhält das Schafleder in allen Farben, doch sollte man beim Einkauf nur mit Saftfarben gefärbtes Leder berücksichtigen, da das mit Erdfarben ge-färbte, abgesehen davon, daß es viel spröder ist, bei der Berührung mit Feuchtigkeit die Farbe fahren läßt und dadurch Glanz und Ansehen verliert.

Da Fachgenossen — wie wir schon öfter die Wahr-nehmung zu machen Gelegenheit hatten — bei bedeuten-dem Bedarf an, vorzüglich ordinärem, Schafleder zum Pressen von Buchdecken u. s., wegen dessen Beziehung in Verlegenheit und daher auf das Selbstfärben und Zu-bereiten der rohen Felle angewiesen waren; andere aber wieder aus Rücksicht auf billigern Preis diese Operationen gern selbst vornehmen möchten, dabei aber ganz ohne Führer sind, so soll hier, als an der geeignetsten Stelle, eine kurze Beschreibung des Lederfärbens, Glättens und Spaltens ihren Platz finden.

a) Das Färben des Leders.

Braunes Schafleder wird mit Kampecheholz (2 Pfd. auf 10 Felle) gefärbt. Dieses wird zuerst mit 3 Maß Wasser, dann nach dem Abgießen wiederholt mit eben so viel Wasser gekocht, die Brühe zusammengeschüttet und dann in zwei Hälften getheilt. Je nachdem man eine hellere oder dunkelere Farbe erzielen will, färbt man 2 bis 3 Mal durch), läßt zwischen jedem Austrich trocknen und versetzt die zweite Hälfte der Brühe mit ¼ Unzen gepülverten Alauns und einer Messerspitze voll gepülvertem Eisenvitriol. Setzt man der Farbe etwas gepülverten Fernambuk-Absud zu, so nüancirt sie sich mehr in's Rothe.

Grün färbt man mittels Grünspan, und zu diesem Behufe verreibt man 6 Loth krystallisirten Grünspan mit 6 Loth Weinessig, dann mit 12 Loth Wasser, worin 2 Loth Gummi aufgelöst sind, verdünnt diesen Absud und streicht ihn dann auf. Eine andere grüne Farbe erhält man, wenn man ein halbes Pfund geschnittene Verberitzenwurzel mit 4 Maß Wasser auskocht, mit einem kleinen Theile des Absuds 1½ Unzen weißen Tischlerleim auflöst und diesen in zwei Dritttheile der noch heißen Farbe einrührt, das übrige Dritttheil bleibt ohne Zusatz von Leim. Die mit Leim versetzte gelbe Farbe wird nun mit einer

blauen, aus schwefelsaurer Indigoanflösung (von 1 Theil Indigo auf 4 Theile Schwefelsäure, die mit 15 Theilen Wasser versetzt ist) bereiteten Farbe bis zur beliebigen Nüance vermischt. Mit dieser Mischung streicht man die Felle unter jedesmaligem Trocknen und Aufhängen viermal nach einander an und giebt ihnen dann noch zwei Anstriche mit der gelben Farbe ohne Leim.

Beim Blaufärben mit der vorhin angegebenen Indigoauflösung werden die Felle erst mit einer Alaunauflösung (von 1 Unze eisenfreien Alauns und 1/10 Unze Weinstein für jedes Fell mit der nöthigen Menge Wasser für so viele Felle als man färben will) getränkt, und wenn sie halb trocken sind, die Indigo-Auflösung mit einem Schwamme aufgetragen, vertheilt und eingerieben, worauf man die Felle trocknen läßt und mit reinem Wasser abwäscht.

Roth. Man macht einen Absud von indischem Gelbholz (1 Theil Gelbholz auf 50 Theile Wasser), etwa 5 Unzen Flüssigkeit auf das Fell, löst nach dem Durchseihen in der frischen Brühe eine halbe Unze Alaun für das Fell auf und bestreicht mit dieser heißen Auflösung die trocknen, angestrichenen Felle gleichmäßig, worauf man sie zum Trocknen aufhängt. Man bereitet nun einen Fernambukabsud (5½ Unzen Wasser auf 1 Unze Fernambuk per Fell), versetzt denselben in der Wärme mit heißem Tischlerleim (1½ Unze auf 10 Felle) und streicht mit dieser warmen Brühe die Felle an, die man dann aufhängt. Bevor sie ganz trocken geworden sind, streicht man dieselben auf einer Tafel nach allen Richtungen hin gut aus, um alle Falten zu beseitigen, und wiederholt unter beständigem Trocknen den Anstrich noch dreimal. Hierauf vermischt man dann eine kleine Portion der Fernambukbrühe mit etwas Zinnsolution und überstreicht das getrocknete Fell schnell damit, aber ohne wiederholt auf dieselben Stellen zu kommen. Ist die Farbe eingesogen, so giebt man sogleich noch einen Anstrich mit der Fernambukbrühe, trocknet und wiederholt den Anstrich noch zwei Mal.

Um dem Leder einen grünen Goldglanz, wie wir ihn auf den Flügeln der spanischen Fliegen bemerken, zu geben, bestreicht man das auf einem Tische ausgebreitete lohgare Leder mit einer Lösung von Alaun, oder auch mit einer Lösung von Gummi arabicum oder Pottasche oder Weinstein, und reibt dann die Oberfläche so lange mit gemahlenem Blauholze, bis die gewünschte Farbe zum Vorschein kommt. Der Glanz wird noch erhöht, wenn man das Leder nach der ersten Operation mit Blut bestreicht und abermals mit Blauholzpulver abreibt. Das zu diesem Zweck anzuwendende Blauholz muß aber, vorher mit Wasser angefeuchtet, so lange an einem mäßig warmen Orte stehen, bis eine Gährung desselben eingetreten ist, in Folge welcher es erst den schillernden Glanz erhält, den man auf das Leder überträgt. Das Trocknen und die weitere Behandlung des Leders erfolgt auf die gewöhnliche Weise.

Beim Färben überhaupt werden die Felle auf einer Tafel ausgebreitet, die Farbe in eine irdene Schüssel ge-

schüttet, aus dieser mit einer weichen Bürste die Farbe
aufgenommen, indem man sie dabei jedesmal umrührt
und mit schnellen Strichen und gleichförmig auf das Fell
aufträgt. In der Regel kommt die Farbe sehr heiß in
die Schüssel.

b) Das Spalten des Leders

wird, wie wohl mit Sicherheit angenommen werden kann,
höchst selten und dann noch in den meisten Fällen vom
Buchbinder mit Vortheil nicht ausgeübt werden können,
da das früher übliche Verfahren des Lederspaltens mittels Handarbeit ein ungenügendes Resultat herbeiführt,
Anschaffung und Aufstellung einer Lederspaltmaschine aber
hinsichtlich des Kostenpunktes im Verhältniß zur Konsumtion in ein zu auffallendes Mißverhältniß kommen
dürften.

Wer sich jedoch über diesen Gegenstand gründlich zu
unterrichten wünscht, dem empfehlen wir Thon's Handbuch der Lohgerberei, 6te Aufl., Weimar, Voigt; Kirsch
Portefeuilles- und Etui-Fabrikation, ebendas.

c) Das Glänzen und Appretiren des Leders.

Die Narbenseite des Leders wird entweder blos geglänzt (glanzgestoßen), oder geglänzt und gekrös-
pelt, oder auch appretirt. Zu dieser Art Zurichtung
des Leders, sowohl zum Glänzen, als Appretiren, bedient
man sich jetzt einer sehr einfachen Appretirmaschine. Zum
Glänzen kann man auch blos eine halbrunde Glaskugel
(Glanzstoßkugel) anwenden, mit der man das gefärbte
Fell, welches auf einer Tafel ausgespannt ist, mit derselben nach allen Richtungen hin bearbeitet, doch so, daß
keine Falten entstehen.

Aus den schon im vorigen Abschnitte geltend gemachten Gründen sehen wir auch in diesem von einer speciel-
lern Beschreibung der Appretirmaschine ab, da erstere nur

wenigen von Nutzen wäre, nichtsdestoweniger aber für den Raum dieser Blätter sehr umfangreich werden müßte, und verweisen den hierüber Belehrung Suchenden auf erwähnte beide Schriften, die den Gegenstand speciell und gründlich abhandeln.

Dem gefärbten und geglätteten Schafleder giebt man auch (abgesehen von der vorhin erwähnten Appretirmaschine) eine Appretur dadurch, daß man es durch zwei erwärmte Messingwalzen gehen läßt, von denen die eine mit dichtstehenden parallelen Linien (Kerben) gravirt oder karrirt ist. Von dieser Operation, zuerst in Frankreich angewendet, hat das Leder den Namen französisch appretirtes, im Gegensatz zu dem durch die Appretirmaschine producirten, welches deutsch appretirtes genannt wird.

Ungespaltenes, gewöhnlich gelb oder orange gefärbtes Schafleder, dem durch ein- oder zweimaliges Bearbeiten in der Glättmaschine ein nur matter Glanz gegeben ist, heißt, wenn es auf Art des französisch appretirten, jedoch mit größern Karreaus, wie jene auf seiner Narbenseite versehen ist, Basanleder.

Das sogenannte levantirte Schafleder ist gewöhnlich ungespalten und wird, um die Narben des Leders zu heben und ihm ein gleichförmiges Ansehen zu geben, nachdem es in der Glättmaschine einen matten Glanz erhalten hat, gekrispelt, was mit dem Krispelholze geschieht. Dieses ist von hartem Holze, gewöhnlich von Buchsbaum, und auf seiner untern Seite mit parallelen Kerben versehen, die, wenn sie sich abnutzen, mittels einer Feile wieder zugeschärft werden. In der Mitte ist ein Riemen befestigt, durch welchen der Arbeiter die Hand steckt, um das Krispelholz zu handhaben. Die Haut wird dann auf eine Tafel gelegt, am Rande derselben mit Klammern befestigt, die Stelle der Haut, welche gekrispelt wird, und zwar von den Ecken aus, umgebogen, das Krispelholz auf die Haltung oder Biegung gesetzt (also auf die Fleischseite, wenn die Narbenseite nach oben liegt) und mit dem darunter liegenden Leder hin- und

herbewegt, wodurch die natürliche Narbe der Haut gleich=
förmig bloßgelegt wird. Die gekerbte Fläche des Kris=
pelholzes muß, des bessern Angreifens halber, stets mäßig
feucht erhalten werden.

Dasselbe, jedoch nicht so vollkommene Resultat erhält
man durch eine einfache Operation mit der Hand, wenn
man bei einem trocknen Stück Leder, dessen Narbenseite
nach oben liegt, einen Zipfel desselben über die Narben=
seite schlägt, die flache Hand auf die Falte legt und mit
derselben hin= und herfährt, wodurch sich die Narbe hebt,
und daher ihrem natürlichen Gefüge nach zum Vorschein
kommt; nur wird die Narbe hier ungleich und grobkör=
niger, während das Krispelholz die Falte enger und gleich=
mäßiger zusammendrückt *).

Da es nicht ohne Vortheil sein kann, eine gute Be=
zugsquelle für Leder zu besitzen, lasse ich ein Verzeichniß
nebst Preisangabe der Leder von Carl Bettelhäuser
in Mainz, eines der renommirtesten Geschäfte in die=
sem Artikel, folgen:

a) Naturell lohgar Schafleder zu Buch=
   rücken per Dutzend . . . . 3 bis 5 Thlr.

b) Braun, schwarz, dunkelgrün, un=
   gespalten Schafleder, deutsche Ap=
   pretur zu Buchrücken per Dutzend 9 „ 11 „

c) Gespaltenes Schafleder, braun, grün
   und Modefarbe, matt zum Pressen,
   pr. Dtzd. . . . . 12 „ 14 „

   Dieselben Farben levantirt zu Ein=
   bänden pr. Dtzd. . . . . 11 „ 15 „

   Aecht roth levantirt pr. Dtzd. . . . 18 „ 20 „

   Schwarz, glatt und englische Ap=
   pretur pr. Dtzd. . . . . 9 „ 12 „

---

*) Das schon erwähnte Handbuch der Lohgerberei von Thon, 6te
Auflage ist allen denen zu empfehlen, welche sich über den hier kurz
abgehandelten Gegenstand ausführlicher zu unterrichten wünschen.

Aecht roth langnarbig, englische Appretur zu Titel pr. Dtzd. . . . . . 12 bis 20 Thlr.

d) Braun, grün, schwarz, violett und modefarbig levantirt, ostindisch Bock-Schafleder pr. Dtzd. . . . . 8 „ 12 „

e) Braun, grün, schwarz, violett levantirt, ostindisch Bock-Saffian mit sehr schönen hohen und festen Narben, für kleinere Einbände sehr zu empfehlen pr. Dtzd. . . . . 10 „ 16 „

f) Levantirter ächter Saffian, besonders für größere Einbände, Albums ꝛc. geeignet, schwarz, braun und dunkelgrün . . . . : 21 „ 28 „

Hellgrün, violett und modefarbig, in Mittelfellen . . . . 19 „ 24 „

in großen Sorten . . . . 24 „ 28 „

Galantuomo, Garibaldi- u. ächtroth in Mittelfellen und größeren Sorten pr. Dtzd. . . . . 21 „ 28 „

Elisabethblau und Havanna . . . . 21 „ 28 „

g) Schweinshäute zum Einband von Kontobüchern pr. Stück . . . : . . 3 „ 6 „

h) Gesalzte und gefärbte Juchten in braun, grün, juchtroth und modefarbig, glatt, liniirt, karrirt und levantirt, gewöhnliche pr. Dtzd. . . . 40 „ 44 „

Gewöhnliche naturellfarbene rothe Juchten pr. Dtzd. . . . . 34 „ 38 „

i) Farbige Kalbleder, matt, pr. Dtzd. 28 „ 32 „

Werden Farben nach bestimmten Mustern verlangt, so werden solche aufs prompteste angefertigt und ist obiges Geschäft stets bemüht, die neuesten Farben in schönster Qualität und möglichst rasch für seine Abnehmer bereit zu halten.

Wegen der verschiedenen Größen der Felle mußte natürlich bei den Preisen ein Spielraum eintreten, aber selbst diese angegebenen Preise sind oft noch Schwankungen unterworfen.

12) Leim ist eine aus verschiedenen thierischen Substanzen durch Kochen mit Wasser ausgezogene und bis zur Trockene eingedichtete Gallerte, welche in kaltem Wasser erweicht, sich in heißem vollkommen auflöst und von dem Buchbinder ꝛc. als Bindemittel beim Ueberziehen des Papiers, Leders u. s. verwendet wird. Alle animalischen Substanzen, in denen die thierische Gallerte einen vorzüglichen Bestandtheil ausmacht, als: Abfälle von frischen Thierhäuten, Füße, Kopf, Ohren, Schwanzstücke, auch Pergamentschnitzel, Knorpel, Sehnen, Klauen, Horn, Knochen, Gräten, Blasen ꝛc. können zu Leim benutzt werden. Nach den dazu verwendeten Substanzen erhält der Leim seinen Namen. Man unterscheidet ihn nach seiner Güte in hellen oder feinen, mittelfeinen, mittlern und ordinären. — Der beste ist rein, bräunlich-hellgelb, durchscheinend, vollkommen hart, sehr spröde und ohne unangenehmen Geruch; der geringere mehr oder weniger dunkelbraun und selbst schwärzlich-braun, wenig durchscheinend, oder fast ganz undurchsichtig, wasseranziehend, und daher stets feucht und von ungenehmem Geruch. — Leimfabriken findet man an allen Orten, wo Gerberei betrieben wird; namentlich zu Anspach, Angsburg, Aschaffenburg, Breslau, Burgen, Kalw, Köln, Eschwege, Heilbronn, Mühlhausen in Thüringen, Nördlingen, Nürnberg, Reutlingen, Schweinfurt u. s. w.

Im Handel erhält man den Leim in stärkern oder schwächern 10 bis 12 Zoll langen und 4 bis 5 Zoll breiten Tafeln und nur der englische Leim, den man in pfundschweren Stücken erhält (vorzüglich in Hamburg) macht hiervon eine Ausnahme.

Neuerer Zeit sind Versuche gemacht worden, um den Werth des trocknen Leimes mittels der Wassermenge, welche er in der Kälte einsaugt (d. h. in kaltem Wasser), und der Veränderungen, welche er durch das Umschmel= zen oder ein vollständigeres Austrocknen erleidet, zu be= stimmen. Das Resultat dieser Versuche ist sehr wichtig, denn es ist Thatsache, daß trockner Leim von gleichem Aussehen in der Güte beträchtlich differiren kann, und dann muß man nothwendig die Prüfung des Leimes durch Austrocknen aufgeben und daher die Gallertprobe einführen; zu diesem Behufe legt man trocknen Leim 24 Stunden lang in Wasser von + 12° R.; die erhal= tene Gallerte repräsentirt den wirklichen Leimstoffgehalt und zeigt durch ihre mehr oder weniger feste Konsistenz die Güte des Leimes an.

Der Kölner Leim, welcher aus Fellen wilder Thiere bereitet wird, verschluckt beim Einweichen in kaltes Was= ser in 24 Stunden sein 3½faches Gewicht Wasser, nach 6mal 24 Stunden aber hat ein Gewichtstheil desselben bei einer festen und guten Gallerte 7¼ Gewichtstheile Wasser aufgenommen. Der weiße Knochenleim aus der Fabrik zu Burweiler in Elsaß verschluckt bei derselben Behandlung während 24 Stunden durchschnittlich sein 12faches Gewicht Wasser, der dortige hochgelbe Knochen= leim, auf dieselbe Art behandelt, sein 9faches Gewicht Wasser und liefert eine weniger feste Gallerte als der weiße Knochenleim.

Der gut ausgetrocknete Leim, und besonders solcher, welcher umgeschmolzen wurde, ist weniger hygrometrisch, als schlecht fabricirter, oder aus schlechten Materialien gesottener Leim, denn das chemisch gebundene Wasser schadet der Güte des Leims und schwächt seine Binde= kraft, daher er in demselben Verhältnisse stärker wird, als man ihn mehr austrocknet.

Es ist demnach aus dem Gesagten zu schließen:

daß das sicherste und zweckmäßigste Ver= fahren, die Stärke und Güte des Leims zu beurtheilen und zu ermitteln, darin besteht,

ihn 24 Stunden lang in kaltes Wasser einzu-
weichen, um ihn in Gallerte zu verwandeln,
daß man seine Güte nach der Konsistenz und
Festigkeit dieser Gallerte beurtheilen, seinen Gehalt an Leimstoff aber durch die Menge
Wasser, welche er verschluckt, bestimmen muß.

Ferner geht aus obigem hervor, daß die geringen
und wohlfeilen Sorten, weit entfernt, eine Ersparniß zu
gewähren, große Unkosten bei ihrer Anwendung veranlassen können, da namentlich diese Leimsorten leichter
als die bessern in Fäulniß übergehen und dadurch unbrauchbar werden.

Zum Gebrauch wird der Leim auf folgende Weise
zubereitet: Die Tafeln werden in kleine Stücken gebrochen oder geschnitten, und 24 Stunden in einem Gefäße mit Wasser, das den Leim vollständig faßt, eingeweicht. Das von dem Leime während dieser Zeit nicht
vollständig verschluckte Wasser wird auf ein weniges ab-
geschüttet, und dieser dann über einem gelinden Feuer
bei fortwährendem Umrühren vollkommen zergehen lassen.
Ein eigentliches, ja sogar mehrmaliges Kochen des Leimes,
wie es häufig oder fast durchgängig angewendet wird, ist
der Bindekraft des Leimes — wie es die Erfahrung
hinlänglich bestätigt — geradezu nachtheilig. Dagegen
ist es Thatsache, daß ein über mäßigem Feuer vollständig
zergangener Leim, der durch stetes Umrühren vor dem
Anbrennen geschützt wurde, nicht nur an Bindekraft gewinnt, sondern auch in so gekochtem Zustande der Fäulniß bei weitem länger widersteht.

Obgleich es nun hinlänglich bekannt ist, daß der Leim
durch anhaltendes Kochen an bindender Kraft verliert,
überzeugt man sich doch fortwährend, daß diese längst
bekannte Regel in der Behandlung des Leimes sehr wenig
befolgt wird, denn in vielen Buchbinderwerkstätten wird
derselbe in eisernen oder messingenen Pfannen unmittelbar über glühenden Kohlen anhaltend gekocht und theilweis verbrannt, so daß er vor der Verwendung einen
Theil seiner bindenden Kraft schon verloren hat.

Um den eben genannten Uebelständen, wenn nicht ganz, doch in der Hauptsache, auszuweichen, empfiehlt es sich, wenn man den Leim über einer brennenden Lampe in einem blechernen oder messingenen cylindrischen Gefäße B erwärmt, das in einem andern dergleichen A mittels eines an der Mündung angebrachten, schmalen Randes hängt. Das Gefäß A ist etwas länger und breiter als B, damit es noch ungefähr ¼ Maß Wasser aufnehmen könne und hängt mittels eines ebenfalls an seiner Mündung angebrachten Randes in einem dritten cylindrischen Gefäße C, das gegen das Gefäß A so viel weiter als A gegen B ist, und so viel höher, daß zwischen dem Boden des Gefäßes A und C ein Raum bleibt, um ein 3 bis 5 Zoll hohes Lämpchen aufzunehmen, das durch eine entsprechende Oeffnung in dem Gefäße C zwischen beide Böden gebracht wird.

Die Flamme des Lämpchens erwärmt das im Gefäß A befindliche Wasser, und durch dieses wird der im Gefäß B befindliche Leim fortwährend in einer gleichmäßigen Temperatur erhalten, ohne der Wirkung des Lampenfeuers direkt ausgesetzt zu sein. Das Anbrennen des Leimes kann man auch verhüten, ohne ihn im Wasserbade zu erwärmen, wenn man das Gefäß A wegläßt und das Gefäß mit doppelten Böden versieht, von denen der innere rostartig ausgeschlagen ist.

Je nach den verschiedenen damit vorzunehmenden Arbeiten wird der Leim stark oder schwach (durch Wasser verdünnt) gebraucht.

Der Pergamentleim wird aus den Abfällen des Pergaments oder aus weißgarem Leder bereitet und sieht heller und weißer aus, als der gewöhnliche, aus thierischen Abfällen bereitete Leim.

13) Leinwand, ein bekanntes aus Leinengarn gewebtes Zeug, dessen Fäden sich beim Weben rechtwinkelig durchkreuzen. Die Leinwand wird zu verschiedenen Arbeiten und in verschiedener Gestalt und Farbe verwendet. In neuerer Zeit vorzüglich ist der Gebrauch der gepreßten Leinwand (Perkal, Kalliko) sehr allgemein und man

hat dieselbe ebenso verschieden in Farbe, als in den gepreßten Dessins.

Die gepreßte Leinwand wird sehr verschieden zubereitet; ein Haupterforderniß bei deren Anfertigung aber ist, daß sie gleich da einen Grund erhalte, der eine vielleicht später vorzunehmende Vergoldung ohne besonderes Grundiren, ermöglicht.

So bereitet man Perkal, Wolltafft und Leinwand zum Büchereinband überhaupt, insbesondere aber zum Färben, Marmoriren, Sprengen, Glänzen, Glätten und Pressen, z. B. auf folgende Weise:

Die erwähnten Stoffe erhalten zuerst einen Ueberzug von gekochter Stärke, dann von einer Abkochung von Galläpfeln. Nach dem Trocknen der letztern wird das so zubereitete Zeug mit einer schwachen Pottaschenlösung und hierauf mit Eisenbeize gesprengt. Behufs des Glänzens, das zwischen zwei Walzen geschieht, von denen die eine aus Papier, die andere aus Messing besteht, werden die Stoffe erst mit Pergamentleim oder Kleister überzogen.

Erhabene Dessins werden, wie beim Papier- oder Lederpressen, dadurch hervorgebracht, daß man sie durch zwei Walzen durchführt, von denen die eine mit dem zu pressenden Dessin gravirt ist.

Nach dem Bulletin de la Société d'Encouragement, Déc. 1842, p. 509 wurde ein Herr Berthe auf ein Verfahren zur Zubereitung des Perkalins und anderer Zeuge zum Gebrauche für Buchbinder patentirt, das in Folgendem besteht:

Berthe bereitet zuerst einen Leim aus Hammelsfüßen, die er 8 Stunden lang in Flußwasser kochen läßt (1 Pfund Füße in 8 Pfund Wasser unter allmäligem Zusatz von 6 Loth gepülverten Alauns und bei fleißigem Umrühren). Bei zarten Farben wird statt der Hammelfüße Lederleim oder arabisches Gummi genommen. Man treibt diese Mischung durch ein feines Sieb und erhält sie beständig gehörig warm; sie wird auf die Zeuge mittels eines Schwammes, einer Bürste oder eines Pinsels aufgetragen. Wenn dieser Apprêt getrocknet ist, wird er auf dieselbe Weise, wie das Papier, geglättet, wodurch der Glanz erst hervortritt. In dem Augenblicke, wo der appretirte Zeug gravirt oder gaufrirt wird, befeuchtet man ihn mit einer Gummilösung. Das Gaufriren geschieht entweder mittels einer granirten oder gravirten Platte, welche auf den Zeug gepreßt wird, oder, je nach dem beabsichtigten Dessin, mittels einer ciselirten, guillochirten oder gravirten Walze.

Da diese Stoffe gegen Feuchtigkeit ganz besonders empfindlich sind, so müssen sie bei der Verarbeitung mit Leim und nie mit Kleister behandelt werden.

Die erwähnten gepreßten Zeuge werden pr. Elle und Stück verkauft und variiren im Preise je nach Güte der Farbe und Stoffe, sowie hinsichtlich der Breite. So lieferte z. B. Leipzig dergleichen bei einer Breite von 38 Zoll sächs. Maß in mittelfeinen diversen Sorten und Dessins das Stück zu 60 Ellen zwischen 10 — 12 Thlr. (F. Geißler dort, ächt englische Leinwand nach obigem Maß zu 14 Thlr. pr. Stück). Hamburg, z. B. Eduard Markus, Neust, Fuhlentwiete Nr. 2, lieferte solche bei einer Breite von 36—38 preuß. Zoll in ordinären Farben und Stoffen in diversen Dessins, pr. preuß. Elle zu circa 3¼ Sgr.; mittelfeine bei denselben Größenverhältnissen zu 4½ Sgr., und feine, sehr schöne Waare zu 6 Sgr. pr. preuß. Elle.

Schulze und Niemann in Leipzig lieferten: die gewöhnl.

Farben	A bis	E (ihrer Musterkarte 5 Ngr.)			
karmoisin u.					
rosa	E A „	E E	„	6	„
royalblau		F	„	7	„
roth und weiß gestr.		H	„	8	„
purpur		G	„	9	„
„ extrafein		G G	„	10	„

pr. Leipziger Elle, 37—38 Zoll breit, excl. Verpackung und geben von den feinern Farben auf Verlangen auch halbe Stücke, von den gewöhnlichen zu 5 Ngr. dagegen nur ganze Stücke von circa 60 Ellen.

7 Leipz. Ell. =	6 Berliner	11 Leipz. Ell. =	8 Wiener
11 „ „ =	7 Bayer.	15 „ „ =	14 Würtemb.
31 „ „ =	30 Hanov.	27 „ „ =	28 Frankf.
6 „ „ =	5 Brab.		

Da nun aber durch den amerikanischen Krieg die Preise der Baumwolle so kolossal in die Höhe gegangen sind und noch in die Höhe gehen werden, daß fast zu befürchten ist, überhaupt gar keine Kallikos mehr bekommen zu können, lassen sich die Preise dieses Artikels nicht mehr genau angeben und kostet jetzt bei Schulze und Niemann das Stück von 60 Ellen, was früher im Preise von 10 Thlr. war, bereits 15 Thlr.

Die neuesten Farben in Kalliko sind: Magenta, Solferino, Havannabraun ꝛc.

Ein Ersatz für den jetzt so theuren Kalliko könnte das seit neuester Zeit erfundene Pergamentleder bilden. Dasselbe ist ein gefärbtes und mit einem Ledergrain gaufrirtes Pergamentpapier. Seine Hauptvorzüge vor dem oben erwähnten Kalliko bestehen darin, daß dasselbe bedeutend haltbarer und dauerhafter ist, weil es von rauhen und scharfen Gegenständen nicht leicht an seiner Oberfläche verletzt wird und deshalb dem Verschleiß wenig unterworfen ist; unempfänglich für Fett= und Oelflecken, läßt das Pergamentleder sich durch Abwaschen von jedem Schmuze leicht befreien, ohne seinen natürlichen Glanz, der durch keine Appretur erzeugt ist, einzubüßen. Vergoldungen und Zierpressungen lassen sich auf demselben eben so leicht wie auf Saffian und Kalliko anbringen. Auch eignet sich dasselbe als dauerhafter Ueberzug von Halbfranz= wie Pappbänden.

Dieser Artikel wird in der Pergament=Fabrik von Scheffen u. Komp. in Düsseldorf erzeugt in schwarz, grün und brauner Farbe, Proben werden von der Fabrik gern abgegeben.

Das Fabrikat wird nur in Stücken von circa 60 Ellen abgelassen.

Preise

pr. Berl. Elle 24″ rheinl. breit à 2⅓ Sgr.
loco Düsseldorf, netto per comptant.

Namhafte Bücherfabriken und Buchbinder haben
sehr vortheilhaft über die Brauchbarkeit des Pergament-
leders ausgesprochen, und lassen wir einige Zeugn?
darüber folgen:

Unterzeichnete bescheinigen hiermit, daß das r
Herrn Scheffen und Komp. in Düsseldorf fabricir
Pergamentleder sehr viele gute Eigenschaften besitzt ?
sich besonders gut eignet für Bibliothekbände zu übe?
ziehen, da es an Dauerhaftigkeit selbst Leder übertrif?.

Bonn, den 31. Juli 1862.

Ritterath u. Blumann,
Hofbuchbinder.

Unterzeichneter hat das Pergamentleder von Sch?
sen u. Komp. hierselbst, in seiner Werkstätte, vielf?
auf seine Verwendung zu Buchbinderarbeiten unters?
und kann dasselbe jedem Fachgenossen zu dauerhaften u?
eleganten Einbänden bestens empfehlen.

Düsseldorf, den 22. Aug. 1862.

Fr. Borgstädt, Buchbinder.

14) Papier ist ein aus verschiedenen faserig?
sein zertheilten Vegetabilien und vegetabilischen Stoff?
vorzüglich aus den Lumpen der abgetragenen Leinen, ?
Gestalt gleichförmiger, dünner, biegsamer und durchsi?
ger Blätter bereitetes Fabrikat, das theils durch Maf?
nen-, theils durch Handarbeit gefertigt und zu versch?
denen Zwecken gebraucht wird.

I. Weißes (und naturfarbiges) Papier.

Da Papier das Hauptmaterial des Buchbinders i?
so kann es nur von Interesse sein, wenn wir demselb?
— da zumal sehr häufig der Papierhandel einen Neben=

erwerbszweig des Buchbinders ausmacht, — eine größere
Ausführlichkeit widmen. Es darf wohl vorausgesetzt
werden, daß die Zubereitung des Papiers nach älterer
Methode mittels Handarbeit (Büttenpapier) der Hauptsache nach so bekannt ist, daß es hier nicht besonders
erwähnt zu werden braucht; weniger dürfte dieß mit dem
neuern Verfahren, mittels Maschinen (Maschinenpapier),
der Fall sein, weshalb wir dasselbe in seinen Grundzügen
kurz darstellen wollen.

Obwohl die Papierfabrikation überhaupt nicht ohne
Maschinen (Lumpenschneider, Stampfgeschirr, Holländer,
Pressen) stattfindet, so versteht man doch unter Maschinenpapier (papier à la mechanique) im besondern nur
dasjenige Papier, welches auch mittels einer Maschine
geformt ist, im Gegensatz zu dem mit Handformen geschöpften.

Man gebraucht dafür zuweilen auch den Ausdruck
Papier ohne Ende (papier continu, papier sans fin),
weil — von Zufällen abgesehen, welche Stockungen in
der Maschine, oder das Abreißen des Papiers veranlassen, — die Maschine beliebig lange in ununterbrochener Bewegung erhalten wird und dabei ein Papierblatt
von unbegrenzter Länge liefern könnte.

Die Papiermaschine erfand der Franzose Louis
Robert, Arbeiter in der Papierfabrik zu Essonne, verkaufte aber das 1799 erlangte französische Patent an den
Besitzer der Papierfabrik, welcher sie 1801 nach England
verpflanzte, wo 1811 die erste eigentliche Maschinenpapier-
fabrik errichtet wurde. 1815 kam die Erfindung wieder
nach Frankreich und 1819 nach Deutschland.

Der in vielen Beziehungen höchst wichtige Ueber-
gang von dem Hand- zu dem Maschinenbetrieb fällt aber
in Deutschland und Frankreich vorwiegend in die Jahre
1837 — 1840 und hat die Fabrikation eine solche Ausdehnung gewonnen, daß dadurch schließlich die Verfertigung des mit Handformen geschöpften Papieres ganz
verdrängt werden wird. Gegenwärtig arbeiten in Europa
circa 1000 — 1200 Papier-Maschinen, deren jährliche

3 *

Produktionen sich wohl auf 20 — 25 Millionen Ries
Papier belaufen möchten.

Bei allen Papiermaschinen ist die Form ein Draht=
sieb ohne Ende, welches sich, so lange die Arbeit dauert,
in ununterbrochener Bewegung befindet; während das
flüssige Ganzzeug aus einem Behälter langsam und gleich=
mäßig auf seiner Oberfläche verbreitet wird. Nach be=
sonderer Abweichung im Bau der Form zerfallen diese
Maschinen in zwei Klassen. Bei jenem der ersten Klasse
ist die Form von der Gestalt eines langen, endlosen (in
sich selbst zurückkehrenden) Gewebes, welches über mehrere
parallele, horizontale Walzen so gelegt und ausgespannt
ist, daß sein oberer Theil eine völlig ebene, 10 — 12 Fuß
lange, 3 — 5 Fuß breite Horizontalfläche bildet.

An der einen schmalen Seite dieser Fläche fließt das
Zeug auf dieselbe; zugleich macht die Form, durch die
Umdrehung der Walzen, über welche sie gelegt ist, eine
gleichförmig fortschreitende Bewegung, in der nach der
gegenüberstehenden, wo das gebildete Papier durch eigene
Walzen abgenommen und der weitern Behandlung über=
liefert wird. Um das Abfließen des Wassers aus dem
auf das Drahtgewebe ausgebreiteten Zeuge, und auch die
gleichförmige Vertheilung des Zeuges selbst zu befördern,
erhält die Form überdieß noch eine schüttelnde Bewegung
in der Richtung ihrer Breite (daher die Maschinen dieser
Art in England shaking-machines genannt werden). —
Die Maschinen der zweiten Klasse unterscheiden sich da=
durch, daß die Form ein hohler, mit Drahtsieb überzoge=
ner, horizontalliegender (gewöhnlich $2\frac{1}{2}$ bis 3 Fuß im
Durchmesser haltender) Cylinder ist, der sich um seine
Achse dreht. An einer Stelle des Umkreises wird das
Zeug auf die Form gebracht, jedoch nicht durch Aufgießen
(das hier nicht mit Erfolg ausführbar sein würde), son=
dern dadurch, daß die Formwalze mit einem gewissen
Theile ihrer Peripherie innerhalb der Zeugbütte, folglich
in steter Berührung mit dem flüssigen Ganzzeuge sich
befindet. Mit solchen Maschinen werden hauptsächlich
dickere Papiere (Pack=, Tapeten= und starke Schreib=

papiere) verfertigt, während die Maschinen mit gerader
Form sich selbst zur Erzeugung feiner Briefpapiere eignen.
Letztere nehmen dagegen durch ihre große Länge mehr
Raum ein, sind kostspieliger und (was die Form betrifft)
einer weit schnellern Abnutzung unterworfen, als die Cy-
lindermaschinen.

Uebrigens kann man jede Papiermaschine sich vorstellen als eine Vereinigung von fünf zu verschiedenen
Zwecken bestimmten Apparaten, welche in nachstehender
Ordnung aufeinanderfolgen: 1) die Zeugbütte nebst den
Vorrichtungen, durch welche das Zeug von Knoten gereinigt, durch Bewegung in stets gleichförmiger Mischung
erhalten und sein Zufluß nach der Form regulirt wird;
2) die Form selbst von einer der beiden angegebenen
Konstruktionen; 3) der Preßapparat, aus einer Anzahl
gußeiserner Walzen bestehend, zwischen welchen das lange,
auf der Form unausgesetzt sich bildende Papierblatt,
— von endlosen wollenen Tüchern (Filzen) unterstützt, —
durchgeht, um größtentheils von Wasser befreit und verdichtet zu werden; 4) der Apparat zum Trocknen und
Glätten, hauptsächlich aus hohlen, metallenen, durch
Dampf geheizten Walzen bestehend; 5) ein Haspel, um
welchen das fertige Papier sich aufwickelt.

Eine nähere Beschreibung der Papiermaschinen ist
ohne Hülfe von Zeichnungen in Kürze nicht zu geben.
Die Vorbereitung der Lumpen bis zur vollendeten Darstellung des Ganzzeuges (einschließlich) geschieht bei der
Maschinenfabrikation ganz auf dieselbe Weise, wie für die
Verfertigung des auf Handformen geschöpften Papieres.
Das Zeug wird fast immer im Holländer geleimt. Bei
den Papiermaschinen mit gerader Form hat diese letztere
eine Geschwindigkeit von 30 — 35 Fuß per Minute.
Ungefähr ebenso lang ist die ganze Maschine vom Ein-
trittspunkte des flüssigen Ganzzeuges auf die Form bis
vor den Haspel, der das fertige Papier aufnimmt; mithin wird jedes Theilchen Ganzzeug in dem kurzen Zeitraume von 1 Minute in gepreßtes, getrocknetes und ge-
glättetes Papier umgewandelt. Nimmt man die Breite

des Papieres zu 4 Fuß an, so beträgt die Produktion stündlich 7200—8400 Quadratfuß, oder in 10 Stunden ungestörter Arbeit (höchstens soviel kann man, wegen unvermeidlicher Unterbrechungen, auf einen Tag rechnen) nach Abschlag des Ausschusses 70,000—80,000 Quadratf. Dieß ist ebensoviel, als 31,500—36,000 Bogen oder 66—75 Ries von Registerformat, welche ungefähr 900 bis 1200 Pfd. köln. wiegen. Eine solche Maschine erfordert eine Dampfmaschine von 8 Pferdekräften zur Bewegung und 8—10 Holländer (die Hälfte für Halbzeug, die Hälfte für Ganzzeug) zur Vorbereitung des Materials.

Manche Papiermaschinen sind nicht mit geheizten Trocknencylindern versehen, sondern liefern das gepreßte Papier feucht auf den Haspel, von welchem es sodann auf eine besondere Trocknenmaschine gebracht wird, welche mit der Dampftrocknenmaschine für Kattun übereinstimmt. In einigen Papierfabriken bringt man das Papier vom Haspel auf eine aus Kupferblech gemachte, mit gußeisernen Böden versehene, hohle Walze, welche 15—18 Zoll Durchmesser hat, wo man es in 20—30 Lagen übereinander fest aufrollt. Mehrere so bewickelte Walzen werden hierauf in ein Gestell gelegt, an welchem sich ein Dampfrohr befindet, um durch Oeffnung von Hähnen Wasserdampf in das Innere der Walzen eintreten zu lassen. Während des hierdurch bewirkten (binnen 30—40 Minuten vollendeten) Trocknens zieht sich das Papier beträchtlich zusammen, spannt sich in seinen Windungen stark an und erleidet auf diese Weise gleich eine Pressung, wodurch es die nöthige Glätte erlangt.

Das Maschinenpapier wird entweder in langen, zusammengerollten Blättern, webs, (die zuweilen 100 und mehr Fuß messen) in den Handel gebracht, oder in Bogen nach den gebräuchlichen Formaten zerschnitten. Zum Zerschneiden bedient man sich bald eines großen Messers aus freier Hand (wobei das Papier in vielfachen Lagen aufeinander geschichtet ist), bald eigener Papierschneidemaschinen. — In einigen englischen Fabriken wird ungeleimtes Zeug auf der Papiermaschine verarbeitet und dann das Papier vor dem Zerschneiden geleimt, wozu besondere Maschinen angewendet werden.

Das meiste Maschinenpapier ist Velinpapier; gerißte Formen sind nur bei den Cylindermaschinen ausführbar (weil die dicken, steifen Drähte einer solchen Form die unaufhörlichen Biegungen bei der Bewegung über Walzen nicht ertragen), kommen aber wenig vor. Um sehr dickes Papier (Doppelpapier) auf den Maschinen zu verfertigen, vereinigt man zwei noch weiche Blätter zwischen den Preßcylindern. Auf gleiche Art wird durch Zusammenpressen eines frischen Papierblattes auf sehr losen, gewebten Kattun der sogenannte Papier-Schirting hervorgebracht.

Die bis jetzt gegebene Beschreibung betraf die Erzeugung weißer Papiere. Man hat aber auch Papier, sowohl durch Handformen geschöpftes, als auf der Maschine bereitetes, welches durch und durch gefärbt ist, und das auf zweierlei Art bereitet wird: 1) durch Anwendung farbiger Lumpen, welche ganz wie die weißen Lumpen zur Darstellung des weißen Papieres behandelt werden (naturfarbige Papiere); 2) durch Färbung des aus weißen Lumpen bereiteten Ganzzeugs im Holländer oder in der Schöpfbütte (im Zeuge oder in der Masse gefärbte Papiere).

Von der ersten Art (wenn man den Ausdruck naturfarbige Papiere im weitesten Sinne nehmen will) sind das blaue, rothe und braune Papier, das graue und rothe Löschpapier. Zu der zweiten Gattung gehört, streng genommen, auch alles gebläute Schreibpapier, obwohl man dasselbe seiner blassen Farbe wegen, zu den weißen Papieren rechnet. Das blaue Nadel- und Zuckerpapier ist ein eigentliches im Zeuge gefärbtes Papier.

Die Verfertigung der naturfarbigen Papiere erfordert keine weitere Erklärung, da sie keine besonderen Verfahrungsarten darbietet. Es versteht sich von selbst, daß beim Sortiren der Lumpen auf gleiche Farbe derselben gesehen werden muß, und daß nur echtfarbige Lumpen

tauglich sind, d. h. solche, deren Farbe durch das Auswaschen beim Mahlen keine nachtheilige Veränderung
erleidet.

Da jedoch unter den in die Papierfabriken kommenden Lumpen in der Regel nur wenige Farben (z. B.
Blau und Roth) sich in bedeutender Menge finden, und
viele Farben gar nicht vorkommen: so ist man genöthigt,
den größten Theil der farbigen Papiere durch Färben
des Zeugs zu bereiten. Dieß geschieht entweder durch
Einmengen eines fein pulverförmigen, mit Wasser an-
gerührten, unauflöslichen Pigmentes (Schmalte für Blau,
Chromgelb oder Ocher für Gelb, Kienruß mit Kreide für
Grau, Eisenoxyd für Roth und Rothbraun, Eisenoxyd-
hydrat — aus Eisenvitriol durch Kalkmilch gefällt — zu
Hellbraun, Schweinfurter Grün für Grün ꝛc.), oder durch
eigentliches Färben der Zeugfasern auf chemischem Wege.
In letzterem Falle, der bei feinen Papiersorten in der
Regel vorkommt, werden die in der Leinenfärberei übli-
chen Beizmittel und Pigmente angewendet. Die Pigmente sind meist Abkochungen von Pflanzentheilen und
werden entweder schon beim Kochen, oder nachher, beim
Vermischen mit dem Ganzzenge, mit den als Beizen zur
Verschönerung und Haltbarmachung der Farben erforderlichen Salzen versetzt.

Die Sorten und Formate des Papieres an-
langend, so finden sich die gebräuchlichsten Gattungen in
folgender Uebersicht:

1) Lösch=, Schrenz= und Packpapier.

Mit sehr wenigen Ausnahmen auf gerippten Formen
geschöpft:

A) Löschpapier, Fließpapier (franz. papier
brouillard, engl. blotting paper), an manchen Orten
Makulatur genannt (unter welchem Namen man jedoch eigentlich nur altes, bedrucktes Papier versteht).
Stets ungeleimt, wenig gepreßt, daher schwammig
und stark Wasser ansaugend.

   a) Graues (papier gris) aus wollenen Lumpen,
   rauh und grob.

b) **Rothes**, aus rothen, leinenen Lumpen, viel glätter und sanfter, als das vorige; oft mit Velinformen geschöpft.

B) **Schrenzpapier**, dünnes, in kleinen Formaten verfertigtes Packpapier, aus ungebleichten, leinenen Lumpen, ungeleimt, oder halbgeleimt. Die besseren Sorten desselben werden auch zu ganz ordinären Buchdruckerarbeiten gebraucht.

C) **Packpapier**, papier vanant, trace, mainbrune, maculature sind Sorten davon (wraping paper, paking p.). Meist in großen Formaten und ziemlich dick, stets geleimt (am gewöhnlichsten halb geleimt); aus ungebleichten, leinenen Lumpen, in seltenen Fällen auf Velinformen verfertigt. Besondere Arten sind das blaue und rothe Packpapier, von aussortirten blauen oder rothen Lumpen; das braune Packpapier (brown paper), nach englischer Art aus alten getheerten Seilen oder Werg, das durch Blauholzabsud in der Masse violettblau gefärbte Papier zum Einpacken der Leinwand, der Nähnadeln (Nadelpapier), des Zuckers (Zuckerpapier, papier à paint de sucre, sugar blue paper) und andere mehr.

2) **Druckpapier** (ungeleimt weiße Papiere).

A) **Eigentliches Druckpapier** (für Buchdrucker) papier à imprimer, p. d'impression, printing paper.

   a) **Conceptdruck**, die schlechteste Sorte; mit gerippten Formen verfertigt.

   b) **Kanzleidruck**. Mittelsorte, von gerippten Formen.

   c) **Postdruck**. Feinere Druckpapiere, von gerippten Formen (zuweilen auch halbgeleimt) [*].

---

[*] In England und Frankreich sind alle Druckpapiere der Regel nach halb geleimt. Die geringste Sorte des Druck- und Schreibpapieres, welche ungefähr unserem Konceptpapiere entspricht, führt in Frankreich den Namen **papier bulle**.

d) Velindruckpapier, in verschiedenen Ab=
stufungen der Feinheit. Das Filtrirpapier,
papier Joseph, filtring paper, gehört hierher.

B) Notendruckpapier, papier de musique, music
paper. Dick mit gerippten Formen, oder Velin=
formen geschöpft (öfters auch geleimt).

C) Kupferdruckpapier (papier à estampes, plate
paper). Velinpapier von mehr oder weniger feiner
Masse (stets aus gefaulten Lumpen), dick, weich
und gewissermaßen schwammig.

D) Gold= oder Seidenpapier, papier Joseph à
soie, tissue paper); das geringere mit gerippten
Formen, die feineren Sorten mit Velinformen ge=
arbeitet; außerordentlich dünn, zum Einwickeln von
Goldwaaren und anderen zarten Gegenständen, zum
Einlegen zwischen Kupferstiche u. s. w.

3) Schreib= und Zeichnenpapiere (geleimte
weiße Papiere).

A) Schreibpapier papier à écrire, d'écriture, writing
paper. Theils mit gerippten, theils mit Velin=
formen gefertigt.

    a) Konceptpapier. Die geringste Gattung;
    halbweiß (aus nicht gebleichter Masse); gerippt.

    b) Kanzleipapier (mittelfeines und feines);
    gerippt.

    c) Postpapier (feines und allerfeinstes), gerippt.
    Die dünnen Sorten der mittleren und kleinen
    Formate werden vorzugsweise als Briefpapier
    gebraucht. (Briefpostpapiere.)

    d) Velinschreibpapiere, sowohl Briefpapiere,
    als auch dickeres. Alle aus feiner Masse be=
    stehenden Sorten führen den gemeinschaftlichen
    Namen Post=, Velin= oder Velinpost=
    papiere.

B) Notenpapier, dick und in besondern Formaten.

C) Zeichnenpapier, papier de dessin, drawing
paper. Durchaus Velin; feine und allerfeinste, ganz
weiße Masse (nie gebläut).

D) Tapetenpapier. Geleimtes Velinpapier aus mittelfeiner Masse, in ziemlich großem Formate.

Jede der vorstehenden, aufgeführten Papiergattungen wird wieder in Bogen von verschiedener Größe (in mehreren, oft ziemlich vielen Formaten) von den Fabriken geliefert, für welche erstere gewisse Benennungen allgemein eingeführt sind. Die Benennungen der Formate sind für Maschinen- und Büttenpapiere, — insofern solche für letztere, der Größe nach, durch Handarbeit anzufertigen, möglich ist, — durchgängig gleich. Die in Deutschland gebräuchlichen Formate sind hauptsächlich folgende, deren Maße bis auf kleine Abweichungen übereinstimmend beobachtet werden:

	Hannöv. Zoll	
	breit	hoch
Groß-Elephant	42½	27¾
Klein-Elephant	37	26
Kolombier	33¾	24¼
Imperial	31½	22¾
Groß-Royal	30½	21¾
Super-Royal	28¼	20
Mittel-Royal	27	20½
Klein-Royal	23½	20
Lexikon-Format (Emoisin) . .	24⅓	19
Groß-Median	23¾	18¼
Mittel-Median	22¼	18¼
Schmal-Median	21¾	17¼
Klein-Median (Register) . .	21	16½
Schmal-Register	20	16¼
Mittel-Register	19½	15¾
Propatria (Dikasterial) . . .	18½	15¼
Klein-Format . . .	17¼—17¾	14—15½

Die Dicke der Papiersorten läßt sich, wenn dabei das Format berücksichtiget wird, nach dem Gewichte vergleichen, das man per 1 Ries anzugeben pflegt, und bei der Fabrikation möglichst genau festzuhalten sucht. Beifolgende Tabellen geben über die gebräuchlichsten deutschen, französischen und englischen Papiersorten in dieser Beziehung Auskunft, sowie man hinsichtlich der letzteren beiden zugleich die eigenthümlichen Benennungen und Formate vorfindet.

Deutsche Papier-Sorten.

Namen:	1 Ries wiegt köln. Pfund.	
Graues Löschpapier.		
Mittel-Royal		58
Groß-Median		33½
Klein-Median		26½
Propatria	13 —	14¼
Klein-Format	11½ —	13
Pack-Papier.		
Groß-Elephant		90
Klein-Elephant		72
Kolombier		62
Imperial		54
Groß-Royal		51
Mittel-Royal	37 —	62
Groß-Median	18 —	29
Register	18 —	21
Blaues Packpapier.		
Mittel-Royal	38 —	45
Schmal-Register		30
Druck-Papier (ungeleimt).		
a) Koncept-		
Groß-Median		18
Mittel-Median		15¼
Register		14½
Klein-Format		11½
b) Kanzlei-		
Lexikon-Format	18½ —	21½
Groß-Median	18 —	19

Namen:	1 Ries wiegt köln. Pfund.
Mittel = Median	$14\frac{1}{2}$ — 18
Register	13 — $15\frac{1}{2}$
Propatria	10 — 12

c) Post = Papier.

Groß = Median	$14\frac{1}{2}$ — $15\frac{1}{2}$
Mittel = Median	13 — $14\frac{1}{2}$
Klein = Median	12 — 13

d) Velin =

Groß = Median	$14\frac{1}{2}$ — 18.
Mittel = Median	12 — 17
Klein = Median	$9\frac{1}{2}$ — 12

Kupferdruckpapier.

Groß = Elephant	115
Klein = Elephant	96
Kolombier	84
Imperial	74
Groß = Royal	68
Mittel = Royal	60
Klein = Royal	55
Emoisin	47
Groß = Median	43
Mittel = Median	39
Klein = Median	34
Propatria	25

Seidenpapier.

Propatria (ordinär)	8
Groß = Median (mittelfein)	$8\frac{1}{2}$
Mittel = Register (fein)	$2\frac{7}{8}$
Groß = Royal (fein)	7

Schreibpapier.

a) Koncept =

Royal	29 — 36
Median	$21\frac{1}{2}$ — 29

Namen:	1 Ries wiegt köln. Pfund.	
Register	15½	— 19
Schmal-Register (Groß-Koncept)	14½	— 18
Mittel-Register (Mittel-Koncept)	11	— 18
Propatria (Mittel-Koncept)	11½	— 16
Klein-Format (Klein-Koncept)	10½	— 14½

b) Kanzlei-Papier.

Elephant	96	—108
Kolombier	72	— 84
Imperial	66	— 72
Groß-Royal	54	— 60
Mittel-Royal	48	— 54
Klein-Royal	38	— 53
Groß-Median		36
Mittel-Median		29
Register		25
Schmal-Register (Groß-Kanzlei)		24
Mittel-Register (Groß-Kanzlei)		19
Propatria		17
Klein-Format (Klein-Kanzlei)		14½

c) Post-

Groß-Elephant	120	—144
Imperial	72	— 78
Groß-Royal	66	— 72
Super-Royal	54	— 60
Mittel-Royal	42	— 48
Groß-Median	14½	— 33
Mittel-Median	13½	— 24
Schmal-Median	13½	— 24
Klein-Median (Groß-Postpapier)	12	— 21
Mittel-Register (Mittel-Postpapier)	12	— 14½
Propatria	11	— 13
Klein-Format (Klein-Postpapier)	9½	— 12

d) Velin-

Groß-Median	13	— 30
Mittel-Median	11½	— 29

Namen:	1 Ries wiegt köln. Pfund.
Register	11 — 24
Klein-Format	8 — 17
Zeichnenpapier.	
Groß-Elephant	120 —144
Klein-Elephant	96 —108
Imperial	72 — 80
Super-Royal	56
Klein-Royal	50
Groß-Median	33⅓
Klein-Median	25
Propatria	17

Französische Papier-Sorten.

Namen.	Format: breit	Format: hoch	1 Ries wiegt franz. Pfd.
	franz. Zoll.		
Grand-Mondo	43	31¼	215
Grand-Aigle	36½	24¾	131—140
Grand-Soleil	36	24⅝	105—110
Au-Soleil	29½	20⅓	82— 85
Grande-fleur-de-Lis	31	22	72
Grand-Colombier (Impérial) . .	31¾	21¼	90
Grand-Chapelet	31½	22	66
Chapelet	29	20¼	60
Grand-Jésus (Super-Royal) . .	26	19½	51— 53
Petite-fleur-de-Lis	24	19	36— 38
Grand-Lombard	24½	20	34
Grand-Royal	22⅔	17⅝	32— 33
Royal	22	16	30— 32
Petit-Royal	20	16	22
Grand-Raisin, double (dick) . .	22⅔	17	35— 38
Grand-Raisin simple (dünn) .	22⅔	17	26— 28

Namen.	Format: breit	Format: hoch	1 Ries wiegt
	franz. Zoll.		franz. Pfd.
Lombard	$21\frac{1}{3}$	18	24
Lombard ordinaire (Grand-Carré)	$20\frac{1}{2}$	$16\frac{1}{2}$	21 — 22
Cavalier	$19\frac{1}{8}$	$16\frac{1}{6}$	17
Double Cloche	$21\frac{1}{2}$	$14\frac{1}{2}$	18
Grand-Licorne à la Cloche . .	19	12	12
A la Cloche	$14\frac{1}{2}$	$10\frac{1}{2}$	9
Carré (Grand-Compte, oder Carré au Raisin) double	20	$15\frac{1}{2}$	26 — 27
Desgleichen simple	20	$15\frac{1}{2}$	17 — 18
„ tès-mince (Dünnstes)	20	$15\frac{1}{2}$	13 u. wenig.
Au Sabre (Sabre au lion) . .	20	$15\frac{1}{2}$	17 — 18
Coquille, double (dick) . . .	20	$15\frac{1}{2}$	14 — 15
Coquille ordinaire	20	$15\frac{1}{2}$	12 — 13
Coquille mince (dünn) . . .	20	$15\frac{1}{2}$	8 — 10
Ecu (Moyen-Compte, Compte od. Pomponne) double	19	$14\frac{1}{6}$	21
Desgl. simple	19	$14\frac{1}{6}$	16 — 17
Desgl. très mince	19	$14\frac{1}{6}$	11 u. wenig.
Au coutelas	19	$14\frac{1}{6}$	16 — 17
Grand-Messel	19	15	15
Second-Messel	$17\frac{1}{2}$	14	12
A l'Etoile (Eperon od. Louguet)	$18\frac{1}{2}$	$13\frac{5}{8}$	14
Grand-Cornet, double	$17\frac{3}{4}$	$13\frac{1}{2}$	14
Grand-Cornet, mince	$17\frac{3}{4}$	$13\frac{1}{3}$	12
A la main	$20\frac{1}{4}$	$13\frac{1}{3}$	13
Couronne (Griffon), double . .	$17\frac{1}{12}$	13	14
„ „ mince . .	$17\frac{1}{12}$	13	12
„ „ trèsmince .	$17\frac{1}{12}$	13	7 u. weniger
Champy (Bâtard)	$16\frac{11}{12}$	$13\frac{1}{6}$	11 — 12
Tellière, grand format, double .	$17\frac{1}{3}$	$13\frac{1}{6}$	14
„ „ „ simple .	$17\frac{1}{3}$	$13\frac{1}{6}$	12
A la Tellière	16	$12\frac{1}{4}$	14

Namen.	Format: breit	Format: hoch	1 Ries wiegt franz. Pfd.
	franz. Zoll.		
Cadran	$15\frac{1}{4}$	$12\frac{2}{3}$	12
Pantalon	16	$12\frac{1}{2}$	11
Petit-Raisin (Bâton-Royal oder Petit-Cornet)	16	12	10
Trois O (Trois Ronds od. Gênes)	16	$11\frac{1}{2}$	9
Petit-Nom-de-Jésus	$15\frac{1}{12}$	11	8
Armes d'Amsterdam	$15\frac{1}{2}$	$12\frac{1}{12}$	12 — 13
Cartier, grand format	16	$12\frac{1}{2}$	13
„ petit „	$15\frac{1}{12}$	$11\frac{1}{2}$	11 — 12
Pot (Cartier ordinaire) . . .	$14\frac{1}{2}$	$11\frac{1}{2}$	10
Pigeonne (Romaine)	$15\frac{1}{8}$	$10\frac{1}{3}$	10
Espagnol	$14\frac{1}{2}$	$11\frac{1}{2}$	8 — 9
Les Lis	$14\frac{1}{12}$	$11\frac{1}{3}$	8 — 9
Petit-à-la-Main (Main-Fleurie)	$13\frac{2}{3}$	$10\frac{2}{3}$	8
Petit-Jésus	$13\frac{1}{4}$	$9\frac{1}{2}$	6 — 7

Englische Papier-Sorten.

Namen.	Format: breit	Format: hoch	1 Ries wiegt engl. Pfd.
	engl. Zoll.		
Zeichnen- und Schreibpapier.			
Antiquarian	$52\frac{1}{2}$	$30\frac{1}{2}$	236
Double-Elephant	$39\frac{1}{2}$	$26\frac{1}{2}$	140
Atlas	33	26	100
Colombier	$34\frac{1}{2}$	23	100
Imperial	$29\frac{1}{2}$	$21\frac{1}{2}$	72
Elephant	28	23	72
Super Royal	$27\frac{1}{4}$	$19\frac{1}{4}$	52
Royal	$23\frac{1}{2}$	19	44
Medium	$22\frac{1}{4}$	$17\frac{1}{4}$	34
Demy	$19\frac{1}{2}$	$15\frac{1}{2}$	24

Namen.	Format: breit	Format: hoch	1 Ries wiegt engl. Pfd.
	engl. Zoll.		
Extra large Post	22¼	17¼	18 — 25
Extra large Bank Post . . .	22¼	17¼	13
Large Post	21	16½	16 — 24
Large Bank Post	21	16½	11
Post	19	15¼	14 — 25
Bank Post	19	15¼	7
Copy	20	16	17
Square Fools cap	22½	13¼	20
Foolscap	16½	13¼	15 — 18
Small Post	15½	12½	10
Druckpapier.			
Large News	32	22	32 — 37
Small	28	21	23 — 25
Royal	25	20	26 — 28
Medium	23½	18¾	24 — 26
Demy	22½	18	15 — 21
Short Demy (Music Demy) . .	20½	14	25 — 28
Copy	20¼	16¼	13 — 16
Double Crown	30	20	14 — 24
Crown	20	15	7 — 12
Double Foolscap	27	16½	18 — 28
Foolscap	16½	13½	9 — 14
Double Post	24½	15½	18 — 21
Post	15½	12¼	9 — 10½
Packpapier.			
Imperial	29	22	60 — 84
Elephant	28	23	30 — 36
Double Crown	30	20	20 — 22
Double Foolscap	26½	16	20
Royal	25	20	20 — 22
Demy	22½	18	15 — 18

II. Bunt-Papiere.

Eben so mannichfaltig, wie die eben erwähnten weißen und naturfarbigen Papiere sind die in der Buchbinderei gebräuchlichen sogenannten Bunt-Papiere; sowohl in ihren Gattungen, als ihren Benennungen, Formaten u. s. w. — Die Buntpapier-Fabrikation,
auch wohl (obschon uneigentlich) Papierfärberei, pflegt
man die Verfertigung der oberflächlich (bald ganz, bald
theilweise, bald einfarbig, bald mehrfarbig 2c.) gefärbten
Papiergattungen im ganzen Umfange zu nennen *).

Als Material für diese Fabrikation dienen theils ge-
rippte, theils (und besser) mit Velinformen geschöpfte Papiersorten, welche gut geleimt, von rein weißer Farbe,
ohne Knoten, Runzeln, Falten, überhaupt fehlerfrei sein
müssen. Auf schlecht oder ungleichförmig geleimtem Papiere halten die Farben nicht fest, weil der Leim, oder
überhaupt das Klebmittel, womit dieselben angemacht sind,
sich einzieht und die Theilchen der Farbe mehr oder weniger ungebunden auf der Oberfläche liegen läßt. Man
ist dabei öfters genöthigt, solches Papier vor dem Auftragen der Farben nochmals zu leimen, was dadurch geschieht, daß man es durch ein mit Alaun versetztes Leim-
wasser zieht (planirt) und wieder trocknen läßt. Papiere,
welche aus gebleichter Masse gearbeitet sind und in Folge
schlechten Auswaschens einen Rückstand von Chlor oder
Salzsäure enthalten; ferner solche, deren Leim mit zu
viel Alaun versetzt war, und jene, wozu die Lumpen mit
Kuhmilch oder Lauge behandelt wurden, ohne daß durch
Auswaschen alle alkalischen Theile wieder entfernt worden sind — taugen nicht zum Färben mit gewissen (insbesondere vegetabilischen) Farbestoffen, weil letztere (z. B.

---

*) Diesen Gegenstand behandelt ausführlich: Thon, der Fa-
brikant bunter Papiere, Weimar, Voigt.

4*

die feinen, hellrothen Pigmente) darauf eine nachtheilige Veränderung erleiden.

Von einem specielleren Eingehen auf die Buntpapier=Fabrikation insbesondere, muß hier um so mehr abgesehen werden, da es wohl Niemand einfallen wird, bei den jetzigen billigen Preisen dieser Artikel und der Leichtigkeit, mit welcher diese bezogen werden können, sich seinen Bedarf selbst anzufertigen. Solche aber, die die Buntfabrikation als Nebenbeschäftigung zu treiben beabsichtigen, finden gründliche und ausführliche Belehrung in der eben angeführten Schrift. Bei der Mannichfaltigkeit der hierher gehörigen Artikel, wird aber wohl eine kurze, specielle Aufzählung der verschiedenen Gattungen und ihrer Benennungen, Formate, Preise ꝛc. ebenso interessant, als belehrend sein, und wir benutzen hierbei, der möglichsten Vollständigkeit und Genauigkeit halber, einige uns von einer der renommirtesten Buntpapierfabriken Deutschlands zugegangene, hierauf bezügliche Mittheilungen.

Verzeichniß der Buntpapiere

der

Aktien-Gesellschaft für Buntpapier- und Leimfabrikation in Aschaffenburg.

Die Waare hier genommen, d. h. die Fracht zu Lasten
des Empfängers.

Ziel 4 Monate oder per compt. 3% Sconto.

Papier - Gattung. 1 Ries = 20 Buch = 480 Bogen.	Format.	Zoll-Pfunt	Preis per Ries	
			Rh.	*Sgr.*
Walzendruck-Papier.				
Fein matt Walzendruck . . .	Löwen .	13	3	18
do. . . .	grand raisin	23	6	20
Fein glänzend do. . . .	Löwen .	13	4	—
„ do. . . .	grand raisin	23	7	20
„ matt do. mehrfarbig . .	Löwen .	13	5	22
„ „ do. do. . .	grand raisin	23	10	—
„ glänzend do. do. .	Löwen .	13	6	9
„ „ do. do. .	grand raisin	23	10	20
„ gepreßt do., nur Gold .	Löwen .	14	9	—
„ „ do. do .	grand raisin	24	15	13
„ „ do. mit Gold - und Farbendruck .	Löwen .	14	10	9
„ „ do. do. . .	grand raisin	24	17	4
Marmor-Papier.				
Fein Türkisch Marmor . . .	Stab . .	11	4	—
„ do. . . .	Löwen . .	13	4	17
„ do. . . .	Median .	20	7	—
„ do. . .	grand raisin	23	8	—
Mittelfein do. . .	Stab . .	10½	3	20
Fein Griechisch Marmor . .	Stab . .	11	5	—
„ do. . . .	Löwen . .	13	5	15
„ do. . . .	Median .	20	7	20
„ do. . .	grand raisin	23	9	—

Papier - Gattung.	Format.	Zoll-Pfund	Preis per Rieß Rh.	Sgr.
Fein Antiken-, Perſiſch-, Vorſatz-, Pfauen-, Schrottel- und Korallen-Marmor	Löwen	13	6	9
do. do.	Median	20	8	—
do. do.	grand raisin	23	10	9
Feinſt Engliſch von pareil Kamm-Marmor	Löwen	14	8	—
„ do.	Median	20	11	—
„ do.	grand raisin	23	13	22
Fein Markgrafen-Marmor	Stab	13	4	—
„ do.	Median	20	7	—
„ do.	grand raisin	23	8	—
Fein Kleiſter-Marmor oder Maſer- und Holzpapier	Stab	12	3	18
„ do.	Median	20	5	15
„ do.	grand raisin	23	6	12
Fein Kibitz- und Granit-Papier	Stab	12	4	—
„ do.	Median	20	7	—
„ do.	grand raisin	23	8	—
Fein glatt Leder-Marmor	Löwen	21	8	—
„ „ do.	Median	25	12	—
„ „ do.	grand raisin	30	13	22
„ gepreßt do.	Löwen	21	9	4
„ „ do	Median	25	13	4
„ „ do	grand raisin	30	14	26
„ glatt Guſtav-Marmor	Löwen	19	8	—
„ „ do.	grand raisin	26	14	—
„ „ Agath-Marmor	Löwen	19	8	—
„ „ do.	grand raisin	26	14	—
Ordinär glatt Agath-Marmor	Stab	14	4	—
„ „ do.	grand raisin	24	8	—
Feinſt gepreßt do.	Löwen	19	9	4
„ „ do.	grand raisin	26	15	4
„ „ Guſtav-Marmor	Löwen	19	9	4
„ „ do.	grand raisin	26	15	4

Papier - Gattung.	Format.	Zoll-Pfund	Preis per Ries	
			Rl.	*Sg.*

Titel-Papiere.

Papier - Gattung.	Format.	Zoll-Pfund	Rl.	Sg.
Feinst gepreßt Glanztitel Chagrin	grand. raisin	30	16	—
Fein gepreßt Halbtitel . . .	do.	30	12	—

Glacé Papiere.

Papier - Gattung.	Format.	Zoll-Pfund	Rl.	Sg.
Ordinär glatt Glacé, gewöhnl. Farben	Stab . .	13	3 / 3	— / 16
„ „ do. feine „				
„ „ do. gewöhnl. „	grand raisin	25	5 / 6	20 / 20
„ „ do. feine „				
Mittelfein „ do. gewöhnl. „	Stab . .	14	3 / 4	22 / 20
„ „ do. feine „				
„ „ do. gewöhnl. „	grand raisin	28	7 / 9	13 / —
„ „ do. feine „				
Fein . „ do. gewöhnl. „	Löwen .	17	6 / 8	— / —
„ „ do. feine „				
„ „ do. gewöhnl. „	grand raisin	30	10 / 13	15
„ „ do. feine „				
Ordinär gepreßt do. gewöhnl. „	Stab . .	13	4 / 4	4 / 20
„ „ do. feine „				
„ „ do. gewöhnl. „	grand raisin	25	6 / 7	24 / 24
„ „ do. feine „				
Mittelfein „ do. gewöhnl. „	Stab . .	14	4 / 5	26 / 24
„ „ do. feine „				
„ „ do. gewöhnl. „	grand raisin	28	8 / 10	17 / 4
„ „ do. feine „				
Fein „ do. gewöhnl. „	Löwen .	17	7 / 9	4 / 4
„ „ do. feine „				
„ „ do. gewöhnl. „	grand raisin	30	11 / 14	4 / 20
„ „ do. feine „				

Glanz-Papiere.

Papier - Gattung.	Format.	Zoll-Pfund	Rl.	Sg.
Ordinär einfarbig Glanzpapier, gewöhnl. Farben	Stab . .	12	3 / 3	— / 16
„ „ do. feine „				

Papier-Gattung.	Format.	Zoll-Pfund	Preis per Ries.	
			Rth.	Sgr.
Mittelfein einfarbig Glanzpapier,				
gewöhnl. Farben	Stab . .	14	3	22
„ „ do. feine „			4	20
„ „ do. gewöhnl. „	grand raisin	28	7	13
„ „ do. feine „			9	—
Feinst einfarbig Glanztaffet, gew „	Löwen .	17	6	15
„ „ do. feine „			8	—
„ „ do gewöhnl. „	grand raisin	30	11	—
„ „ do. feine „			14	—
Fein matt einfarbig oder Körper-Papier,				
gewöhnl. Farben	Stab . .	13	3	22
„ „ do. feine „			4	20
„ „ do. gewöhnl. „	grand raisin	26	7	13
„ „ do. feine „			9	—
Etiketten-Papiere.				
Fein matt Ultramarinblau in 7 Nüancen	Stab . .	13	von 4 bis 8	10 —
„ „ do. do. .	grand raisin	26	von 8 bis 14	— —
Mittelfein broncebraun Glanz Nr. 1	Löwen .	14	6	15
„ „ „ Nr. 1	grand raisin	25	11	—
Fein „ „ „ Nr. 2	Löwen .	15	8	—
„ „ „ Nr. 2	grand raisin	26	14	—
Superfein „ „ Nr. 3	do.	30	16	—
Mittelfein Stahlblau „ Nr. 1	Löwen .	14	7	—
„ „ Nr 1	grand raisin	25	11	22
Fein Stahlblau Glanz Nr. 2	Löwen .	15	8	17
„ „ Nr. 2	grand raisin	26	15	—
Superfein „ „ Nr. 3	do.	32	17	4
Mittelfein Broncebraun, Glanz gepreßt				
Nr. 1	Löwen .	14	7	20
„ „ „ Nr. 1	grand raisin	25	12	4

Papier-Gattung.	Format.	Zoll-Pfund	Preis per Ries	
			Rt.	*Sgr.*
Fein Broncebraun, Glanz gepreßt				
Nr. 2	Löwen .	15	9	4
„ Nr. 2	grand raisin	25	15	4
Mittelfein Stahlblau „ Nr. 1	Löwen .	14	8	4
„ „ „ Nr. 1	grand raisin	25	11	22
Fein „ „ „ Nr. 2	Löwen .	15	9	22
„ „ „ Nr. 2	grand raisin	26	16	4
Fein Möbel-Papier, alle Holzarten				
darstellend, hellfarbig	Löwen .	15	7	13
„ „ dunkelfarbig			8	17
„ „ hellfarbig	grand raisin	26	14	—
„ „ dunkelfarbig			16	—
Feinst gepreßt Glacé mit Gold- und				
Farbdessins	grand raisin	32	24	—
Fein glatt Goldsitz mit einem Farbdruck	Stab . .	11	7	—
„ gepreßt do. do.			8	—
„ glatt do. mit mehreren Farben	Stab . .	12	8	8
„ gepreßt do. do.			9	5
„ „ Goldkattun auf gew. Grundf.	Stab . .	13	9	—
nur mit Gold				
„ „ do. auf gew. Grundfarben	Stab . .	14	10	17
mit Gold u Farbdruck				
„ „ do. auf feinen Grundfarb.	Stab . .	14	10	17
nur mit Gold				
„ „ do. auf feinen Grundfarb.	Stab . .	14	—	12
mit Gold u. Farbdruck				
Fein gepreßt Gold- u.Silberpapier, unächt	Löwen .	—	18	
do. do. mit Farbdessins	do.	—	22	—
Fein ächt glänzend Citrongoldpapier	demi raisin	8	182	26
„ „ grünes Goldpapier	do.	8	182	26
„ „ matt Citrongoldpapier .	do.	8	182	26
„ „ glänzend u. matt Silberpapier	do.	8	62	26
„ halbächt glänzend Goldpapier	grand demi raisin .	10	57	4
halbächt gepreßt Goldpapier .	„	10	62	26
Mittelfein halbächt glänzend Gold- und				
Silberpapier .	grand raisin	15	62	26
„ „ gepreßt Gold- u. Silberp.	„	15	68	17

Papier-Gattung.	Format.	Zoll-Pfund	Preis per Ries	
			Rℓ	Sgr
Kattun-Papiere.				
Mittelfein Kattun-Papier, Farbgrund	13½" zu 16½" rheinisch .	11	2	26
Fein grundirt Papier auf farbigen und Irisgrund	Stab . .	13	3	18
„ ungrundirt Kattun .	Stab . .	11	3	5

Maß der Papiere.

	Rheinländisches Maß.				Centimeter.			
Stab .	14½	Zoll hoch	17½	Zoll breit,	38	hoch	45½	breit
Median .	17½	„ „	22½	„ „	45½	„	58	„
Grand raisin	19	„ „	23½	„ „	51	„	61	„
Löwen .	15½	„ „	18½	„ „	40	„	48½	„
Royal .	19½	„ „	26½	„ „	50	„	69	„

Die Verpackung geschiebt in Kisten oder auf besonderes Verlangen in Packtuch, beides aufs billigste berechnet.

Außer den in dieser Uebersicht verzeichneten, zur Buntpapierfabrikation zu zählenden Papiergattungen giebt es noch vielerlei Arten, die aber, streng genommen, nicht unter die Materialien des Buchbinders zu rechnen sind, so namentlich Kreide-, Blumen-, Wachstuch-, Schmirgel-, Glas-, Rost-, Politurpapiere; auch die Schreibheftdecken in ihren mancherlei Gattungen müssen hierbei erwähnt werden, da letztere sehr häufig zu schwachen Schulschreibbüchern als Ueberzug verwendet werden.

Ferner muß hier der verschiedenen Arten Gold-, Silber-, emaillirten-, farbigen und weißen Borduren, Medaillons-, Rosetten-, Vignetten, Reliefborden u. s. f. kurz gedacht werden, die insgesammt Produkte der Buntpapierfabrikation sind, mehr aber vom Galanterie- und Papparbeiter, als vom Buchbinder verarbeitet werden, weshalb auch hier auf dieselben nicht specieller eingegangen werden kann.

15) Pappen oder Pappendeckel sind steife und dicke Blätter Papier, die nach denselben Regeln, wie das Papier, von verschiedener Stärke, Farbe, Format und Güte verfertigt werden, wozu man auch alle Abfälle und Abschnitte von Papier, Pappe und Makulatur, schlechte Lumpen u. s. f. verwendet. Die Pappen werden entweder direkt durch das Schöpfen und Kautschen hervorgebracht (geformte Pappe); oder entstehen durch Zusammenkleben mehrerer fertiger Papierbogen (geleimte Pappe). Das erste Verfahren ist wieder ein zweifaches. Entweder man schöpft unmittelbar und auf einmal so dicke Bogen, als die beabsichtigte Stärke beträgt, oder man erlangt letztere durch mehrmaliges Schöpfen, Aufeinanderlegen und Pressen.

1) Geschöpfte Pappe. — Die schon angedeutete Methode, diese Art Pappe darzustellen, giebt — wenn nicht besondere Kunstgriffe angewendet werden — nie ein schönes, festes und hartes Fabrikat, weil die Entwässerung der sehr dicken Bogen, durch Abtropfen auf der Form, womit sie geschöpft sind, sehr unvollkommen von statten geht, und weil eine überall gleiche Dicke und völlig glatte Oberfläche (bei der Schwierigkeit, die große Menge Stoff ganz gleichmäßig auf der Form auszubreiten) nicht leicht erreicht werden kann. Den nachtheiligen Folgen dieser beiden Umstände ist durch das nachfolgende Pressen nicht genügend abzuhelfen; das Produkt bleibt weich, schwammig und von mehr oder weniger unebener Oberfläche. Hieraus geht schon hervor, daß zu der gegenwärtigen Abtheilung die schlechtesten Sorten von Pappen gehören, von welchen man hauptsächlich zum Verpacken

und zu ganz geringen Papparbeiten Gebrauch macht. Als Material zur geschöpften Pappe dienen daher gewöhnlich die wohlfeilsten Stoffe, namentlich wollene, grobe baumwollene und schlechte leinene Lumpen, Papierabschnitzel, Buchspäne, die Ausschußbogen der Papierfabriken, Makulatur, altes, beschriebenes Papier und alte Pappe. Die Lumpen werden wie bei der Papierfabrikation behandelt, jedoch weder so sorgfältig gereinigt, noch zu so feinem Zeuge gemahlen; altes Papier und alte Pappe werden in einer Bütte mit Wasser aufgeweicht oder gar mit Wasser gekocht, dann in einem Holländer oder mittels einer mechanischen Rührvorrichtung, oft sehr unvollkommen, zerkleinert. Das Schöpfen wird mittels grober, geritzter Formen, welche einen hohen Deckel haben, um die nöthige Menge Zeug zu fassen, verrichtet. Das Zeug in der Schöpfbütte wird dicker gehalten, als bei der Verfertigung des Papieres; öfters setzt man ihm Kreide oder Thon — mit Wasser zu Brühe angerührt und durch ein Sieb gegossen — zu, um die Härte und das Gewicht der Pappe zu vermehren. — Diese Beimischung kann ein Viertel vom Gewichte der Pappe ohne Nachtheil betragen. Das Kautschen, das Pressen zwischen den Filzen und das hierauf folgende Pressen ohne Filze sind Arbeiten, welche keiner Erörterung bedürfen. Zum Trocknen werden die Pappbogen mittels eiserner Drahthäkchen an die Schnüre gehängt, bei günstiger Witterung auch wohl ins Freie auf einen reinen Grasboden gelegt. Endlich preßt man sie trocken in ganzen Stößen einmal, und läßt sie einzeln zwischen den gußeisernen Cylindern eines Walzwerkes durchgehen.

Eine gute, feste und dicht geschöpfte Pappe kann (aus angemessen sorgfältiger bereitetem Zeuge) auf die Art erhalten werden, daß man auf den gehörig abgetropften, noch auf der Form befindlichen Bogen eine leere, etwas kleinere (in die Oeffnung des Deckels passende) Form umgestürzt legt, und das ganze kurze Zeit unter eine schwache Presse bringt, dann aber erst zum Kautschen schreitet. Die Bogen gelangen hierdurch schon

sehr entwässert und verdichtet zwischen die Filze, was von
ungemeinem Nutzen ist. Die nachherige Pressung in der
großen Schraubenpresse muß so stark als möglich sein
und mehrmals mit dem Austauschen verbunden vorgenommen werden.

2) **Gekautschte Pappe.** — Die Methode, Pappbogen durch Aufeinanderkautschen mehrerer Papierbogen
zu bilden, ist von den der gewöhnlichen Verfertigung
geschöpfter Pappe anhängenden Mängeln frei und
wird deshalb zur Hervorbringung guter und schöner
Pappe in der Regel angewendet. Da man die größere
hiermit verbundene Arbeit nicht gern an ein ganz schlechtes Material verschwendet, so macht man gekautschte
Pappe seltener aus Papierabgängen, sondern meistentheils
aus Lumpen, Werg oder alten Stricken, zuweilen auch aus
Stroh oder Lederabfällen oder einem Gemenge derselben
mit Lumpen. In den meisten Fällen ist diese Pappe
nicht weiß, sondern grau, blau, roth, braun, gelb, je nach
der Art des dazu angewendeten Stoffes. Die feinsten Sorten macht man jedoch aus gebleichtem Zeuge
von Lumpen. Eine ziemlich langfaserige Beschaffenheit
des Zeuges ist bei guter Pappe, wegen der davon ab-
hängenden Festigkeit, ein besonders wichtiger Umstand;
weshalb nicht nur die Wahl eines starken, langfaserigen
Materials (vorzugsweise hanfene Lumpen, alte Stricke
und Werg), sondern auch die ausschließliche Bearbeitung
im Stampfgeschirre, mit Beseitigung des Holländers, sich
empfiehlt. Kreide oder Thon wird auch hier zuweilen
zugesetzt. Die Formen zum Schöpfen sind meist geritzte,
seltener Velinformen und jenen für starke Papiersorten
ganz gleich. Der einzige wesentliche Umstand, welcher
die Verfertigung der gekautschten Pappe von jener des
Papieres unterscheidet, ist der, daß man beim Kautschen
immer erst einige Bogen (2—12) ohne Zwischenlage aufeinander legt, bevor wieder ein Filz darüber gedeckt wird.
Man befolgt dieses Verfahren (jedoch immer nur mit 2
und 2 Bogen) auch bei eigentlichem Papiere, wenn man
diesem eine besondere Dicke geben will, und es entstehen

auf diesem Wege die sogenannten Doppelpapiere, zu welchen die stärksten Gattungen des Zeichnen- und Kupferdruckpapieres, sowie das dicke Notenpapier gehören. In Betreff der Pappe giebt es zwei Verfahrungsarten beim Kautschen. Die erste besteht darin, daß man, nachdem ein Bogen auf den Filz abgelegt ist, die übrigen zu einer Pappdicke erforderlichen Bogen einzeln nach einander darüberkautscht. Die zweite Methode ist folgende: Der Kautscher behält die in Empfang genommene, mit einem frischen Bogen bedeckte Form in den Händen, bis der Schöpfer mit der andern Form ebenfalls einen Bogen verfertigt hat, stürzt dann die erste Form um, legt sie genau passend auf die zweite (noch in den Händen des Schöpfers befindliche) und drückt sie an. Beim Wiederaufheben der obern Form bleiben beide Bogen auf der untern liegen; mit der leer gewordenen wird nun ein neuer Bogen geschöpft, und das beschriebene Verfahren wiederholt. Erst wenn auf diese Weise alle zu einer Pappe erforderlichen Bogen aufeinander liegen, kautscht man das ganze auf einen Filz und legt darüber sogleich einen andern Filz. Indem sonach durch den wiederholten Druck der zwei Formen gegen einander nach und nach viel Wasser ausgetrieben wird, kommt die Pappe in einem schon verdichteten Zustande zwischen die Filze und gewinnt überhaupt an Konsistenz. Um den Wasserabfluß bei dem beschriebenen Kautschen auf der Form zu erleichtern, ist es wesentlich, daß jedes Mal die Form mit dem zuletzt geschöpften (wasserreicheren) Bogen unten sich befinde. Die zwei an einer Bütte beschäftigten Arbeiter können des Tages 300 bis 600 Pappbogen verfertigen, welche trocken 220 bis 330 köln. Pfund wiegen. Das weitere Verfahren in der Behandlung der gekautschten Pappe ist mit jenem, welches für die geschöpfte Pappe angewendet wird, übereinstimmend. Sollen die Pappen einen starken Glanz erhalten, so glättet man sie zuletzt durch Reiben mit einem großen Stück polirten Feuersteins auf einer Glättmaschine, welche in der Hauptsache der oben beschriebenen gleicht (Glanzpappe). Eine eigentliche

Leimung wird mit den meisten Pappen nicht vorgenommen. Einige Sorten bestreicht man nach dem Trocknen, vor dem Glätten, mit Stärkekleister, in welchen kochend eine kleine Menge Seifenauflösung eingerührt ist. Die feinste, dichteste, härteste und glänzendste Sorte der gekautschten Pappe sind die Preßspäne, Tuchpreßspäne. Das Zeug zu denselben wird in der Bütte geleimt; die Blätter werden oft sehr scharf gepreßt, dabei fleißig ausgetauscht, nach dem Trocknen auf der Glättmaschine geglänzt. Die besten haben einen glasartigen Glanz, eine fast hornähnliche Härte und sind gewöhnlich von brauner Farbe.

3) Geleimte Pappe (an manchen Orten Kartenpapier genannt, weil auch die Spielkarten eine solche Art Pappe sind) entsteht durch Aufeinanderkleben von 3 bis 12 Bogen geleimten Papieres mittels Stärkekleister, dem man etwas Leim zugesetzt hat, worauf man eine starke Presse folgen läßt. Die fertigen Pappen werden sodann, nöthigenfalls, gewalzt oder auf der Glättmaschine geglänzt. Die Preßspäne einiger Fabriken gehören hierher; ferner das zur Wassermalerei und zu Kreidezeichnungen angewendete Thabei - oder Bristolpapier (Bristol paper, ivory paper). Zu geringen Sorten der geleimten Pappe nimmt man in das Innere auch ungeleimtes Druckpapier, ja sogar Löschpapier.

Obwohl gute, recht glatt gepreßte Pappen in den meisten Fällen fast zu allen Buchbinderarbeiten genügen, so hat man doch die Glätte und Härte derselben noch dadurch zu vermehren gesucht, daß man solche zwischen metallenen, hölzernen oder papiernen Walzen durchgehen ließ. Von diesen haben selbstredend die metallenen Walzen den Vorzug, und wenn diese durch eingeschobene, heiße Dornen geheizt werden können, so ist der Erfolg der Arbeit schneller und besser. Beim Walzen werden die Pappen etwas feucht gehalten, da ganz trockene, harte Pappen den Walzen nicht nachgeben, oder doch öfter durchgehen müssen.

Die in Deutschland gangbaren Formate der Pappen sind folgende:

Polrmitformat,
Manchesterformat,
Koncentformat,
Groß Royalformat,
Klein Royalformat,
Groß Median,
Klein Medianformat.

Sämmtliche Formate hat man in verschiedenen Massen und Stärken.

Die Preise der Pappen sind je nach der Güte verschieden und werden gewöhnlich per Centner berechnet. Bis auf unbedeutende Schwankungen würden sich dieselben wohl so fassen lassen:

Ordin. graue Pappen 4— 4½ Rthl:. per Ctr. (gewöhnl. ungewalzt)

Gute graue, gewalzte	„	5— 5¼	„ „
Halbweiße . .	„	6— 6¼	„ „
Ganz weiße . .	„	9—12	„ „
Blaue . . .	„	7— 9	„ „

Die besten Pappen sind die englischen (sogenannten Royal Cards), aber gar nicht oder sehr schwer aus England zu erhalten; nächstdem werden in Holland und Frankreich sehr schöne Pappen gefertigt und neuerer Zeit wird auch in Deutschland diesem Fabrikate große Sorgfalt gewidmet.

16) Pergament. Unter Pergament im weitesten Sinne versteht man die gehörig gereinigten, ungegerbten und getrockneten Häute der Thiere. Zu dem vom Buchbinder verarbeiteten Pergament, als: Schreibpergament, werden Schaf-, Ziegen- und Kalbshäute, Bindepergament Häute von jungen Schaf- und Ziegenlämmern, und zu dem sogenannten Velinpergament die Häute junger Ziegen verarbeitet.

Zu den Pergamenttafeln, Oelpergament, Oelhäuten, welche dazu dienen, um mit Reißblei darauf zu schreiben, und diese Schrift wieder auszulöschen, wird häufig gemeines und hinreichend starkes Pergament verwendet, das man mittels Anstrich oder Lackirung mit einem glatten Ueberzuge versieht. Man hat von diesen Pergament = oder Notiztafeln zweierlei Arten, nämlich durch Anstrich mit einer Wasserfarbe (Kreidepergament), oder mit Oelfirniß (Oelpergament); bei der letztern und bessern Sorte läßt sich das Reißblei mit Wasser aus= löschen, bei der ersteren oder gemeinen dagegen muß dieses durch Reiben mit Talg oder Oel geschehen. Zu diesem verwendet man dünnere, zum Oelpergament da= gegen stärkere Häute.

Das Binde = Pergament kann auch beliebig gefärbt werden. Gewöhnlich giebt man ihm eine grüne Farbe. Man löst zu diesem Behufe im Sieden in 500 Gewichts= theilen Regenwasser 8 Gewichtheile Weinstein auf, fügt 30 Theile gut pulverisirten, krystallisirten Grünspan hinzu, läßt die Auflösung bis zum Lauwarmen abkühlen, rührt dann noch 4 Theile Salpetersäure ein und überstreicht das ein wenig befeuchtete Pergament mittels eines Pin= sels mit dieser warmen Farbe. Um ihm Glanz zu geben, übersährt man es mit Eiweiß oder mit einer Auflösung von arabischem Gummi und preßt zuletzt.

Die Aktiengesellschaft für Buntpapierfabrikation in Aschaffenburg liefert Pergament zu nachstehenden Preisen:

	per Dutzend.
Nr. 1 geschnitten zu Brieftaschen, weiß und gelb	— Thlr. 17 Sgr.
Nr. 2 geschnitten zu Brieftafeln, weiß und gelb	— „ 14 „
Nr. 3 geschnitten zu Brieftafeln, weiß und gelb	— „ 12 „
Weiß und gelb Schreib = und Bind= pergament in ganzen Häuten .	11 „ 13 „
Fein Papierpergament, Median .	— „ 21 „
„ Elfenbeinpap. Lt. D. Median	— „ 21 „

17) Sammet. Das Eigenthümliche des Sammets und der sammetartigen Zeuge besteht darin, daß auf einem leinwandartigen, seltener geköperten, Grundgewebe oder Grund eine haarartige Decke, der Flor oder die Pole angebracht ist, deren feine, in der Regel gleich lange Fäden aufrecht stehen, wenn sie kurz sind, oder nach dem Striche niedergelegt werden, wenn sie eine größere Länge besitzen. Dieß ist die gewöhnliche Art, in der diese Zeuge erscheinen; der sogenannte ungeschnittene Sammet oder Manchester bildet eine Abart. Vom eigentlichen Sammet (wohl zu unterscheiden vom eben genannten Manchester) giebt es wieder verschiedene Gattungen, wie: der glatte und Köpersammet, der Halbsammet, gerippter, façonnirter oder gemusterter Sammet. Vom Sammet im gewöhnlichen engern Sinne des Wortes unterscheidet sich der Felper (Felpel, Velp, Pelzsammet) und der Plüsch wesentlich durch die Länge des Haares, das bei ersterem länger als beim Sammet und beim Plüsch am längsten ist.

18) Seidene Zeuge. Es giebt verschiedenerlei Arten seidener Zeuge, oder eigentliche Modifikationen derselben, die unter eigenthümlichen Namen bekannt sind. So giebt es unter den glatten Geweben Persanne, Sarsenet, Gros de Naples, Gros de Tours, Terzenelle, Ducapes u. dergl. mehr, die sich, obgleich sie auf einerlei Art gewebt werden, doch durch die Schwere des Stoffes oder Materials, woraus sie gewebt werden, unterscheiden. Das erste dieser Zeuge ist von außerordentlich losem Gewebe und wird jetzt fast gar nicht mehr gefertigt. Es wurde durch den Sarsenet ersetzt, und dieser wird wiederum durch den Gros de Naples verdrängt. Der Gros de Tours ist in Folge der vielfachen Einschußfäden ein ziemlich schwerer Stoff, dessen Name von der französischen Stadt Tours herstammt.

Der Taffet ist gleichfalls ein leichtes, glattes Seidenzeug, von dem man leichten und schweren unterscheidet. Unter den geköperten Seidenstoffen nimmt der Atlas die erste Stelle ein. Viele der zahlreichen Benennungen, unter denen die verschiedenen Seidenstoffe bekannt sind, bezeichnen so kleine Unterscheidungen, daß es ebenso langweilig, als unnütz sein würde, dieselben namentlich hier aufzuzählen.

Außer den ganzseidenen Stoffen giebt es auch solche, die nur theilweise aus Seide bestehen, die mit Fäden aus Baumwolle, Wolle oder Flachs verwebt ist; man nennt sie gemischte oder halbseidene Stoffe.

19) Wachs braucht der Buchbinder auf mancherlei Art, und zwar im allgemeinen weißes Wachs, sowie es im Handel vorkommt. Zum Wichsen des Heftzwirnes jedoch ist es besser und vortheilhafter, sich selbst ein Wachs auf folgende Art herzustellen: Man schmelzt eine Mischung von Wachs, Pech und Talg über Feuer zusammen, schüttet das geschmolzene in kaltes Wasser und formt daraus Kugeln.

Als Glättwachs zum Glätten der Bücherschnitte dient am besten reines Jungfernwachs, mit welchem man ein leinenes Läppchen bestreicht und damit den Schnitt ab- reibt. Dasselbe findet auch Anwendung beim Abglätten gefärbter Lederbücher und wird bei Abhandlung derselben dieses Wachses wieder gedacht werden.

Eine Wachsauflösung zum Glätten der Schnitte und zum Marmoriren wird bereitet, indem man in un- gefähr 6 Eßlöffel voll Wasser 1 Loth weißes Wachs und 1 Eßlöffel voll starke, aufgelöste Pottasche hinzufügt, und diese Mischung unter fortwährendem Umrühren über Kohlenfeuer bis zum Kochen erhitzt.

20) Zwirn ist zum Heften der Bücher von ver- schiedener Stärke nöthig. Er muß aus gekochtem Leinen- oder Hanfgarn bereitet sein und mindestens aus zwei Fäden bestehen. Der jetzt im Handel vorkommende Maschinenhanfzwirn (ungebleicht) hat vor dem Hand- gespinnst mancherlei Vorzüge. Jetzt wird auch viel mit

5.*

weißem gebleichten Zwirn, hauptsächlich Broschüren für Buchhändler, geheftet, da beim Aufschlagen des Buches ein gebleichter Faden sauberer aussieht, als ein un= gebleichter.

21) Zwischgold besteht aus einem Blatte Gold (Abgang beim Schlagen des Blattgoldes) und einem Blatte Silber, beides zu einem Platte mit zwei verschie= denen Seiten (Gold und Silber) geschlagen. Das Zwisch= gold ist geringer, auch billiger, als das ächte Blattgold, und wird, da es sehr leicht schwarz wird, nur zum Ver= golden von ordinären Arbeiten verwendet. Man erhält es aus den Goldschlägereien gewöhnlich in Büchern von 25 3—4zölligen Blättern, doch hat man auch solches in noch größeren Formaten.

Zweiter Abschnitt.
Praktischer Theil.

Erstes Kapitel.
Von den einzelnen Arbeiten und den dazu erforderlichen Werkzeugen, Maschinen und Instrumenten*)

1) Das Planiren.

Seit neuerer Zeit werden zum Druck fast meistentheils halbgeleimte Papiere verarbeitet, in England und Frankreich fand dieß schon früher statt, jedoch kommen auch noch gänzlich ungeleimte Papiere zum Druck, und macht es sich nöthig, daß das Papier durch Planiren verbessert wird. Indessen wird heutzutage auch ein Buch

---

*) Um nicht durch eine zu große Zahl von Tafeln, die dann nöthig werden würden, wenn zu jedem Werkzeuge ꝛc. die betreffende Abbildung gegeben werden sollte, dieses Werk voluminöser und theurer zu machen, wurde es für zweckmäßiger erachtet, wenn nur die neueren, in der Buchbinderei eingeführten Maschinen ꝛc. durch Abbildungen versinnlicht würden; die älteren dergleichen aber konnten wohl, als im allgemeinen jedem Praktiker bekannt, vorausgesetzt werden.

von ungeleimtem Papier erst dann planirt, wenn es aus=
drücklicher Wunsch des Besitzers ist, oder dasselbe in einen
besonders guten Einband, vielleicht mit Goldschnitt, ge=
bunden werden soll.

Unter Planiren versteht man demnach das Leimen
oder Steifen solcher roher oder broschirter Bücher, die
auf schlechtes, schwaches oder schwammiges Druckpapier
gedruckt worden sind, und der Zweck des Planirens be=
steht darin, ein solches Papier dem Schreibpapiere ähn=
lich, also fester und dauerhafter zu machen, so daß man
zur Noth mit Tinte darauf schreiben kann.

Bevor man zum eigentlichen Planiren schreiten kann,
müssen erst einige kleine, unumgänglich nöthige Vorarbei=
ten erledigt werden. Da, sofern es angeht, nicht einzelne
Bücher, sondern ganze Partieen auf einmal planirt wer=
den, so ist es räthlich, um Verwechselungen vorzubeugen,
die einzelnen Bände, nach Namen des Eigenthümers und
Art des bestellten Einbandes an einer geeigneten Stelle
zu signiren. Eine Untersuchung der zu planirenden Bü=
cher dahin, ob diese vielleicht auf halbgeleimtes oder gar
Schreibpapier gedruckt sind, kann ebenfalls nicht umgan=
gen werden, weil ein nochmaliges Leimen dieser Papier=
gattungen die Bücher unbedingt verderben würde; denn
die planirten derartigen Papiere würden in den meisten
Fällen kleben, beim Auseinandernehmen zum Aufhängen
zerreißen und so die Bücher verderben.

Demnächst werden die zu planirenden Bücher nach
ihren Formaten geordnet und die rohen, d. h. nicht bro=
schirten Bücher, aufgethan, d. h. die einzelnen Lagen,
aus denen ein Buch besteht, nach ihrer Reihenfolge auf
einer Pappe auseinandergelegt, dergestalt, daß die Sig=
natur des Schöndrucks, vom Titel ab, — zur linken Hand,
die Signatur des Wiederdrucks zur rechten Hand, auf
die Pappe zu liegen kommt. Sind auf diese Weise alle
zu planirenden Lagen, — das größte Format immer zu=
erst, — in gehöriger Ordnung und so gerade, als mög=
lich auseinander gebreitet, oder aufgethan, so liegen alle
Bogen in fortlaufender Nummer auseinander. Der Stoß

wird dann umgewendet, daß der Schöndruck nach oben, der Wiederdruck nach unten zu liegen kommt, und von denselben Lagen, von je zwei, oder zu drei Bogen abgezogen und wie vorher gebrochen, fortlaufend auseinander gelegt.

Es haben zwar einige Buchbinder den Gebrauch, die Bücher, wie sie im Buchhandel cirkuliren, zu planiren; diese Methode kann jedoch kein genügendes Resultat liefern; denn abgesehen davon, daß das Planirwasser eine solche Lage wegen ihrer Stärke nicht gehörig durchziehen kann, und folglich eine ungleiche Ausdehnung des Papiers oder Falten entstehen müssen, erschwert die Stärke der Lage auch das Trocknen, ungerechnet der sonstigen dadurch verursacht werdenden Nachtheile.

Das Planirwasser besteht aus Leim, Alaun und reinem Wasser. Ueber das Verhältniß dieser Ingredienzien zu einander herrschen jedoch verschiedene Meinungen; während einige gleiche Gewichtstheile Leim und Alaun für zweckdienlich halten, verringern andere das Verhältniß des Alauns zum Leim, z. B. auf 10 Maß oder 20 Pfund Wasser, ein halbes Pfd. Leim, ein halbes Pfd. Alaun, oder auf 24 Pfd. Wasser 1 Pfd. Leim und ein achtel Pfd. Alaun, oder auf 24 Pfd. Wasser 1 Pfd. Leim und ein viertel Pfd. Alaun.

Angestellte Beobachtungen haben bewiesen, daß nicht alle Papiergattungen sich gleich gut planiren lassen; d. h. es erhält nicht eine Papiergattung, wie die andere, auch wenn gleiches Verhältniß der Planirwassersubstanzen vorausgesetzt ist, eine durchweg übereinstimmende, gleichförmige Festigkeit, Haltbarkeit und Steife; oder mit andern Worten: es läßt sich nicht eine Papiergattung, wie die andere von dem Planirwasser durchziehen und verdichten. Aus diesem Erfahrungssatze geht hervor, daß die Mengenverhältnisse der Planirwassersubstanzen sich nicht unter allen Verhältnissen gleich bleiben können, sondern sich nothwendigerweise nach der am häufigsten zum Planiren vorkommenden Papiergattung richten müssen; denn während leichte, schwammige Büttendruckpapiere ein größeres

Mengenverhältniß Leim, und ein kleineres dergleichen Alaun erfordern (der überhaupt dazu dient, die Klebfähigkeit des Leims zu schwächen, ohne sein Eindringen in die Papierporen zu hindern), ist bei schon ziemlich dichten, vorzüglich viel Chlor oder Kalk enthaltenden Papieren ein gleiches Gewichtsverhältniß Leim und Alaun nöthig. Demnach sind Erfahrung und Beobachtung hierin die besten Lehrmeister, das Aufstellen einer hierfür passenden Norm aber nicht gut möglich.

Der zum Planiren verwendete Leim muß hell und durchsichtig sein, weshalb der sogenannte Pergamentleim hierzu am tauglichsten ist. Die Bereitungsart des Planirwassers selbst aber ist folgende: In einem besondern Topfe wird der dazu zu verwendende Leim durch Einweichen und Kochen vollständig aufgelöst, während in einem andern, gewöhnlich größern Topfe oder Kessel so viel Wasser heiß gemacht wird, daß es ein bis zu dem nöthigen Mengen-Verhältniß ansteigenden Zusatz kalten Wassers vertragen kann, um dann noch lauwarm zu sein. Der Alaun wird entweder, wenn er aus ganzen Stücken besteht, im heißen Wasser aufgelöst, oder er wird, wenn er schon pulverisirt ist, dem Wasser unter Umrühren dann zugesetzt, wenn es den Leimzusatz erhalten hat*). Der aufgelöste Leim, sowie das heiße Wasser werden, um alle unreinen Theile fern zu halten, durch einen Sack von fester, starker Leinwand (Planirsack) in die Planirmulde geschüttet.

Wird dem gekochten Planirwasser noch etwas pulverisirter weißer Vitriol, z. B. auf 1 Pfund Leim und ein viertel Pfund Alaun ein halbes Loth weißer Vitriol zugesetzt, das bedruckte Papier durch dieses Planirwasser

---

*) Ein billigeres Planirwasser empfiehlt das Berliner Gewerbe
2c. Blatt (Bd. XXI. Nr. 18): In 2 Maß Wasser löst man bei gelindem Feuer 6 Unzen Leim und eben so viel weiße Seife auf und
setzt nach erfolgter Auflösung noch 3 Unzen pulverisirten Alaun
zu, der bis nach seiner vollständigen Auflösung umgerührt wird.

gezogen und hierauf recht gut getrocknet, so schmutzt der
Druck, auch wenn er noch frisch ist, beim Schlagen nicht ab.

Vor dem eigentlichen Planiren kann man das Pla=
nirwasser erst auf seine Stärke probiren, wenn man einige
Bogen Makulatur durchzieht und trocknet, oder wenn man
einige Tropfen Planirwasser auf die Hand fallen läßt:
zieht solches die Haut wie ein dünner Leim zusammen,
so ist es zu stark und muß durch Zusatz von warmem
Wasser geschwächt werden. Ist es aber zu dünn, so setzt
man eine Quantität Alaun und etwas gekochten Leim
hinzu.

Das Planiren selbst geschieht auf folgende Art:
Nach dem Eingießen des Planirwassers in die Mulde,
und wenn ersteres in gehöriger Ordnung befunden wurde,
legt man das untere Planirbret, das Groß=Median=
Format haben kann und an 3 Seiten mit einem zollhohen
Rande versehen ist, in welches dann das obere oder Auf=
legebret passen muß, mit der offenen Seite nach der
Planirmulde zu, in einer etwas abschüssigen Lage (damit
das übrige Wasser in die Mulde abfließen kann) auf den
Tisch, legt einige Bogen Makulatur auf das Bret, nimmt
dann mehre zu planirende Lagen, faßt solche mit der
rechten Hand am Rande des Rückens oder Bruches, und
bringt sie erst mit der vordern offenen Seite, dann im
Bruch in das Wasser, läßt dieses gleichmäßig durchziehen,
und hält dann die herausgehobenen Bogen kurze Zeit zum
Ablaufen über die Mulde, worauf man sie auf das mit
Makulatur bedeckte Planirbret legt. So fährt man par=
tienweise fort, bis ein zum Auspressen geeigneter Stoß
planirt ist, auf den man einige Bogen Makulatur, sowie
das Auflegebret legt und ihn so zum Auspressen in die
Presse bringt, diese scharf zudreht und, bevor nicht alles
überflüssige Wasser abgelaufen ist, nicht öffnet.

Es bedarf wohl kaum der besonderen Bemerkung,
daß das Abheben von dem zu planirenden Stoße — vor=
ausgesetzt, daß es kompletirte Bücher sind — von
dem letzten Bogen an geschieht, so daß nach dem Pla=
niren der Titel, den man aber zur Schonung gewöhnlich

innerhalb einer Lage anbringt, nach oben liegt. Eben
so wenig wird wohl besonders hervorgehoben werden
müssen, daß die hier kurz gegebene Anleitung zum Planiren überhaupt in vielen Fällen modificirt und besondern
Umständen angepaßt werden muß.

Das Planiren broschirter Bücher geschieht der
Hauptsache nach auf die eben beschriebene Art. Die einzelnen Hefte werden gleich mit dem Umschlage in das
Planirwasser gebracht, an der Vorderseite in demselben
durchgeblättert, damit das Wasser gut einzieht und dann
einige Zeit, bis man mehrere derartige Hefte dieser Manipulation unterworfen, darin liegen gelassen. Dadurch
wird das Buch vom Planirwasser vollständig gesättigt,
alsdann nimmt man das erste Heft wieder heraus und
bringt ein neues in das Wasser u. s. w. Entweder wird
der Zwirn, wenn das Buch geheftet, vorher in der Mitte
des Bogens zerschnitten, oder wenn es planirt und ausgepreßt, nimmt man die Bogen einzeln ab, schneidet dabei
den Zwirn durch, putzt den Rücken des Bogens gut ab,
im Fall die Broschüre geleimt war, damit nach dem Aufhängen die Bogen nicht aneinander kleben und legt sie
offen hin auf einen Stoß, von welchem dieselben dann
aufgehängt werden.

Nach dem Auspressen wird das Planir auf reine
Leinen zum Trocknen dergestalt aufgehängt, daß die einzelnen Lagen in fortlaufender Reihenfolge ein wenig über
einander hängen, damit sie nach dem Trocknen zusammen-
geschoben und so abgenommen werden können.

Endlich sind beim Planiren noch folgende Regeln
wohl zu beachten:

1) Alle Beilagen, als Kupfer, Karten, Pläne u. s.,
welche illuminirt oder auf Velin=, Schweizer= oder Schreibpapiere gedruckt sind, müssen ausgezogen und dürfen nicht
planirt werden.

2) Kommt der Fall vor, daß beim Planiren einzelne
Bogen oder Lagen kleben, weil entweder das Planirwasser
zu stark war, oder weil dasselbe nicht völlig aufgelöste
Leimtheilchen enthielt, so muß das Planir lagenweis durch

heißes Waſſer gezogen und dann ausgepreßt und aufge=
hängt werden.

3) Um den Titel vor Beſchädigung oder Beſchmuzung
zu bewahren, birgt man ihn in der Mitte einer Lage
und bringt ihn deshalb nie mit ſeinem Schöndruck gegen
das Geſicht.

4) Sind mehrere Formate in einem Stoße auszu=
preſſen, ſo müſſen, wenn ſie ſich nicht ſo vertheilen laſſen,
daß die größern von den kleinern gedeckt werden, mit
Makulatur belegte Preßbreter dazwiſchen zu liegen kommen.

5) Bei eintretender Kälte muß das Planir in der
Stube getrocknet werden, weil der Froſt die Klebkraft des
Leims auszieht.

6) Um die ſchädliche Ausdünſtung des in der Stube
zu trocknenden Planirs zu ſchwächen, läßt man es vor
dem Aufhängen erſt etwas verdunſten.

2) Das Aufthun.

Die getrockneten von den Schnüren abgenommenen
planirten Bücher werden dann aufgethan oder auf=
gelegt, d. h. die einzelnen Bogen werden (wenn ſie
nicht broſchirt waren) ihrer Reihenfolge nach aus dem
Bruche in Folio glatt auseinander gelegt und dieſer ſelbſt,
ſowie alle Ohren, Falten und Runzeln mit dem Falz=
beine gut ausgeſtrichen. Hierbei werden alle ſchad=
haften oder beim Planiren zerriſſenen Stellen mit weißem
Kleiſter gut ausgebeſſert und zwar ſo, daß von die=
ſen Stellen bei der weitern Bearbeitung des Buches nichts
mehr zu ſehen iſt. — Wie das Ausbeſſern ſelbſt zu be=
werkſtelligen iſt, hängt natürlich von der Beſchaffenheit
der zu beſſernden Stelle ab; als allgemeine Regel aber
muß aufgeſtellt werden, daß z. B. bei einem Riß vom
Rande ab in die Schrift, die faſerige oder zackige Kante
des Riſſes gut ausgeſtrichen und, nachdem an der ſich
hierzu am beſten eignenden Kante überall ſchmal Kleiſter
gegeben worden iſt, dieſe ſo über jene gelegt und dann

gut angerieben wird, daß nicht nur der Bogen, oder das
Blatt selbst wieder ganz haltbar ist, sondern daß auch
die einzelnen Buchstaben und Wörter wieder vollkommen
zu- und aneinander passen. Zur größern Befestigung
kann man auf dem weißen Rande, oder in einer leeren,
weißen Stelle des Druckes selbst, einen gerissenen
(nicht geschnittenen) schmalen Streifen desselben Papiers aufkleben oder unterlegen.

Broschirte Bücher, die nicht aufgeschnitten,
aber schlecht gefalzt, oder sonst nicht gut gehalten sind, werden ebenfalls aufgethan und in dieser
Beziehung ganz wie rohe Bücher behandelt.

Eben so werden auch derartige broschirte, sowie rohe,
nicht planirte Bücher beim Aufthun behandelt.

3) Das Schlagen und Walzen.

Die aufgethanen und ausgestrichenen Bogen werden
dann gleichgestoßen, indem man sie zwischen die Finger
der beiden Hände faßt und so lange auf dem Tische aufstößt, bis die vier Seiten möglichst gerade geworden sind.
Hierauf bildet man mäßig starke Lagen oder Abtheilungen einerlei, oder doch nicht zu verschiedenen Formates
und schreitet dann zum Schlagen aus dem Falze.

Als Unterlage hierbei dient entweder ein harter, auf
seiner obern Fläche glatt geschliffener Stein (Schlagstein), nicht zu kleinen Formates und von bequemer Höhe,
oder eine geschmiedete, nicht zu schwache Eisenplatte, die
auf einem hölzernen Kloße befestigt ist. Das Schlagen
selbst geschieht mittels des Schlaghammers von gutem
Eisen, 10—16 Pfund schwer, von eigenthümlicher Form,
auf der Schlagseite mit gutem, gehärtetem Stahle versehen, rund, jedoch etwas gewölbt (abgerundet) und auf
der ganzen Fläche sauber abgeschliffen. Der kurze, acht
bis zehn Zoll lange und anderthalb Zoll starke Stiel ist
entweder ganz gerade oder nach der Hand etwas gekrümmt,
rund oder ovalrund gearbeitet. Das Loch für den Stiel

muß sich des Gleichgewichts wegen gerade in der Mitte des Hammers befinden, damit er mit größerer Sicherheit geführt werden kann.

Beim Schlagen fängt man in der Mitte der Lage, von der linken zur rechten Seite, zu schlagen an, und zwar so, daß Schlag an Schlag geschieht, gleichmäßig und nicht mit übermäßiger Kraftanstrengung. — Zuerst schlägt man die innere Seite der Lage, oder den Wider-druck, worauf die Lage gewendet und dann der Schön-druck auf dieselbe Weise geschlagen wird.

Um zu erfahren, ob mit dem Hammer alles gleich-förmig getroffen worden ist, überfühlt man die Lage mit der Hand nach allen Seiten und hilft, wo sich Uneben-heiten zeigen, mit dem Hammer nach.

Noch ist beim Schlagen wohl zu beachten, daß Bü-cher, welche erst kürzlich gedruckt wurden, nicht nur we-niger, sondern auch mit besonderer Vorsicht geschlagen werden müssen, damit der Druck nicht abschmuze. Ob ein Buch frisch gedruckt ist, lehrt außer der auf dem Titel gewöhnlich ersichtlichen Jahreszahl, auch der specifische Geruch der Druckerschwärze. Außerdem kann man aber auch den Druck probiren, wenn man ein Stück weißes, reines Papier auf den Druck legt und mit dem Falzbeine stark darüber hinweggreibt; färbt die Schwärze ab, so wird sich dieß auf dem aufgelegten Papier zeigen und man hat dann folgende Mittel anzuwenden, um das Abschmuzen beim Schlagen zu verhüten. Man durchschieße den ab-schmuzenden Druck in mehren Lagen mit reinem Maku-latur, wobei aber die Lage während des Schlagens nicht verschoben werden darf, weil sonst die vom Makulatur angenommene Farbe, auf dem Druckbogen wieder abschmuzt. Wird, wie schon beim Planiren bemerkt worden ist, dem Planirwasser etwas gepülverter weißer Vitriol zugesetzt, so werden frisch gedruckte Bücher beim Schlagen nicht leicht abschmuzen.

Indessen wird jetzt, um einen guten Druck zu erzie-len, fast nur die beste Qualität Druckerschwärze ange-wendet, welche von solcher Beschaffenheit, daß, nachdem der Bogen einige Tage gedruckt war, dieselbe so trocken, daß ein Abschmutzen nur noch in seltenen Fällen vorkommt.

Das Schlagen ist zum Binden eines, namentlich starken Buches unumgänglich nötig und darf deshalb aus Nachlässigkeit nie unterlassen werden. Denn erstens werden dadurch die Bücher weniger stark und voluminös; zweitens werden die ausgestrichenen Brüche, Falten ꝛc. durch das Schlagen beseitigt; drittens erhalten die durch das Planiren aufgequollenen Bogen überall eine gleichförmige Stärke für sich und gegenseitig und werden, da durch das Schlagen die Luft aus den Poren des Papiers entweicht, fester und dichter, was selbst durch das schärfste Pressen nicht zu erzielen ist.

Wenn das Schlagen von Nutzen sein soll, so sind folgende Regeln wohl zu beachten:

1) Bringe man in eine Lage nicht zweierlei Formate.

2) Das zu schlagende Papier lasse man nicht zu trocken werden, oder lege es vor dem Schlagen über Nacht, — wenn der Druck nicht zu frisch ist, — in einen Keller.

3) Lege man beim Schlagen auf und unter die Lage einen oder mehrere Makulaturbogen, damit weder Stein noch Hammer unmittelbar Einfluß haben.

4) Führe man den Hammer stets mit gleicher Kraft und setze gleichförmig Schlag an Schlag.

5) Hüte man sich, die äußeren Ränder zu stark zu schlagen, weil sonst ein zu abfallender Schnitt entsteht.

Da das Schlagen eine sehr anstrengende, mühsame Arbeit ist und verhältnißmäßig nur langsam von statten geht, so hat man in neuerer Zeit denselben Zweck durch das Walzen zu erreichen gesucht. Die zu schlagenden Bogen werden nämlich zwischen Blechplatten oder Glanzdeckel gelegt, der Wirkung zweier horizontal übereinander liegender Walzen ausgesetzt, d. h. durch diese verstellbaren und mittels einer Kurbel zu drehenden Walzen durchgezogen.

Um die Operation des Walzens besser zu verdeutlichen, lassen wir in Fig. 1 die perspektivische Ansicht einer solchen Walze folgen, deren sämmtliche Stücke, sowie auch das Gestelle, aus Eisen bestehen.

Dieselbe ist aus der Maschinenfabrik von Koch und Komp. in Leipzig.

Mit den beiden Böcken **a a** sind die oberen Ständer **b b** solid verschraubt. Die Ständer **b b** nehmen in sich die vier Rothgußlager c auf, in denen die Zapfen der Walzen **d d** laufen. Die obere Walze d kann durch die Centralstellung e mittels der konischen Räder f und der Spindeln, die in Rothgußmuttern laufen, durch das Hand= rad h gehoben und gesenkt werden. Die zweite Walze d ist durch den Tisch l, welcher als Auflegetisch dient, verdeckt.

Die Bewegung der Walzen kommt durch das Schwung= rad i, welches mittels der Kurbel x in Bewegung gesetzt und letztere durch verschiedene Zahnräder o, p, q auf die Walze übertragen wird. Dieselben laufen beide) bei frü= hern Konstruktionen nur die untere, und bewegte sich die obere erst dann, wenn ein Gegenstand dazwischen kam) und sind durch die Schlappräder **k k** verbunden, durch welche die Bewegung der obern Walze hervorgebracht, auch drehen sich beide nach dem zu walzenden Gegen= stande zu, wodurch derselbe erfaßt wird.

Der Tisch l dient dem Arbeiter, welcher sich an die= ser Seite aufstellen muß, dazu, um die Bogen zwischen die beiden Walzen einzuführen, der Arbeiter muß dem= nach den Platz **A** einnehmen, und das Gesicht der Walze zugekehrt sein.

Das Walzen selbst geschieht nun auf folgende Art: Die zu walzenden Bücher werden in ihren Lagen zu je 6 — 8 Bogen abgetheilt und zwischen Zinkplatten auf den Tisch l gelegt. Nun wird zuerst die Walze gestellt, das heißt die Entfernung der beiden Walzen nach der Stärke der Lage regulirt, was durch Drehen an dem Handrade h geschieht, welches die obere Walze hebt und senkt. Ist dieß geschehen, so erfaßt der Arbeiter, welcher bei **A** aufgestellt ist, eine derartige zwischen Zinkplatten sich befindende Lage des Buches, schiebt dieselbe an die

Walzen an, und nachdem nun das Schwungrad einigemale herumgedreht wurde, liegt dieselbe fertig geglättet
auf dem Tische m.

In dem Maße, als die Bogen gewalzt zwischen den
Cylindern hervorgehen, ist ein Arbeiter (Knabe von 10
bis 12 Jahren) bei B aufgestellt, um sie zu erfassen und
sie nach ihrer Ordnung wegzulegen.

Je nach Belieben kann entweder jede Lage einzeln
durch die Cylinder gehen, oder es kann, wenn letztere
hinlänglich lang sind, ihre ganze Länge mit Lagen bedeckt werden, wodurch freilich das Umdrehen des Schwungrades erschwert wird.

Da man mittels des Walzens eine bedeutend stärkere Kraft, als durch das Schlagen erzielt, so sieht der
Besitzer einer Walze von dem Schlagen aus dem Falze
ab, und walzt blos nach dem Falzen und zwar die einzelnen Lagen zwischen Zink- oder Stahlplatten.

Die Satinirmaschinen (Walzen) mögen noch
so verschieden konstruirt sein: principiell sind sie mit der
hier beschriebenen gleich. Da sie neuerer Zeit häufiger
in Anwendung und zur Anfertigung kommen, so hat fast
jede Maschinenfabrik ihre eigne Konstruktion und für die
einzelnen Theile dieser Maschine verschiedene Dimensionen.

Es liefert z. B. die Maschinenfabrik von Koch und
Komp., Inhaber Ernst Otto Schmiel in Leipzig (Lan-
gestraße Nr. 26 bis 27 am Marienplatz), Walzwerke oder
Satinirpressen je nach Größe und Walzenstärke mit doppelter Räderübersetzung und Centralstellung:

Walzenlänge Zoll sächsisch	**Walzenstärke** Zoll sächsisch	**Preis** Thlr.
Nr. 1. 14″	7″	120
Nr. 2. 18″	8″	140
Nr. 3. 22″	8″	160

Mit Central- oder Hebelstellung und doppelter Räderübersetzung

Nr. 4. 24″	8″	200
Nr. 5. 30″	8″	250
Nr. 6. 36″	9″	340

Nr. 4, 5, 6 werden zum Kraftbetrieb eingerichtet, wodurch sich der Preis um 50 Thaler erhöht.

Rheinische Zinkplatten pro Centn. 20 Thlr.

Hochpolirte Stahlplatten pro Quadratzoll 1½ Sgr.

H. Cueva und Komp., Besitzer J. Apell in Erfurt, liefert Walzwerke mit doppelter Räderübersetzung re. im Preise von 160 Thlrn.

Gebrüder Heym in Offenbach liefern Walzwerke mit Parallelstellung und doppelter Räderübersetzung:

Länge	der	Walzen	45 Cent.	340	Fl.
"	"	"	50 "	360	"
"	"	"	55 "	380	"
"	"	"	60 "	400	"
"	"	"	65 "	450	"
"	"	"	75 "	500	"

Auch die Maschinenfabrik von G. Harkort, sowie Hugo Koch in Leipzig liefern Walzwerke von anerkannter Güte.

4) Das Falzen.

Nach dem Schlagen aus dem Falze werden die Bogen eines jeden Buches nach ihrer Ordnung gefalzt, d. h. dergestalt zusammengebrochen, daß jeder Bogen mit seinen Kolumnen, Stegen und Seitenzahlen genau und richtig aufeinander paßt.

Dieses eigentliche Princip des Falzens muß aber natürlich dem jedesmaligen Formate des zu falzenden Buches angepaßt werden. Da diese sowohl dem Namen, als der Beschaffenheit nach, jedem Praktiker bekannt sind, so ist ein weiteres Eingehen hierauf um so mehr überflüssig, als dieser Gegenstand in seiner Hauptsache in Folgendem näher berührt werden wird.

Das zu falzende Buch oder die zu falzende Lage liegt nach der Fläche völlig ausgebreitet auf dem Arbeitstische, so daß der Schöndruck und dessen Signatur auf

demselben und letztere zur linken Hand des Arbeiters,
der Widerdruck hingegen und seine Signatur oben und
letztere zur rechten des Arbeiters zu liegen kommt. Die
Bogen liegen mithin wieder in derselben Ordnung, wie
beim Aufthun. Man streicht nun mit dem Falzbeine nach
einerlei Richtung, z. B. von der linken zur rechten Hand
quer über die Bogen des Stoßes so lange hin, bis sie
sich verschieben und so zu sagen terrassen= oder treppen-
förmig zu liegen kommen, was so oft wiederholt wird,
als die aufgeschobenen Bogen aufgefalzt sind. Dieser
Handgriff dient zum bessern Greifen und schnellern Falzen der Bogen.

Bücher in Folio, wobei klein oder groß Format
ohne Unterschied ist, bestehen aus Bogen, deren jeder
zwei Blätter oder vier Seiten (Kolumnen) hat, und welche
beim Falzen einmal zusammengelegt werden. — Man
greift den zu falzenden Bogen mit der linken Hand, bricht
ihn mit der rechten Hand nach der Mitte zusammen und
sucht, ihn gegen das Licht haltend, mit den Fingern der
linken und auch aushülfsweise der rechten Hand die Seitenzahlen und Kolumnen genau auf einander richten zu
können, worauf man, ihn mit der linken Hand so fest
haltend, daß er sich nicht verschieben kann, in horizontaler Lage auf den zu falzenden Stoß legt und ihm am
Rücken mit dem Falzbeine einen scharfen, festen und gleich=
mäßigen Strich giebt. Der richtig gefalzte Bogen wird
hierauf auf die rechte Seite gelegt, so daß seine Signatur oben liegt, welcher Handgriff aber dann wegfällt,
wenn der zu falzende Stoß nur Bogen von einerlei Signatur enthält.

Eine andere Art Folio ist das Querfolio, das
sich von dem gewöhnlichen Folioformate darin unterscheidet, daß das, was bei jenem die Breite der Kolumne
ausmacht, bei diesem die Höhe, und die Länge oder Höhe
bei jenem, die Breite bei diesem abgiebt. Das Querfolio kommt sehr häufig nur in halben Bogen vor, und
diese müssen dann im Rücken, zur Bildung richtiger Heft=
lagen, zusammengehängt werden.

Quartbogen bestehen aus vier Blättern oder acht Kolumnen und werden zweimal gefalzt oder gebrochen. Die zu falzende Lage liegt — wie bei allen Arten des Falzens — mit dem Schöndruck ebenfalls auf dem Arbeitstisch, und in gegenwärtigem Falle demnach die Signatur des Widerdrucks auf der obern, zur rechten Hand des Arbeiters befindlichen Kolumne. — Wie beim Falzen in Folio wird auch hier der zu falzende Bogen zuerst in Folio gefalzt, so daß Kolumnen und Seitenzahlen einander richtig decken; den auf diese Art entstandenen halben Bogen bricht man noch einmal zusammen, so daß die Signatur des Bogens außerhalb desselben zu stehen kommt und giebt dem Rücken mit dem Falzbeine den nöthigen Strich. Auch bei diesem zweiten Bruche müssen sich, selbstredend, Kolumnen und Seitenzahlen decken; ebenso muß der durch das Falzen in Folio entstandene Bruch, der durch das Falzen in Quart in zwei Hälften getheilt wird, auch in dieser Form aufeinander passen: beides erreicht man, wenn man entweder die, die Mitte des Bogens angebenden, zwei Seitenzahlen, oder die Kolumnen selbst richtig aufeinander paßt, mit dem Daumen und Zeigefinger der rechten Hand den Bogen im Rücken festhält, und den Foliobruch an der dann den oberen Schnitt des Buches abgebenden Seite so genau auf einander legt, daß er als ein einziger Bruch erscheint, was um so unerläßlicher ist, da hierdurch ein richtiger Winkel entsteht und ein drüber oder drunter in diesem Bruche einen schiefgefalzten Bogen liefert. Auch darf hier nicht unerwähnt bleiben, und gilt auch für das Falzen aller übrigen Formate, daß die, das Quartformat ausmachenden, zwei halben Bogen auch im Rückenbruche scharf und fest in einander liegen müssen, zu welchem Behufe man beim Umschlagen des Bogens zum zweiten Bruch in der Mitte des Rückensteges oben und unten mit den Händen einen Druck nach rückwärts, — hier dem Rücken des Bogens — ausübt.

Oktavbogen haben acht Blätter oder sechzehn Kolumnen und werden dreimal gefalzt. Der in Quart oder

zweimal gefalzte Bogen erhält den dritten Bruch derge=
stalt, daß der zweite Bruch gegen den Arbeiter, die vor=
dere rauhe Seite des Bogens aber nach vorn zu liegen
kommt. Auch bei diesem dritten Bruch müssen Kolumnen
und Seitenzahlen, sowie der nun getheilte Quartbruch
sich decken, und die vier Quartblätter des Oktavbogens
im Rücken scharf und fest in einander liegen.

Duodezbogen bestehen aus 12 Blättern oder 24
Seiten, die in drei Reihen oder Abtheilungen über ein=
ander stehen. Eine dieser Abtheilungen, vom Drucker
gewöhnlich durch Punkturlöcher oder sonstige Zeichen mar=
kirt, wird abgeschnitten und zwar so, daß der von den
Seitenzahlen ab, nach dem den obern Schnitt bildenden
Rande zu gerechnet, bleibende weiße Raum gleich sein
muß dem betreffenden Raume des gefalzten Oktavbogens,
in welchem der abgeschnittene und gefalzte Dritttheilbogen
nach dem Falzen eingesteckt wird.

Sedezbogen, oder das sechszehnblättrige Format
wird entweder in zwei halbe Bogen geschnitten, von de=
nen dann jeder einen Oktavbogen eigenthümlichen For=
mates abgiebt, oder er wird in vier Theile geschnitten,
deren jeder für sich wieder einen Bogen ausmacht, der
wie Oktav in seinen Kolumnen folgt.

Von den hier genannten Formaten unterscheidet man
Groß= und Klein=Quart, Oktav ꝛc., bei Quart und Duo=
dez auch Quer=Quart ꝛc.

Vom richtigen und genauen Falzen hängt hauptsäch=
lich die innere Schönheit eines Buches ab, weshalb hier=
auf viel Fleiß und Aufmerksamkeit verwendet werden muß,
denn es macht einen höchst widrigen Eindruck, wenn die
Kolumnen oder Seitenzahlen nicht aufeinander passen,
oder der bleibende weiße Rand ungleich oder schief ist.

Tritt aber der Fall ein, daß ein Bogen schief ge=
druckt ist, was dadurch entsteht, wenn der Drucker den
Bogen beim Widerdrucke nicht in die beim Schöndrucke
gebrauchten Löcher bringt: so muß der Buchbinder diesen
Fehler dadurch in etwas abzuhelfen suchen, daß er den
schiefen weißen Raum auf zwei oder mehrere Kolumnen

zu vertheilen sucht, und wenn sich dieses beim Falzen nicht gut bewerkstelligen ließe, so ist der Bogen in mehrere Theile zu zerschneiden, jeder Theil einzeln zu falzen und die einzelnen Theile dann nach ihrer Reihenfolge in einander zu stecken.

Broschirte Bücher müssen jederzeit, sie mögen planirt worden sein oder nicht, nachgefalzt, oder diesem entsprechend, nachgesehen werden, da sie selten so akkurat gefalzt sind, daß man sich dieser Arbeit überheben könnte. Da das Falzen eine Arbeit ist, die eine gewisse mechanische Fertigkeit erfordert und obwohl in ihren Einzelnheiten sehr einfach, dennoch, wenn zumal große Massen von Bogen zu falzen sind, wie dieß bei dem jetzt im Buchhandel immer häufiger werdenden Broschiren der rohen Bücher der Fall ist, eine nicht geringe Ausdauer und Anstrengung erfordert; ganz abgesehen davon, daß der für das Falzen in Ansatz kommende, gewöhnlich geringe Preis eine außerordentliche Zeit- und Kraftersparniß bedingt, und im Hinblick auf das bei diesen Arbeiten nicht ausbleibende ungewöhnliche Drängen der Auftraggeber, ist man vorzüglich in neuerer Zeit darauf bedacht gewesen, das Falzen durch Maschinenarbeit verrichten zu lassen. — Da jedoch eine solche Maschine mehrere complicirte Handgriffe mit einer nicht geringen Genauigkeit verrichten muß, und dennoch, um zweckentsprechend genannt zu werden, hinsichtlich der Zeitdifferenz zwischen Hand- und Maschinenarbeit, ein genügendes Resultat liefern muß, so konnten bei den anfänglichen Konstruktionen der Falzmaschinen diese allerdings nicht geringen Anforderungen nur zum kleinsten Theile befriedigt werden, und die ersten derartigen Maschinen konnten höchstens zum Falzen der Zeitungsblätter und ähnlicher, wenig Akkuratesse erfordernden Arbeiten verwendet werden.

Fortgesetzte Versuche und Verbesserungen jedoch haben auch diese Hindernisse überwunden, und die auf der Londoner Ausstellung befindlich gewesene Falzmaschine von J. Black von Edinburg lieferte allseitig zufriedenstellende

Resultate *). Dieselbe hat die Aufmerksamkeit in hohem
Grade auf sich gezogen und durch ihre Einfachheit und
Wirksamkeit Bewunderung erregt. Obgleich sie nur zum
Falzen der Bogen bis in Oktavformat eingerichtet war,
so lassen sich doch nach demselben Princip Maschinen kon=
struiren, welche auch für das Falzen von Büchern oder
Broschüren jedes andern Formates verwendbar sind.

Fig. 3 stellt die Maschine im Frontaufriß, Fig. 4
in der Endansicht und Fig. 5 im Grundrisse dar.

A, A ist ein Kasten, welcher das Maschinengestell, B
eine Metallplatte, welche das Ende des Kastens bildet
und als Basis dient, auf welcher die beweglichen Theile
der Maschine befestigt sind. C ist die in den Trägern
D, D gelagerte Hauptwelle, welche, in Rotation gesetzt,
den verschiedenen faltenden Schienen und Walzen Be=
wegung ertheilt. E ist die erste Faltschiene, deren Achse
in den Trägern F gelagert ist. Fig. 6 stellt diese Schiene
mit ihren Verbindungen in einer besonderen Ansicht dar.
Auf den Trägern F, F sind zwei Spiralringe G, G be=
festigt, welche um die Achse des Falters gewunden und
so angeordnet sind, daß sie das Bestreben äußern, die
Schiene in der Fig. 3, 4 und 5 dargestellten Lage zu er=
halten. Auf der Hauptwelle ist, gerade dem Falter E
gegenüber, ein Arm H befestigt, so daß derselbe bei er=
folgter Rotation der Welle gegen den kurzen Arm J die=
ses Falters stößt und den letzteren veranlaßt, plötzlich die
in Fig. 4 durch Punktirungen angedeutete Lage anzuneh=
men. — Das äußere Ende des kurzen Armes J ist mit
einer Friktionsrolle versehen, damit die beiden Arme H
und J frei über einander hinwegleiten können. — Die
eben beschriebene Bewegung der Faltschiene E erzeugt die
erste Falte oder Verdoppelung des Papierblattes und zwar
mit Hülfe folgender weiterer Anordnungen:

---

*) Vergleiche hierüber **Mechanics Magazine** 1851 No. 1401 und
Journal für Buchbinder 2ter Bd. 5tes Heft, S. 133.

In dem oberen Theile des Kastens A befindet sich
unmittelbar unter der Schiene E ein langer Schlitz K, K,
welcher sich mittels angebrachter Scheidewände bis zum
Boden des Kastens hinabstreckt, und eine Kammer von
gleicher Länge und Tiefe wie der Kasten A, aber nur von
¼ Zoll Breite bildet. Das zu faltende Papier wird aus
freier Hand auf die obere Fläche des Kastendeckels und
unter die Faltschiene E gelegt, so daß die Linie, in welcher der Bogen zu falten ist, gerade unter die Schiene und
folglich über den Schlitz K, K zu liegen kommt.

In dieser Lage wird das Blatt, bis zu dem Moment, wo die Faltschiene sich niederbewegt, durch zwei mit
Spitzen versehene Instrumente L L festgehalten, welche
ungefähr $\frac{1}{12}$ Zoll über die obere Fläche des Kastens her-
vorragen, und auf welche der Bogen durch die Finger
des Arbeiters leicht aufgedrückt wird. Diese Instrumente
sind mit Hebeln M, M verbunden, deren Drehungsachsen
an den Seiten des Kastens sich befinden. Die äußeren
oder freieren Enden dieser Hebel sind mit Gegengewich-
ten N, N versehen, wodurch sie auf die Hauptwelle niedergedrückt und mithin die Spitzen L, L von dem Papier
entfernt gehalten werden.

Angenommen nun, ein Bogen befinde sich in der
beschriebenen Lage, und die Welle werde in Umdrehung
gesetzt, so kommen in dem Moment, wo der sich nieder-
bewegende Falter E das Papier erfaßt, zwei unmittelbar
unter den Enden der Hebel M, M an der Welle befestigte
Daumen O, O gegen diese Enden und befreien das Papier von dem Halt der Spitzen L, L. Die Faltschiene
drückt sofort den Bogen in zwei Blätter gefaltet in die
schmale Kammer des Kastens hinab. Sobald nun der
Arm H der Hauptwelle außer den Bereich des Arms J
an dem Ende der Faltschiene E gelangt, springt die letztere in Folge der Wirkung der Spiralfedern G, G in ihre
vorherige Lage zurück und läßt den Bogen in der erwähnten schmalen Kammer. Die erste Faltung des Bogens ist nun fertig; die Daumen O, O sind an den Enden der Hebel M, M vorübergegangen, und die Gegen-

gewichte haben die Instrumente L, L zur Aufnahme eines neuen Bogens wieder gehoben. P ist ein elastischer Aufhälter, welcher den durch das rasche Emporschnellen der Faltschiene erzeugten Stoß auffängt. Die Faltschiene ist zu beiden Seiten glatt, ihre faltende Kante ist jedoch sägenförmig, so daß der Papierbogen weder der Länge nach, noch seitwärts abgleiten kann.

Der Papierbogen befindet sich also jetzt einmal zusammengefaltet in der schmalen Kammer. R, R sind ein paar gleich große ineinandergreifende Winkelräder, wovon das eine auf der Hauptwelle und das andere auf einer senkrechten Achse Q festgekeilt ist, so daß sich beide Achsen gleichzeitig bewegen müssen. R² ist eine Stange mit parallelen Seiten, welche in Lagern S, S gleitet und durch ein Gelenk T mit einer zweiten Faltschiene U, Fig. 5, verbunden ist. Fig. 7 giebt eine besondere Ansicht dieser Schiene und der unmittelbar mit ihr in Verbindung stehenden Theile. — An die senkrechte Spindel Q ist ein Arm V befestigt, welcher, wenn die Spindel rotirt, mit dem an die Stange R² befestigten Arm W in Berührung kommt und diese Stange von der rechten nach der linken Seite der Maschine bewegt. Die Stange R² selbst bewegt die Faltschiene um einen Viertelkreis rechts. Diese Bewegung der zweiten Faltschiene führt das Blatt aus der oben beschriebenen Kammer in eine zweite ähnliche, seitwärts von der ersteren angebrachte Kammer. Sobald aber der Arm V den Arm W losläßt, werden die Stange R² und die Faltschiene durch die Spiralfedern X, X wieder in ihre vorherige Lage zurückgeschnellt. Somit befindet sich der Bogen jetzt zweifach zusammengelegt in der zweiten Kammer, deren Seiten rechtwinkelig zu der ersteren und parallel zu der oberen Fläche des Kastens A stehen.

Fig. 8 giebt eine besondere Ansicht des dritten Falters a, welcher durch ein Gelenk c mit einer prismatischen Stange d verbunden ist, welche innerhalb der Lage e, e auf- und niedergleitet. Ein an die Hauptwelle C befestigter Arm f kommt bei erfolgender Rotation dieser

Welle gegen den an der Stange d befestigten Arm g und hebt diese Stange, welche wieder durch Vermittelung des Gelenkes c den Falter a durch einen Viertelkreis abwärts bewegt, wodurch der in der zweiten Kammer bereits doppelt gefaltete Bogen in eine dritte, seitwärts von der zweiten Kammer befindliche, schmale Kammer getrieben wird. — Die Bewegung der dritten Faltschiene bringt das nunmehr dreifach, das heißt, in acht Blätter zusammengelegte Papier in den Bereich des ersteren von zwei Walzenpaaren h, h¹, welche vermittelst Winkelräder i, i in beständiger Rotation erhalten werden. — Diese Winkelräder sind von verschiedener Größe, damit in Folge der dadurch erhöhten Geschwindigkeit der Walzen die Maschine um so rascher von den durch sie geleiteten Bogen befreit werde.

Die erste Walze h¹, an deren Achse das Winkelrad befestigt ist, theilt die Bewegung den übrigen Walzen einfach vermöge der Reibung ihrer Oberflächen mit. Die beiden äußeren Walzen sind mit Tuch überzogen und werden mit Hülfe der Regulirungsschrauben k, k stark gegen einander gedrückt, während das innere Walzenpaar sich nicht berührt.

Infolge dieser Anordnung ergreift das innere Walzenpaar den zusammengefalteten Bogen, ohne die Faltschiene mit zu erfassen, und führt ihn dem äußeren Walzenpaare zu, wo er je nach Erforderniß mehr oder weniger gepreßt wird. Sobald endlich der Arm f den Arm g frei läßt, werden die prismatische Stange d und die Faltschiene a durch das Gegengewicht d¹ wieder in ihre ursprüngliche Lage zurückgeführt.

Während dieser verschiedenen Operationen des Faltens legt der Arbeiter einen neuen Bogen auf, und so geht die Arbeit in ununterbrochener Weise vor sich. Die Maschine liefert mit einem einzigen Arbeiter 1000 bis 2000 Bogen per Stunde. Sämmtliche Theile, welche die Bewegungen der ersten und zweiten Faltschiene hervorbringen, sind fest und bedürfen, nachdem sie einmal gehörig angeordnet sind, selten oder nie einer Adjustirung;

die dritte Faltschiene dagegen und die Theile, wodurch
sie unmittelbar in Bewegung gesetzt wird, sind mit einer
beweglichen Platte l verbunden, welche vermittelst einer
Schraube und Kurbel zwischen zwei Führungen m, m verschoben werden kann, so daß sich die Faltschiene, die Walzen u. s. w. nach der rechten und linken Seite hin bewegen lassen.

Zur besseren Veranschaulichung dient die in Fig. 9
beigegebene Abbildung der Maschine, wie sie zusammengesetzt sich darstellt, und wie solche bei der Arbeit sich
befindet. Das Papierblatt wird oben auf das Aeußere
des hölzernen Gehäuses der Maschine gelegt in der Weise,
wie die Anlegerin auf der Abbildung solches bewirkt. —
Zuerst faßt die vertikal wirkende Klinge den Bogen und
drückt das Blatt in das Innere des Kastens, aus dessen
Ausgange der Bogen vollkommen gebrochen und gepreßt
wieder hervorgeht. Die Falzzeichen oder Register sind
mittels angebrachter Punkte oder Mensuren leicht für
jeden beliebigen Bruch eines beliebigen Formates zu reguliren, da die Maschine die äußerste Registergenauigkeit
dadurch angiebt, daß der Bogen mit dem äußersten Buchstaben der Seite auf die Registermarke gebracht wird,
da die Druckpresse durch ihre genaue Zusammenstimmung
der Typenformgröße und deren Zusammensetzung für eine
Bogenhälfte als genaue Norm der Mensur gelten kann.

Die Art und Weise, wie die Maschine arbeitet, wird
durch ein näheres Eingehen auf deren Konstruktion erklärt werden. Wir gehen von dem Hauptpunkte der großen Welle a aus, welche vermöge der Triebrolle durch
den Triebriemen B bewegt wird. — Die Bewegung der
Maschine geht von da aus nach der Arbeiterin zu vor
sich. An der großen Welle befinden sich zwei Schneller,
deren Geschäft es ist, die vertikalen Falzklingen aufzuheben. Der vertikale Eisenschaft C bewegt den an demselben befindlichen Schneller nach rechts; dadurch wird
die Horizontalfalzklinge in Bewegung gesetzt und durch
die sichtbaren Schräggräder mit Zähnen an der Hauptwelle getrieben. Jede Falzklinge arbeitet in kreisförmiger

Richtung. Die erste Falzklinge **D** schlägt **C** vor ihrem Drehpunkte d nieder bis zu dem Vertikalschaft, indeß der Schneller e der Hauptwelle wirkt, und drückt den Bogen niederwärts. — Der im Kasten verborgene, mit dem Schafte **C** verbundene Falzer faßt den Bogen, um ihn horizontal nach rechts zu führen und dabei einen neuen Bruch zu geben; sodann kömmt die unter der ersten liegende Vertikalklinge und beschreibt einen Kreistheil, so daß sie nach unten sich senkt und löst den vollständig gefalzten Bogen von der Maschine und den Walzen los. Diese werden durch einen Vertikalschaft getrieben,. durch Zahnräder bewegt, und das Getriebe sieht man auf der Abbildung unter der Bezeichnung **D**.

Jede Falzklinge, die die eben beschriebene erste wirkende Bewegung gemacht hat, macht die negative Bewegung rückwärts, um wieder in den vorigen Stand und fertig zum Dienst zu kommen, durch das Mittel von Balancegewichten. — Die viereckige Stange **E**, nebst den daran befindlichen Kugeln bewegt die erste Falzklinge. Das Balancegewicht für den zweiten Falzer ist in dieser Abbildung nicht zu sehen, da dasselbe innerhalb des Kastens an der Stelle des Kniestückes **F** angebracht ist. Dieses Gewicht ist gleich dem der beiden sichtbaren Kugeln. Die dritte Falzklinge hat ihren Balancier in dem traubenförmigen, vergoldeten Knopfe **G**. Die Räder oder Wirbel **H, H** werden von dem entsprechenden Hebel berührt, um die beiden Klingen in Bewegung zu setzen. Der Eisenschaft **C** hat ebenfalls einen solchen Schneller für die dritte Klinge, und an seinem Ende befindet sich der demselben entsprechende Wirbel **H** in der Befestigung desselben. Der perspektivischen Ansicht gemäß, befindet sich Rolle und Hebel nur scheinbar über dem Schneller; sie liegen vielmehr in einer horizontalen Ebene.

Ueber der ersten Falzklinge befindet sich die Stange **I** mit einer am Ende gezähnten Oeffnung f und dieselbe dient als Prallstab oder Puffer, um die Bewegung der Falzklinge, wenn sie von unten aufwärts wirkt, aufzubalten, so daß sie nicht emporgeschleudert werden kann. Auch die andern Falzklingen haben eine solche, horizontal oder vertikal wirkende Vorrichtung. Das Innere des Maschinenkastens hat eine Fütterung von zeugbedeckten Eisenplatten, zwischen denen die Bogen weiter geführt werden, bis dieselben bei den Walzen fertig herauskommen.

Durch diese Vorrichtung soll der Bogen bei weitem vollkommener gefalzt und glatter gepreßt erscheinen, als bei der gewöhnlichen Handarbeit. Die Falzklingen sind fein gezähnt, um besser fassen zu können und wirken mehr durch einen präcisen Schlag als durch Druck. Ein Mann ist im Stande, fünf solcher Falzschienen durch ein auf entsprechende Weise angebrachtes Schwungrad in Bewegung zu setzen.

Die Falz-, Heft- und Glättmaschine von Koch u. Komp. in Leipzig, Fig. 10, ist wesentlich in ihrer Konstruktion von der vorhergehenden verschieden. Sie besteht ganz von Eisen und liefert pro Stunde 1000 Bogen gefalzt, geheftet und geglättet, ist eingerichtet zu Hand- und Kraftbetrieb und stellt sich der Preis einer derartigen Maschine

für Oktav zu falzen 2c. . . . . . 350 Thlr.
für Quart und Oktav zu falzen 2c. . 420 „

Die Falzmaschine besteht im wesentlichen aus den beiden Wänden A A, die auf dem Fundamente B solid verschraubt sind. An den Verbindungsstücken C sind die verschiedenen Lager zu den Excentern, Versetzungsrädern 2c. angebracht. Das obere Verbindungsstück D D trägt die Auf- und Einlagetische, wie auch das Satinir- und Heftwerk.

Der Vorgang beim Falzen, Heften und Satiniren ist nun folgender:

Der Arbeiter, welcher die Maschine bedient, legt den zu verarbeitenden Stoß Papier auf den Tisch a, der zur größern Bequemlichkeit durch die Schraube b gehoben und gesenkt werden kann. Von dem Tisch a legt er nun die Bogen einzeln auf den Tisch c (sind es Zeitungen, bei denen es nicht auf genaues Falzen ankommt, kann er gleich die Beilagen mit darauf legen; in dem Tische c ist ein Schlitz d, durch den sich ein stumpfes Messer e durch den Excenter f auf= und abwärts bewegt und somit den Bogen einmal zusammengeschlagen bis auf das Verbindungsstück D bringt. Ist der Bogen hier angelangt, so bewegt sich ein Messer normal zu der vorigen Richtung in den Führungen g g, h h und bricht den Bogen zum zweiten Mal. Das dritte Messer bewegt sich von vorn nach hinten in der Führung i i und bringt den Bogen an die Heftvorrichtung K; ein Faden wird von einem kleinen Schiffchen durchgeführt, von zwei Nadeln gefangen, durchgezogen, von der Scheere abgeschnitten, dann von den Walzen ergriffen und durchgeführt und fällt hinten bei o gefalzt, geheftet und geglättet herab. Ein einigermaßen geübter Aufleger falzt, heftet und glättet in einer Stunde mit Leichtigkeit 1000 Bogen, ein allerdings sehr geübter brachte es schon über 1480 Bogen in derselben Zeit.

Wird die Maschine von Dampf getrieben, so kann ein Arbeiter sie nicht mehr bedienen und es ist dann eine Luftpumpe zum Bogenauflegen angebracht. Eine solche Maschine liefert per Stunde 2800 bis 3000 Bogen ganz genau winkelrecht in 3, 4, 5 Brüchen gefalzt, geheftet und satinirt.

5) Das Kollationiren und Gleichstoßen.

Um die Gewißheit zu haben, daß das zu bindende Buch komplet ist, nicht nur, sondern daß auch die dazu gehörigen Bogen in richtiger Reihenfolge unter sich, und richtig gefalzt sind, durchsieht und ordnet man dieselben, und diese Arbeit nennt man Kollationiren.

Die richtige Reihenfolge der Bogen ersieht man an den Signaturen derselben. Diese bestehen entweder aus Buchstaben oder Zahlen nach ihrer Folge und stehen unter der ersten Kolumne oder Prime eines jeden Bogens. Sind Buchstaben zur Signatur gebraucht, so be=

steht das Alphabet hierzu aus 23 Buchstaben, weil V
und W in Wegfall kommen. Ist ein Buch über ein
solches Alphabet stark, so erhält der 24. Bogen die Signatur A a, der 25. B b u. s.; mit dem 47. Bogen beginnt das dritte Alphabet mit der Signatur A a a u. s. w.
Vertreten Zahlen die Signaturen, so laufen solche un-
unterbrochen fort. Oft wird auch die dritte Kolumne
eines Bogens mit A^2, A^* oder 1^* signirt; häufiger aber
findet man nur die erste Kolumne signirt, alle übrigen
Blätter außer der Pagina nicht besonders markirt.

Titel, Dedikation, Vorrede und Inhalt, gewöhnlich
zuletzt gedruckt, bekommen ihre besondern Signaturen in
(*) oder (†) oder sonstigen Zeichen.

Beim Kollationiren wird demnach auch ersichtlich,
ob Anfang und Ende eines Buches sich in gehöriger
Ordnung befindet, weshalb man auf die Anfangs- oder
Schlußbogen sein besonderes Augenmerk richten muß;
denn nicht selten sind dem Titelbogen Blätter angedruckt,
die zum Ende gehören, und umgekehrt oft Blätter am
Endbogen, die den Anfang, z. B. Vorrede, Inhalt 2c.,
enthalten. Diese Blätter müssen dann abgeschnitten und
da angeklebt werden, wo es die Reihenfolge erfordert.

Kartons, d. h. solche Blätter, die wegen eines
auffälligen Druckfehlers ausgeschnitten und durch andere
ersetzt werden, müssen ebenfalls beim Kollationiren berücksichtigt werden. Die auszuschneidenden Blätter werden aber, sofern es angeht, nicht dicht im Bruch, sondern
so abgeschnitten, daß ein schmaler Streifen oder Falz
stehen bleibt, an welchen das einzuschaltende Blatt, des
bessern Auflegens halber, mit Kleister angeklebt wird.

Das Durchsehen der Signaturen nimmt man auf
die Art vor, daß man die geradgestoßenen Bogen an der
rechten Ecke des obern Schnittes mit der rechten Hand
faßt, und mit der linken Hand an der linken Ecke des
untern Schnittes, beim Titel anfangend, die Bogen durch-
blättert und die Signaturen nachliest und so in den Stand
gesetzt wird, etwaiges Unrichtige leicht abstellen zu können,
und muß der Arbeiter mit ganz besonderer Gewissenhaf-

tigkeit nachsehen, daß nicht die Zahl mit dem Kreuzchen
oder gar keine Zahl zum Vorschein kommt, weil dieß das
Zeichen eines falsch gefalzten Bogens sein würde, und
muß dieß natürlich sofort verbessert werden, indem man
den Bogen richtig nachfalzt. Ueberhaupt gehört dazu die
größte Aufmerksamkeit und Vorsicht, da leicht ein nach-
lässiger Arbeiter einen verfalzten Bogen unbeachtet lassen
kann und dadurch das Buch möglicherweise umgebunden
werden müßte.

Bei Büchern, welche aus vielen Bänden bestehen
und außer der gewöhnlichen Signatur noch die Bandzahl
links in der Ecke des Bogens führen, muß auch auf diese
genau geachtet werden, damit nicht auch vielleicht sich hier
ein Fehler einschleicht.

Das Gleich- oder Geradestoßen der Bogen zu
dieser, sowie zu den nachfolgenden Arbeiten, geschieht,
indem man die Bogen anfänglich mit beiden Händen
ziemlich gerad bringt, und das vollkommene Geradstoßen
dadurch vollendet, daß man zwischen den Fingerspitzen
beider Hände die Bogen am Rücken und obern Schnitt
leicht auf- und niederbewegt und dann ebenso leicht an
diesen Stellen aufstößt. Beim winkelrechten Geradstoßen
jedoch, oder beim Geradstoßen zwischen den Preßbretern
muß das Buch, oder der gerade zu stoßende Stoß mit
beiden Händen, — je nach seiner Größe und Schwere —
nicht nur festgehalten, sondern auch auf der Arbeitstafel
fest aufgestoßen werden.

6) Bearbeitung der Kupfertafeln, Pläne, Tabellen, Karten 2c.

Sind die hier genannten Beilagen an einem Buche
vorhanden, so werden dieselben entweder an der entsprechenden Stelle des Textes befestigt, oder sie kommen
in ihrer Reihenfolge an das Ende des Buches.

Als Notiz bei Kupfern gelte für den Arbeiter, daß er
zuerst berechne, in welcher Größe das Buch beschnitten
wird, alsdann werden nach dieser die Kupfer geschnitten

und zwar an der hintern und oberen Seite rechtwinkelig, so daß der Spatium des Bildes, wenn das Buch fertig, vorn etwas breiter als hinten, oben etwas schmäler als vorn und unten etwas breiter als vorn erscheint.

Die in den Text eingeschalteten Kupfer müssen überhaupt stets mit dem Gesichte nach vorn eingeklebt werden, selbst dann, wenn dasselbe auch zur entgegengesetzten Seite gehören würde, da es einen schlechten Eindruck beim Durchblättern des Buches macht, wenn die weißen Rückseiten zum Vorschein kommen. Das Titelkupfer gehört natürlicherweise mit dem Gesicht dem Titel zugekehrt, und wird zum Schutze sämmtlicher Kupfer in den meisten Fällen Seidenpapier vorgeklebt; auch geschieht letzteres hauptsächlich, wenn der Druck sehr frisch wäre und abschmutzen würde.

Haben Kupfer ein vom Text abweichendes Format, so erfordert, besonders wenn diese Beilagen sehr zahlreich sind, deren Bearbeitung große Aufmerksamkeit. Es kann bei der großen Verschiedenheit derselben nicht ein für jeden·einzelnen Fall passendes, feststehendes Verfahren aufgestellt werden, sondern es ist Sache des Arbeiters und seines Nachdenkens, daß er hierbei Zweckmäßigkeit, Dauer und Bequemlichkeit des Lesers gleich groß berücksichtigt.

Ein zweckmäßiges Einschlagen, Brechen oder Falzen der Kupfertafeln ꝛc. nach dem gegebenen Formate aber besteht darin, daß dieselben, zur Schonung ihres Inhaltes und ihrer selbst, möglichst wenig Brüche, und diese an den Stellen erhalten, die sich hierzu am besten eignen. Beim Einschlagen vieler zu einem Buche gehöriger Tafeln muß auch noch darauf besondere Rücksicht genommen werden, daß die einzelnen Brüche so vertheilt werden, um der Gesammtheit der Tafeln nach vollendetem Einschlagen, ein ebenes, gerades Ansehen zu geben, damit nicht das Buch durch sie an einer Stelle stärker werde, als an der andern.

Da die Tafeln, wenn sie größer sind, als der Text, im Rücken des Buches nicht in ihrer ganzen Länge oder

Höhe angeklebt werden können, so müssen die Theile der eingeschlagenen Particen, die direkt den Rücken des Buches berühren, aber nicht angeklebt werden, so weit von ersterem entfernt, ausgeschnitten werden, daß sie sich dort bequem auf- und einschlagen lassen. Die am Ende eines Buches angebrachten Tafeln tragen, sobald sie ein oder mehrere Male eingeschlagen werden, gegen den Vorderschnitt hin so viel auf, oder mit andern Worten sind an dieser Stelle so viel stärker, als die eingeschlagenen Theile ausmachen. Diese Differenz muß daher ausgeglichen werden, wenn das Buch nicht im Rücken schwächer werden und dann viele Uebelstände veranlassen soll. Man bewirkt dieß, indem man so viele gebrochene Papierstreifen (Fälze) von einer Breite (im gebrochenen Zustande), die nicht ganz der des zweiten Breitenbruches der eingeschlagenen Tafel gleich kömmt, im Rücken so vertheilt mit einlegt, daß derselbe der Stärke des Buches an seiner stärksten Stelle gleichkömmt. Dieß muß auch dann geschehen, wenn eine im Verhältniß zum Text große Quantität einzuschlagender Tafeln in den Stellen des Textes anzubringen ist.

Sollen sich die einzuschlagenden Tafeln so aus dem Buche herausschlagen, daß sie beim Lesen leicht und ganz zu übersehen sind, so müssen so viele Blätter weißen Papiers von der Größe des Buches, für das sie bestimmt sind, mit gefalzt werden, als die Zahl der anzubringenden Tafeln beträgt. An diese Blätter werden die Tafeln so angeklebt (angehängt), daß sie, ohne verschnitten zu werden, oder den Vorderschnitt des Buches merklich zu verunstalten, fest halten. Zur Ausgleichung der Rückenstärke müssen, wenn die Tafeln eingeschlagen werden, ebenfalls Fälze in entsprechender Anzahl eingelegt werden.

Die einzelnen gebrochenen Tafeln geben nach dem Einschlagen eben so viele einzelne Blätter, die, um zum späteren Heften geschickt zu sein, entweder an ihrer Rückenseite unter sich zusammengehängt oder, wenn dieß wegen zu starken Papiers, zu schmalen Raumes rc. nicht thunlich erscheinen sollte, an Fälze von Papier oder Leinwand gehängt werden.

Es lassen sich jedoch nicht alle Papiere, auf welche Tafeln der oben genannten Art gedruckt sind, gleich gut, viele gar nicht einschlagen, ohne zu brechen. Man hat deshalb die betreffenden Papiere zu untersuchen, und wenn sie von der gemeinten Gattung sind und das Einschlagen derselben unumgänglich nöthig ist, dieselben, größerer Dauer halber, in den Brüchen zu zerschneiden und die entstandenen einzelnen Theile durch Leinwandstreifen von entsprechender Farbe unter einander akkurat zu verbinden.

Bücher, an denen viele der erwähnten Beilagen beigegeben sind, haben deshalb gewöhnlich einen beträchtlichen Werth und müssen schon aus diesem Grunde die ganze Aufmerksamkeit des Arbeiters in Anspruch nehmen, da bei der geringsten Unachtsamkeit oder Unvorsichtigkeit desselben das ganze Buch so verdorben werden kann, daß es unbrauchbar ist und der fahrlässige Arbeiter deshalb mit Recht zu dessen Ersatz angehalten werden kann.

Tafeln rc., welche des frischen Drucks halber abschmuzen, dürfen entweder gar nicht gepreßt und geschlagen werden, oder, wenn sich dieß nicht vermeiden läßt, müssen dieselben durch eingelegtes Seiden-Papier geschützt sein.

Hierher gehört nun auch die Behandlung der Atlanten und Kupferwerke.

Atlanten, welche aus großen Karten bestehen, würden, wenn dieselben offen, d. h. in der Größe der Karten, gebunden würden, ein Buch abgeben, welches für den Besitzer kaum zu regieren wäre, und werden diese daher jetzt meistentheils in halber Größe auf folgende Art gebunden.

Nehmen wir an, es sei der große Hand-Atlas in 70 Karten, erschienen im geographischen Institut zu Weimar, zu binden, welcher offen ein Format von 2 Fuß 7 Zoll Länge und 2 Fuß 2 Zoll Höhe hat, so verfährt man in folgender Weise:

Die Karten werden in der Mitte zusammengefalzt und dann kollationirt, so daß sie genau nach der Reihenfolge liegen, dann schneidet man 70 nicht zu starke aber feste Papierstreifen von der Länge, als die gefalzten Karten hoch sind und 2 Zoll breit, an welche, nachdem die Karten von hinten je ¼ Zoll auseinander geschoben und mit Kleister angeschmiert wurden, jede derselben ⅛ Zoll breit angehängt wird. Ist dieß geschehen, so legt man den Atlas zum Trocknen zwischen Pappen und beschwert denselben, damit das Papier durch die Nässe des Kleisters nicht wellig werde und sich die Karten mit den Fälzen fest verbinden.

Nachdem die gehörige Trockenheit der so angehängten Karten eingetreten ist, werden die überstehenden Fälze bis an die Karten herumgebrochen und ungefähr 4 — 5 derselben in eine Heftlage gebracht. Die durch die 70 Papierstärken vom Anhängen erzeugte Erhöhung muß nun durch vorsichtiges Niederklopfen mit einem Hammer auf einer Eisenplatte oder Stein entfernt werden, damit die Egalität des Buches wieder hergestellt wird.

Da nun der herübergebrochene schwache Falz der Stärke der Karten nicht gleichkommt, so schneidet man abermals Streifen von stärkerem Papiere 3 Zoll breit und bricht dieselben erst in der Mitte zusammen, dann nochmals in der Mitte, so daß ein aus 4 Theilen gebrochener Falz entsteht, welcher nun so breit ist, wie der Raum, welcher mit demselben ausgefüllt werden soll, um die gehörige Stärke des Rückens zu erzielen, und legt man nun in je eine Lage einen dergleichen Falz dergestalt, daß nun Rücken und Karten eine gleiche Fläche bilden.

Atlanten, welche kleineres Format haben, werden mitunter auch in obiger Weise gebunden, meistentheils aber offen und werden da, nachdem die Karten in den gehörigen Verhältnissen geschnitten wurden, 4 — 6 derselben zusammenhängt, welche dann, zusammengebrochen, eine Heftlage bilden.

7 *

Für Kupferwerke ist ein sehr empfehlenswerthes Verfahren folgendes:

Setzen wir den Fall, die Bibel in Bildern von Schnorr von Carolsfeld, bestehend aus gegen 400 einzelnen Kupfertafeln, groß 4to, solle gebunden werden, so muß jedes Kupfer vorher einzeln an der hintern Seite gleich geschnitten werden, so wie winkelrecht mit der hintern an der obern Seite. Man suche nun zuerst eins der kleinsten Kupfer aus und schneide dasselbe hinten und oben nach angegebener Weise und mit Berechnung eines schönen Verhältnisses des Spatiums ab, darauf zeichne man die Größe desselben auf eine Pappe, gebe in dieser Vorzeichnung die Größe, nach welcher später das Buch beschnitten wird, an, und schneide nun nach diesem Muster sämmtliche Kupfer zu.

Nachdem die Kupfer nach der Reihefolge geordnet wurden, müssen von denselben, da sie doch nicht in einzelnen Blättern geheftet werden können, Heftlagen von je vier derselben gebildet werden.

Zu diesem Zwecke schneide man Papierstreifen zu, am besten von dauerhaftem Handpapier, von der Länge als die Kupfer hoch und ungefähr ⅜ Zoll breit.

Nun schmiere man zwei dergleichen Streifen mit Kleister an, lege den einen, der Höhe der Kupfer nach, vor sich auf eine Pappe und verbinde mit diesem das erste und vierte Kupfer, doch so, daß dieselben einen guten Messerrücken weit von einander entfernt sind, darauf folgt in derselben Weise das zweite und dritte, und die erste Heftlage ist zusammengehängt. Hat man 3 bis 4 derselben in dieser Weise fertig gemacht, so bedecke man selbige mit einer Pappe und fahre ganz so fort bis zu Ende des Buches, darauf beschwere man das ganze und lasse alles gut trocknen. Ist letzteres eingetreten, werden die so erhaltenen Doppelblätter zusammengefalzt und in einander gesteckt und wird sich das Buch nun zum Heften eignen. Sollten die Papierstreifen am Rücken zu sehr auftragen, so werden sie mit dem Hammer behutsam niedergeklopft.

7) Durchschießen der Bücher.

Unter diesem versteht man das Einstecken von Schreibepapierblättern zwischen die gedruckten Seiten eines Buches, um darauf die nöthigen Anmerkungen ꝛc. machen zu können.

Nachdem das Buch gefalzt wurde, schlage man dasselbe vor dem Durchschießen, da das Schlagen auf Schreibepapier leicht nachtheilig einwirkt. Ist dieß geschehen, so schneide man die sämmtlichen Bogen oben und vorn auf, um die Blätter einstecken zu können; da nun blos auf ein gedrucktes Blatt ein weißes gerechnet wird, ausgenommen das Buch wird doppelt durchschossen, was auch zuweilen vorkommt, so muß in der Mitte des Bogens ein einzelnes Blatt eingeklebt werden, was aber vor dem Einstecken der übrigen weißen Doppelblätter geschehen muß.

Nehmen wir an, es sei ein Oktavbuch zu durchschießen, so würde der erste Bogen vier Doppelblätter und ein einzelnes in die Mitte bekommen, der zweite würde blos drei Doppelblätter und ein einzelnes erhalten, da die erste Seite des zweiten Bogens schon durch das letzte weiße Blatt des erstern gedeckt wird, der dritte Bogen erhält dann wieder vier Doppelblätter u. s. w. Vorreden, Inhalt ꝛc. werden nicht mit durchschossen.

8) Das Einpressen.

Nach dem Kollationiren werden die Bücher auf die schon beschriebene Art gerade- oder gleichgestoßen und in eine Presse gesetzt (eingepreßt), um ihnen mehr Festigkeit und Gleichheit zu geben. Da die Bücher meistentheils particenweise gebunden werden, so geschieht auch das Einpressen gewöhnlich auf die Art, daß mehrere Bücher zusammen in eine gewöhnliche hölzerne Presse gesetzt werden. Dieses Verfahren kann jedoch nur bei übereinstimmenden Formaten in Anwendung kommen; weniger kömmt hierbei auf die Stärke eines Buches oder Stoßes an, sofern letzteren natürlich die Presse fassen kann. Es bedarf aber wohl kaum der Erwähnung, daß, je weniger voluminös ein zu pressender Stoß ist, er, bei gleicher Kraftanstrengung, auch um so besser, d. h. fester und glatter, preßt.

Die zu pressenden Bücher oder Stöße werden nicht direkt der Wirkung der Preßballen ausgesetzt, sondern werden entweder komplet, oder wenn sie sehr stark sind und fester pressen sollten, in mehreren Lagen zwischen reinliche, glatte Breter (Preßbreter) von hartem Holze und entsprechender Stärke gesetzt, wobei man die Vorsicht braucht, den Titelbogen an das Ende, oder den Endbogen auf den Titel zu legen.

Für jedes gangbare Format müssen Preßbreter vorhanden sein, die stets reinlich und glatt gehalten werden müssen. Bei den unmittelbar unter den Preßballen liegenden Bretern dürfen jedoch die Adern derselben nicht parallel mit den Preßballen, sondern müssen in entgegengesetzter Richtung laufen (Querbreter), da sie sonst beim Zudrehen der Pressen springen würden. Die zwischen den einzelnen Büchern liegenden Breter können mit ihren Adern, unbeschadet ihrer Dauer, parallel mit dem Preßballen laufen (Längenbreter).

Die einzupressenden Bücher müssen von den Preßbretern vollkommen bedeckt sein, und geradegestoßen so in die Presse gesetzt werden, daß sie in Mitte derselben stehen und die Preßballen wiederum das Buch, oder den zu pressenden Stoß in der Mitte durchschneiden, worauf man die Presse mit dem Preßbengel fest, so jedoch zudreht, daß keine Seite der Presse stärker als die andere angestrengt wird. In einer gewöhnlichen Holzpresse müssen die Bücher, um gut zu pressen, mindestens 12 Stunden stehen.

Um größere Massen Bogen oder Bücher zu pressen, ist das Einpressen in gewöhnliche hölzerne Spindelpressen sehr zeitraubend, und ist auch oft nicht hinreichend, um Büchern, die nicht geschlagen oder gewalzt werden können, oder sollen, den gehörigen Grad von Festigkeit zu geben.

Man hat daher in größern Buchbindereien, zum Ein=
pressen dieser Art, eigens konstruirte hölzerne, oder eiserne
Stockpressen, oder verwendet hierzu auch die eisernen
Vergolde= oder Prägepressen. Letztere jedoch, zu dieser
Art Pressungen in der Regel nicht konstruirt, können bei
großer anhaltender Kraftanstrengung — die hier in der
Regel erfordert wird — in der Spindel oder dem Preß=
hebel leicht springen oder platzen.

Neuerer Zeit ausschließlich zu diesem Behufe kon=
struirte Pressen gestatten jedoch bei einem verhältnißmäßig
großen Preßraum eine immense mit Leichtigkeit auszu=
übende Kraftanwendung, ohne die Dauerhaftigkeit der
Presse selbst zu gefährden; so z. B. die große Stockpresse
von Gebrüder Heim in Offenbach mit Schneckenrad und
Schraube Fig. 11.

Dieselbe besteht in allen ihren Theilen aus Eisen.
Das Fundament a wird durch die vier Säulen c c c c
mit dem Kopfstück b zu einem Ganzen verbunden. Mit
der durch das Kopfstück b gehenden Schraubenspindel d
ist an dem untern Ende derselben die Druckplatte e ver=
bunden, auf welche die Spindel drückt. Etwas mehr
oben sitzt das Schneckenrad f, welches mit der Spindel
fest verbunden ist, und über diesem der Handhebel g,
welcher sich auf der Spindel dreht. Sobald die Presse
in Gebrauch genommen wird, werden die Bücher ꝛc. auf
die Fundamentplatte a gebracht und mit dem Handhebel
g durch Anschlagen an die an dem Schneckenrad f sitzen=
den Zäpfchen n n n n die Druckplatte so weit herunter=
gelassen, bis die einzupressenden Gegenstände so viel
Widerstand entgegensetzen, daß der Handhebel nicht weiter
arbeiten kann. Darauf wird die Schraube ohne Ende x
in das Schneckenrad eingerückt und erst durch Umdrehen
an dem Heft i und zuletzt durch Herumziehen an dem
Hebelarme k die Presse gespannt, welche in Folge der
angegebenen Konstruktion eine enorme Druckkraft ausübt.

Durch die Schraube ohne Ende x, welche in das
auf der Spindel d sitzende Schneckenrad f eingreift, ist
die Kraftübersetzung eine so bedeutende, daß ein Mann,

bei kleinerm Format ein Knabe hinreichend ist, um die nöthige Druckkraft auszuüben. Der Billigkeit halber werden obige Pressen auch mit Holzfuß, statt eisernem Fundamente, geliefert.

			Ganz in Eisen		Mit hölzernem Fundament.	
			Fl.		Fl.	
Tiegelgröße 95 Centim.	65 Centim.		450	—	360	—
„ 85	„ 60	„	400	—	320	—
„ 75	„ 55	„	350	—	280	—
„ 65	„ 50	„	300	—	240	—

Die Höhe des Einsetzraumes kann je nach Angabe 60 Centimet. bis 100 Centimet. gemacht werden.

Eine sehr hübsche billige Stockpresse liefern auch Queva u. Komp. in Erfurt, Fig. 12, Preis 50 Thlr.

Dieselbe präsentirt sich auf unserer Abbildung in der vordern Ansicht, sie besteht aus einem Holzgestelle, schmiedeeiserner Schraube mit Mutter und eisernem Schlagrade mit Preßtiegel. Der Bau dieser einfachen Presse ist, so wie bei dem vorigen deutlich genug aus den Zeichnungen zu ersehen, daß es wohl keiner besondern Beschreibungen bedarf.

Fig. 13 zeigt uns noch eine kleine hölzerne Stock= presse der Gebrüder Heim in Offenbach mit eiserner Spindel, welche auch für eine kleinere Buchbinderei sehr vortheilhaft ist.

Druckfläche 65 Centim. u. 28 Centim. bei
22 Centim. hohem Preßraum . . 70 Fl.

Die eiserne Stockpresse von Queva in Erfurt Fig. 14 ist in äußerst solider Weise ausgeführt, dieselbe kann zum Einpressen der Bücher benutzt werden, so wie dieselbe gleichzeitig als Vergoldepresse, welche auch zum Heizen mit Wärmebolzen eingerichtet, gute Dienste leistet. In vielen Buchbindereien versieht dieselbe durch ihre

praktische Einrichtung gleichzeitig Stock- und Vergoldepresse und lassen sich ganz hübsche und saubere Arbeiten
darin ausführen. Die Konstruktion dieser Presse ist wohl
durch die Zeichnung hinlänglich deutlich und erfolgt das
Pressen durch Bewegung des horizontalen Schwengels a,
weshalb die Schwungkugeln b b mit Handgriffen versehen sind. Die Entfernung zwischen den schmiedeeiser-
nen Säulen c c beträgt 22 Zoll rhein. Der eiserne
Klotz d ist zum Herausnehmen, so daß auch größere Bücher bequem in die Presse gesetzt werden können. Der
Preis einer solchen Presse beträgt 100 Thlr.

Eine andere Konstruktion für Pressen dieser Art ist
die Differenzbewegung der Presse oder vielmehr Spindel,
wie sie R. Howson in Manchester zuerst konstruirte.

Bei der Differenzschraubenpresse ist Hunter's bekannte Differenzschraubenbewegung angewendet, durch
welche bei großer Geschwindigkeit ein bedeutender Druck
ausgeübt werden kann. Bei den gewöhnlichen mit einer
einfachen Schraube versehenen Pressen ist die Wirkung
der Schraube in Folge des Gegensatzes zwischen Geschwindigkeit und Kraft auf sehr enge Grenzen beschränkt,
so daß eine Presse von bestimmter Konstruktion nicht zu
vielerlei Zwecken paßt. So erfordert z. B. beim Pressen
von weichem Papier die Zeitersparniß, daß die Bewegung
anfangs schnell ist, so lange nämlich das Papier noch
wenig Widerstand darbietet; dann soll aber, je mehr die
Kompression zunimmt, die Geschwindigkeit (d. h. die Steigung der Schraube) vermindert, dagegen aber der Druck
vergrößert werden können, um den größer gewordenen
Widerstand zu bewältigen. Wird daher ein und dieselbe
Presse für Einlagen von verschiedenem Volum benutzt,
so geht bei einer geringen Schraubensteigung viel Zeit
verloren, bis die Preßplatte mit der Einlage in Berührung kommt, denn die Preßplatte geht leer eben so langsam, als wenn sie in Thätigkeit ist. Aber auch in Fällen,
wo der Zeitverlust nicht hoch anzuschlagen ist, muß, wenn
ein sehr großer Druck erfordert wird, entweder der Preßhebel sehr lang oder die Steigung der Schraube außer-

ordentlich klein sein: Hülfsmittel, die jedoch nur inner=
halb gewisser Grenzen anzuwenden sind; denn einerseits
wird dadurch der Hebel schwerfällig und erfordert eine
im Verhältniß stärkere Schraube; andererseits aber das
Gewinde so fein müssen, daß es nicht mehr gut her=
gestellt werden kann.

Die Eigenthümlichkeit von Hunter's Differenz=
schraube, welche Howson zuerst für Kopirpressen an=
wandte, besteht in einer Vereinigung zweier Schrauben
von verschiedener Steigung. Die Differenzschraube geht
nämlich in derjenigen Richtung vorwärts, in welcher sich
die Schraube mit größerer Steigung bewegt, während
sie die kleine Schraube gleichzeitig um ihre Steigung
rückwärts führt; folglich ist während einer Umdrehung
der Weg der Schraube nicht der Steigung einer der bei=
den Schrauben gleich, sondern nur der Differenz der
beiden Steigungen, weshalb man dieselbe Wirkung erhält,
wie von einer einfachen Schraube, deren Steigung nur
die Differenz der beiden Schraubensteigungen beträgt.
Auf diese Weise kann man jeden beliebigen Druck erhal=
ten, so weit man im Stande ist, die Steigungen zweier
Schrauben verschieden zu machen.

Fig. 15 ist ein Seitenaufriß einer Presse mit Diffe=
renzschraube und Fig. 16 ein theilweiser Durchschnitt
durch die Schraube und die Mutter. In dem Querstücke
A befindet sich eine als Mutter dienende Schraube B,
die durch den zweiarmigen Hebel C bewegt werden kann.
Durch die Schraube B geht die massive Schraube D,
welche mittels des Hebels E gedreht wird. Um die
Preßplatte F auf die gewünschte Höhe zu heben, dreht
man durch den obern Hebel die innere Schraube, und
dreht sie, wenn der zu pressende Gegenstand eingelegt ist,
zurück, bis die Platte F auf der Einlage aufruht. Bei
dieser Stellung ist der vergrößerte Druck nöthig und des=
halb bringt man den Hebel C in Anwendung; dreht
man denselben, so erhält die Schraube D in vertikaler
Richtung eine Differenzbewegung, wobei sie selbst in
Folge der Reibung auf der Platte F keine Drehung

macht. Je geringer der Unterschied der beiden Schraubensteigungen ist, desto größer wird bei gleicher Kraftanwendung der erzeugte Druck.

Wie schon oben erwähnt wurde, würde bei Pressen
gewöhnlicher Konstruktion zur Erzielung eines sehr großen
Druckes der Preßhebel sehr lang sein müssen, was einestheils nur mit großer Gefahr für die Schraube zu bewerkstelligen sein könnte, anderntheils aber auch die
Manipulation des Pressens sehr unbehülflich und an-
strengend machen würde. Die Dimensionen der einzelnen
Theile einer solchen Presse brauchen nicht so voluminös
und massiv zu sein, als bei Pressen, die nur mit einer
einfachen Schraube versehen sind, ohne daß dadurch der
Stärke des Druckes Eintrag geschieht.

Bei Pressen mit Differenzschrauben kommen daher
alle erwähnten Uebelstände in Wegfall, denn die der
größern Gefahr ausgesetzte Spindel B leistet beim Pressen nur den schwächern Druck, da sie außer Anwendung
kommt, wenn die Preßplatte auf der Einlage ruht, und
der eigentliche größere Druck mittels des Hebels C und der
Schraube B erzeugt wird.

9) Das Schlagen oder Walzen zum Heften.

Haben die eingepreßten Bücher die gehörige Zeit in
der Presse gestanden, so werden sie ausgepreßt und zum
abermaligen Schlagen oder Walzen vorbereitet. Zu diesem Behufe werden stärkere Bücher in Schlaglagen
gebracht, d. h. in Abtheilungen, die je nach der Stärke
des Papieres, oder des Buches, oder der Schwere des
Hammers verschiedene Stärke haben können.

Wie beim Schlagen aus dem Falze, soll auch durch
das Schlagen zum Heften dem Buche Festigkeit und
Gleichförmigkeit ertheilt werden, weshalb daher stärkere
Bücher mehr, schwächere weniger geschlagen zu werden
brauchen. In Rücksicht auf Reinlichkeit hat man auch
hier die Vorsicht anzuwenden, den Schlagstein mit reiner
Makulatur zu bedecken, oder den einzelnen Schlaglagen

ein reinliches Blatt Makulatur vorzukleben und nach dem Schlagen wieder zu entfernen.

Das Schlagen selbst wird auf verschiedenerlei Art ausgeübt; während Einige, an irgend einer Ecke der Lage anfangend, Schlag an Schlag den Kreis nach der Mitte derselben zu enger ziehen, verfahren andere umgekehrt, indem sie von der Mitte ausgehend ebenso nach den Kanten hin schlagen. Letztgenannte Weise dürfte jedoch den Vorzug verdienen, da sich das Papier durch ein gleichförmiges Schlagen von der Mitte aus auch gleich= förmiger und besser ausdehnen kann, wodurch die sehr häufig beim Schlagen entstehenden Falten — sofern diese im Schlagen selbst ihren Grund haben — vermieden werden können.

Mehr, wie beim Schlagen aus dem Falze, ist hier auf ein gleichförmiges und akkurates Aneinandersetzen der Schläge zu sehen, da ein fehlerhaftes Schlagen alle nach= folgenden Arbeiten stört und erschwert. Einige Buchbin= der befolgen das fehlerhafte Verfahren, zur Vermeidung der Falten die Ecken des Buches stärker zu schlagen, so daß die Mitte höher ist. Allerdings wird hierdurch etwa entstehenden Falten vorgebeugt, allein nur größere Uebel= stände herbeiführend; denn abgesehen, daß die Schnitte des Buches dadurch ein ungleichförmiges Ansehen erhal= ten, und der Rücken nicht vollkommen schließen kann, wird dadurch auch die Dauerhaftigkeit des Buches ungemein beeinträchtigt.

Es ist hingegen ein bewährtes Verfahren, die ein= zelnen Lagen von der Mitte aus nach den Enden hin gleichförmig, jedoch so zu schlagen, daß die vier Ecken etwas weniger getroffen werden. Die an diesen Stellen etwa entstehenden kleinen Fältchen verpressen sich im Laufe der folgenden Arbeiten wieder. Das Schlagen geschieht auf beiden Seiten der Lagen und eine nach vollendetem Schlagen vorgenommene Untersuchung mit der Hand oder zwischen den Fingern zeigt die Stellen, an denen noch nachgeholfen werden muß.

Obwohl ein verhältnißmäßig starkes Schlagen nur empfohlen werden muß, hat man sich jedoch auch zu hüten, die Bücher nicht über die Gebühr zu schlagen, da durch zu starkes Schlagen das Papier leicht unorsch wird.

Das Walzen zum Heften geschieht in schwächern Lagen, als das Schlagen, und werden dieselben hier zwischen Blechplatten eingelegt. Nach dem Schlagen oder Walzen werden die Bücher behufs weiterer Bearbeitung zwischen Breter wieder eingepreßt.

10) Das Heften und die damit verbundenen Nebenarbeiten.

Der Zweck des Heftens: Verbindung der einzelnen zu einem Buche gehörigen Bogen und Blätter untereinander, mittels Zwirn = oder anderer Fäden und einer Heftnadel, wird auf mancherlei Art erreicht. — Je nachdem ein Buch leicht oder dauerhaft gebunden werden soll, wendet man verschiedene Methoden des Heftens an, die sich in folgende Kategorien eintheilen lassen.

A) Heften ohne Bünde. Bücher, welche nur einen leichten Einband oder blos einen Umschlag erhalten sollen, werden auch nur leicht geheftet, indem man wie z. B. bei einfachen Schulschreibbüchern, Bogen an Bogen so aneinander heftet, daß sie ohne Anwendung oder Dazwischenkunft eines andern Mittels untereinander verbunden sind. Diese Art zu heften ist so einfach, daß sie wohl keiner andern Erläuterung bedarf.

Eben so einfach ist das sogenannte Holländern, wobei die einzelnen Bogen zwar auf der Heftlade, oder sonst aufgespannte Schnüre geheftet, diese aber nach dem Heften wieder entfernt werden. Diese Methode des Heftens wird gewöhnlich bei nur einfach broschirten Büchern, wie sie auflagen = oder massenweise in den Buchhandel kommen, angewendet und dabei auf folgende Art verfahren: Wir nehmen an, daß das zu heftende Buch richtig kollationirt, dem Arbeiter zur linken Hand liege und die

Heftschnüren entweder auf der Heftlade aufgespannt, oder, wo große Maßen Bogen zu holländern sind, von der Decke des Arbeitszimmers ab, an den Arbeitstisch befestigt sind. Das eigentliche Holländern kann dann ohne weitere Vorbereitungen beginnen, indem man, — wie beim Heften überhaupt, — beim letzten Bogen anfangend, diesen so an die zwei Heftschnüren anlegt (die, je nach dem Formate des Buches oder der Absicht des Arbeiters, mehr oder weniger weit von einander entfernt sind), daß diese in die Mitte seines Rückens zu stehen kommen, worauf man dicht an der zur rechten Hand befindlichen Schnur ansticht und eben so an der Schnur linker Hand die Nadel wieder ausgehen läßt. Der nächstfolgende Bogen wird auf dieselbe Weise geheftet, jedoch hierbei um die Heftschnure herum, nur nicht in diese gestochen. So fortfahrend kann man je nach der Länge der aufgespannten Schnüre einen beliebig hohen Stoß, oder eine beliebige Anzahl Exemplare aufeinanderheften, nur gebraucht man zur Abtheilung der einzelnen Bücher die Vorsicht, beim Titelbogen nicht direkt an der Heftschnure, sondern etwas ober- oder unterhalb derselben heraus, und dann beim Anfang eines neuen Exemplars wieder rückwärts zu stechen. Die eingehefteten Schnüre dienen hier nur dazu, einen zu heftenden Stoß Bücher im Gleichgewicht zu halten und vor dem Umfallen zu sichern, und werden nach dem Heften aus dem, dieselben umschlingenden Zwirn herausgezogen. Beim Holländern müssen die einzelnen Bogen zwar akkurat aufeinander geheftet werden; es läßt sich aber, und dieß ist in der Natur des Holländerns selbst begründet, nicht verhindern, daß sich dieselben während dieser Arbeit wieder verschieben, weshalb angerathen werden muß, den Zwirn nicht zu fest anzuziehen, damit sich die gehefteten Bogen nach Beseitigung der Heftschnüren leichter gerade stoßen lassen.

Das Heften nach Art der Akten, sogenanntes aktenmäßiges Heften, ist ebenfalls unter diese Rubrik zu zählen. — Die Lagen der Bogen werden einzeln, ohne direkte Verbindung unter einander mittels viermaligen

Einstechens in proportionirter Entfernung in einen Um=
schlag (Aktendeckel) geheftet, der seinerseits zur Befestigung
und größeren Haltbarkeit des Rückens, an dieser Stelle
mit einem, gewöhnlich doppelten, Rückenfalz von soge=
nanntem Aktendeckel versehen ist, der ebenfalls mit gehef=
tet wird.

Das Durchstechen wird gewöhnlich nur als pro=
visorisches Verbindungsmittel bei schwachen Heften von
geringem Werthe angewendet. — Der zu heftende oder
besser zu durchstechende Gegenstand erhält je nach seiner
Größe, Stärke oder der beabsichtigten Dauerhaftigkeit,
einen oder mehrere Stiche, die an der Seite seines Rük=
kens und so weit von diesem entfernt, daß das Papier
oder der Zwirn nicht durchreißen kann, vertikal durch=
gehen, und durch die der Heftzwirn, eine oder zwei Schlin=
gen bildend, gezogen wird. — Da diese Methode des
Heftens weder äußere Eleganz, und nur geringe Dauer=
haftigkeit bietet, so kann seine Anwendung nur sehr be=
schränkt sein, ja es sollten ihm, hinsichtlich seiner Zweck=
widrigkeit, die engsten Grenzen gezogen werden.

B) Heften auf Bünde. Durch das Heften auf
Bünde oder Riemen sucht man nicht nur eine möglichst
feste Verbindung der einzelnen Blätter, Bogen oder Lagen
unter sich selbst zu erreichen: man beabsichtigt auch durch
das Einheften von Schnüren, Riemen oder Bändern, den
später anzubringenden Deckeln mehr Haltbarkeit am Buche
selbst, d. h. eine dauerhafte Verbindung mit diesem zu
geben. Schon aus dieser generellen Umschreibung dieser
Operation erhellet, daß das Verfahren hierbei, obwohl
im Allgemeinen sich gleichbleibend, sehr verschieden
sein muß. Der Hauptsache nach zerfällt diese Art des
Heftens in zwei Abtheilungen:

1) ob die Bünde auf den Rücken des zu heftenden
Buches zu liegen kommen sollen, oder ob sie
2) dort eingelassen oder eingelegt werden sollen.

Die Zahl der Bünde, Schnüre oder Riemen und
ihre Stärke ist je nach dem Formate oder der Stärke

des zu heftenden Buches verschieden. Gewöhnlich nimmt man hierzu Bindfaden, Streifen oder Riemen festen Kalbpergaments, festes Band, Leder 2c., die man entweder mittels der **Hefthaken** und **Heftstifte** auf der **Heftlade** aufspannt, oder wie beim Heften schwacher Bücher auf Riemen von Pergament, dieß ohne Aufspannen, aus freier Hand verrichtet.

Wenn die Bünde erhaben auf dem Rücken des zu heftenden Buches stehen und auch nach Beendigung des Einbandes noch sichtbar sein sollen, so müssen sie den Rücken in eine Zahl Abtheilungen oder Felder von gleicher Größe theilen, von denen man jedoch, allgemein gebräuchlich, das untere oder **Fußfeld** ein wenig größer, als die übrigen eintheilt.

Abweichend hiervon ist die Eintheilung der Bünde, die im Rücken eingelegt werden, d. h., wenn das zu heftende Buch eingesägt wird. **Das Einsägen** selbst geschieht auf folgende Weise: Das geschlagene, zu heftende Buch wird zwischen zwei Preßbretern am Rücken und an der oberen Schnittseite gerade und winkelrecht gestoßen und in die Presse gebracht, wo die Breter, — ohne daß das Buch verschoben wird, — einige Messerrücken breit vom Rücken des Buches entfernt werden, oder mit andern Worten, daß der Rücken um einige Messerrücken breit über die Breter hervorsteht. Die Presse wird hierauf mit der Hand leicht zugedreht, und wenn die Eintheilung der Bünde auf dem Rücken des zu heftenden Buches geschehen, was entweder durch Vorreißung paralleler, winkelrechter Linien, oder nach Augenmaß erfolgt, werden diese, für die einzulegenden Bünde bestimmten Stellen mittels einer enggeschränkten **Baumsäge**, oder eines sogenannten **Fuchsschwanzes** so tief eingesägt, daß diese Einschnitte durch die Schnüre vollkommen ausgefüllt werden. Zu tiefe Einschnitte sind der Haltbarkeit und dem Ansehen des Buches eben so nachtheilig, als zu flache.

Bei starken Büchern, welche auch der Haltbarkeit wegen auf sehr starken Bindfaden geheftet werden müssen, bedient man sich auch einer Feile, um die Einschnitte der Säge, dem Bindfaden entsprechend, zu erweitern.

Die Eintheilung der Schnüre oder Bünde anlangend, läßt sich folgendes als allgemein gebräuchlich feststellen: Obwohl bei eingesägten Büchern eine so ängstlich genaue Vertheilung der Bünde nicht erforderlich zu sein scheint, weil diese nach beendigtem Einbande nicht sichtbar sind, so trägt doch ein gutes Verhältniß oder eine regelmäßige Entfernung der Schnüre nicht wenig zur Haltbarkeit des Buches und vorzüglich der Deckel bei. — Ein richtiges Verhältniß in dieser Beziehung würde sich z. B. so normiren lassen:

Eintheilung auf 3 Schnüre.

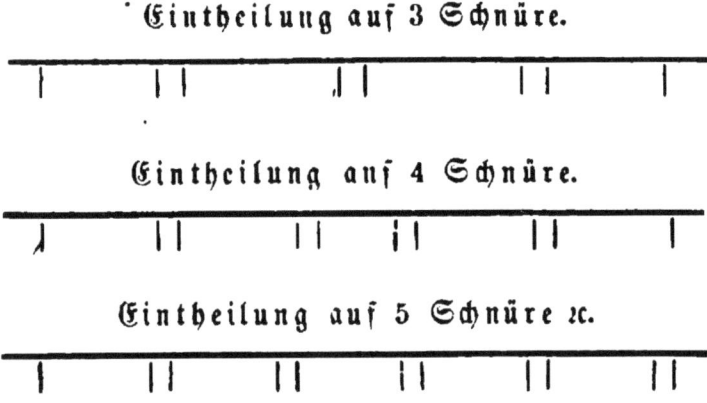

Eintheilung auf 4 Schnüre.

Eintheilung auf 5 Schnüre 2c.

Die einfachen Striche bedeuten die Vice- oder Nebenbünde und werden nur so tief eingesägt, als es der Heftzwirn erfordert, übrigens aber dem Kapitale (Kopfund Fußende des Buches) so nahe gebracht, als es das Beschneiden gestattet.

Auch hier hat sich die Technik in das Mittel geschlagen und eine Maschine zum Einsägen der Bücher konstruirt, doch ist dieselbe noch nicht auf dem Punkte der Vollkommenheit angelangt, um zweckentsprechend zu sein und wird überhaupt blos da schließlich verwendet, wo bedeutende Massen egaler Bücher gebunden werden.

Nach Maßgabe der für die Bünde bestimmten Einschnitte werden die Heftschnüre auf der Heftlade senkrecht
aufgespannt, was mit Hülfe eines eingesägten Bogens
und nach dem Augenmaße geschieht, um die Entfernungen
der Bünde gehörig festzustellen; die Details des Aufspan-
nens selbst aber sind wohl so bekannt, daß ein näheres
Eingehen hierauf überflüssig erscheint.

Bevor jedoch zum eigentlichen Heften geschritten werden kann, muß das zu bestende Buch mit Vorsatz versehen werden, bestehend aus zwei Blättern weißen oder
farbigen, geleimten, festen Papieres von der Größe des
Buches und einem dritten schmälern Blatte, zum Ansetzen
der Deckel dienend. Es muß Sache des Arbeiters sein,
da hierin ein nicht geringer Verbrauch stattfindet, diese
Blätter möglichst vortheilhaft zuzuschneiden. — Sehr zu
empfehlen ist das Vorsatz aus Doppelblättern mit auf-
geklebtem Falz zu fertigen, an dieses wird dann das
schmale Fälzchen gebrochen, welches um den ersten und
letzten Bogen geheftet wird. — An eleganten Büchern
wird jetzt stets Moirée oder Glacé zu Vorsatz angewendet, und wird dieß nachdem das Buch erst mit doppel-
tem, weißem Vorsatz geheftet wurde, in Doppelblättern
vorgeklebt und ein Blatt auf das erste weiße aufgepappt,
doch geschieht dieß erst, wenn das Buch geheftet und geleimt ist. Auch heftet man blos einfaches weißes Vorsatz vor und klebt das Moirée blos schmal auf dasselbe
auf, ohne das Blatt aufzupappen, jedoch muß da natürlicherweise die Rückseite des Moirée ganz sauber sein.

Bei eleganten oder für die Dauer berechneten Bänden ersetzt man die Stelle des Vorsatzpapiers, die die
Deckel des Buches unmittelbar in ihrer Biegung oder
dem Falze (Scharnier) berührt, durch Leder oder Leinwand, das in betreffender Größe am ersten und letzten
Bogen angehängt und mit geheftet wird, oder mit Vorsatzpapier vereinigt, eine Heftlage abgiebt.

Seidenes Vorsatz erfordert einen Falz von Leder
dann, wenn das Zeug nicht ganz aufgezogen, sondern
nur gespannt wird. Letzterenfalls wird das betreffende

Vorsatzpapier vorerst mit dem Buche beschnitten, jedoch
in der Weise, daß es zum leichten Entfernen eingerichtet,
d. h. blos mit einigen Tupfen angeklebt wird. — Das
Seidenzeug wird erst dann angebracht, wenn das Buch
vollständig fertig ist, und zwar so, daß es, ohne Falten
zu bilden, um die betreffenden Vorsatzblätter gespannt
wird, in welchem Falle die Rückseite dieser Blätter in der
Breite des Einschlages mit Leim angestrichen und der
Einschlag des Zeuges dort befestigt wird. Stärkere, seidene, wie überhaupt solche dichte Zeuge, bei denen die
Bindemittel nicht durchschlagen können, werden auch aufgezogen, und in diesem Falle ist ein besonderer Falz
von Leder entbehrlich. Das Aufziehen geschieht auf feines, glattes Papier, so groß, als das Zeug und mittels
eines mäßig starken, sehr hellen Leims, oder mit reinlichem,
frischgekochtem Kleister, indem man das als Unterlage
dienende Papier gleichmäßig anstreicht, das Seidenzeug,
ohne daß es Falten bildet, auflegt und unter Auflegen
eines reinlichen Bogens Makulatur, sanft anreibt und
das Trocknen zwischen Papier geschehen läßt, in das man
das aufgezogene Seidenzeug einlegt und gut beschwert. —
Mit wie viel Sorgfalt immer auch die letztbeschriebene Arbeit geschehen mag, es wird sich selten vermeiden lassen,
daß das Seidenzeug durch das Aufziehen an Glanz und
Ansehen verliert, weshalb das Spannen desselben vorzu-
ziehen ist, und auch in der Praxis bei weitem häufiger
angewendet wird.

Ledervorsatz, von mattem Kalbleder oder Saffian,
kommt zwar selten vor, doch muß es auch seine Erwähnung finden, zumal es das Schönste und Solideste ist
und ein derartiges schön gearbeitetes Vorsatz einen bedeutenden Effekt hervorbringt. Es wird jedoch nur bei
ganz besondern Pracht- oder Kunsteinbänden, für Indu-
strie-Ausstellungen 2c. bestimmt, in Anwendung gebracht.
Nachdem das Buch bis zum Anpappen fertig, werden die
Blätter Papier, welche für das Ledervorsatz bestimmt und
blos mit einigen Tupfen befestigt waren, herausgenommen, das Leder darnach, mit Berechnung eines Einschla-

8*

ges ringsherum zugeschnitten, geschärft und die betreffenden Blätter damit überzogen, welche aber vorher genau
gezeichnet waren, um ja keiner Verwechselung ausgesetzt
zu sein. Sobald diese Lederblätter getrocknet sind, werden dieselben vergoldet und in das Buch eingefügt. Ein
derartiges Vorsatz ist sogar für Buchbinder überraschend,
da es selbst von vielen noch nicht gekannt wird.

Wie schon erwähnt, besteht der Proceß des Heftens
darin, die einzelnen Blätter, Bogen oder Lagen mittels
Durchziehens mit Zwirn- oder anderen Fäden, sowohl
die Blätter ineinander festliegend zu Bogen oder Lagen,
als auch eine Anzahl der letzteren zu einem Buche, zu
verbinden. Je nachdem nun ein Buch stark oder schwach,
großen oder kleinen Formates ist, mehr oder minder
dauerhaft gebunden werden soll, kann sich auch im wesentlichen die Manipulation des Heftens darin abändern
lassen. Es kann dieß durch Verwendung von starkem
oder schwachem, mehr oder minder haltbarem Zwirn,
Bindfaden, Seide 2c. geschehen, durch Einsägen und Aufspannen auf 3, 4, 5 und mehr einfache oder doppelte
Bünde, woraus einleuchtet, daß eine Anweisung zum Heften, für alle Fälle passend, nicht gegeben werden kann.

Das Heften eines eingesägten Buches, z. B. auf
drei Bünde, geschieht auf folgende Art: Nach dem Aufspannen der Bünde und nach gefertigtem Vorsatze nimmt
man von dem nochmals kollationirten, zu heftenden Buche
den letzten Bogen, versieht diesen mit dem für ihn bestimmten Vorsatzpapiere und legt ihn so an die aufgespannten Schnüre, daß die gemachten Einschnitte von
diesen ausgefüllt werden. Hat man den ersten und letzten Bogen nicht mit eingesägt, so findet man das richtige Verhältniß durch provisorisches Anlegen eines eingesägten Bogens. Das Vorsatz mit zu heften ist, da wo
es angeht, immer dauerhafter und daher rathsamer, als
ein bloßes Vorkleben desselben. Nach diesen Vorbereitungen sticht man mit der Heftnadel von außen in den
zur rechten liegenden Vice- oder Nebenbund innerhalb
des Bogens, nimmt daselbst mit der linken Hand die

Nadel in Empfang und bringt fie durch den Einfchnitt
des zunächft ftehenden Bundes und rechts vor diefem,
wieder außerhalb des Bogens, den übrigen Faden fo an=
ziehend, daß ein kleines Ende deffelben am Vicebunde
zurückbleibt. Durch denfelben Einfchnitt bringt man die
Nadel wieder in den Bogen und zwar fo, daß der be=
treffende Bund durch den Faden umfchlungen, nicht aber
von diefem durchftochen wird, worauf man beim zweiten
und dritten Bunde ebenfo verfährt, immer nur dann den
Faden anziehend, wenn fich die Nadel außerhalb des Bo=
gens befindet. Ift der dritte (hier oberfte) Bund ebenfo
geheftet, wird die Nadel durch den Einfchnitt des zur
linken befindlichen Vicebundes wieder außerhalb des Bo=
gens gebracht, und wenn der Faden feft, jedoch nicht zu
feft, angezogen worden ift, ift der Bogen geheftet und
der nächftfolgende wird nun aufgelegt.

Diefes Verfahren bleibt im wefentlichen daffelbe, es
mögen nun 4, 5 oder mehr Bünde fein; geringe Ab=
änderung erleidet es nur dann, wenn das Buch nicht
durchaus geheftet wird, d. h., wenn bei der eben
befchriebenen Tour der Nadel nicht ein, fondern gleich
zwei Bogen geheftet werden follen. Der zweite Bogen
wird dann zum Heften aufgelegt, wenn die Nadel beim
erften Bunde wieder außerhalb des Bogens erfcheint, und
fie wird in denfelben eingeführt, indem fie auf vorherbe=
fchriebene Weife den Bund umfchlingt; beim zweiten oder
hier mittelften Bunde wiederholt fich diefes Verfahren
und beim dritten oder oberften Bunde, wenn die Nadel
fich außerhalb des Bogens befindet, wird fie in den noch
nicht vollftändig gehefteten, darunter liegenden Bogen,
den Bund umfchlingend, eingeftochen und erfcheint dann
im betreffenden Vicebunde wieder außerhalb des Bogens.
Es leuchtet wohl ein, daß diefes Verfahren auch dahin
geändert werden kann, daß von Bund zu Bund einer
von den zwei zu heftenden Bogen gegriffen wird, derge=
ftalt, daß demnach bei jedem abwechfelnd der Raum
von einem Bunde zum andern geheftet wird. — Es ift
dieß jedoch bei den beiden erften und letzten Bogen eines

Buches, die unbedingt durchaus geheftet werden müssen, unstatthaft. Das beim erstgehefteten Bogen überstehende Fadenende wird, wenn der zweite Bogen bis zu derselben Stelle geheftet ist, vom Faden mittels einer zu bildenden festen Schlinge umschlungen und dann nicht zu kurz abgeschnitten.

Zur größern Haltbarkeit der Vorsatzbogen erhalten diese an der Stelle, wo sie mit dem Fälzchen des Vorsatzes in Berührung kommen, in der Breite desselben Kleister, ebenso der nächstfolgende Bogen zur Verdeckung des Fälzchens sowohl, als behufs größerer Haltbarkeit. Es kann dieß jedoch auch nach dem Heften geschehen.

Sämmtliche zu einem Buche gehörige Bogen werden auf eine der hier beschriebenen Arten zu einem Ganzen geheftet, wobei man entweder die Nadel zu größerer Haltbarkeit die Vicebünde umschlingen läßt, oder auch dieses Umschlingen weglassen kann.

Das Umschlingen der Vicebünde wird jetzt beim Heften gedruckter Bücher ganz weggelassen und blos noch beim Heften auf Riemen als bei Kontobüchern, Kupferwerken ꝛc. angewendet.

Lassen sich mehrere Bücher auf einerlei Entfernung oder, was gleichviel ist, nach einem Muster einsägen, so kann man sie auch auf einerlei Schnüre heften, wenn man den ganzen Betrag derselben vorher abmißt und ihn aufspannt, da sich die einzelnen Bücher nach dem Heften leicht auseinanderziehen und die Bünde sich so vertheilen lassen.

Ganz konform mit dieser Heftmethode ist das Heften auf erhabene Bünde oder auf Riemen, Band u. s. w.; nur daß selbstredend die zu heftenden Bücher hier nicht eingesägt, die Bünde vielmehr auch nach beendigtem Einbande sichtbar bleiben. Aus diesem Grunde ist eine genaue Vertheilung derselben und im Verhältniß zum Rücken unerläßlich. Nicht gern heftet man hierbei auf weniger als vier Bünde, deren Eintheilung schon vorher besprochen worden ist. Die Nadel umschlingt den Bund auch nicht von rechts nach links, sondern umgekehrt und wenn auf Doppelbünde, d. h. zweifach neben einander stehende Bünde, geheftet wird, umschlingt man blos den einen, während der andere wirklich umheftet wird. Da hier das genaue, winkelrechte Auseinanderliegen der Bogen nicht durch Einschnitte markirt werden kann, so muß dieses beim Heften selbst erreicht werden, was gutes Augenmaß und einige Uebung erfordert. — Als Hülfsmittel kann man entweder eine Schnur mehr aufspannen, die dann den Winkel für den Kopf des Buches abgiebt, oder man sägt blos die Vicebünde ein. Für mehrere auseinander zu heftende Bücher müssen, da ein Auseinanderziehen derselben nach dem Heften nicht gut möglich ist, zwei Bünde neben einander aufgespannt werden, auf welche die einzelnen Bücher abwechselnd bald auf die obern, bald auf die untern geheftet werden, so daß der daneben stehende nicht mit geheftete Bund, als zum vorher oder bezüglich nachher zu heftenden Buche gehöre. Selbstredend ist es, daß diese Bünde auch miteinander korrespondiren müssen, d. h. zu einem Buche alle Bünde rechter, zum andern auch alle Bünde linker Hand kommen müssen.

Nachdem nun das Heften als zum allgemeinen Verständniß sattsam erörtert betrachtet werden kann, bleibt noch übrig, einiger allgemeinen Regeln Erwähnung zu thun.

1) Man lege auf das Heften die größte Achtsamkeit, weil sowohl die Schönheit, als auch die Dauer des Buches davon wesentlich abhängt, halte mit der linken Hand die zu heftenden Bogen stets gehörig fest, damit sich diese, besonders bei den umschlungenen Heften, nicht verschieben; lege jeden Bogen gleich und eben an die Schnüre oder Riemen, so daß auch die obere Biegung eine gerade Fläche bildet und kein Bogen mehr, wie der andere, in das Buch hinein= oder heraussteht; ziehe besonders die Lagen mit dem Vorsatze gut an, um so stärker bei eingesägten, als hier das Vorsatz gewöhnlich nicht mit eingesägt wird; durchsteche mit der Nadel stets die Mitte des Bogenrückens da, wo durch das Falzen der Bruch gemacht

ist, und zwar der Schnur so nahe, als möglich; lasse nichts vom Faden in dem Buche als Schlinge zurück; ziehe ihn auch stets nach sich und nicht seitwärts zu, damit keine Lage, von einer Schnur zur andern, aufreiße, und führe die Heftnadel blos mit der rechten.

2) Jeder geheftete Bogen muß, entweder mit der Nadel, oder mit dem Falzbeine, auf der hintern Biegung am Rücken, wo der Zwirn zu liegen kommt, gelinde niedergedrückt werden, damit sich die Bogen überall gleich anlegen, und der ganze Rücken durchaus regelmäßig steige, weil außerdem kein egaler Falz zu bekommen ist.

3) Jedes Buch muß man, nach Beschaffenheit seiner Stärke und des Falzes, welchen es bekommen soll, mit der rechten Sorte von Zwirn, den man etwas zu wichsen pflegt, heften; denn zu starker Zwirn trägt zuviel auf und verursacht einen zu runden Rücken, ein zu schwacher Zwirn giebt hingegen zu wenig oder gar keine Rundung. In der Regel bekommen starke Papiere, wie z. B. Schreib- oder Velinpapiere, desgleichen durchschossene oder solche Bücher, deren Lagen stark sind, auch stärkern Zwirn, als im Gegensatze. Bücher in Folio, welche aus einzelnen Bogen bestehen, erhalten dünnen Zwirn, um so dünner, wenn die Bogen einzeln oder durchgeheftet werden. Aber Bücher, wo man nicht jeden Bogen besonders oder einzeln, sondern zwei und zwei Bogen miteinander heftet, verlangen stärkern Zwirn, weil hier zwei Bogen erst soviel Zwirn einnehmen, als ein Bogen beim Durchausheften. Auch will ein Quartband, dessen Bogen aus 4 Blättern bestehen, dünnern Zwirn, wie ein Oktavband haben, dessen Bogen 8 Blätter haben. Ferner verlangen alle Bücher, die einen glatten Rücken bekommen sollen, daher eingesägt werden und sich schieben lassen, schwächern Zwirn, als solche, die auf erhabene Bünde geheftet werden, weil diese mehr, wie jene, natürlichen Falz haben müssen. Die Uebung macht, wie überall, auch hier den Meister, und es wird sich durch das öftere Heften bald lernen, den rechten Zwirn zu nehmen, um dadurch einen angemessenen Falz am Buche zu bekommen.

4) Wie der Zwirn, so hat auch die Beschaffenheit der Schnüre auf den Einband wesentlichen Einfluß. Ein zu starker Bindfaden giebt dem Bande, wenn er nicht groß und schwer ist, zu viele Spannkraft; ein zu schwacher macht den Rücken zu weich und beweglich; ein ungleicher verursacht hier oder dort abweichende Erhöhungen.

5) Eine Hauptsache ist, den Zwirn beim Heften gleichmäßig, aber weder zu sehr, noch zu wenig, anzuziehen, damit der Rücken ein richtiges Verhältniß bekomme und durchaus regelmäßig steige. Dabei hat man den Falz niemals aus den Augen zu lassen, denn wenn dieser zu stark werden sollte, wird fester, im umgekehrten Falle lockerer geheftet. Doch stets halte man die beiden Nebenbünde lockerer und suche bei denselben sorgfältig jeden Knoten zu vermeiden, wie denn überhaupt ein Knoten durch das Anknüpfen eines neuen Fadens entstanden, niemals inwendig im Buche, sondern stets außen, zwischen den Schnüren oder Riemen zu liegen kommen muß.

6) Jede Lage, welche geschlagen oder gewalzt, und dadurch auf der Oberfläche glatt geworden ist, bekommt an der hintern Biegung, welche zunächst an die Schnüre stößt, etwas Kleister, damit sie sich ja nicht so leicht verschiebe oder später beim Rundmachen des Buches vorschieße, zu welchem Ende man an der Heftlade ein Näpfchen mit Kleister anzubringen pflegt.

7) Hat man endlich mehrere Bücher zu heften, und wird zur Erleichterung doppelt aufgespannt und ein Buch an diese, das andere an jene Reihe Schnüre geheftet, so hat man sich wohl in Acht zu nehmen, damit keine Verwechselung in Ansehung der Schnüre vorgehe, weil man sonst den verhefteten Bogen wieder lösen müßte.

Es ist nicht in Abrede zu stellen, daß das Heften eine mühsame und zeitraubende Arbeit ist, und daß entweder der gänzliche Wegfall derselben oder eine Maschine von gleichen Leistungen für die Buchbinderei hochwichtig wäre. Vielfache Versuche haben jedoch, wie es scheint, bis jetzt kein allseitig genügendes Resultat ergeben, wes-

halb wir auch von der Beschreibung irgend einer der=
artigen Maschine abstehen.

Die bis jetzt erfundenen Heftmaschinen sind so kom-
plicirt, daß sie sich nicht zur praktischen Anwendung im
Geschäft eignen, und wird wohl auch bei einer soliden
Buchbinderei das Heften mit der Hand stets den Vorzug
behalten, da bei verschiedenen Büchern bald das eine mit
schwachem, bald das andere mit starkem Zwirn, bald auf
2, 3 und mehr Bände geheftet werden muß.

8) Die Behandlung des Rückens,

als nach dem Heften folgende Arbeit, ist nicht bei allen
Büchern dieselbe. Je nach der Art des zu gebenden
Einbandes, oder der Stärke oder Schwäche der Bücher,
oder des dazu verwendeten Papieres, oder anderer
mehr oder minder wichtigerer Nebenumstände richtet sich
die Behandlung des Rückens. Letztere sei jedoch beschaffen, wie sie wolle, so setzt sie einige generelle Vorarbeiten
voraus. Sind mehr Bücher auf einen Stoß geheftet, so
wird (die eingesägten auseinander gezogen) jedem Buche
an der Vorder= und Rückseite von der Heftschnure soviel
zugetheilt, als zur größern Haltbarkeit der später daran
zu befestigenden Deckel erforderlich ist.

Nun schreite man zum Kleistergeben des Vorsatzes,
welches auf folgende Art geschieht:

Man lege das geheftete Buch an die Kante des
Tisches mit dem Rücken dem Arbeiter zugekehrt, schlage
den ersten Bogen zurück, dergestalt, daß das nach demselben eingeheftete Fälzchen des Vorsatzes zum Vorschein
kommt und gebe diesem mit dem Finger rechts und links
Kleister, worauf der Bogen wieder zugeklappt wird.
Nun schlage man das Vorsatz vom Titel zurück, biege es
mit der Hand nach unten und gebe dem Bogen an dessen
Rückenseite ebenfalls ein schmales Streischen Kleister,
damit das Vorsatz auch auf dem ersten Blatte klebt,
wodurch dem ersten Bogen mehr Festigkeit verliehen, wie
auch die eingesägten Einschnitte und etwaige Ueberbleibsel

eines Umschlags oder Leimrandes des broschirt gewesenen Buches verdeckt werden. Darauf richte man den mit Vorsatz versehenen Bogen in eine Linie mit den übrigen und streiche ihn mit dem Falzbeine scharf nieder. Dasselbe geschieht auch an der hintern Seite des Buches.

Nach diesem werden die Bünde aufgeschabt; d. h. mittels des Aufschabebretes oder Aufschabeeisens und dem Rücken eines Messers in so feine Fasern zertheilt, daß bei spätern Arbeiten die Bünde nicht durch das Vorsatz sichtbar werden, oder wohl gar sich in dieses oder das Buch einpressen.

Beim Heften eines jeden Buches bildet sich auf der Heftlade der Falz nach vorn, und nehmen dadurch die Bogen eine Biegung nach derselben Richtung, was durch in die Höheziehen des Falzes nach hinten vor dem Leimen ausgeglichen werden muß. Man lege das Buch mit der Vorderseite auf den Tisch und ziehe mit der rechten Hand den Falz des Buches nach hinten, dergestalt, daß derselbe an beiden Seiten nun gleich stark vertreten ist.

Kommt es nun auch vor, daß ein Buch zu viel Falz beim Heften erhalten hat, was von großem Nachtheile für die spätern Arbeiten sein kann, so ist es jetzt vor dem Leimen an der Zeit diesem Uebelstande abzuhelfen, indem man das Buch vor sich auf den Tisch legt, mit der flachen Hand fest darauf drückt und den Falz mit dem Hammer niederklopft.

Um den gehefteten Bogen einen größern Halt unter sich und dem Rücken des Buches Festigkeit und eine angemessene Rundung zu geben, wird das Buch nach dem Aufschaben der Bünde geleimt; denn es führt zu manchen Uebelständen, worunter das erschwerte Aufschaben der geringste ist, wenn man, wie es oft geschieht, nach dem Leimen die Bünde aufschaben wollte.

Vor dem Leimen jedoch muß man sorgfältig untersuchen, ob alle Bogen an der obern und der Rückenseite des Buches akkurat und winkelrecht auf einander liegen und nicht beim Heften hierin etwas vernachlässigt worden ist. Das zu leimende, oder die zu leimenden Bücher legt man, akkurat gerad gestoßen, zwischen zwei Breter, und sucht mittels des Leimpinsels so viel heißen und nicht zu starken Leim zwischen die einzelnen Bogen zu bringen, als erforderlich ist, um dem Rücken den nöthigen Halt zu geben. Um dieß zu ermöglichen, muß die Bewegung mit dem Leimpinsel mehr eine tupfende als streichende sein.

Der heiß aufgetragene Leim wird dann mit der Schärfe eines Hammers eingerieben, und der nachher verbleibende Rest wird mit dem ausgestrichenen heißen Leimpinsel vollends entfernt, d. h. aufgestrichen. Hiernächst hat man Sorge zu tragen, daß sich der geleimte Rücken nicht verschiebe, die Kopfseite des Buches winkelrecht und das Buch nicht gebogen geleimt sei, sondern sämmtliche Bogen des Buches im Rücken genau in gerader Linie gehen, weil dieses ein Haupthinderniß des spätern guten Aufschlagens sein würde. Nun legt man das in dieser Weise geleimte Buch auf ein Bret, jedoch so, daß der geleimte Rücken circa 1 Zoll über dasselbe heraussteht und läßt es trocknen.

Es ist eine irrthümliche Annahme, wenn manche Arbeiter meinen, durch das Auftragen recht starken, oder einer übermäßigen Quantität Leimes dem Buche mehr Festigkeit geben zu wollen. Nur der z w i s c h e n die Bogen kommende und dort verbleibende Leim ist hierauf von Einfluß, wogegen der a u f den Bogen sitzende Leim das Aufschlagen des Buches erschwert und die Festigkeit des Buches eher beeinträchtigt als befördert.

Bücher, die keinen Goldschnitt erhalten, werden nach dem Trocknen des Leimes vorn heraus b e s c h n i t t e n und dann im Rücken gerundet oder u m g e k l o p f t. — Das U m k l o p f e n und das hierauf folgende A b p r e s s e n eines Buches sind Arbeiten, die mit der größten Genauigkeit verrichtet werden müssen; denn sie hauptsächlich geben dem Buche Ansehen und bedingen nicht minder das Gelingen fast aller übrigen weiter folgenden Arbeiten.

Die Rundung eines Buches muß diesem angemessen sein, d. h. mit der Größe und Stärke desselben harmo-

niren und gewöhnlich den dritten Theil eines Zirkel-
schlages betragen. Das Runden oder Umklopfen geschieht
mittels des Hammerrückens unter Nachhülfe der linken
Hand. Die Bewegung oder Wirkung des Hammers ist
hierbei eine vorwärts drückende, während die linke Hand
mit den Spitzen der vier Finger eine ziehende und mit
dem Daumen am Vorderschnitt eine rückwärts drückende
Bewegung ausführt. Beim Umklopfen bildet der Rücken
des Buches, von hinten nach vorn geneigt, eine schiefe
Ebene, die nach der Länge des Rückens durchlaufend
gerade sein muß, und durch Nachhülfe des Hammers
vervollständigt wird, während mit der linken Hand die
oben erwähnte Bewegung ausgeführt wird. Hierauf
findet dieselbe Manipulation statt, während der Rücken
von vorn nach hinten eine schiefe Ebene bildet.

Hierdurch geschmeidig gemacht, läßt sich eine angemessene Rundung leicht erzielen, wenn man mit dem
Hammer, von der Mitte des Rückens aus, erst durchgängig nach vorn und dann nach hinten diesen her über
holt, während man wieder mit der linken Hand, wie
oben beschrieben, nachhilft. Es ist das Umklopfen eine
sehr schwer zu beschreibende Arbeit, da bei ihr oft viele
Nebenumstände und Fälle eintreten, die sich nicht alle
vorhersehen und rubriciren lassen; indessen dürfte die hier
gegebene Anleitung genügend sein, und in außerordentlichen Fällen wird sich der denkende Arbeiter aus ihr
leicht die betreffende Hülfe bilden können.

Beim Umklopfen darf der Leim nicht zu trocken sein,
da er sonst nicht nur das Umklopfen selbst erschwert,
sondern auch leicht platzt und dadurch, weil dann die
Bogen oder Lagen schießen, am Vorderschnitt stufenartige
Unebenheiten verursacht, was jedoch auch geschieht, wenn
der Leim nicht trocken genug war. Im erstern Falle
feuchtet man den Rücken des Buches mit einem nassen
Schwämmchen etwas an.

Um ein ungeklopftes Buch, welches das Abpressen
erfordert, in der durch das Umklopfen gegebenen Lage zu
erhalten, zu befestigen und um den gerundeten Rücken

weiter zu bearbeiten, verfährt man in folgender Weise: Nachdem man sorgfältig untersucht hat, daß das Buch die angemessene Rundung erhalten und durch dieselbe nicht etwa in schiefe, oder eckige Richtung gebracht worden ist, legt man es, ohne dasselbe zu verschieben, zwischen zwei Breter, so jedoch, daß es mit dem ersten und letzten Bogen um die Stärke der Deckel, die es erhalten soll, über die Breter vorsteht, und setzt es in die Presse, in welcher Lage man nochmals untersucht, 1) ob die Rundung dem Buche angemessen und durchgängig egal und ohne Ecken sei; 2) ob die Breter den richtigen Abstand von den Vorsatzbogen haben und derselbe vorn, hinten und durchgängig gerade und auf beiden Seiten derselbe ist; 3) beobachtet man sorgfältig die obere Schnittseite, ob dieselbe gerade und im Winkel steht.

Bei diesen Untersuchungen sich vorfindende Unregelmäßigkeiten beseitigt man durch entsprechende Nachhülfe mittels Rückens oder Drückens mit der Hand an den geeigneten Stellen, oder durch leises Pochen mit dem Hammer, wobei man jedoch gleichzeitig immer an der entsprechenden Seite des Vorderschnittes die erforderliche Nachhülfe mit der linken Hand geben muß.

Demnach muß bei einem gerade und richtig abgepreßten Buche der Rücken in seiner ganzen Länge egal rund sein, wodurch natürlich ein egal runder und, wenn das Buch gerade beschnitten wurde, ein akkurat mit dem ersten auf den letzten Bogen passender Vorderschnitt entstehet. Ferner liegen die Breter bei gleichweitem Abstande von dem ersten und letzten Bogen rechtwinkelig in einer geraden Linie und die obere Schnittseite bildet eine in gerader Ebene liegende Fläche.

Ist diesen unumgänglich nothwendigen Erfordernissen genügt und die Presse, sie sei nun auf diese Weise mit einem oder mehreren aufeinanderliegenden, abgepreßten Büchern besetzt, möglichst fest zugedreht (wobei das Buch die Pressung mehr nach dem Rücken als nach dem Vorderschnitt erhält), erfolgt die weitere Bearbeitung des Rückens, um ihm die erforderliche Festigkeit und Elasticität, letztere behufs leichten und bequemen Aufschlagens, zu geben.

Man lege nun die Presse mit den Büchern, den Rücken derselben nach oben, vor sich auf den Tisch und klopfe mit der scharfen Seite des Hammers den Falz an die 5—6 ersten und letzten Bogen des Buches herüber auf das Bret, dann drehe man den Hammer um und klopfe noch mit der breiten Seite desselben den Falz nach, so daß er ganz scharf auf dem Brete aufliegt, jedoch ja nur, wie schon bemerkt wurde, an die ersten und letzten 5—6 Bogen, da ein anderweitiges Klopfen auf dem Rücken keinen Zweck hat, nur Falten im Buche dadurch entstehen, welche das gute Aufschlagen, was doch eine große Tugend eines gebundenen Buches ist, hindern und schlecht aussehen würden.

Nach dieser Operation weiche man den Rücken des Buches oder der Bücher 10—15 Minuten mit Kleister ein, nehme dann das Kachireisen und reibe lang, wie die Bogen laufen, den Leim und Kleister, vom Rücken herunter, und zwar so, daß durch die Spitzen des Kachireisens egale, wie die Bogen laufende, Vertiefungen entstehen, und in diese wird dann mit der Hand der Kleister und Leim, welcher sich mit einander verbindet, dadurch eine geschmeidigere Substanz bildet, als bloßer Leim, eingerieben. Ist dieß erfolgt, wird mit dem Kachirholz, bei vielen in Ermangelung desselben mit dem Hammer, der Rücken egal rund gerieben, mit Papierspänen der größere Theil Leim und Kleister entfernt und dann noch mit der Hand ein egaler Ueberzug von dem noch darauf haftenden Leim und Kleister hergestellt.

Starke Bücher oder solche, welche ganz besonders gut gebunden werden, nimmt man auch einzeln nach dem Rundmachen, mit Herauslassung der Bünde, zwischen zwei Querbreter, in die Presse und klopft den Falz an, läßt das Buch eine kurze Zeit in derselben stehen, darauf wird es herausgenommen und von neuem, indem man die Bünde wieder zwischen die Breter bringt, zum Kachiren nach obiger Art eingesetzt.

Bücher, welche auf französische Art mit durchzogenen
Bünden gearbeitet werden, werden erst lachirt, nachdem
bereits die Deckel am Buche befestigt worden sind, doch
davon wird ein späterer Artikel, wie überhaupt derartige
Bücher zu behandeln sind, nähere Mittheilungen bringen.

Auch werden viele Bücher, hauptsächlich solche, welche
mit Goldschnitt gebunden werden oder durchzogene rund
gemacht, abgepreßt und lachirt, ohne vorn beschnitten zu
sein, da es besser ist dergleichen erst oben und unten
zu beschneiden, dann aufzubinden und dann den Schnitt
vorn heraus zu machen.

Das Abpressen von Pappbänden, Halbleinwand-,
Halblederbänden, geschieht, was das Einsetzen in die
Presse anbelangt, ganz in obiger Weise, nur wird an
diese Bücher kein Falz angeklopft und werden dieselben
auch nicht lachirt, sondern blos ein Stück Papier, am
besten dauerhaftes Handpapier, übergeleimt und zwar
so, daß beide Theile, das Papier und der Rücken angeschmiert werden.

Seit neuerer Zeit hat auch hier wieder die Technik
versucht sich in das Mittel zu schlagen und ist eine Maschine gebaut worden zum Abpressen der Buchrücken.

Fig. 17 zeigt uns eine dergleichen aus der Fabrik
von Gebrüder Heim in Offenbach.

Auf der Zeichnung sehen wir, daß sich ein Buch
darin befindet, dessen gerundeter Rücken a oben heraussteht, b ist eine kleine Walze, mit welcher der Falz herüber gedrückt wird.

Sobald das Buch in die Maschine eingesetzt ist,
wird am Fuße derselben getreten, wodurch sich das Buch
fest einklemmt. Indessen dient diese Maschine eben blos
dazu, den Falz herüberzuholen, und müssen die Bücher,
wenn sie lachirt werden sollen, extra noch einmal in die
Presse gesetzt werden.

Diese Maschinen sind übrigens auch sehr theuer und
kostet eine derselben

von stärkerer Konstruktion . . 550 Fl.
„ schwächerer Konstruktion . 450 „

Auf diese Bearbeitung des Rückens muß ein vollständiges Austrocknen desselben erfolgen, was je nach
Umständen bis zu einem Tag andauern kann, ehe das
Buch aus der Presse genommen und an den beiden übrigen Seiten beschnitten werden kann.

Es wird aus der hier gegebenen Beschreibung jedem
einleuchten, daß das Abpressen nicht nur eine höchst wichtige, sondern auch eine nicht leichte und sehr mühsame
Arbeit ist, und daß sie, da durch dieselbe das Buch Form
und Ansehen erhält und das tadellose Gelingen der übrigen Arbeiten durch sie bedingt wird, mit äußerster Sorgfalt und Akkuratesse verrichtet werden muß.

12) Das Beschneiden.

Unter dem Beschneiden versteht der Buchbinder das
Beseitigen der rauhen, ungleichen oder nicht aufgeschnit-
tenen äußersten Ränder eines Buches mit Hülfe des
Beschneidzeuges, damit sie zum Verzieren (Färben, Vergolden ꝛc.) geeignet werden und sich beim Gebrauche
leichter umwenden lassen.

Das gewöhnliche Beschneidzeug (deutsches und fran-
zösisches), seine Einrichtung und Anwendung darf wohl
als bekannt und des Erwähnens überflüssig betrachtet
werden. Nicht so dürfte es mit dessen neuesten Verbesserungen und den hierauf bezüglichen Erfindungen zu
halten sein, weshalb es angemessen sein dürfte, vor Beschreibung des Beschneidens selbst erst der hierzu erforderlichen Hülfsmittel kurz Erwähnung zu thun.

Joseph Staudinger, Buchbinder in Wien, erhielt
1837 ein Privilegium für eine Beschneidemaschine, welche
alle Theile eines gewöhnlichen Papierhobels hat, nur
befindet sich die mit den gewöhnlichen hölzernen Spindeln
versehene Presse auf einem tischähnlichen hölzernen Gestelle, auf welchem sie um eine horizontale Achse gedreht
werden kann. Beim Einsetzen des zu Beschneidenden stellt
man die Presse horizontal, in welcher Lage sie durch eine

Druckfeder erhalten wird. Die zu beschneidende Fläche wird mit der Presse, wenn die Schraubenmuttern gehörig angezogen sind, so gedreht, daß sie nach aufwärts zu liegen kommt. Der eigentliche Hobel hat die gewöhnliche Einrichtung und ist mit der bekannten Schneidzunge versehen; nur wird er etwas anders, als sonst gehandhabt, was sich schon aus der verschiedenen Aufstellung der Presse ergiebt.

B. E. Schmekal in Prag ließ sich 1839 eine verbesserte Papierschneidemaschine patentiren, bei welcher das zu beschneidende Papier auf zwei Seiten zugleich beschnitten und im gepreßten Zustande gewendet wird, so daß auch die übrigen Seiten beschnitten werden können. Hierdurch ist es möglich, bei größerer Reinheit und Gleichheit des Schnittes größere Quantitäten auf einmal zu beschneiden, weil hier nicht ein Verschieben zu besorgen ist.

Herr H. Hotop in Kassel empfiehlt im Gewerbeblatt für Kurhessen 1849 Nr. 11 die von dem Fabrikanten Ferd. Krimmelbein in Barmen (Rheinpreußen) konstruirte und verfertigte Patentschneidemaschine.

Die Leichtigkeit, womit dieselbe von einer einzigen Person mit geringem Kraftaufwande gehandhabt wird, die zweckmäßige Einrichtung, um Papier und Pappdeckel massenweise von 6 — 7 Zoll Dicke in jedes beliebige Format mit größter Genauigkeit und bei vollkommen geradem und glattem Schnitte zu zerschneiden, wodurch das so lästige und zeitraubende Falzen des Papiers wegfällt, der Vortheil, daß kleinere Formate, z. B. Bücher zum Beschneiden neben und auf einander gelegt werden können und das Resultat der schnellen Arbeit mit derselben, welches sich zu dem bisherigen wie 6 zu 1 verhält (z. B. erfordert das Einsetzen und Beschneiden der drei Seiten eines Ries Papiers nur 4 bis 5 Minuten), machen die Patentschneidemaschine zu einem bis jetzt nur zu sehr gefühlten Bedürfniß.

Durch die eigenthümliche Lage des Messers, welches, die ganze Papierfläche fassend, schräg schneidend eindringt, wird dasselbe beim Gebrauch nur wenig angestrengt und kann, bevor es zum Schleifen, welches auf jedem Drehsteine geschehen kann, abgenommen zu werden braucht, mit einem guten Oelsteine an der Maschine selbst abgezogen werden; das An = und Abschrauben geschieht mit der größten Leichtigkeit.

Eine solche Maschine gewöhnlicher Größe, von 22″ rhein. Schnittlänge auf 6″ Schnitthöhe, kostet mit allen Unkosten circa 130 Thlr.; größere von 30, resp. 6¼ und 40 resp. 7″ Schnittlänge und Höhe, kosten erstere circa 180, letztere circa 240 Thaler.

Die von Massiquot erfundene Papierbeschneidemaschine wird in geänderter, aber sehr praktischer Konstruktion jetzt auch von G. Hase und Söhne in Prag gebaut. Die Bedienung dieser Maschine erfördert wenig Anstrengung von Seiten des Arbeiters; der Schnitt ist, da er nicht wie bei einem gewöhnlichen Beschneidzeuge ruckweise, sondern mit einem Zuge geschieht, vollkommen glatt, genau, und der Papierrand von einer Linie für den Abschnitt breit genug. Die Maschine wird von genanntem Hause in drei Größen geliefert:

Nr. 1 Länge des Schnittes 13 Zoll 80 Thaler
„ 2 „ „ „ 24 „ 200 „
„ 3 „ „ „ 36 „ 270 „

In allen Formaten kann man einen Stoß Papier von 5 — 6 Zoll hoch mit einem Male durchschneiden.

Ein Herr Cox in London hat eine Papierschneidemaschine konstruirt, die in den Figg. 18 — 22 abgebildet ist. Das Papier wird hier nach einem besondern Muster geschnitten, so daß es in geeigneter Form zur Bildung von Säcken gebracht werden kann. Zu diesem Zwecke ist dem Messer eine eigenthümliche Gestalt gegeben worden, wie Fig. 20 darstellt. Das Messer geht durch einen Stoß Papier hindurch, worauf jeder geschnittene Bogen sogleich in die Form eines Sackes gelegt werden kann. Es kann jedoch auch jedes Messer anderer Konstruktion, wenn sonst seine Dimensionen für den Bau

9 *

der Maschine überhaupt geeignet sind, mit gleicher Wirkung, wie das oben erwähnte, angewendet werden. Fig. 18 stellt die Maschine von vorn; Fig. 19 von der Seite dar; in Fig. 20 sehen wir das Messer im Abriß, in Fig. 21 von vorn und in Fig. 22 im Seitendurchschnitt. Das Gerüst der Maschine besteht aus einem Paar Seitenständern, die vom Querbalken und einem Querhauptstück zusammengehalten werden. Eine vertikale Schraubenspindel, mit schweren Hebelgriffen versehen, geht schräg durch den obern Balken und dient zum Niederdrücken des Messers, während sie zugleich den zu schneidenden Papierstoß zusammenpreßt und festhält. Das Papier wird auf eine von dem Gerüst getragene Tafel gelegt, an welcher eine Vorrichtung zur Richtung des Papiers angebracht ist. Sie wird durch eine Schraubenspindel in Bewegung gesetzt, die wiederum ein kleiner Griff bewegt; ein daran befindlicher beweglicher Zeiger bestimmt die gehörige Lage des Papiers. Die Tafel, auf welcher das Papier liegt, hat gerade Linien der Länge nach), um das Auflegen des Papiers quer unter dem Messer zu erleichtern. Das Messer ist an einem Querbalken von angemessener Form befestigt, der in vertikalen Rinnen innerhalb der Seitenständer hin- und hergeht. Vertikale Bänder mit Recken darüber sind an jedem Ende des Messerhalters angebracht und stehen mit einem Seitenbalken darunter in Verbindung, wodurch das ganze eine feste Gestalt gewinnt. Das Messer wird dadurch niedergedrückt und aufgehoben, daß ein schräger Balken, auf welchem ein breites Rad befestigt ist, auf die Seitenrecken einer doppelten Kurbel wirkt. Das letztgenannte Rad steht in Verbindung mit einer Kurbel, getragen von einer Zwischenspindel, auf welcher ebenfalls ein innen gezahntes Rad steht, verbunden mit einer Kurbel an dem ersten bewegenden Balken.

Der letztere geht durch die Maschine und hat an einem Ende einen Griff, welcher auch auf die Zwischenspindel paßt, so daß der Arbeiter die Wahl hat, die Bewegung schneller oder langsamer, je nach der Natur des zu durchschneidenden Materials, zu machen. Am Rande des großen Spurrades ist eine Nadel so angebracht, daß sie mit einem Hemmstück am Rahmen in Berührung kommt, um das Messer aufzuhalten, wenn es genug geschnitten hat.

Vortheilhaft ist es für jeden Buchbinder, wenn nur irgend das Geschäft einen größern Umfang gewonnen, sich eine Beschneidemaschine anzuschaffen, und sind die Haupterfordernisse derselben ein geringer Kraftaufwand, Sicherheit des Schnittes und eine große Leistungsfähigkeit bei leichter Handhabung derselben. In Fig. 20 sehen wir eine Papierschneidemaschine aus der Maschinenfabrik von K. Krause in Leipzig, und erfüllt diese obige Anforderungen vollkommen. Ihre Einrichtung ist folgende: Das gußeiserne Gestell besteht aus den Wänden A A¹, die mit den angegossenen Füßen B B¹ ein Ganzes bilden, das Kopfstück C verbindet beide Wände, und ein Mittelstück unterhalb des Tisches hält das Untergestell zusammen. Will man nun Papier mit der Maschine schneiden, so wird es glatt auf die Tischplatte gelegt, an den Anlagewinkel E dicht angeschoben und mittels der Schraube O, die durch das Rad K herabgedreht wird, fest auf den Tisch angeschraubt. Das Papier muß nun, sobald es durch das Stellrad M genau unter das Messer gebracht worden ist, so beschnitten werden, daß beide Seiten eine gleichmäßige Breite haben, was dadurch erzielt wird, daß der Anlagewinkel E mit dem Messer N ganz parallel liegt, und so muß auch der Schnitt parallel zu der Seite des Anlagewinkels sein. Das Messer erlangt dadurch einen ganz sichern Gang, daß es an der Messerschneide festgeschraubt ist und in einer Führung aus vier durch Schrauben befestigten Leisten sich auf- und niederbewegt. Ist das Papier auf dem Tische angeschraubt, so wird das Messer in Bewegung gesetzt: die Kurbel F setzt das Triebrad und durch dieses das Stirnrad G in Bewegung, welches nun dieselbe auf das konische Rad H, das mit dem Stirnrade G durch ein und dieselbe Welle getrieben wird, und von diesem auf das

Rad **J** überträgt, so daß die Zahnstange, an der das Messer befestigt ist, heruntergedrückt, wodurch dieses auf das Papier wirkt und dasselbe senkrecht durchschneidet. Man sieht, daß durch die Uebersetzung vom Rade **H** zu **J** sehr viel Kraft gespart wird und daß das Messer doch mit hinreichendem Nachdruck auf das Papier wirken muß. Der Preis der Maschine richtet sich nach der Länge und Höhe der Schnittlänge, so daß z. B. bei einer Schnittlänge von 28¼ Zoll Breite und 7 Zoll Höhe eine solche Maschine 200 Thlr., bei nur 21 Zoll Breite und 5¼ Zoll Höhe 100 Thaler kostet.

Mit Schwungrad statt der Kurbel, erhöht sich der Preis um einige Thaler, auch gehören zu jeder Maschine zwei aus Gußstahl gefertigte Messer nebst Beschneidebret. (Deutsche Industrie-Zeitung 1862, Nr. 29.)

Von den vielen in Deutschland gebrauchten Beschneidemaschinen hat sich übrigens keine einer größern Beliebtheit und Verbreitung zu erfreuen gehabt, als die aus der Fabrik von **Koch** und **Komp.** in Leipzig, deren Inhaber jetzt die Gebrüder **Schmiel** sind.

Diese Fabrik fertigt die Maschinen seit 4 Jahren und hat in diesem kurzen Zeitraume schon über 500 Stück geliefert. In Fig. 21 präsentirt sich uns eine dergleichen.

Die Maschine selbst besteht aus den zwei Wänden **a a**, die auf dem Fundament **b** festgeschraubt sind, und in handlicher Höhe befindet sich der Schwenktisch **c**, der durch die Schrauben **d d** gehalten wird. Auf dem Schwenktisch **c** liegt ein eiserner Rahmen mit dem Schneidebret **e** in Nuthen und kann durch die Spindel **f** vor- und rückwärts bewegt werden.

Der Winkel **g** (Sattel) ist parallel zum Messer auf dem hinteren Theil des Beschneidebrets aufgeschraubt, so daß ersteres ohne einen besondern Winkel das Papier immer rechtwinkelig beschneidet. Das Papier wird vor dem Schnitt durch den Preßbalken **h** mittels der Spindel **i**, die ihre Führung im Spindelbalken **e** hat und dem Balancier **k** fest zusammengepreßt. Der Messerhalter **m** mit dem daran befindlichen Gußstahlmesser **n** hat seine

Führung in den Ausspannungen o o der Wände und wird durch die Schienen p mittels der Schrauben q q angedrückt. Der schräge Schnitt wird durch die Führung r mittels der Rolle s, welche am Messerhalter festgeschraubt ist, erzielt.

Die auf- und abgehende Bewegung erhält der Messerhalter durch die Zugstangen t, welche ihn mit den Klauen u u umfassen und von den Gabeln v in den Excenter des Stirnrades gehalten werden. Das Stirnrad wird durch Getriebe mit Kurbel und Schwungrad in Bewegung gesetzt.

Hat man nun einen Stoß Papier, so dreht man den Preßbalken h durch den Balancier k in die Höhe, schiebt das Papier an den Sattel g, bewegt den Tisch e durch die Kurbel l so weit nach vorn, als man abschneiden will, wirft den Balancier k zu, wodurch das Papier festgepreßt wird, dreht dann einige Male die Kurbel herum, so ist der Schnitt geschehen und glatt wie polirt. Sobald das Messer durchgeschnitten hat, bewegt es sich von selbst wieder in die Höhe.

Sollte, wie sich die Buchbinder ausdrücken, die Maschine über oder unter sich schneiden, so hat man nur die Schrauben d d zu lösen und den Tisch vorn oder hinten herunter zu drücken.

Ist das Gußstahlmesser n durch Schleifen schmäler geworden und schneidet das Papier nicht mehr vollkommen durch, so hat man nur den ganzen Messerhalter durch die Schrauben w w herabzuziehen.

Preise dieser Maschinen, welche übrigens sehr zu empfehlen, sind folgende:
Schnitthöhe 3″ Schnittlänge 14″ mit Balancier

					oder Handrad 110 Thlr.
„	5″	„	27″	„	150 „
„	7″	„	28″	„	225 „
„	8″	„	30″	„	250 „

mit oder ohne Rolltisch und Centralstellung
Schnitthöhe 9″ Schnittlänge 36″ mit Balancier

					oder Handrad 350 „
„	10″	„	45″	„	450 „

In Fig. 22 sehen wir die Papierschneidemaschine mit Parallelstellung und stellbarem Tische von Gebrüder Heim in Offenbach, welche dieselbe in 4 verschiedenen Größen liefern:

Das Untergestell der Maschine besteht aus den zwei Seitengestellen A A, welche durch die zwei Verbindungs= stangen a a mit einander verbunden sind. Auf der Brücke, welche sich in zwei Zapfen in den Seitengestellen bei C drehen kann, ist der eiserne abgehobelte Tisch D befestigt, welcher in der Mitte einen hier nicht sichtbaren genau ausgearbeiteten Kanal hat, in den die Mutter geführt ist, welche durch eine Stellspindel näher oder entfernter vom Messer bewegt wird. Auf dieser Mutter sitzt ein eiserner, genau mit dem Beschneidemesser parallel gehender Winkel B, gegen den sich das Beschneidebret P und das darauf ruhende Papier anlegt. Durch Umdrehen des auf der Stellspindel sitzenden Rädchens E schiebt der Winkel Be= schneidbret und Papier bis zum gewünschten Punkt unter das Messer und ein mit dem beweglichen Winkel ver= bundener Zeiger giebt an dem auf der Seite des Tisches angebrachten Maßstab die Entfernung des Winkels vom Messer in Millimeters an oder, was dasselbe ist, er zeigt die ganz genaue Breite an, in der das Papier beschnit= ten wird.

Durch die vorn an dem Tische angebrachten Stell= schrauben F F läßt sich die Lage des Tisches in Folge davon, daß derselbe mit der drehbaren Brücke verbunden ist, so reguliren, daß der Schnitt genau winkelrecht wer= den muß.

Durch vier Schrauben sind mit dem Untergestell die beiden Ständer G G verbunden, zwischen welchen der Messerschlitten H aufs genaueste einpaßt, so daß der Gang äußerst genau und sicher ist. An diesen Messerschlitten schraubt sich das vom feinsten Gußstahl angefertigte Messer J. Auf dem Zapfen, auf dem das Zahnrad K sitzt, ist hinten noch ein Triebrad (welches auf der Zeich= nung nicht sichtbar) angebracht, welches in die Zahnstange L des Messerschlittens H eingreift, so daß durch Um=

drehen des Schwungrades **M** das Messer in schräger Richtung das Papier beschneidet oder theilt. Das zu beschneidende Papier wird durch die Presse **N** zusammengepreßt, resp. festgehalten.

Das Zusammenpressen des Papiers geschieht bei diesen Maschinen durch zwei Schrauben **OO**, was den besondern Vorzug hat, daß man dadurch bei dem Beschneiden kleinerer Gegenstände nicht gezwungen ist, diese genau unter die Mitte der Presse zu setzen, wie dieß bei einer Spindel unbedingt nöthig ist, sondern man kann, unbeschadet der Solidität der Maschine, kleinere Gegenstände einsetzen, wo man will, ganz auf der Seite oder in der Mitte, wodurch eine gleichmäßige Abnutzung des Messers leicht erzielt werden kann, während sich bei einer Spindel blos das Messer in der Mitte und um so schneller abnutzen würde.

Zu jeder Maschine werden zwei Messer vom feinsten englischen Gußstahl geliefert:

Lichte Weite zum Einsetzen: 90 Cmet. breit, kostet 700 Fl.

„	„	„	„	75	„	„	„	550	„
„	„	„	„	60	„	„	„	425	„
„	„	„	„	45	„	„	„	325	„

Eine andere Konstruktion derselben Fabrik, die englische Papierschneidemaschine, mit kontinuirlicher Fortbewegung, Parallelstellung und stellbarem Tisch, liefert obige Fabrik zu folgenden Preisen:

Lichte Weite zum Einsetzen: 55 Cmet. 400 Fl.

„	„	„	„	65	„	450	„
„	„	„	„	75	„	500	„
„	„	„	„	85	„	550	„
„	„	„	„	95	„	600	„

J. C. Goodall's Papierschneidemaschine (patentirt für England am 5. April 1850) hat ein festsitzendes Messer und das auf einer beweglichen Tafel durch Hebelbelastung zusammengepreßte Papier wird bei ihr gegen das Messer, angepreßt. Das Messer ist einseitig zugeschärft und auf der Schneidseite hohl geschliffen. Auf der Tafel ist eine mit Guttapercha ausgefütterte Rinne, in welche die Klinge eindringt, wenn sie das Papier durchschnitten hat.

Das Beschneiden selbst anlangend, so kann bei der Abhandlung hierüber immer nur, aus schon angeführtem Grunde, von dem gewöhnlichen Beschneidzeuge (deutschem und französischem) die Rede sein, und dieses sowie seine Einrichtung muß, als unentbehrliches Werkzeug hinläng= lich bekannt, vorausgesetzt werden, wesbalb auch hierüber nur noch weniges zu sagen übrig bleibt. Schon im vo= rigen Abschnitte erwähnten wir, ohne näher darauf ein= zugeben, das Beschneiden des Vorderschnittes, das auf folgende Art geschieht. Ist der geleimte Rücken hinläng= lich trocken, untersucht man, wieviel man am Vorder= schnitte wegschneiden kann, oder muß, damit der verhält= nißmäßige, sich nach Druck und Papier richtende Raum verbleibe, wobei man Tabellen, Kupfertafeln, sowie den Titel des Buches sorgfältig beachten muß. Den gefunde= nen, für das Beschneiden zulässigen Raum markirt man oben auf dem vordern Vorsatz, dabei berücksichtigend, daß die vordern zugemachten Bogen aufgetroffen werden. — Als Unterlage beim Beschneiden des Vorderschnitts dient ein Bret, das so lang oder länger, aber etwas schmäler als das zu beschneidende Buch sein muß (Beschneid= spalten). Beim alsdannigen Einsetzen des Buches in die Beschneidpresse dient der angegebene Punkt als Norm, um dann weiter mittels des Sattels — den Buchrücken nach dem Winkel zu untersuchen, bezüglich zu richten (ab= satteln) — zu können.

Sind die beiden Schenkel des Sattels auf der hin= teren Seite der Balken der Beschneidepresse aufstehend, so bildet die Querleiste des ersteren den Winkel, mit dem der Buchrücken parallel laufen muß, wenn das Buch gerade beschnitten werden soll. Abweichungen des Rük= kens von dieser Richtung müssen durch entsprechendes Drücken mit der Hand, oder Klopfen mit dem Hammer beseitigt werden, und wenn erstere ganz in Ordnung und der vorgestochene Punkt genau mit dem Preßbalken ab=

schneidet, erfolgt ein festes Zudrehen der Presse mit der Hand.

Bei großen Büchern, welche nicht abgesattelt werden können, punktirt man die Schnittlinie vom Rücken aus mit Zirkel oder Punktureisen vor, legt dasselbe auf ein Bret, welches größer ist als das Buch, und winkelt den Rücken auf diesem genau ab, worauf das Buch genau nach den angegebenen Punkten in die Presse gesetzt wird.

Vor dem eigentlichen Beschneiden wird der Hobel nach der Stärke eines Buches oder des zu beschneidenden Gegenstandes aufgedreht und der Schnitt geschieht zugweise, ohne zu stoßen und so, daß die Zunge die zu beschneidende Fläche gleich vom Anfang an egal greift, zu welchem Zwecke es erforderlich ist, daß die Presse egal zugedreht werde. Ist die Zunge ohne Grat und recht scharf, die Presse fest und akkurat zugedreht, und erfolgt das Beschneiden in oben angegebener Ordnung, so wird man stets einen glatten, schönen Schnitt erzielen.

Es müssen jedoch hierbei auch noch andere Faktoren mit besonderer Sorgfalt beachtet werden, um einen tadellosen Schnitt zu erzielen; es sind dieß die Beschaffenheit des Hobels und die Lage und Richtung der Schneidinstrumente, von welchen gefordert wird: 1) daß der Hobel in allen seinen Theilen in einer Lage zur Beschneidpresse sei, die vollkommen gerade und im Winkel sein muß; 2) daß die Schneidinstrumente wiederum nach allen Seiten eine gleiche Lage zum Hobel besitzen müssen. Etwaige Abweichungen hiervon beseitigt man beim Zungenhobel entweder durch Wegschleifen der betreffenden Stellen, oder durch Unterlagen innerhalb des Falzes oder der Nuth, in der die Zunge festgehalten wird; beim deutschen Hobel hilft man durch Höher= oder Tieferlegen des Eisens, indem man die Differenz durch untergelegte, halbrund geschnittene Streifen schwacher Rückenpappe, die jedoch nicht über den Hobel herausstehen dürfen, auszugleichen sucht. Letzterer kommt jetzt aber gar nicht mehr in Anwendung.

Beide Arbeiten jedoch müssen, da auf sie sehr viel ankommt, mit äußerster Sorgfalt und Akkuratesse geschehen, und es ist nicht zu läugnen, daß hierzu schon einige Uebung und Nachdenken gehört, da sie das Beschneiden wesentlich erleichtern oder erschweren können.

Das Beschneiden des obern und untern Schnittes erfolgt, wenn der Rücken nach dem Abpressen vollständig ausgetrocknet und das Buch ausgepreßt ist. Zur Unterlage nimmt man hier ein Bret, das mindestens die Größe des zu beschneidenden Buches haben muß, und zum Auflegen ein Pappenstück oder Bret, das gleichzeitig den Winkel mit angiebt, demnach mindestens an einer Seite im Winkel sein muß, und das, akkurat im vordern Falz angelegt, wenn dieser sonst gerade ist, so weit von dem zuerst zu beschneidenden obern Schnitt oder der obern Schnittkante abgerückt wird, als beim Beschneiden an dieser Stelle abfallen soll oder muß. Wie beim Beschneiden des Vorderschnitts das Absatteln, giebt hier das Auflegbret die Schnittlinie an, das demgemäß mit dem obern Balken der Beschneidpresse in einer Linie stehen muß.

Den am untern Schnitt oder am Fuße des Buches zu lassenden Raum sucht man mittels des Punktureisens und sticht die damit gefundene Höhe, den obern Schnitt als Basis nehmend, auf der Rückseite des Buches mit zwei Punkten ab, die dann als Norm für das an dieser Stelle anzulegende Auflegbret, mithin für den untern Schnitt gelten, bei dem übrigens ebenfalls wie beim obern verfahren wird.

Sehr oft verbleiben beim Beschneiden entweder Fasern oder sonstige Unebenheiten, die dann durch Abputzen mit einem scharfen Messer beseitigt werden müssen; ebenso muß ein rauher Schnitt, wenn das Rauhe von einer stumpfen, zu spitzen oder gratigen Zunge herrührt, mit einem Messer oder Ziehklinge glatt geschabt werden.

Bei einem richtig beschnittenen gedruckten Buche muß der vorn verbleibende weiße Raum, sofern es das Papier erlaubt, etwas breiter sein, als der hintere, der obere ungefähr so breit als der hintere und der am Fuße wie-

der breiter als der obere weiße Raum bleiben; voraus=
gesetzt jedoch (wie schon erwähnt) muß werden, daß an=
dere Nebenumstände, wie das Papier, etwa vorhandene
Tabellen, Kupfertafeln oder das Format des Buches über=
haupt, hierbei keine Hindernisse für oben aufgestellte An=
nahme abgeben.

Das Beschneiden eines Buches, bei dem nicht alle
Blätter — z. B. die durch den Mittelsteg gebundenen —
aufgetroffen werden sollen, geschieht am sichersten mit dem
deutschen Beschneidzeug, bei dem das Schneidinstrument
in Scheibenform angebracht ist, und aus diesem Grunde
in einem nicht vollständig pressenden Schnitte nicht rei=
ßen kann. Mit dem französischen Beschneidzeug würde
sich das nicht so leicht und nur dann gut ermöglichen
lassen, wenn die Zunge nicht so spitz und recht scharf ge=
schliffen und gut abgezogen ist, welches letztere bei beiden
Instrumenten auf einem nicht zu rauhen Abziehstein, und
immer nur an der Rückseite der Spitze niemals auf der
vordern, oder an den zweischneidig geschliffenen Seiten
einer Zunge geschehen darf. Das Abziehen des Eisens
geschieht entweder im angeschraubten Zustande oder frei,
mittels des Abziehsteines, oder es wird blos und zwar
gleich am Hobel, mit dem Stahle an der Schneide ge=
schärft, was auf der Rückseite geschehen muß, und nur
der etwa entstehende Draht oder Grat wird von der
vordern mit dem Stahl wieder auf der Rückseite gestrichen.
Schärfen, Schleifen und Abziehen der Beschneidinstrumente
sind zwar nur untergeordnete Nebenarbeiten; nichtsdesto=
weniger aber erfordern sie Uebung und Nachdenken und
sind eben so wenig zu beschreiben, als durch eine, wenn
auch noch so gelungene Beschreibung zu lernen.

Zu beschneidendes loses Papier wird, wenn es die
Stärke des Papiers gestattet, in Lagen zu sechs Bogen
gesalzt, oder in stärkeren Lagen gesalztes Papier auf er=
stere reducirt, in solchen Lagen, die vorher mit dem Falz=
beine scharf niedergestrichen werden müssen, eingepreßt
und dann richtig nach dem Winkel beschnitten.

13) Das Verzieren der Schnitte

giebt dem Buche außer Schönheit auch zugleich größere
Dauer, da unverzierte Schnitte sich nach und nach ab-
greifen, wollig werden und den Schmuz leicht annehmen.
Die Verzierung der Schnitte geschieht gewöhnlich:

1) entweder mit Farben, oder
2) mit Metall.

I.

Zu den farbigen Schnitten, welche entweder:

a) einfarbig, oder
b) mit einer oder mehreren Farben gesprengt
oder getupft, oder
c) marmorirt

werden, sind verschiedene, sowohl Erd- und Mineralfarben, als auch Saft- und Beizfarben anwendbar, indeß ist nicht jede Farbe gleich gut zu verarbeiten.
Meistentheils färbt man mit Erd- oder Metallfarben, weil
diese nicht so leicht verschießen und nicht, wie die Saft-
und Beizfarben, so tief in das Papier einziehen. Die
Erd- oder Mineralfarben müssen, ehe sie zum Gebrauche
tüchtig sind, in einem Mörser oder auf einem Reibsteine
sehr fein gerieben werden, bevor der Bindestoff zugesetzt wird, der, je nach der Farbe, nach der Art des Schnittes, oder dem Papiere ebenso verschieden der Gattung
als der Quantität nach sein muß. Von

a) einfarbigen Schnitten

sind am gebräuchlichsten: rothe, gelbe und grüne und
auch diese kommen jetzt nur selten vor, da in zeitgemäßen
Buchbindereien blos marmorirte Schnitte gemacht werden.
Wie schon erwähnt, müssen alle zum Verzieren der Bücherschnitte verwendete Farben, ohne Ausnahme sehr fein

gerieben werden, was bei einigen sehr festen körnigen Far=
ben, wie Kasselergelb, Pariserblau, Ultrama=
rin 2c., bis zu mehreren Stunden andauern kann. Nur
durch sorgfältiges Reiben der Farben kann man sich das
Färben selbst, sowie die übrigen damit vorzunehmenden
Arbeiten wesentlich erleichtern. Nachdem die Farben fein
genug gerieben worden sind, wird das geeignete Binde=
mittel zugesetzt und mit diesem das Reiben der Farben
weiter fortgesetzt, bis es von denselben vollständig und
gleichförmig angenommen ist.

Die Wahl des Bindestoffes, ob Leim, Kleister, Gummi
u. s. w., sowie die Quantität desselben hängt von der
Beschaffenheit der zu behandelnden Farbe und des zu
färbenden Papiers ab, und läßt sich hierüber um so we=
niger eine allgemein gültige Regel aufstellen, als die Far=
ben nicht überall von gleicher Beschaffenheit, Güte und
Zusammensetzung sind. Im allgemeinen nimmt man an,
daß die Quantität der Farbe und des Bindestoffes eine
gleiche sei. Zum Verdünnen der Farben nach dem Ver=
reiben des Bindestoffes nimmt man helles, reines, am
liebsten Regenwasser. Der Grad der Verdünnung hängt
ebenfalls von verschiedenen Umständen, namentlich aber
von der Beschaffenheit des zu färbenden Papieres ab und
ist es eine allgemeine Annahme, daß nicht planirte Druck=
papiere eine nicht zu sehr verdünnte Farbe, mit etwas
weniger Bindestoff, planirte Druck= oder Schreibpapiere
hingegen eine etwas starke Farbe und etwas mehr Bin=
destoff verlangen, worüber Erfahrung und Nachdenken
die besten Lehrmeister abgeben.

Das Färben selbst geschieht mittels eines kleinen
Pinsels von nicht zu schwachen und nicht zu starken Vor=
sten, von verhältnißmäßiger Länge, gleichförmig und wo
möglich, ohne eine Stelle zweimal zu berühren; vor je=
desmaligem Anstriche aber muß die Farbe mit dem Pin=
sel umgerührt werden. In sehr seltenen Fällen nur wird
ein einmaliger Anstrich genügen, um vollkommen zu dek=
ken, das heißt, ohne die Farbe des Papiers durchscheinen

zu laſſen, oder ohne ſtreifig, — überhaupt fehlerhaft zu ſein.

Ein ſolcher Schnitt muß zwei, auch mehrere Mal gefärbt, der vorhergehende Anſtrich jedoch erſt vollſtändig getrocknet werden. Beim Färben legt man das zu färbende Buch, oder die zu färbenden Bücher (und in dieſem Falle mehrere, gleichfarbig zu färbende, aufeinander) auf ein zu dieſem Behufe zu haltendes Bret und nimmt zum Anſlegbrete einen Spalten, den man mit der linken Hand feſt niederdrückt, damit keine Farbe einlaufen kann. Gewiſſe Druckpapiere, oder nicht feſt preſſende Schnitte muß man aus dieſem Grunde beim Färben einpreſſen. Nach dem Trocknen des erſten Anſtrichs unterſucht man, ob die Farbe die nöthige Stärke und den erforderlichen Bindeſtoff beſitzt, was man beim Ueberfahren mit der reinen Hand gewahrt, wenn dieſe die aufgetragene Farbe verwiſcht oder unbeſchadet läßt. Im erſteren Falle muß vor den folgenden Anſtrichen, unter Verdünnung der Farbe, noch Bindeſtoff zugeſetzt werden. Findet man aber, daß nach dem erſtmaligen Anſtragen der Farbe die Blätter des gefärbten Schnittes ſich ſchlecht loslöſen, oder gar kleben, dann muß, vor weiterem Anſtragen der Farbe, der erſte Anſtrich mit warmem Waſſer rein abgewaſchen, der angemachten Farbe noch mehr gleiche Farbe zugerieben und dieſe dann noch verdünnt werden. Uebrigens ſollte man es ſich zur Regel machen, nie mehr Farbe anzureiben, als man gerade verbrauchen will, da angemachte Farben bei längerem Aufbewahren an Lebhaftigkeit verlieren.

b) Geſprengte Schnitte.

Die vorher für das Anmachen der Farben aufgeſtellten Regeln behalten ihre Gültigkeit auch für dieſe Art Bücherſchnitte. Zum Sprengen ſelbſt bedient man ſich entweder kurzgebundener Pinſel ohne Stiele, von etwas ſtraffen Schweinsborſten, oder einer kleinen, nicht zu harten Bürſte.

Beim Sprengen liegt der zu sprengende Schnitt eines Buches, oder die Schnitte mehrerer Bücher entweder zwischen zwei mit etwas von Gewicht beschwerten Bretern, oder er befindet sich eingepreßt und das Sprengen geschieht auf folgende Art: Zieht man vor, mittels des Sprengpinsels aus freier Hand zu sprengen, so hält man ersteren in der linken Hand, giebt ihm mit einem andern Pinsel Farbe, zieht mit der rechten Hand die mit Farbe getränkten Borsten des vor den zu sprengenden Schnitt gehaltenen Sprengpinsels leicht zurück und läßt sie sofort wieder vorwärts schnellen. Vorher jedoch untersucht man, ob die entstehenden Tupfen fein genug ausfallen, indem man auf ein bereit gehaltenes Stück weißes Papier sprengt. Jedenfalls aber ist es ein Haupterforderniß eines gut gesprengten Schnittes, daß die Tupfen nicht nur möglichst egal groß, sondern auch auf dem Schnitte gleichförmig vertheilt sein müssen, was man schneller und sicherer mittels

des Sprengens durch das Sieb oder Gitter erreicht. Zu diesem Behufe hält man sich ein von Draht nicht zu weit geflochtenes Gitter und ein kleines Bürstchen mit harten Borsten. Letzteres dient zum Aufnehmen der Farbe, die man, indem man damit leicht auf dem über den eingepreßten Schnitt gehaltenen Sprenggitter hinstreicht, auf letzteren aufträgt, dabei aber ebenfalls sorgfältigst beobachtet, daß die Tupfen egal groß und auf dem Schnitte gleichförmig vertheilt seien. Beim Sprengen giebt man den Beizfarben den Vorzug vor den Erd- und Mineralfarben. Beabsichtigt man, mit mehreren Farben zu sprengen, so trägt man zuerst die hellern und dann die dunkleren Farben auf, z. B. bei roth und grün erst grün und dann roth.

Soll der gesprengte Schnitt weiße Zwischenräume erhalten, so bringt man den eingepreßten Schnitt in horizontale Lage, bestreut ihn entweder mit Reis, Leinsamen, Weizenkleie, Graupen 2c., oder man sprengt vorher eine steife Kalktünche, oder flüssiges weißes Wachs, auch im

Wasser aufgelöste Stärke und dann die Farben auf. Di aufgelegten oder aufgesprengten Gegenstände werden nach dem Auftragen der Farben wieder entfernt.

Streifartige, gesprengte Schnitte, die man auch holländische nennt, bestehen aus zwei verschiedenen Farben, die quer über den Schnitt gesprengt werden. — Ebenso lassen sich allerhand Verzierungen auf einen Schnitt sprengen, wenn man sich die betreffenden Muster schablonenartig ausschneidet, auf den eingepreßten Schnitt aufsteckt und dann sprengt; doch sieht man jetzt von dergleichen — man möchte sagen — Spielereien, sowie auch von dem Tupfen der Schnitte ab — und sucht sich dafür lieber die Vortheile

c) des Marmorirens der Bücherschnitte

anzueignen. Das Marmoriren ist nicht neu; man findet es vielmehr schon an sehr alten Bänden und zwar in ziemlicher Vollkommenheit, ja man sieht da häufig Marmorarten, deren Anfertigung jetzt den·meisten ein Geheimniß ist. Der Vollständigkeit halber sollen hier einige der älteren Methoden des Marmorirens mit erwähnt werden.

Erstes Beispiel.

Man sprengt einen roth, gelb oder grün gefärbten Schnitt mit aufgelöstem weißen Wachs in Tropfen von verschiedener Größe, mittels Federkielen, denen die Bärte abgestutzt sind, und tupft dann mit einer zweiten und dritten, sich von der ersten unterscheidenden Farbe nach.

Zweites Beispiel.

Man färbt die Bücherschnitte mit einer beliebigen hellen Farbe, taucht sodann in eine verdünnte und mit Leim versetzte dunkle Farbe ein Läppchen von Flanell, wickelt es leicht zusammen und rollt dann, nach dem Trocknen der Grundfarbe, in schiefer Richtung leicht über die Bücherschnitte auf allen Seiten hin, wodurch ein geflammter Marmor entsteht. Man kann auch die Schnitte ungefärbt lassen und mit mehreren Farben, aber immer nach dem Trocknen der vorher aufgetragenen, marmoriren.

Drittes Beispiel.

Eine mit Leim und Rindsgalle versetzte dunkle Farbe wird mit einem etwas langborstigen Pinsel auf einen vorher leicht gefärbten Schnitt gesprengt, den man eingepreßt in schiefe Richtung gebracht hat, damit die aufgesprengte Farbe gut laufen kann, hütet sich aber, zu große Tropfen aufzusprengen.

Viertes Beispiel.

Die zu marmorirenden Schnitte vertheilt man vorhergefärbt in zwei Pressen, tupft dann eine beliebige mit Leim abgeriebene Farbe, legt dann die Schnitte noch ziemlich feucht übereinander und zieht sie langsam in schiefer Richtung ab.

Fünftes Beispiel.

Man betupfe ein mit Wachstuch überzogenes Bret recht gleichmäßig mit einer mit Kleister angeriebenen Farbe und thue dann dasselbe mit den zu färbenden, eingepreßten Schnitten, worauf man letztere auf das erwähnte Bret legt, sie sanft aufdrückt und dann in schiefer Richtung abzieht, wodurch man einen großaderigen Marmor erhält.

Sechstes Beispiel.

Wenn man den Schnitt mit einer mit Kleister abgeriebenen etwas starken Farbe färbt, und letztere, bevor
10*

sie trocken ist, mit einem Kamme oder ausgezackten Bret=
chen in geschlängelten oder wellenförmigen Richtungen
durchzieht, so erhält man einen eigenthümlichen Marmor,
den man wolkenartig machen kann, wenn man die Farbe
mit einem nassen Schwamme wieder etwas wegnimmt.

Ein freundlicheres und vortheilhafteres Ansehen, als
die hier erwähnten Marmorarten bietet der sogenannte

Türkische Marmor;

die Anfertigung desselben ist aber auch weit schwieriger
und mühsamer als die des einfarbigen Marmors und
wird dem Ungeübten, der sich theoretisch die Fertigkeit
im Marmoriren aneignen will, um so schwerer fallen, als
sich über das Marmoriren selbst nur allgemeine Re=
geln aufstellen lassen; specielle Anweisungen aber, und
wenn sie noch so deutlich und bündig gegeben, selbst wenn
sie sich oft durch die Erfahrung bewahrheitet haben soll=
ten, werden schon deshalb immer speciell bleiben müssen,
weil die Substanzen, über die sie gegeben werden, —
und zum Marmoriren gehören verschiedene Substanzen
— nicht aller Orten einerlei Zusammensetzung, Gewicht
und Qualität haben können. Es ist daher dieses Mar=
moriren leichter zu beschreiben, als nach dieser Beschrei=
bung zu operiren, vielmehr gehört zu letzterem Ausdauer,
Nachdenken, Geduld und vor allem Zeit; indeß im Be=
sitz dieser Erfordernisse wird auch der im Marmoriren
Ungeübte, wenn er nur bei dem erstmaligen Mißlingen
der Arbeit nicht den Muth verliert, sondern sich zu neuen
Versuchen und Prüfungen angeregt fühlt und die hier
gegebenen, auf Erfahrung gegründeten Anweisun=
gen genau befolgt, auch ohne Lehrmeister, durch Selbst=
studium ein befriedigendes Resultat erzielen.

Die meiste Schwierigkeit beim Marmoriren bietet
die Bereitung des Grundes oder Marmorirwassers
dar; jedoch wird man, sich streng an nachfolgende An=
weisung haltend, die sich bietenden Schwierigkeiten leicht
beseitigen können. — 1 Loth Karaghenmoos kocht man

in einem neuen, oder noch nicht im Gebrauch gewesenen, nicht zugedeckten Topfe mit 1 Maß (2 Kannen) Fluß- oder Regenwasser, nur keinem Brunnenwasser, bis zum Wallen; jedoch darf die Masse nicht überlaufen, auch nicht an Torf- oder Steinkohlenfeuer gekocht werden. Soll dieser Grund mehrere Tage lang aufgehoben werden, er hält sich höchstens 3 bis 4 Tage, — so thut man nach dem Kochen eine Erbse groß Spodeldok hinzu. Der Topf kann später immer wieder benutzt werden, wenn er ausschließlich für die Bereitung dieses Grundes bestimmt bleibt. Zum Marmoriren kann diese Masse erst verwendet werden, wenn sie mindestens 1 Tag alt ist und vor dem Gebrauche durch einen Sack oder ein Tuch in den Marmorirkasten gedrückt wird. — Letzteren läßt man von Zink, je nach der Größe der am meisten zu marmorirenden Bücher gewöhnlich 15 bis 18 Zoll lang, 9 Zoll breit und $1\frac{1}{2}$ Zoll hoch anfertigen und am innern Boden mit einem Bleiweißfirniß anstreichen, damit man die Farben auf dem Grunde deutlicher sehen kann. Auch ist es sehr zweckmäßig, wenn man ihn mit einem am Boden und den Seitenwänden gut schließenden Schieber versehen läßt, damit man den für den Grund bestimmten Raum, nach Maßgabe der zu marmorirenden Schnitte enger oder weiter machen kann.

Auch von Gummi-Traganth läßt sich ein gutes Marmorirwasser herstellen, wenn man ersteren vorher in Wasser auflöst, in denselben Verhältnissen wie das Karaghenmoos mit Regenwasser kocht und ebenso weiter behandelt. Zwar ist dieser Grund etwas theurer, aber hält sich auch, gut aufbewahrt, wochenlang. — Mit gleichem Erfolge kann man auch Lein- oder Flohsamen zur Bereitung des Marmorirwassers verwenden.

Zum Marmoriren braucht man ferner Ochsengalle. Sie muß vor der Bereitung frisch sein, hält sich dann aber auch Jahre lang. Die Zubereitung der Galle geschieht auf folgende Art: Man filtrirt sie, was unumgänglich nöthig ist, durch graues Löschpapier (freilich eine langweilige Procedur, die oft mehrere Tage und Nächte

dauern kann); dadurch verliert sie die ihr eigene Fettigkeit und man verhindert so das Ablaufen der Farben.
Nach dem Filtriren versetzt man sie mit dem sechsten
Theile ihres Volumens mit 80—90grädigem Spiritus,
in welchem etwas Kampher aufgelöst wurde und bewahrt
sie, gut verkorkt, in einer Glasflasche auf.

Der Kampher verhindert die Fäulniß, und da die
Galle schon an sich einen schlechten Geruch hat, wird sie
auch nach dieser Richtung hin durch den Kampher konservirt.

In den zum Marmoriren anzuwendenden Farben
und ihrer Zubereitung liegt eins der Geheimnisse
des Marmorirens. — Schon das Reiben derselben ist
von großem Einflusse auf das ganze Marmorirgeschäft
und erfordert große Aufmerksamkeit und Sorgfalt, denn
mit schlecht geriebenen Farben kann auch der geschickteste
Marmorirer keinen gut marmorirten Schnitt herstellen.
Sehr feste und körnige Farben, wie die meisten dunkeln,
müssen wenigstens (höchstens 1 Loth auf einmal) bis zu
3 Stunden, minder feste und körnige 2 bis 2½ Stunden
auf einem guten Reibsteine oder in einer Reibschale (letzteren hält die Farbe besser zusammen) mit schwerem
Läufer gerieben werden, welche Zeit man nicht etwa
durch starkes Aufdrücken, oder schnelles Reiben abkürzen
zu können glauben muß, sondern nur ein viertelstündiges
ruhiges und gleichmäßiges Reiben der Farben im
trockenen Zustande und dann ein successives Zugießen von
Fluß= oder Regenwasser sichert den Erfolg. Nach ein=
stündigem Reiben und bis zur Vollendung desselben giebt
man nach und nach 10 bis 12 Tropfen Spiritus zu,
doch sehe man darauf, daß die Farbe bei diesem Reiben
immer breiig und nie zu dünn sei. Nach vollständigem
Reiben einer Farbe thue man sie in eine Glasflasche mit
eingeschliffenem Stöpsel und schütte, ohne vorher andere
Quacksalbereien (die zu gar nichts führen) mit derselben
vorzunehmen, 6 bis 8 Tropfen der präparirten Rindsgalle hinzu. Eine so aufbewahrte Farbe wird nie eintrocknen und sich nicht verändern, wie dieß der Fall ist,

wenn dieselbe in einem offenen Glase oder Töpfchen sich befindet. Auch die Farben müssen vor dem Gebrauche mindestens 1 Tag alt sein, und dann erst auf folgende Art probirt werden.

Man nimmt (am zweckmäßigsten nur wenig) Schleim in den Marmorirkasten, gießt von den in den Flaschen aufbewahrten Farben, nachdem man diese vorher gut umschüttelte, etwas zum Gebrauch in ein dazu bereit gehaltenes Glas oder Töpfchen, rührt die zu probirende Farbe mit dem Schlagpinsel um, was vor dem Gebrauche stets geschehen muß, und schlägt einige Tropfen auf den vorher mit einem Bretchen abgestrichenen und mit einem Streifen ungeleimten Papiers abgezogenen Grund. Die Farbe wird entweder sich ausbreiten und gut stehen oder untersinken. Ist letzteres der Fall, dann fehlt noch Galle, die man vorsichtig, damit nicht zu viel, zugießt. Das Abstreichen des Grundes mit dem Bretchen und Abziehen mit Papier darf vor dem Aufschlagen der Farben nie unterlassen werden; denn es bildet sich schon nach einigen Minuten ein dünnes Häutchen auf demselben, welches das Ausbreiten der Farben verhindert. Die Schlagpinsel läßt man sich einen halben Zoll dick, bis zum Bunde etwa 2½ bis 3 Zoll lang aus nicht zu weichen Borsten anfertigen, die Spitzen alle nach einer Seite gerichtet und in blecherne Hülsen fassen, weil gebundene Pinsel am Bunde leicht schimmeln.

• Ist die Farbe beim zweimaligen Aufschlagen zwar gut stehend, aber vielleicht grieselig, dann ist sie zu dick, und man hilft dann ab durch Nachschütten von etwas Wasser, aber immer mit einigen Tropfen Galle. — Zu viel Wasser oder Galle aber macht die Farbe blaß, und giebt ihr auf dem Grunde ein nebelartiges Ansehen.

Ist der Grund etwas stark, dann können auch die Farben etwas dünner sein. — Steht die Farbe aber nach dem Zugeben von Wasser und Galle bei großer Blässe immer noch grieselig, dann ist sie schlecht gerieben und unbrauchbar, oder sie muß eintrocknen, um von neuem gerieben und präparirt zu werden. Im Ge-

gentheile aber breitet sie sich bis zur Größe eines Vier-
groschenstücks aus, steht sie zart und feurig auf dem
Grunde, dann ist sie zum Marmoriren tüchtig und muß
auch halten, wenn sonst der Grund richtig und gut ist
und man kann dann zur weiteren Probe eine zweite Farbe
vornehmen. — Um zu sehen, ob eine Farbe hält, hebt
man die aufgesprengten Tropfen derselben mit einem Stück
Schreibpapier ab, hält dasselbe perpendikulär und läßt
das Wasser ablaufen. Trüben sich die Farben und vermischen sich mit dem sitzenbleibenden Grundwasser, dann
haben sie nicht gehalten; bleiben sie aber fest stehen, dann
ist Farbe und Grund im richtigen Verhältnisse zu einander. Jedenfalls ist dem Anfänger zu rathen, vorerst mit
nur zwei Farben zu marmoriren, bis er zu größerer Fertigkeit darin gelangt ist.

Wenn beim Auftragen der Farben letztere sich auf
dem abgestrichenen Grunde zwar ausbreiten, aber sich
sofort wieder zusammenziehen, dann ist der Grund zu
stark; es geschieht dieß jedoch auch stets, — obwohl
nur wenig — selbst wenn Grund und Farben zu einander passen.

Das Präpariren und Probiren der Farben ist offenbar das Schwierigste beim Marmoriren und erfordert die
größte Sorgfalt und Geduld, und mancher gab alle weiteren Versuche auf, weil seine Geduld an diesem Punkte
scheiterte.

Diejenigen Farben, welche die Aderfarben für den
zu marmorirenden Schnitt abgeben sollen, werden zuerst
aufgesprengt und müssen sich auf dem Grunde sofort ausbreiten. Die letztgesprengte Farbe bildet die Grundfarbe
des Marmors. Tritt der Fall ein, daß sich die zuletzt
aufgesprengten Farben nicht hinlänglich ausbreiteten, so
muß ihnen durch Zuschütten einiger Tropfen Galle mehr
Treibkraft gegeben werden.

Der so entstandene Farbenteppich wird nun mittels
der Bücherschnitte auf folgende Art abgehoben: Der zuerst zu marmorirende Vorderschnitt wird zwischen zwei
Spalten mit beiden Händen gleich gestoßen fest gehalten,

und mit einer Schnure fest zusammengebunden, damit das Wasser nicht hineinläuft, und man taucht ihn dann von der rechten zur linken Hand ruhig und langsam auf die schönste Stelle des Marmors. Ein Eintauchen der ganzen Schnittfläche auf einmal muß man zu verhüten suchen, weil dadurch leicht Blasen entstehen.

Nach dem Abheben des Marmors hält man den marmorirten Schnitt einige Minuten zwischen den Spalten horizontal und läßt den überflüssigen Grund ablaufen, worauf man die Bücher zum vollständigen Trocknen verschränkt auf ein Bretchen legt, jedoch so, daß die Vorderschnitte nach außen kommen. Das vortheilhafteste Verfahren ist: die Bücher vor dem Marmoriren an allen drei Seiten zu beschneiden, weil da das Buch gleich fertig marmorirt werden kann, jedoch ziehen wieder einige vor, den Vorderschnitt vor dem Runden des Buches zu marmoriren, dann das Buch abzupressen, oben und unten zu beschneiden und dann diese Schnitte fertig zu machen. Verfasser dieses jedoch entscheidet sich ganz bestimmt für die erstere Methode.

Beim Marmoriren der obern und untern Schnitte legt man die Bücher verschränkt zwischen zwei Breter und kann da das Aufbinden derselben, wenn man sie mit der Hand fest zusammendrückt, erspart werden.

Es ist nicht möglich, sämmtliche aufgesprengte Farben durch Bücherschnitte so vollständig abzuheben, daß der Grund vollkommen rein werde, weshalb man letzteren vor wiederholtem Aufsprengen der Farben mittels eines etwa 2 Zoll schmalen und um ebenso viel längern Streifens Makulatur, als der Kasten breit ist, reinigt, indem man ihn ziemlich platt von vorn nach hinten auf den Grund auflegt, und die zurückgebliebenen Farben von einem Ende des Kastens zusammenschiebt, aushebt und in einen dazu bereit gehaltenen Behälter wirft, was man so oft wiederholt, bis der Grund ganz rein ist, worauf erneutes Aufwerfen der Farben erfolgt, wenn vorher, was man niemals unterlassen darf, der Grund mit dem Bretchen abgestrichen worden ist. Um einen egalen Marmor für die Ober= und Unterschnitte, oder für ganze Partieen herzustellen, muß das Aufsprengen der Farben immer in der zuerst gehaltenen Ordnung erfolgen.

Ueberbleibsel von Farben, die sich weder durch Papier noch durch das Abstreichen mit dem Bretchen entfernen lassen, werden durch Umrühren mit dem Grunde vermischt, was so lange die Güte des Grundes nicht beeinträchtigt, als dieser sich dadurch nicht zu dunkel färbt.

Die nach der bis jetzt gegebenen Anweisung aufgeworfenen Farben bilden den sogenannten türkischen Marmor, aus dem man wieder verschiedene andere Marmorarten bilden kann, z. B. den Kamm= oder Federmarmor. Hat man nämlich die Farben aufgesprengt, so daß eine die andere nicht zu sehr zusammendrängt, nimmt man einen, oben etwa ¼ Zoll dicken, unten ganz spitzen Stift von hartem Holze und fährt, nur den aufgesprengten Farbenteppich berührend, von rechts nach links und dann wieder rückwärts in möglichst geraden Linien, so daß die Farben ganz schmale gerade Streifen bilden. Bei der Wendung darf man jedoch nicht scharf abbrechen, sondern man muß eine kleine Biegung machen, damit man den vorher gebildeten Streifen nicht wieder verwischt, durch zu große Biegung aber auch nicht zu breite, oder unregelmäßige Streifen herstellt.

Nachdem die aufgeworfenen Farben auf diese Weise ganz durchfahren worden sind, werden sie mit einem Kamme, den man an einer Seite des Kastens ziemlich fest anlegt, damit er nicht wanke, ruhig von oben nach unten durchfahren, was langsam geschieht, wenn die Zeichnungen nicht zu spitz, und schneller, wenn sie spitz werden sollen. Den Kamm kann man sich selbst auf folgende Art bereiten: Man schneidet zwei gleich große, vielleicht 3 Zoll hohe Pappenstücke, die einige Zoll länger sind, als der Marmorirkasten breit ist und bestreicht einen derselben mit starkem Leime, in den man in einer Entfernung von einigen Linien (je nachdem die Zeichnung enger oder weiter sein soll) ganz akkurat Stecknadeln der feinsten Sorte drückt, und diese eintrocknen läßt. Auf diese so eingetrockneten Nadeln wird, damit sie besser halten, das andere zugeschnittene Pappenstück geleimt und man preßt beide zwischen mehrere Breter fest ein, auf welche Weise die Nadeln ebenso fest sitzen, als wenn sie aufgelöthet wären. Nur muß man hierbei berücksichtigen, daß die Nadeln den Raum des Kastens ganz füllen, damit nicht an den Seiten, wenn die Farben frei durchziehen, eine Strömung entstehe, die die Schönheit des Marmors gefährdet. Damit der Kamm im Kasten festschließt und sich bequem durchziehen läßt, werden die länger als letzterer geschnittenen Pappenstreifen mit einem Einschnitt an beiden Seiten versehen, der ein festes Anschließen ermöglicht. Je dünner die dazu verwendeten Nadeln sind, desto leichter gehen sie durch den Grund und geben eine schönere Zeichnung.

Mittels des erwähnten Stiftes lassen sich auch allerhand Zeichnungen auf dem Grunde herstellen, da sich die Farben mit demselben nach allen Richtungen ziehen und feststellen lassen.

Als Marmorirfarben wendet man am meisten an: das fein präparirte Pariser- und Berlinerblau, Indigo, Kasslerbraun, englisch Umbra, dunkelgrünen Münchnerlack, grünen Zinnober, Chromgrün, Seidengrün, Chromgelb, Wienerlack, bestes Berlinerroth, Frankfurter Rebenschwarz, Elfenbeinschwarz, geglühten Kienruß, Karmin und die aus diesen Farben möglichen Zusammensetzungen, als weiße Farbe weißen Vergolderthon. Es giebt jedoch auch Farben dieser Gattungen, die sich gar nicht verwenden lassen, wie z. B. manches Ultramarinblau, Chromgelb, Ocker ꝛc. und man muß daher bei Ankauf der Farben nur ganz gut präparirte Farben und von diesen die besten wählen. Deren Zusammensetzung in Marmor kann beliebig geschehen, doch erhält man die schönsten (vorzüglich Kammschnitte) durch: Violett und Braun; Grün und Braun; Violett, Grün und Schwarz; Grau, Dunkelgrün und Lichtblau;

Schwarz, Braun und Lichtgrün; Violett, Schwarz und
Lichtgelb; Grün und Schwarz, Roth, Blau, Gelb
und Weiß 2c. Die schwarze Farbe darf nie in zu kleinen Tropfen und zuletzt aufgesprengt werden, sondern
immer so dünn als möglich, fast grau und zuerst, damit
es durch die folgenden Farben etwas zusammengetrieben
werden kann. Violett erhält man durch Wienerlack und
Blau, Ockergelb durch Zinnober und Chromgelb.

Soll in einem Marmorschnitt viel Weiß vorkommen,
so sprengt man entweder die Farben darnach, oder man
sprengt in die den Grund völlig deckenden Farben einige Tropfen Galle, die dann die Farben etwas zusam-
mentreibt und weiße Adern hervorbringt.

Wer die hier gegebene Anweisung zum Marmoriren
aufmerksam durchgegangen hat, wird sich nicht verhehlen
— und dieß auch in der Praxis bestätigt finden — daß
er es hier mit einer Arbeit zu thun hat, die sich weder
für alle Vorkommnisse in derselben instruktiv genug beschreiben, als selbst praktisch ganz vollkommen lehren läßt,
daß vielmehr, aus schon Eingangs dieses Abschnittes erwähnten Gründen, Uebung, Nachdenken und Geduld zu
der Ueberzeugung führen werden, daß hierbei gewisse
Geheimnisse und Vortheile stattfinden, deren Enthüllung
jedoch dem aufmerksamen Arbeiter nicht schwer fallen
dürfte. Diese Vortheile bestehen namentlich darin: durchgängig und nicht blos ausnahmsweise oder
zufällig schöne Marmorschnitte herzustellen, insbesondere aber auf das Halten, bezüglich Ablaufen
der Farben zu sehen. Das letztere geschieht, wenn
die Farben schlecht gerieben oder zu dick sind,
oder wenn das Grundwasser zu dünn oder zu
alt ist. Die am meisten vorkommende Ursache des Ab-
laufens der Farben wird aber auch vom Marmorirer
selbst verschuldet, wenn er den Grund davon bald in der
Farbe, bald im Grundwasser, bald in der Zubereitung
der Farben sucht. Stand aber bei der Probe der einzelnen Farben jede derselben in nicht zu großen oder
kleinen oder dicken dunkeln Tropfen und lief nicht vom

Papier ab, dann iſt, wenn letzteres beim Abheben des
Marmors geſchieht, ſicher nur der Marmorirer ſchuld.

Es iſt zwar nicht in Abrede zu ſtellen, daß jede
Farbe, ſelbſt wenn ſie bei der Probe genau zum Grunde
paßte und feſtſtand, nichtsdeſtoweniger ablaufen kann.
Es können dann entweder die Tropfen zu klein aufgeſprengt ſein, oder ſie waren in verhältnißmäßiger
Größe, wurden aber durch die folgenden Farben zu ſehr
zuſammengetrieben, oder man hat übermäßig viel Farbe
aufgeſprengt, oder man hat von der erſten Farbe zu viel
große Tropfen aufgeſprengt und es konnte ſich keine der
folgenden Farben ausbreiten, und ſie mußten, zwar
anfänglich ausgebreitet, ſich ſchnell wieder zuſammenziehen
und dann ablaufen. Nochmals: ſtanden die einzelnen Farben bei der Probe auf dem in perpendikulärer
Stellung gehaltenen Papiere gut und feſt, dann müſſen
ſie auch beim eigentlichen Marmoriren ebenſo ſtehen und
es liegt dann in der Art und Weiſe des Auftragens der
Farbentropfen, wenn dieß nicht der Fall iſt.

Ein anderes Verfahren zum Schnittmarmoriren,
nach welchem Verfaſſer dieſes bereits ſeit 12 Jahren
marmorirt, iſt folgendes:

Zubereitung der Galle.

Eine Ochſengalle filtrire man durch Löſchpapier und
einen Glastrichter in eine Glasflaſche, ſetze dieſer Galle
¼ Quart Spiritus, in welchem man etwas Kampher auf-
löſte, zu, ſchüttele es tüchtig um und laſſe es gut ab-
klären.

Auflöſung:

1½ Loth beſter Schelllack,
¼ „ venetianiſche Seife

wird in 5 — 6 Loth Spiritus vini bei gelinder Wärme
und ſtetem Umrühren aufgelöſt. Iſt dieß geſchehen, filtrire man die Flüſſigkeit in eine Flaſche, worin ſie zum

Gebrauche aufgehoben wird. Sollte die Masse nach dem Erkalten steif geworden sein, füge man noch Spiritus vini hinzu und schüttele sie tüchtig um. Am besten ist es, man lasse die Auflösung in der Apotheke machen, und kostet dieselbe gewöhnlich in obiger Quantität 6 Sgr.

Traganth

wird ⅛ Loth in Regenwasser zu einer dicken breiigen Masse aufgelöst. Es dient derselbe als Bindemittel der Farben und muß derselbe erst sauer geworden sein, ehe er gebraucht werden kann.

Reiben der Farben

geschieht ganz wie bei dem früheren Verfahren des Marmorirens, nur setze man beim Reiben der Farben Spiritus zu, wodurch dieselben sich feiner auflösen. Auf 2 Loth Farbe gebe man beim Reiben 25 — 30 Tropfen Auflösung, dann eine Haselnuß groß von dem starken Traganth und 20—25 Tropfen Galle. Nachdem die Farben je 2—3 Stunden fleißig gerieben wurden, so daß mit Gewißheit anzunehmen ist, sie seien fein genug, verdünnt man sie so viel als nöthig und füllt sie in die dazu bestimmte Glasflasche.

Marmorirgrund.

Man nehme 1½ Loth Karaghen-Moos, am besten gereinigtes, dazu circa 2 Maß Wasser und koche dieß tüchtig, wornach 25—30 Tropfen Auflösung unter Umrühren beigegeben werden. Dann seihe man diese Substanz mittels Durchschlags, spüle die Fasern noch mit Wasser nach und lasse den so entstandenen Grund erkalten. Auch kann man das Karaghen-Moos vorher einige Zeit im Wasser weichen und erzielt man dadurch eine größere Quantität Schleim.

Alles Wasser zum Anreiben der Farben muß Regen- oder Flußwasser sein, zum Kochen des Grundes kann man jedoch in Ermangelung desselben auch Brunnenwasser gebrauchen. Besser ist freilich ersteres.

Beim Reiben der Farben setze man denselben ein Glättwachs bei, welches das Glätten der Schnitte in der Weise konservirt, daß man nicht erst dieselben vor dem Glätten mit einem Wachsläppchen abzureiben braucht und wird dieß auf folgende Weise bereitet:

Man läßt über dem Feuer in einem Töpfchen circa 2—3 Loth Jungfernwachs zergehen, hebt es dann hinweg und gießt unter stetem Umrühren Terpentinöl zu, daß es zur Dicke wie Honig werde. Von diesem Wachs erhält jede Farbe beim Reiben ungefähr eine Messerspitze voll.

Die Operation des Marmorirens bleibt sich bei allen auch noch so verschiedenen Recepten gleich und wurde dieses schon früher abgehandelt.

Ein in geschmackvoller Farbenzusammenstellung gut marmorirter Schnitt hält fast gleichen Rang mit einem Goldschnitte, ist viel schöner als jeder andere Schnitt, und läßt sich, bei einmal angeschaffter Marmorireinrichtung und bei einiger Uebung, ohne alle Umstände eben so schnell herstellen, als jeder andere gefärbte oder gesprengte Schnitt.

Ausgezeichnete Marmorirfarben bezieht man durch die Farbenhandlung von Alexander Lehmann in Leipzig, Peterstraße 34.

Kassler Braun in Hütchen à Pfd.			—Thlr.	15	Sgr.
Chromgelb	"	"	2 "	—	"
Chromgrün	"	"	2 "	15	"
Elfenbeinschwarz	"	. "	1 "	—	"
Pariser Blau	"	"	3 "	—	"
Seidengrün, hell, mittel, dunkel	"	"	1 "	15	"
Indigo, feinster	"	"	3 "	15	"
Wienerlack, ff.	"	"	1 "	2	"
Karmin oder Münchenerlack			5 Thlr., 9 Thlr., 12 Thlr., 16 Thlr.		

Karmin, feinster franz. in Stücken à Loth 20—25 Sgr. In Quantitäten unter ¼ Pfund tritt ein erhöheter Preis ein. Sendung gegen Nachnahme des Betrags.

II.

Nicht minder schwierig als das Marmoriren der Schnitte ist das Vergolden derselben, und es erfordert das Gelingen eben auch praktische Uebung, Sorgfalt, Geduld und vor allem unbedingt Reinlichkeit.

Zu dem Vergolden der Schnitte hat man folgende Instrumente und Materialien nöthig:

1) Gutes Blattgold, nicht zu dünn, gleich in Farbe und ohne Löcher. 2) Ein Goldkissen und Goldmesser. 3) Einige Schabe- oder Ziehklingen. 4) Einen langen und zwei breite Glättzähne, der eine scharf geschliffen zum Vorglätten, der andere mehr rund zum Nachglätten. 5) Einen Flor zum Auftragen des Goldes. 6) Einen weichen, kleinlöcherigen Schwamm. 7) Einen weichen, 1 Zoll breiten Fischpinsel zum Auftragen des Goldes. 8) Einen Stahl zum Streichen der Ziehklingen. 9) Etwas reine, zarte, von allen Knoten befreite Baumwolle. 10) Präparirtes Eiweiß.

Das auf dem Schnitte zu vergoldende Buch wird zuerst vollständig abgepreßt, oben und unten beschnitten, dann aufgebunden, was am leichtesten geschieht, wenn man das Buch mit dem Rücken nach dem Arbeiter zu an die Kante des Tisches legt und es circa 1¼ Zoll breit entfernt vom Rücken der Länge nach mit einem starken Zwirn 3 — 4 Mal umbindet, dann den Rücken durch Aufstoßen, am besten auf eine Metallplatte, in eine gerade Richtung zu bringen sucht. Gelingt dieß aber durch eben beschriebene Operation nicht, stelle man das Buch vor sich auf den Tisch, mit dem Rücken nach oben, fasse die Bünde des Buches fest und drücke mit den beiden Daumen die Rundung des Rückens nach unten; ist dieß geschehen, so stößt man das Buch nochmals gleich und wird dann wohl der Rücken eine gerade Linie bilden. Sollten jedoch die ersten und letzten Lagen noch nicht in der gehörigen Richtung sein, so zieht man dieselben leicht mit den Zähnen in die Höhe, setzt das Buch in die

Beschneidepresse, sattelt ab und beschneidet es. Nachdem das Buch aus der Presse genommen wurde, blättert man den Schnitt auf, damit die Blätter, welche durch das Beschneiden etwas zusammenhängen, von einander getrennt werden und giebt durch Drücken mit der Hand dem Buche die Rundung wieder. Man würde auch eben so gut das Buch gleich gerade lassen können, doch schießt manchmal eine Lage vor, was dann beim Schaben entfernt werden kann. Man stößt das Buch nun abermals gleich, legt es mit dem Vorderschnitt zwischen zwei Vergoldspalten, welche am besten aus Birnbaumholz gemacht sind, und dieses auf ein Bret, welches länger als das Buch sein muß, setzt es so in die Presse, zieht sie leicht zu, dreht dieselbe um, so daß der Schnitt des Buches auf den Tisch zu liegen kommt und klopft mit einem Hammer auf den Rücken des Buches, wodurch sich der Schnitt zu einer geraden Fläche bildet. Nun lasse man das Buch mit den Spalten ungefähr 1½ Messerrücken breit über die Presse herausstehen und drehe dieselbe fest zu, lege sie mit einer Seite lang vor sich auf den Tisch, so daß das unter das Buch gelegte Bret an demselben ansteht und stütze sie auf der andern Seite mit dem Preßknecht.

Jetzt entferne man zuerst die möglicherweise hervorstehenden Spalten durch Abputzen mit einem scharfen Messer und beginne das Schaben, wozu die schärfsten Schabklingen zuerst und die weniger scharfen zuletzt angewendet werden, weil durch letztere eine feinere Oberfläche erzielt wird. Mittels des Schabens muß man alle, auch die kleinsten, Unebenheiten zu entfernen suchen und hierbei sehr eigensinnig verfahren; denn die kleinste stehen bleibende Vertiefung kann ein gänzliches Mißlingen des Goldschnittes herbeiführen, weil das Gold sich über eine solche Vertiefung spannt, sich nicht fest anlegt, und wieder abgeht. Auch hat man beim Schaben darauf zu sehen, daß nicht an einer Stelle mehr als an der andern weggeschabt werde, weil dadurch das Buch unfehlbar schief werden würde.

Erstes Verfahren des Schnittvergoldens.

Wenn also der Schnitt fein geschabt ist, nehme man einen kleinen Schwamm und überfahre das Buch mit einer Mischung von verdünntem Kleister und etwas Scheidewasser, welche Mischung jedoch nicht zu stark mit letzterm versetzt sein darf, sondern darf dieselbe beim Probiren auf der Zunge nur einen leicht säuerlichen Geschmack haben, welcher dem Scheidewasser eigen ist. Nachdem dieß geschehen, nehme man einen reinen leinenen Lappen, nicht Papierspäne, und reibe den Schnitt so lange ab, bis er trocken ist und glänzt, darauf glätte man ihn mit dem breiten scharfen Glättzahne recht egal ab. Jetzt setze man sich nun das Gold auf dem Goldkissen in der Größe zusammen, als es das Buch bedingt, nehme den Flor zur Hand, streiche mit demselben leicht über das Kopfhaar, was das Anhängen des Goldes durch unbedeutende Fettigkeit, welche auf diese Weise dem Flor zugetheilt wird, befördert, und lege ihn behutsam über das Gold und drücke die Enden desselben mit den Fingern an den Flor an.

Nun überstreiche man mit oben erwähntem Auftrage- pinsel den Schnitt mit Eiweiß, welches aus einem Theile Eiweiß und circa 6 Theilen Wasser, am besten Tages vorher angequirlt, damit es gut abgeklärt, besteht, und trage das Gold sofort auf. Dieß kann nun mager oder fett geschehen, je nachdem sich der Arbeiter gewöhnt; nach dem fetten Auftragen bringe man die Presse in eine schiefe Richtung, damit das zuviele Eiweiß nach einer Seite hin ablaufe, dann lege man sie wieder gerade und nehme mit einem Streifen Löschpapier das auf den Spal- ten sitzende Eiweiß hinweg, indem man es in dasselbe einziehen läßt. Letzteres geschieht darum, weil das Holz schwerer trocknet als das Papier, und ist es immer rath- sam, so wenig wie möglich Eiweiß auf ersteres zu brin- gen, sondern halte man sich so viel als möglich in den Grenzen des Papiers.

Sollten sich vielleicht einige Risse im Gold eingestellt haben, so werden diese jetzt durch Auflegen von Goldstreifchen ausgebessert und haucht man die Stellen, an welchen dieß geschehen muß, vorher an, was das Anziehen des Goldes befördert, und muß man sich hüten nicht mit Watte auf dem Schnitte herumzutupfen, da sich das Gold von selbst gut anlegt und durch Antupfen leicht Eiweißflecken entstehen.

Nachdem der Schnitt circa 15 — 20 Minuten, je nachdem die Temperatur in der Werkstatt ist, getrocknet hat, nehme man die Presse wieder zur Hand und probire an den Spalten, ob der Schnitt trocken sei, doch darf derselbe nicht zu sehr getrocknet sein, weil er sich sonst schlecht glättet und auch dann das Gold nicht das gehörige Feuer erhalten würde.

Man nehme nun ein Stück blaues oder grünes Mineralpapier, lege es mit der farbigen Seite auf ein ganz sauberes Bret, reibe die Rückseite mit Wachs ab und glätte dieselbe mit dem Glättzahne, alsdann legt man dieses Papier wieder mit der farbigen Seite auf das Gold und glättet letzteres durch das Papier mit dem breiten scharfen Glättzahne gut an. Darauf reibt man mit einem leinenen Läppchen, auf welchem sich etwas reines Wachs befindet, den Schnitt ab, und glättet mit dem scharfen Zahn zuerst etwas vorsichtig über denselben hinweg, das zweite Mal glättet man nun mit voller Kraft, doch Strich bei Strich, und nimmt dann den andern breiten aber mehr runden Zahn und glättet nochmals ebenso stark aufdrückend nach, wodurch der Schnitt seinen vollständigen hohen Glanz erhalten haben wird.

Nachdem der Vorderschnitt vollendet, nimmt man das Buch aus der Presse, rundet es (hierbei treten nun die Vortheile des vorher oben und unten Beschneidens hervor, indem ein derartiges Buch eine schönere Rundung erhält als ein dergleichen, wo die Bogen oben noch geschlossen sind), setzt es zwischen zwei Querbretern, mit Herauslassung der Bünde, wie zum Abpressen wieder ein, klopft den Falz, welcher durch das Vorderschnittmachen

11 *

gelitten, wieder scharf an und bringt das Buch dadurch wieder in seine gehörige Lage.

Seit neuerer Zeit werden übrigens sehr viele Vorderschnitte rund gemacht, was hauptsächlich bei den so sehr beliebten Photographiebüchern in Anwendung kömmt und ist das Verfahren folgendes: Nachdem der Schnitt egal rund ausgeraspelt wurde, schabt man denselben mit einer der Rundung angepaßten Schabeklinge, reibt ihn ebenfalls mit Kleister ab, glättet ihn und trägt den Bolus auf. Das Gold kann nun bei diesen Schnitten nicht mit dem Flor aufgetragen werden, sondern mit den Fäden, welches Instrument wohl jedem Buchbinder bekannt sein dürfte. Sobald das Gold zusammengesetzt und an die Fäden gehängt wurde, schiebt man dieselben so weit zusammen, als es die Rundung des Buches verlangt, damit sich das Gold bequem in dieselbe hineinlegen kann und trägt dasselbe auf. Nachdem der Schnitt trocken, glättet man ihn auch mit dem breiten Zahne zuerst nach der einen Seite, dann nach der andern.

Darauf schreitet man zur Vergoldung des obern und untern Schnittes und wird beim Einsetzen derselben das Buch zwischen zwei Querbreter, die akkurat im Falze, angelegt, ebenso mit dem zu vergoldenden Schnitte in einer Linie stehen, und denen man zwei Längenbreter vorlegt, die vielleicht 1 Zoll vom Vorderschnitt und einige Linien vom obern Schnitt abstehen, durch welches Abrücken vom Vorderschnitt man das mögliche Verpressen desselben verhütet. Das Vergolden der Ober- und Unterschnitte geschieht übrigens auf dieselbe Art und in derselben Ordnung wie das der Vorderschnitte. Da aber das Kapital bei diesem schwerer trocknet, muß man an dieser Stelle mit der nöthigen Vorsicht glätten.

Sicherte nun diese eben angegebene Methode des Schnittvergoldens dem Arbeiter, natürlich in Verbindung der dazu nöthigen Akkuratesse und Sauberkeit, einen günstigen Erfolg, so wird doch diese Art und Weise, Goldschnitte zu erzeugen, durch die folgende zweite Methode vollständig und sicher übertroffen.

Zweites Verfahren des Schnittvergoldens.

Was das Einsetzen der Bücher zum Vergolden und das Schaben rc. anbelangt, so ist dieß in allen Fällen gleich und verweise ich daher auf die frühere Angabe.

Man bereite sich nun zuerst ein Schnitteiweiß, bestehend aus 1 Theile Eiweiß und 8 Theilen Wasser, quirle selbiges tüchtig, lasse es gut abstehen und seihe es schließlich durch ein feines leinenes Läppchen, um die vollständigste Sauberkeit zu erzielen.

Auch kann man ein derartiges Eiweiß längere Zeit in einer Glasflasche aufbewahren, wenn man in dasselbe ein Stück Kampher thut, welches die Fäulniß verhindert und es frisch erhält.

Zweitens richte man sich nun in einem Näpfchen den armenischen Bolus, welcher als Grundlage zur Vergoldung dient, vor. Derselbe wird mit dem Messer fein geschabt und mit obigem Eiweiß aufgelöst und mit dem Finger zu einer ganz feinen Masse zerrieben. Am besten ist es auch hier, wenn obiges den Tag vorher geschieht, weil dadurch eine feinere Auflösung des Bolus erzielt wird.

Auf den geschabten Schnitt trägt man, nachdem der Werktisch und Presse gut abgekehrt, damit ja kein Staub vorhanden, etwas ganz sauberen Kleister mittels eines Schwämmchens auf und reibt den Schnitt mit einem saubern leinenen Lappen gut ab und glättet denselben. Alsdann nehme man einen ungefähr ¼ Zoll breiten weichen Pinsel und trage mit diesem den aufgelösten nicht zu dünnen armenischen Bolus recht egal auf, so daß der Schnitt eine gleiche rothbraune Färbung erhalte.

Wird der Bolus zu stark aufgetragen, so springt derselbe leicht beim Aufblättern des Buches ab und muß man sich davor sehr in Acht nehmen.

Nun setze man das Gold zusammen und hänge dasselbe, wie schon früher erwähnt, an den Flor.

Ist der Bolusüberzug getrocknet, so nimmt man eine weiche Bürste und bürstet denselben so lange bis er glänzt, trägt dann das Gold wieder mager oder flüssig,

wie schon früher erwähnt, auf, lasse den Schnitt eben=
falls nicht zu trocken werden, glätte durch Glanzpapier
mit dem scharfen Zahn das Gold an, dann das erstemal
das Gold leicht, schließlich mit voller Kraft und zur Er=
zeugung des hohen egalen Glanzes wieder mit dem mehr
runden Zahne. Nachdem dieß alles ganz genau nach
dieser Vorschrift gemacht wurde, wird ein Goldschnitt
entstanden sein, der allen Anforderungen vollständig ent=
sprechen wird.

Einen fast noch schönern Goldschnitt als blos mit
Bolus erhält man, wenn man zu ⅓ Bolus ⅓ Karmin
gut mit etwas stärkerm Eiweiß anreibt und diesen Ver=
goldegrund ganz in derselben Weise auf den Schnitt
trägt, wie den Bolus allein.

Durch diesen schönen rothen Vergoldegrund erhält
der Schnitt noch mehr Feuer und ein noch schöneres
Aussehen; hauptsächlich wenn das Buch aufgeschlagen
daliegt, sieht der ganze Vorderschnitt schön dunkelroth.
Man findet hauptsächlich diese Schnitte an englischen und
französischen Prachtbänden.

Im übrigen ist die ganze Behandlung so wie bei
den Bolusschnitten.

Bei einzelnen Goldschnittbüchern, welche nicht sehr
stark oder so lang, daß der Flor nicht zum Auftragen
reicht, kann man auch die auf dem Goldkissen zugeschnitte=
nen Goldstreifen einzeln nach einander auftragen, indem
man ein Stückchen Papier zusammenbricht, was länger
als das Blatt Gold, damit, wenn man mit demselben
über die Stirn fährt und das Gold daran hängt, noch
Raum zum Angreifen rechts und links hat, übrig bleibt.

Darauf überfährt man, so lang als das Blatt Gold
ist, mit dem Pinsel und Eiweiß den Schnitt, trägt mit
dem Papier ein Blatt Gold auf, darauf ein zweites,
drittes u. s. w. in derselben Weise.

Zuletzt empfehle ich nochmals, daß größte Reinlich=
keit und Akkuratesse Hauptfaktoren zum Gelingen eines
guten Goldschnittes sind und daß ein unsauberer Arbeiter
auch nie einen guten Goldschnitt fertig bringen wird.

Um einen guten Goldschnitt zu erzeugen, ist es jedoch auch hauptsächlich nöthig, ein gutes Gold zur Verarbeitung zu besitzen und lassen sich dieselben am schönsten mit einem Orange-Doppelgold herstellen; das grüne und Citronengold macht als Goldschnitt gar keinen Effekt; jedoch nehme man auch nicht ein zu rothes Gold, weil selbiges wieder zu sehr dem Kupfer ähnelt. Es ist jedoch nicht gesagt, daß es unbedingt Doppelgold sein müsse, sondern wird ein guter Goldschnitter auch mit einem einfachen Golde ein günstiges Resultat erzielen.

Ciselirte Goldschnitte gehören zu den Kunstgoldschnitten. Unter diesen versteht man einen Goldschnitt, welcher mit einer dem Schnitt und Buch angemessenen Zeichnung, die auf demselben eingedruckt wurde, versehen ist. Die Zeichnung, gewöhnlich Arabeske, welche natürlich mit dem ganzen Style des Buches harmoniren muß, wird auf ein genaues Muster von Papier, welches mit der Größe des Schnittes übereinstimmend sein muß, vorgezeichnet, und nachdem der Schnitt fertig geglättet, wird diese Arabeske durch das Muster auf den Schnitt gedruckt; für den obern und untern Schnitt muß natürlich wieder eine andere Zeichnung, da doch die Schnitte nicht in der Länge übereinstimmen, gemacht werden. Bei ganz besondern Prachtwerken, um hauptsächlich zu zeigen, in welcher Eleganz die Ausstattung eines Einbandes erfolgen kann, werden die Schnitte auch mit Vignetten, kleinen auf den Inhalt des Buches bezüglichen Gemälden, versehen und müssen die Stellen, an welchen dieselben angebracht, vom Golde befreit werden, damit die Farben, welche dazu gebraucht werden, auch auf dem Schnitte haften.

Nehmen wir z. B. an, es solle der Schnitt an Schiller's Werken, Ausgabe in einem Band, in obiger Weise verziert werden, so würde sich am Vorderschnitte als Vignette die Statue Schiller's, wie sie als Titelkupfer bei dem Werke liegt, ganz besonders gut machen. Oben und unten am Vorderschnitte über der Statue

würde als Vignette, der Pegasus im Joche, unter der=
selben der Handschuh, gut am Platze sein. Der obere
Schnitt erhielt' als Mittelstück die Jungfrau von Orleans
und der Unterschnitt würde Wilhelm Tell als Zierde in
der Mitte empfangen. Daß natürlich der Buchbinder
selbst diese Vignetten nicht ausführen kann, sondern der=
selbe einen Maler zu Hülfe nehmen müßte, versteht sich
wohl von selbst.

Die Chamäleonsschnitte, auch griechische
Schnitte genannt, werden nach folgender Vorschrift
bereitet: Das Buch wird nach dem Beschneiden auf=
gebunden, der vordere Schnitt etwas schräg, von unten
nach oben, geschoben, und wenn das Buch in die Lage
zum Färben gebracht worden, wird es mit beliebigen
Beizfarben, etwa roth, oder gelb, oder blau, vorsichtig
gefärbt und, wenn es trocken ist, umgekehrt. Das Buch
darf aber nicht zu weit zurückgeschoben werden, damit die
Farbe nicht zu weit hineindringe, welches von zu starkem
Zurückschieben herkommen kann. Ist das Buch trocken,
so wird es zum Vergolden in die Presse gesetzt, geschabt
und aufgetragen. Ist hierauf der Schnitt abgeglättet,
so erscheint derselbe beim Blättern des Buches bald gol=
den, bald roth oder gelb, wie es gerade gehalten wird.
Oben und unten wird es ebenso gemacht, blos die Ge=
gend des Kapitals liegt fester, wird daher auch gold=
reicher erscheinen. Gewöhnlich vergoldet man mit kleinen
Stempeln die Gegend des Kapitals.

Als etwas besonderes gilt auch ein Goldschnitt mit
einer Malerei, z. B. einer Landschaft, verziert, welche
aber erst dann erscheint, wenn das Buch aufgeschlagen
daliegt. Der vordere Schnitt wird schräg auseinander=
geschoben und in diesem Zustande die Malerei ausgeführt,
ist dieß geschehen, so wird der Schnitt geschabt und
vergoldet.

Seit neuerer Zeit werden an Photographie=Albums
blaue, grüne, karminrothe Schnitte mit Gold verziert ge=
fertigt. Diese Schnitte sehen sehr schön, und wird wohl
mancher Buchbinder, wenn ihm ein dergleichen Schnitt

vor Augen kommt, nicht wissen, wie wohl derselbe hervorgebracht wird.

Um ihm nun da eine Anleitung zu geben, nach welcher er mit ganz leichter Mühe dieselben macht, diene
ihm folgendes zur Notiz:

Das Buch, welches einen solchen Schnitt erhalten
soll, wird ganz so behandelt, wie ein Goldschnittsbuch, es
wird genau so in die Presse gesetzt und geschabt und
darauf gefärbt.

Man reibe sich die Farbe, soll der Schnitt grün
werden, Schweinfurter Grün, soll er blau werden, Ultra-
marin oder Königsblau, soll er roth werden, Karmin, recht
fein in einer Reibschale mit etwas dickem Eiweiß an und
färbe nun den Schnitt mit einem weichen Pinsel schön
gleichmäßig. Ist diese Färbung trocken, so glätte man
mit dem breiten Zahn recht egal und behutsam ab, indem man auch vorher den Schnitt mit einem Wachsläppchen abgerieben hatte.

Durch das Anreiben der Farben mit Eiweiß, ist
nun bereits der Vergoldegrund in denselben enthalten.

Man nehme nun eine recht zarte Filete mit Stern-
chen rc., erwärme dieselbe und fange daran das Gold auf
und drucke dieß auf den Schnitt so viel mal, bis ein
hübsches Muster darauf entstanden sein wird.

Etwas mehr Arbeit machen diese Schnitte, und obgleich dieselben ganz nett aussehen, so wird doch immer
ein guter Goldschnitt der schönste aller Schnitte bleiben,
da aber eben immer wieder etwas neues geschaffen werden soll, sucht man auch hier darnach, etwas zu finden,
was den Goldschnitt möglicherweise übertreffen könnte,
doch wird dieß wohl nicht gelingen, hauptsächlich, wenn
man die Goldschnitte nach obigen zwei Bolus-Methoden
recht in der Gewalt hat.

Feinster armenischer Bolus, so wie ausgezeichnet ge-
schliffene und gefaßte Glättzähne sind zu beziehen von
H. Krehan, Weimar.

Schnitte von Zwischgold und Silber werden auf
gleiche Weise, wie der ächte Goldschnitt, behandelt, nur

mit dem Unterschiede, daß das Eiweiß bedeutend stärker sein muß, weil sowohl das Zwischgold, als auch das Silber, nicht allein stärker, sondern auch spröder, wie das ächte Gold, ist. Man nehme also zu 1 Theile Eiweiß höchstens 2 Theile Wasser.

Der unächte Goldschnitt.

Die Vergoldung auf dem Schnitte mit Metall wird von dem Buchbinder nur selten, vielleicht jetzt gar nicht mehr, angewendet, weil

1) sogenanntes Metall sich nicht zusammenhängen läßt, daher jedes Blatt besonders aufgetragen werden muß;

2) solches sich nicht gut flicken oder ausbessern läßt;

3) diese Art Gold keine so gute Politur annimmt, auch nicht so hart, wie ächtes Gold, geglättet werden darf, und endlich

4) dasselbe keine Dauer hat, sondern bald eine schwärzliche Farbe annimmt, oder rostet.

Uebrigens wird bei der unächten Vergoldung das Buch ebenso eingesetzt und abgeschabt, der Schnitt nach dem Schaben mit dünnem Stärkekleister oder schwachem, aber kaltem Leime, der fast wie ein starkes Planir= wasser, jedoch ohne Alaun, gemacht worden ist, über= strichen. Nachdem dieser Ueberzug, den man nicht abzu= reiben nöthig hat, trocken ist, überfährt man den Schnitt mit dem Wasser, welches sich auf dem geronnenen Ochsen= blute zu setzen pflegt, wenn es vorher, wie das Eiweiß, wohl abgequirlt und sorgfältig abgeklärt worden ist. Ist auch dieses Blutwasser trocken, so wiederholt man den Anstrich, trägt das Metall sofort auf, ohne etwas vom Grunde abzuwischen, drückt es mit Baumwolle be= hutsam auf und glättet endlich, nach dem Trocknen, den Schnitt, wie gelehrt worden, aber weniger hart, als das ächte Gold ab.

Als Handgriffe sind zu merken, daß das Blutwasser nicht zu sparsam aufgetragen werden und das Metall ohne Runzeln auf den Schnitt kommen muß, weil sich

solche, wegen der Sprödigkeit des Metalls und des stärkern Grundes, nicht niederglätten lassen, ohne abzuspringen und kahle Flecken zu verursachen. Nach dem Glätten kann der Schnitt mit einem leinenen Läppchen überfahren werden. Was das Blutwasser anbelangt, so
läßt man Ochsenblut beim Schlachten in einen Topf laufen, dann ruhig stehen, und wenn sich das Wasser nach
Verlauf einiger Zeit vom Blutkuchen abgesondert hat,
gießt man es klar ab.

14) Das Glätten der Schnitte

dient ebenfalls zur Verschönerung derselben. — Alle
Schnitte, sie mögen ungefärbt, gefärbt, gesprengt, marmorirt oder Goldschnitte sein, können geglättet werden,
mit dem Unterschiede jedoch, daß sich nicht alle Schnitte
gleich gut, oder gleich leicht glätten lassen. Das
Glätten geschieht mittels des Glättzahnes, indem der
zu glättende Schnitt fest eingepreßt wird.

Nehmen wir an, es wäre z. B. ein grün gefärbter
Schnitt zu glätten, — und diese lassen sich bekanntlich
durchgehends schlecht glätten, — so geschieht diese Operation vorerst mit dem Vorderschnitte, welcher zwischen
zwei Spalten, die mit dem Preßbalken in eine Linie gerückt werden, fest eingepreßt wird. Um das in einem
großen Theile freistehende Buch nicht zu drücken oder zu
verstoßen, nimmt man den Preßknecht zur Hülfe, auf den
man die Presse mit einer schmalen Seite auflegt. Vor
Beginn des Glättens wird der Schnitt mit einer eigends
hierzu zu haltenden, nicht zu harten Bürste abgebürstet
und dann mit weißem Wachs abgerieben, das man auf
ein feines, reines leinenes Läppchen streicht. Bei diesem
Abreiben müssen jedoch alle Stellen des Schnittes gleichmäßig getroffen werden, da es nicht nur dazu dienen
soll, das Glätten zu erleichtern, sondern auch, um das
Reißen der Farben zu verhindern, was dann geschieht,
wenn die Farbe nicht gut gerieben war, oder wegen zu
vieler körniger Theile, oder ihr eigenthümlicher Härte sich

nicht gut reiben ließ. Es giebt jedoch auch viele und namentlich grüne Farben, die sich, ungeachtet des Abreibens mit Wachs, nicht glätten lassen und die man in der Praxis leicht kennen lernt. Will man sie nicht als unbrauchbar gänzlich verwerfen, so braucht man blos beim Abreiben derselben mit dem Bindestoffe etwas Wachs-auflösung, die man erhält, wenn man weißes Wachs in heißem Wasser auflöst und etwas kalcinirte Pottasche zugiebt, mit zu verreiben.

Das Glätten des Vorderschnittes bei mit Farben verzierten Bücherschnitten geschieht ausschließlich der Länge nach, anfänglich leise und in kleinen Zügen, und, wenn man sicher ist, daß die Farbe nicht mehr reißt, scharf aufdrückend in langen Zügen, dabei gleichmäßig und ohne daß Streifen, oder durch das Ansetzen des Glättzahnes sichtbare Lücken entstehen. Das Einsetzen zum Glätten der Ober- und Unterschnitte geschieht zwischen Längenbreter, die mit der Schnittfläche akkurat in einer Linie und etwas über die Preßbalken vorstehen. Auch hier muß Abbürsten und Abreiben mit Wachs dem eigentlichen Glätten vorangehen, das ebenfalls erst leise der Länge nach, dann ebenso nach der Breite und schärfer geschieht, wenn man sich überzeugt hat, daß ein Reißen der Farbe nicht mehr zu befürchten ist.

Das Glätten der Ober- und Unterschnitte geschieht ausschließlich mit breiten Glättzähnen, da durch das Glätten mit dem spitzen Zahne unangenehme Streifen entstehen.

Das hier im Grundriß gezeichnete Verfahren beim Glätten ist mit geringen Abweichungen das nämliche bei allen mit Farben verzierten Bücherschnitten und nur in einigen Hauptmomenten abweichend beim Glätten der Goldschnitte.

Hier wird nach dem Trocknen des aufgetragenen Goldes das Glätten desselben erst mittelbar durch ein aufgelegtes entsprechend großes Stück Mineralpapier vorgenommen, d. h. angeglättet. Das hierauf folgende, unmittelbar auf dem Golde geschehende Glätten geschieht leicht, und behutsam Strich an Strich nach der Breite, jedoch erst dann, wenn das Gold mit einem Wachsläppchen abgerieben wurde. Findet es sich nach dem Abreiben mit Wachs, daß sich Gold losgezogen oder verwischt hat, was gewöhnlich geschieht, wenn entweder vor dem Auftragen des Goldes das Eiweiß an einigen Stellen schon eingetrocknet war, oder sich beim Auftragen verwischte, oder nicht an allen Stellen aufgetragen wurde, oder wenn entstandene Risse nicht, oder nicht früh und hinlänglich genug ausgebessert wurden, so verfährt man am sichersten, wenn die leere oder verletzte Stelle mittels eines feinen Pinselchens mit Eiweiß überfahren und im Verhältniß Gold aufgetragen (ausgebessert) wird.

Das Glätten der Goldschnitte an und für sich wurde bereits bei deren Anfertigung beschrieben, daher ein weiteres Eingehen an diesem Platze als unnöthig erscheint.

Das Glätten, sowohl der gefärbten, als Goldschnitte, und vorzüglich der letzteren, ist eine mühsame und anstrengende Arbeit und man hat, wenn dieselbe andauernd hintereinander verrichtet wird, alle Ursache, da die Brust sich hierbei mit betheiligt, sehr vorsichtig zu sein, bezüglich eine entsprechende Stellung dabei zu nehmen.

15) Das Kapitalen und Bestechen

gehört, streng genommen, ebenfalls zur Verzierung des Schnittes, denn es bildet die Vermittelung zwischen der obern und untern äußersten Rückenschnittkante (Kapital) und den Deckelkanten, und dient demgemäß, da es sich da verdeckend anlegt, wo die Bogen frei und ohne Zwirn stehen, ebenso zur Verschönerung, als zur besseren Haltbarkeit.

Zum Kapitalen schwacher, einfach gebundener Bücher erhält man im Handel gleich fertiges, gewebtes, seidenes, baumwollenes oder leinenes Kapitalband, ein- oder mehrfarbig und von verschiedener Stärke; doch kann man sich dasselbe von gestreiften oder einfarbigen Zeugen oder auch von Papier mittels Einlagen von Bindfaden selbst fertigen, wenn man letzteren auf den mit Kleister ange= strichenen Zeug= oder Papierstreifen der Länge nach ziem= lich in die Mitte auflegt, einen Theil des Zeuges oder Papieres so umschlägt, daß der eingelegte Bindfaden ver= deckt wird, und die so entstehende Wulst durch Einreiben mit dem Falzbeine scharf markirt.

Ein zu kapitalendes Buch wird beim Abpressen nicht mit Papier überklebt. Das Kapitalband selbst geht in seiner Länge von einem Vorsatzbogen bis zum andern, schließt beide von seiner Bedeckung aus, wird auf einen entsprechend breiten Anstrich nicht zu dicken Leimes an= gelegt und mit dem Falzbeine nach dem Anlegen selbst, das an die Rückenkante fest anschließend geschieht, an= gedrückt.

Bei Pergamentbänden, die mit Leinwand ka= pitalt und bestochen werden sollen, hat man zwischen die Leinwand noch ein ganz schmales Streischen Pergament einzulegen, das aber 3 bis 4 Zoll länger, als der Strei= sen Leinwand ist, weil jenes durch die Brüche des Fal= zes gezogen werden muß, um dem Pergamentbande die gehörige Haltbarkeit und Festigkeit zu verschaffen.

Gute Bände und solche Bücher, welche fleißig ge= braucht werden, erhalten ein Zeichen= oder Kapital= bändchen, welches vor dem Kapitalen mit Leim, etwa in der Mitte des Buches an der oberen Seite des Rük= kens befestigt wird, aber etwas länger als das Buch, und dessen Farbe von der Farbe des Schnittes, zu geschwin= derer Ergreifung, verschieden sein muß. — Gewöhnlich nimmt man zu rothen Schnitten grünes Bändchen, zu grünen Schnitten rothes und zu gelben blaues.

Bei dem Bestechen, welches viel zur Verschönerung des Schnittes beiträgt, wird das Buch mit einem aus weißer Leinwand gefertigten Kapitalbande, mit entweder eingelegter Schnur, wenn dasselbe rund, oder dergleichen Pappstreifen, wenn dasselbe breit sein soll, versehen. Ist dieß geschehen und das Buch trocken, setze man es zwischen zwei Breter, cirka 4 bis 5 Zoll mit der zu bestechenden Seite aus denselben herausstehend in eine Handpresse, lege dieselbe um und so auf den Tisch, daß sie mit der einen Hälfte auf demselben ruht, während die andere, worin sich das Buch befindet, über derselben nach dem Arbeiter zu heraussteht, und mit dem Preßknechte gestützt wird. Darauf beginnt das Bestechen.

Man nehme zwei nicht zu starke Nadeln, welche jede mit einem Faden Seite oder Zwirn von verschiedener Farbe, der bessern Deckung halber doppelt, versehen ist, knüpfe die Enden zusammen, steche darauf mit der einen Nadel am Buche links einen halben Zoll unter dem Wulst vom Rücken aus in den zweiten Bogen des Buches, so daß die Nadel aus dem Schnitt vor dem Wulst heraustritt und ziehe den Faden, welcher zu dieser Nadel gehört, nach, bis der Knoten, mit welchem die Enden verbunden sind, fest am Rücken sitzt.

Hierauf umschlingt man mit dem zurückgebliebenen Faden den Wulst, giebt solchen der linken Hand, während die rechte die andere Nadel erfaßt, über den ersten Faden hinwegführt, dicht neben an, von innen nach außen hindurchsticht und über den Wulst nach innen zurückkehrt. So wird abwechselnd bald mit einer, bald mit der andern Nadel von innen nach außen gestochen, jedesmal mit den Enden über den Wulst zurückgegangen und mit der Nadel der Faden überfahren oder überkreuzt. — Hat man nun vielleicht 5 bis 6 mal umschlungen, so steche man mit der Nadel, an welcher die Reihe des Durchstiches ist, statt durch das Kapitalband, beinahe senkrecht, knapp am Kapital durch den Bogen, so daß die Nadel einen halben Zoll tief am Rücken aus letzterem heraustritt, was dazu dient, das bestochene Kapital am Buche gehörig fest zu halten, damit es nicht beim Aufschlagen desselben abplatzt, und fahre dann mit der Arbeit weiter fort, wiederhole aber das Stechen durch den Bogen in der Breite des Buches noch mehreremale.

Ist man zu Ende, so sticht man mit der zuletzt umschlingenden Nadel wieder durch den vorletzten Bogen in derselben Weise nach unten, als es beim Anfang nach oben geschah, und bleibt nun noch eine Nadel vor dem Wulst zurück, welche auch noch unter demselben durch nach hinten geführt wird. — Ist dieß alles geschehen, dann schneide man die Fäden ab, so daß cirka 2½ Zoll lange Enden bleiben, welche angeleimt werden, und be= streicht man nun überhaupt die hintere Seite des Kapi= tals mit Leim.

So leicht das Bestechen an sich ist, so schwer ist es hingegen durch eine bloße Beschreibung vollkommen deut= lich zu machen, weil sich manche besondere Handgriffe besser zeigen, als beschreiben lassen, daher man wohlthun wird, entweder bei einem alten Buche ein bestochenes Ka= pital zu lösen und das Bestechen aufzufädeln oder sich solches praktisch zeigen zu lassen.

Zu bemerken ist hierbei noch:

1) daß wenn die Fäden den Wulst nicht gehörig bedecken wollen, zuweilen kein neues Loch, sondern der Faden durch das alte gestochen werden muß, damit sich die Fäden bei dem Umschlingen dichter aneinander legen;

2) daß sich sowohl die Stärke der Seide oder des Zwirns, als auch die Dicke des Wulstes, nach der Größe und Korpulenz des Buches und somit auch nach den Kanten der Deckel, welche angesetzt werden sollen, rich= ten muß;

3) daß die Fäden gleichfest angezogen werden und die Stiche egal und dicht zu liegen kommen müssen, da= mit das sogenannte Kettchen, welches aus der Ueber= kreuzung der Fäden entsteht, gut auf dem Schnitte anliege;

4) es läßt sich die Leinwand, oder was man statt deren nehmen will, auch aus freier Hand bestechen, ob= wohl dieß nicht sehr gewöhnlich ist, und man schneidet die Schnur, wenn sie über das Bestechen hinausreicht, mit einem scharfen Messer knapp ab und kleistert die be= stochene Leinwand mit dem Fadenende gut auf.

16) Das Zuschneiden, Ansetzen und Formiren
der Deckel.

Da die Deckel selten in dem Formate sind, daß sie
sofort zum Ansetzen an ein Buch, ohne unnützen Verlust
an Material, zu verwenden wären, so muß dem Ansetzen
fast durchgängig das Zuschneiden derselben voran=
gehen.

Nach genauem Ausmessen, wie letzteres auf die vor=
theilhafteste Weise geschehen kann, erfolgt es, wenn die
richtige Größe mit einem Zirkel abpunktirt worden ist,
nach dem Lineale auf einem Schneidebret von dazu ge=
eignetem Holze (am besten Birke und Ahorn), mittels
eines Pappenschneidemessers oder Schnitzers. —
Da auch die weichsten Pappen immer schlecht zu schnei=
den sind, so mußte das dazu benutzte Messer stets sehr
scharf und vorzüglich spitz sein, weshalb auch diese Art
Messer gewöhnlich von beiden Seiten zugespitzt und ge=
schärft, d. h. zweischneidig sind.

Am zweckmäßigsten hierzu ist ein Messer oder besser
eine Klinge, ungefähr ¼ Zoll breit und von beliebiger
Länge, die in ein Heft ein= und ausgeschoben werden
kann, das sich bequem mit voller Faust fassen läßt, an
der oberen und unteren Oeffnung mit einem eisernen
Ringe behufs besserm Schlusses versehen ist, in deren
einen eine kleine Flügelschraube bis auf die eingescho=
bene Klinge geht und letztere, wenn sie angezogen wird,
festhält.

Die zum Ansetzen zuzuschneidenden Deckel werden
jedoch nicht gleich oder wohl nur in den wenigsten Fäl=
len in der Größe zugeschnitten, wie sie, mit Inbegriff
der Kanten, dem Buche angemessen sind, sondern immer
so, daß sie noch hinlänglich, wenn auch nicht überflüssig,
Platz bieten, um nach dem Ansetzen derselben die Kanten
in angemessener Breite formiren, oder sie in Particen
in der Presse beschneiden zu können, über welches letztere

in einem späteren Abschnitte, welcher von den verschiedenen Einbänden und Anfertigung derselben handelt, das
nähere mitgetheilt werden wird.

In Buchbindereien, wo viele Pappen zu schneiden
sind, bedient man sich jetzt meistentheils der Pappenscheeren, mit welchen die Deckel ganz genau winkelrecht
passend für die Bücher vollständig zugeschnitten werden.

Die Pappdeckelscheere ist eine Hülfsmaschine, welche
in Bezug auf das Zuschneiden der Deckel die Arbeit ungemein fördert und bedeutend erleichtert, doch wieder
blos in größeren Werkstätten Anwendung finden kann,
in welchen meist Partiearbeiten gemacht, d. h., wo viele
egale Bücher gebunden werden.

Wir führen unsern Lesern in Fig. 23 eine Pappdeckelscheere von Koch und Komp. in Leipzig vor und
gehen gleichzeitig etwas näher auf deren Beschreibung ein.

Diese Pappdeckelscheere besteht wiederum in allen
ihren Theilen aus Eisen. Auf den beiden Wänden a a,
die durch die Querstücke b und c zusammengehalten werden, ist der Tisch d aufgeschraubt. Ueber den vorderen
Theil des Tisches wird der Preßbalken e durch zwei an
den Seiten angebrachte Federn in die Schwebe gehalten, herabgedrückt wird es durch die Zugstange g und
den Fußtritt h.

An dem Verbindungsstücke c ist das Stahlmesser i,
das mit dem gebogenen Messer k, welches in dem Arm
l seinen Drehpunkt hat, die Scheere bildet, angeschraubt.
m ist ein verstellbares Kontregewicht, zur leichteren Beweglichkeit des Messers k und zur wenigern Ermüdung
des Arbeiters. Das Verbindungsstück b ist als Schlitten zur Aufnahme der Gleitschiene n geformt, welche
durch die Spindel o und das Handrad p heraus- und hin-
eingeschoben werden kann. Auf der Gleitschiene n sitzt
der Anschlag q, welcher durch Drehen des Handrades p
dem Schnitte näher gebracht oder auch entfernt werden
kann. Zur parallelen Stellung des Anschlags ist auf
demselben ein Lineal r angebracht, welches durch die
Schraube s gestellt werden kann. — Auf dem Tische d

find zur weiteren Bequemlichkeit des Arbeiters Anschlag-winkel t t, die in eingehobelten Nuthen laufen, ange-bracht.

Auf dem Winkel t sind kleine Schrauben u so an-gebracht, daß mit einer Viertelbrehung der Muttern die Winkel festsitzen. Das Arbeiten mit einer richtig justir-ten Pappenscheere ist sehr einfach und kann von jedem Tagearbeiter oder Lehrlinge ausgeführt werden. — Die Pappe wird richtig an die Winkel A und den vorderen Anschlag t angestoßen und durchgeschnitten.

Eine solche Pappenscheere kostet nach dieser neuesten Konstruktion von

30 Zoll Schnittbreite mit eisernem Tisch und Winkel					75	Thlr.
30 „	„	„	hölzern.	„	„ „ 65	„
36 „	„	„	eisernem	„	„ „ 85	„
36 „	„	„	hölzern.	„	„ „ 75	„
50 „	„	„	eisernem	„	„ „ 120	„
50 „	„	„	hölzern.	„	„ „ 100	„

Hierbei ist noch zu bemerken, daß Scheeren mit ei-sernen Tischen viel sicherer arbeiten.

Die Einrichtung zum Schneiden ganz schmaler Strei-fen erhöht den Preis um 5 Thaler.

Fig. 24 stellt uns eine Pappdeckelscheere der Gebr. Heim in Offenbach vor. Dieselbe besteht ebenfalls ganz aus Eisen und ist deren Konstruktion durch die Zeichnung wohl hinlänglich deutlich gegeben, so daß ein näheres Eingehen wohl unnöthig erscheint.

Dieselben werden zu folgenden Preisen geliefert:

Messerlänge 100 Cmct.	170 Fl.	—	7 Fl. =	4 Thlr.
„ 90 „	150 „			
„ 70 „	130 „			

Mit besonderer Vorrichtung zum Schneiden ganz schma-ler Streifen kostet eine Scheere 12 Fl. mehr.

Pappenscheeren werden übrigens fast in allen Ma-schinenfabriken geliefert. — Die Konstruktionen derselben

12*

sind ziemlich verschieden, doch das Princip ist bei allen gleich. Z. B. liefert auch Queva in Erfurt dergleichen.

Schnittlänge 26 Zoll Rheinl. à 55 Thlr.
„ 32 „ „ à 65 „

Nächst dieser Hülfsmaschine würde wohl auch die Ritzmaschine hier ihre Erwähnung finden dürfen, obgleich streng genommen dieselbe nur zu Kartonagearbeiten zu gebrauchen ist, indessen werden ja auch viele Kartons in Buchbinderwerkstätten gefertigt, so daß man diese Arbeit füglich mit zur Buchbinderei rechnen kann.

In Fig. 25 steht uns eine Ritzmaschine der Gebr. Heim in Offenbach vor Augen.

Nachdem die Pappen zu den Kartons auf der Pappenscheere zu viereckigen Stücken, welche für Boden und Seitentheile die nöthige Größe haben, zugeschnitten worden, ist es nöthig, daß da, wo die Seitentheile herumgebrochen werden sollen, die Pappe halb durchgeschnitten oder geritzt werden muß, was nun auf vorliegender Maschine geschieht.

Dieselbe besteht aus einem Bret x, auf das an der einen Seite die genau gearbeitete Rinne b angeschraubt ist. In dieser Rinne bewegt sich ein ganz genau eingepaßter Schieber mit dem aufgeschraubten Stück c, in welchem zum Hin = und Herschieben die Stange d eingepaßt ist. An einem Ende derselben e befindet sich die Ritzklinge f, welche mittels einer Schraube i nach der Tiefe, in welcher der Schnitt erfolgen soll, festgeschraubt wird.

Setzen wir nun den Fall, die zu fertigenden Kartons sollen eine Höhe von 6 Zoll erhalten, so wird die Ritzklinge in diese Entfernung von der geraden Kante b der Rinne, welche zum Anstoßen der Pappe bestimmt ist, gestellt und mittels der Schraube g festgespannt.

Darauf nimmt der Arbeiter das Stück Pappe, legt es an die Kante h scharf an, hält es mit der linken Hand fest, die rechte drückt auf das Stück c und bewegt es in der Rinne b hin und her, wodurch die Pappe in der ge=

wünschten Tiefe und Entfernung aufs gleichmäßigste eingeschnitten wird.

Diese Maschinen sind sehr vortheilhaft, dabei auch
sehr billig und kostet eine derselben

bei 40 Cmet. Länge mit 6 Klingen 22 Fl.
bei 75   „   „   „ 6   „   33 „

Da die Deckel eines Buches und ihre Befestigung
an demselben hauptsächlich die Haltbarkeit und Dauerhaftigkeit des ganzen Buches bedingen, so ist es unbedingt Hauptaufgabe beim Ansetzen derselben, sie, — dem
übrigen Einbande angemessen, — so fest als möglich an
das Buch zu bringen. Die aufgeschabten Bünde dienen
als Mittel um die Deckel in erforderlicher Festigkeit und
Haltbarkeit anzubringen, und ist demnach sowohl die Anzahl der Bünde, als auch ihr Verhältniß zu den Deckeln,
maßgebend und von großem Einfluß auf die größere oder
geringere Haltbarkeit der letzteren an dem Buche. Je
nach dem Format und dem mehr oder minder dauerhaften Einbande eines Buches befestigt man die aufgeschabten und vor dem Ansetzen gut ausgebreiteten Bünde entweder unter, oder auf den Deckeln, oder durch dieselben, und sollte man zum Ansetzen, wenn es sich irgend
thun läßt, nur Kleister als Bindemittel verwenden, weil
dieser das durch den Deckel und den Falz des Buches
sich bildende Scharnier an seiner beweglichen Stelle stets
gelind erhält und nicht, wie der Leim, es dort hart und
spröde macht und das Reißen und Springen dadurch erleichtert.

Werden die Bünde unter den Deckeln befestigt,
oder richtiger, werden die Deckel auf die Bünde gesetzt,
so setzt dieß voraus, daß an dem Vorsatz ein Falz entweder gleich mitgeheftet, oder dort vorgeklebt wurde. —
Auf diesen Falz werden die vorher gereinigten und gut
ausgebreiteten Bünde, indem man denselben Kleister giebt,
befestigt, und die zugeschnittenen Deckel, dicht an den Falz
des Buches anschließend, angesetzt. Bei dem hierauf
folgenden Einpressen werden die Preßbreter hinten mit

den angesetzten Deckeln in eine Linie gerückt und die Pressung geschieht möglichst in der Mitte des Buches.

Es liegt in der Natur der Sache, daß das leichte Auf= und Zuschlagen der Deckel — ein nothwendiges Erforderniß jedes gut gebundenen Buches — einzig und allein durch das Ansetzen derselben bedingt wird. Ein von dem Falze des Buches beim Ansetzen weiter, als oben angegeben wurde, abgerückter Deckel, wird sich allerdings immer leichter auf= und zuschlagen, wird aber auch den das Auge stets unangenehm berührenden Uebelstand zu unmittelbarer Folge haben, daß das sich bildende Scharnier — weil größer — der Nettigkeit ermangelt, die ein akkurat im Falze des Buches angesetzter Deckel ohne weiteres immer zeigen wird, wenn anders die Stärke des Falzes und der Deckel übereinstimmend ist.

Wäre dieß jedoch nicht der Fall, dann müßten auch ebenso unbedingt zwei Uebelstände vereint zum Vorschein kommen, der Mangel an Zierlichkeit und ein schlechtes, unbehülfliches Auf= und Zuschlagen der Deckel; denn wären z. B. die Deckel schwächer als der Falz des Buches, so würde letzterer über die Deckel hervorstehen, diese würden sich klemmen und schlecht auf= und zuschlagen, zwei große Mängel, die sich an einem gut gebundenen Buche nicht vorfinden dürfen. In umgekehrtem Verhältniß: wären die Deckel stärker als der Falz des Buches, so würden sie höher als dieser und folglich auch höher als die Rückenkante des Buches stehen und ein ebenfalls nicht angenehmes Aeußere abgeben, obwohl hier der Mangel eines schlechten Auf= und Zuschlagens nicht so fühlbar sein wird.

Grund genug, diese Mängel schon beim Ansetzen der Deckel zu beseitigen, denn durch die nachfolgenden Stadien der Arbeit werden sie weder verdeckt noch gemildert.

Kommen die Bünde auf den Deckel zu liegen, so werden sie ebenfalls gut gereinigt und ausgebreitet auf denselben befestigt, nachdem vorher die Deckel in entsprechender Breite mit dem Bindemittel angestrichen wurden.

Um das Einpressen zu ermöglichen und des bessern Hal=
tes wegen, ist das Auflegen eines Streifens nicht zu
dünnen Papiers erforderlich, der das Kleben der Deckel
an den Preßbretern gleichzeitig verhindert. Das Ein=
pressen selbst geschieht wie bei dem Ansetzen der Bünde
unter die Deckel. Diese Manier des Ansetzens nennt
man auch: Ansetzen auf tiefe Fälze.

Schwerer und mühsamer ist das Ansetzen der Bünde
durch die Deckel, oder das Durchziehen der Bünde.
Um dieß zu erreichen, müssen zwei oder mehrere Oeff=
nungen für je einen Bund an der entsprechenden Stelle
des Deckels geschaffen werden, die rund für gewöhnliche
Bünde und breit für Riemen sein müssen. Die Entfer=
nung dieser Oeffnungen für je einen Bund unter ein=
ander kann beliebig sein. Doch ist zu große Nähe schon
wegen des dadurch leichter möglichen Ausbrechens der
Pappe sehr zu widerrathen. Die Bünde werden durch
die gemachten Oeffnungen gezogen und befestigt, worauf
dann ebenfalls eine Pressung erfolgt. Da jedoch zum
Durchziehen schon stärkere Bünde angewendet werden
müssen, die, wenn auch noch so gut aufgeschabt, sich nicht
völlig in die Deckel pressen würden, welcher Umstand
sich bei Riemen noch viel fühlbarer zeigen wird, so ist es,
vorzüglich bei eleganteren Einbänden, sehr anzurathen,
die Pappe so weit und tief auszuschneiden, daß die Bünde
sich so in diese Vertiefungen einlegen, um mit der Ober=
fläche des Deckels eine Ebene bilden zu können, eine
Arbeit, die aber sehr vorsichtig zu verrichten ist; denn
auch dann, wenn die in den Deckeln angebrachten Ver=
tiefungen zu breit oder tief wären, würden, da sie von
den Bünden nicht vollständig ausgefüllt würden, schwer
zu beseitigende Spuren auf dem Deckel sichtbar werden.

Es leuchtet wohl ein, daß ein gut gelungenes Durch=
ziehen der Bünde wohl die dauerhafteste Art des An=
setzens der Deckel ist; nicht minder aber, daß hierzu die
Bünde nicht nur verhältnißmäßig länger, sondern auch
da, wo sie mit den schärferen Kanten der Deckel in Be=
rührung kommen, die hinreichende Stärke und Festigkeit

besitzen müssen, um dem dort ausgesetzten Drucke für die Dauer widerstehen zu können.

Es giebt zweierlei Manieren des Durchziehens; bei der einen geschieht das Durchziehen vor dem Rachiren des Buches und werden da die Deckel gleichzeitig mit dem Buche beschnitten; bei der andern geschieht dasselbe, nachdem das Buch zum vollständigen Ansetzen fertig ist, und werden später die nähern Details dieser beiden Manipulationen angegeben werden.

Wenn die angesetzten Deckel nicht schon vor dem Ansetzen so zugeschnitten wurden, daß sie in dem Format und der Stärke des Buches angemessenen Verhältnissen über die Schnitte vorstehen, oder proportionirte Kanten bilden, so ist es nächste Aufgabe, nach dem Trocknen und Entpressen eines angesetzten Buches, dasselbe so zu formiren, oder richtiger, dessen Deckel so zu formiren, daß sie den Dimensionen des betreffenden Buches angemessene Kanten bilden. Für das Formiren der Ober- und Unterschnitte hat man verschiedene Kantenlineale, d. h., Lineale, die an ihrer Schneidfläche einen festgenieteten Falz haben, der, an den Schnitt festschließend angelegt, dem Pappenschneidmesser die Schnittbahn vorzeichnet. Geschieht das Anlegen des Kantenlineals in gehöriger Ordnung, so müssen die formirten Kanten, wenn man sich von der einen zur andern eine gerade Linie gezogen dächte, winkelrecht in einer Linie liegen, ein Erforderniß, das man an jedes gut gebundene Buch stellt.

Das Formiren der vordern Kanten geschieht zuerst an dem hintern Deckel nach einem gewöhnlichen Lineale, und so, daß die vordern Kanten etwas breiter als die obern und untern werden. — Auch die Vorderkanten müssen dem Erforderniß genügen, daß sie winkelrecht in einer Linie liegen, um so mehr, da man sehr häufig gewöhnt oder genöthigt ist, ein Buch auf seine vorderen Kanten zu stellen, was nicht angehen würde, wenn diese schief formirt wären, d. h. nicht winkelrecht in einer Linie lägen. Um dieß zu erreichen, legt man das Lineal beim Formiren des vordern Deckels so an, daß man, von dem dann formirt oben liegenden Deckel gerade auf das unten liegende Lineal sehend, dasselbe mit dem formirten hintern Deckel in einer Linie erblickt. (Es gehört hierzu, da es keinen andern sichern Anhaltepunkt hierfür giebt, auch selbst den Vorderschnitt nicht ausgenommen, Uebung und vor allem gutes Augenmaß, da die geringste Abweichung ein schief formirtes Buch als Endresultat bringt.

Anlangend das Schneiden und Formiren der Deckel insbesondere, so stellten wir gleich Eingangs als Haupterforderniß ein scharfes und scharf zu haltendes Messer, mit dem man dem richtig angelegten Lineale entlang, ohne von demselben abzuweichen, mit festem, gleichmäßigem Drucke und so oft wiederholt fortschneidet, bis der Deckel ganz durchschnitten ist. — Obwohl man beim Schneiden der Pappen gern die Spitze des Messers und zwar mit stärkstmöglichem Drucke anwendet, hat man dieß jedoch insofern mit einigen Beschränkungen zu thun, als ein mit starkem Drucke geführtes spitzes Messer auch in feste Pappe reißt und dadurch ein faseriger, unansehnlicher Schnitt und eine nichts weniger als glatte Kante entsteht. Selbst abgesehen davon, daß ein unverhältnißmäßig starker Druck, bei anhaltendem Schneiden, ermüdet, ohne dasselbe merklich zu beschleunigen, führt ein solcher auch unfehlbar einen Mangel der erforderlichen Sicherheit beim Schneiden herbei, der vorzüglich im Schneiden noch Ungeübte nicht selten in mißliche Verlegenheiten gebracht hat; wogegen ein ruhiger, mit der der Individualität angemessenen Stärke geführter Druck zwar ein verhältnißmäßiges Mehr im Schneiden selbst erfordert, was aber bei andauerndem Schneiden, wenn auch nicht Zeitersparniß, doch auch nicht, bei weniger Kraftanstrengung, Zeitverlust herbeiführt, wohl aber einen geraden, gelungenen Schnitt und mithin eine scharfe Kante sichert.

Nach einem vollendeten Schnitte, selbst wenn er noch so gelungen wäre, wird die geschnittene Pappe schon einfach beim Durchgeben des Messers sich drücken und an der Schnittfläche breiter, wohl auch, vorzüglich an der unmittelbar auf dem Schneidbrete liegenden Stelle, faserig werden, welche Uebelstände bei einem stumpfen, oder spitzen, zu gerade geführten, Messer noch erheblicher sein werden. Bevor man die Deckel weiter behandeln kann, beseitigt man etwa entstandene Fasern durch Abputzen mit einem scharfen Messer oder einer Scheere und streicht die Kanten, indem man ihnen die Tischplatte oder das Schneidbret zur Unterlage giebt, mit dem Falzbeine scharf nieder, welches letztere so lange nichts schadet, als die Deckel nicht durch das Niederstreichen anscheinend zu schwach werden.

Ein weiterer Uebelstand, von nicht unerheblichem Einfluß auf das äußere Ansehen sowohl, als auch auf die Haltbarkeit der Deckel und ihrer Kanten, wird entstehen, wenn das Messer beim Schneiden der Pappen in schiefer Richtung geführt wird, so daß es über oder unter sich schneidet, wodurch eine schief geschnittene Kante entsteht, die sich, da sie keine hinlänglich breite Basis hat, bald abnutzen wird, weshalb nicht genug angerathen werden kann, das Pappenschneidemesser so gerade als möglich zu halten.

Ehe ein formirtes Buch weiter bearbeitet werden kann, muß in den meisten Fällen

17) der Schluß für den Rücken

des Buches beschafft werden, in den meisten Fällen; denn je nach der Art des Einbandes ist es möglich, daß der Buchrücken vor seinem Ueberzug keinen besonderen Schluß von schwacher Pappe (Rückenpappe) erhält, sondern ersterer unmittelbar auf den Buchrücken zu liegen kommt, was man, wenn der Ueberzug des Rückens Leder ist, festen Rücken nennt; oder auch: daß der Schluß- oder Schließrücken vor dem Ansetzen für und über den Buchrücken gebrochen werden muß.

Fassen wir jetzt letzteren Fall ins Auge, so ist zuvörderst zu bemerken, daß zu dieser Art Rücken nur sehr schwache Rückenpappe verwendet werden kann; denn

Da sie über den Falz des Buches gebrochen werden und zwischen den Falz des Vorsatzes und die Deckel zu liegen kommen, so würde zu starke Rückenpappe das gute Aufschlagen der Deckel wesentlich erschweren. Wie bei allen Schlußrücken, so ist auch bei der hier in Rede stehenden Gattung hauptsächliches Erforderniß, daß der Buchrücken genau und fest von ihnen umschlossen werde, wie nicht minder, daß die Fälze in richtigem Verhältniß zu denen des Buches und der Stärke der Deckel, scharf und ebenfalls gut schließend, durch den Rücken dargestellt werden. Betrachtet man diese beiden Punkte als Hauptaufgabe beim Brechen des Rückens, dann wird, wenn man ihnen genügen will, das Brechen des Rückens selbst nicht schwer fallen.

Da die hierzu verwendete Rückenpappe, wie schon erwähnt, bis unter die Deckel langen muß, so ist sie vor allen Dingen in der erforderlichen Breite zuzuschneiden, und damit die in das Innere der Deckel zu liegen kommenden Kanten dort nicht zu sichtbar werden, oder sich wohl gar in das Buch einpressen, die Kanten der Länge nach dünn auszustoßen oder abzuschärfen. Die Breite des Rückens, von einem Vorsatzbogen zum andern, sucht man, zu größerer Sicherheit, am Fuße und Kopfe des Buches genau abzumessen und auf die zugeschnittene Rückenpappe mittels des Zirkels überzutragen, wobei jedoch das Abmessen am Kopfe und Fuße des Buches nicht umgangen werden darf, um etwaige, durch das Schlagen oder Walzen, entstandene Abweichungen in der gleichen Stärke zu erfahren und den Rücken darnach einrichten zu können. Nach den so die Breite des Rückens markirenden Punkten wird dann ein Lineal angelegt, um die Rückenpappe mit dem Falzbeine darnach umzubrechen und, wenn dieß geschehen, vollends scharf niederzustreichen. Auf der niedergestrichenen Seite der Rückenpappe wird jetzt, ähnlich dem für die Rückenbreite des Buches eingehaltenen Verfahren, die Breite für die Fälze desselben markirt. Sie richtet sich sowohl nach der Stärke der zu verwendenden Deckel, wie nach den an das Buch gepreß-

ten Fälzen, und wird in dieser Entfernung von der Kante
des auf obenerwähnte Art niedergestrichenen Rückens mit=
tels eines auf diese Weise angelegten Lineals markirt,
nach dem Lineale erst umgebrochen und dann ebenfalls
fest und scharf niedergestrichen.   Der nun für die Fälze
gegebene Raum ist demnach durch zwei mit dem Falzbeine
nach dem Lineale scharf gestrichene Linien begrenzt, deren
eine die äußerste Kante des Rückens bildet und deren an=
dere in zweckentsprechender Entfernung auf der andern
Seite der Rückenpappe gestrichen und umgebrochen wurde.

Um die gebrochenen Fälze recht scharf und nett her=
zustellen, werden sie, nach dem erstmaligen Bruche, und
nachdem die Rückenpappe auf die andere Seite gewendet
worden ist, rückwärts gebrochen, so daß der Raum der
Buchrückenbreite anscheinend um den Raum der beiden
gebrochenen Fälze enger wird.   Der Schließrücken ist in
diesem Zustande nun fertig gebrochen, und es bleibt
nur noch übrig, ihn dem Buchrücken zu akkomodiren,
d. h., zu runden, was auf folgende Weise geschieht:
Man faßt mit der linken Hand den beim Ansetzen
unter die Deckel kommenden Rand der zugeschnittenen
Rückenpappe und giebt, indem man mit einem in der
rechten Hand gehaltenen Falzbeine, unter unmerklichem
Heben und Senken der Linken und dieser Bewegung an=
gepaßten sanften Niederdrücken der Rechten, mit dem=
selben, der ganzen Rückenlänge nach, wie hier beschrieben,
fortfahrend, dem gebrochenen Rücken eine angemessene
Rundung, die sich vervollständigt, wenn man diese sehr
einfache, nichtsdestoweniger aber Uebung erfordernde Ma=
nipulation, auch von der andern Seite des gebrochenen
Rückens wiederholt.   Zum Schluß wird dann der ge=
brochene Rücken über den Buchrücken geschlossen, gut an
diesen und in die Fälze gepaßt und, wenn er vollkommen
schließt, auf die Fälze des Vorsatzes mit Leim befestigt,
so daß die gereinigten, gut ausgebreiteten Bünde, zwi=
schen das Uebrige der Rückenpappe und die Fälze des
Buches zu liegen kommen.   Die Deckel werden hierauf
den Fälzen entsprechend angesetzt.

Diese Rückengattung kommt nur dann in Anwendung, wenn der Stoff des Ueberzugs zu wenig Halt darbietet, um Deckel und Schließrücken fest zu verbinden, ohne in dem Falze oder dem durch die Deckel beim Auf- und Zuschlagen sich bildenden Scharniere sehr leicht zu reißen oder zu brechen. Bietet aber der zum äußern Ueberzuge dienende Stoff, wie Leder, Pergament ꝛc. hinlängliche Sicherheit für den Halt und die Dauer, so bedarf es eines auf oben beschriebene Art gebrochenen Rückens nicht; der Schließrücken wird dann einfach von entsprechend starker Rückenpappe in der Breite des Rückens von einem Vorsatzbogen zum andern und in der Höhe der Deckel zugeschnitten.

Aber oftmals ist auch die stärkste Rückenpappe nicht hinlänglich stark genug, um einen Rücken bilden zu können, der den Größenverhältnissen des zu bindenden Buches, sowie den Anforderungen an seine Dauer und seinen Gebrauch, hinlänglich genügt. Man stellt dann die gewünschte oder erforderliche Stärke des Rückens durch Aufleimen mehrerer Blätter Rückenpappe auseinander her, und findet dieses Verfahren bei Anfertigung von Handelsbüchern seine Anwendung. Solche Rücken nennt man, da sie das Aufschlagen eines damit versehenen Buches wesentlich erleichtern, Spring- oder Sprungrücken.

Je nach der Größe und Stärke eines Buches, läßt sich dieses Aufeinanderfüttern vervielfältigen; es wäre aber eine irrige Annahme, wenn man ein gutes Aufschlagen, sowie größere Dauer unbedingt von der größtmöglichsten Stärke eines Sprungrückens erwarten wollte. Größe und Stärke eines Buches, verbunden mit mehr oder geringerer Schwere des zu diesem verwendeten Papiers, und die Stärke des Sprungrückens, stehen in einem gewissen Verhältniß zu einander, das durch Uebung und Beobachtung gefunden sein will, und welches ohne Gefahr für den ganzen Einband des Buches nicht überschritten werden darf. Immerhin aber ist eine geringere Stärke des Rückens dem Buche nicht so nachtheilig, als ein übertriebenes Verhältniß derselben; denn wenn auch letzteres das leichtere Aufschlagen und gute Auflegen des Buches befördern sollte, würde es ebensowohl das Zuschlagen, wenn nicht hindern, doch erschweren und bei einer übertriebenen Kraftäußerung das Verderben des ganzen Einbandes herbeiführen und beschleunigen. Es erfordert demnach die Anfertigung eines Sprungrückens eine genaue Kenntniß seiner Kraftäußerung, und ist daher, wenn auch seine Anfertigung sonst leicht ist, die Bearbeitung desselben in dieser Beziehung sehr schwierig.

Vor allen Dingen ist es ein nothwendiges Erforderniß, daß ein Sprungrücken vollkommen fest an den Buchrücken schließe und in seiner Breite nicht über die Vorsatzbogen herausgehe. Es würde daher eine mühsame, undankbare Arbeit sein, die einzelnen Theile eines Sprungrückens aus freier Hand auffüttern und ihn in dieser Gestalt dem Buchrücken akkomodiren zu wollen; einmal würde es schwer halten, auch bei mäßiger Stärke des Sprungrückens und in dessen feuchtem Zustande, ihn gut schließend zu runden, andern Theils würde dieß auch, wie wir später sehen werden, für den Verlauf der weitern Arbeiten unzweckmäßig und unstatthaft sein.

Ebenso ist es nicht anzurathen, die einzelnen Theile eines Sprungrückens vor dem Schließen akkurat nach der Höhe der Deckel zuzuschneiden, weil durch das Anstreichen mit Leim sich die einzelnen Theile mehr oder weniger ziehen und dadurch der Mangel eines scharfen Kapitales merklich hervortreten würde. Sind daher letztere länger als die erforderliche Höhe, so ist es nach dem Festschließen am Buche leicht geschehen, den fertigen Rücken auf seine Normalhöhe abzuschneiden, wenn man sich diese nach der Richtung der Deckel vorzeichnet und mit einem scharfen Messer durchschneidet, wodurch eine feste, scharfe, in einer Linie mit den Deckeln liegende Kapitalkante entsteht.

18) Das Ueberziehen und die damit verbun-
denen Nebenarbeiten.

Wohl bei keiner Arbeit findet eine so mannichfache
Abweichung, sowohl in der Verrichtung derselben selbst,
als auch hinsichtlich des dazu zu verwendenden Materials,
statt, als beim Ueberziehen. Abweichungen hinsichtlich
der Verrichtung der Arbeit selbst werden geboten durch
die Art des Einbandes, seine größere oder geringere
Dauer oder Eleganz, durch das Format und die Stärke,
sowie, und das hauptsächlich, durch das zum Ueberziehen
zu verwendende Material.

Die Hauptgattungen des letzteren sind: Leder,
Leinwand, Pergament, Sammet, Seide, Papier
und deren verschiedene Unterabtheilungen.

I.

Je nach der Art des zu verarbeitenden Leders
(vom Leder selbst handelt ein früherer Artikel ausführlich)
wird dasselbe entweder im nassen oder trocknen Zustande
verarbeitet; namentlich aber werden fast alle gefärbten
Leder, wenn nicht Nebenumstände es anders gebieten, im
trocknen Zustande verarbeitet, wogegen ungefärbte, lohgare sich besser im nassen Zustande behandeln lassen.
Da alle Leder, auch die schwächsten Sorten, eine gewisse
Stärke besitzen und an manchen Stellen des Ueberzugs
eine Kante oder einen Absatz abgeben würden, der die
Schönheit des Ueberzugs beeinträchtigen und manchen
Uebelstand veranlassen würde, so ist es unerläßlich, daß
das zu überziehende Leder nach dem Zuschneiden an seinen Kanten erst ausgeschärft werde.

Das Schärfen des Leders erfordert Uebung
und Akkuratesse, und so wenig Gewicht manche Arbeiter
auf diese Arbeit legen, so ist doch sehr anzurathen, derselben unter Umständen ganz besondere Sorgfalt zu
widmen, denn sie kann das Ueberziehen mit Leder,
oder Ins-Ledermachen bedeutend erleichtern, sehr oft

allein nur ermöglichen. Zum Schärfen des Leders bedient man sich des Schärfmessers, das aus gutem Stahle gefertigt, schwach und biegsam sein muß. Das Heft desselben hat bei einer Länge von ungefähr 5 Zoll eine Breite von $\frac{3}{4}$ und eine Stärke von $\frac{1}{4}$ Zoll. Die Klinge hat nur einige Linien Stärke, $1\frac{1}{4}$ Zoll Breite, eine Länge von 5 — 6 Zoll und muß stets sehr scharf erhalten werden, weshalb man auch ein gutes Schärfmesser nie zum Schneiden anderer Stoffe, selbst nicht Leder, verwendet. Da nur mit dem Theile der Klinge geschärft wird, der sich bis $2\frac{1}{2}$ Zoll unterhalb der Spitze befindet, so wird der über dem Hefte befindliche Theil der Schneide, des bequemern Anfassens halber, mit Leder umwunden. Beim Gebrauche zieht man es, zur Erhaltung einer scharfen Schneide, auf einem feinen Stahle ab, oder auf einem eingeölten und über einer Lichtflamme hart gebrannten Rohre einer irdenen Pfeife.

Beim Schärfen liegt das Leder mit der Narbenseite auf dem Schärfsteine, wozu man entweder Marmor- oder Lithographirsteine (letztere vorzüglich zu empfehlen, da man gleichzeitig das Schärfmesser darauf streichen kann, wenn es die feine Schneide verloren hat), oder massive Stücken Glas anwendet, die aber keine scharfen Kanten haben dürfen, weil manche Lederarten durch das Reiben oder Drücken an ersteren blanke Stellen und somit Flecken erhalten würden. Das Schärfen des Leders geschieht stets auf der Fleischseite desselben von der linken zur rechten Hand oder auch umgekehrt, je nachdem sich der Arbeiter gewöhnt hat, und zwar so, daß das Messer so weit vom Rande des Leders entfernt angesetzt wird, als die Breite der auszuschärfenden Fläche beträgt, worauf man dann das Messer mit einer schwachen Neigung nach der Narbenseite des Leders, nach dem Rande hin, durchführt, so daß der Schnitt gleichsam eine schiefe Ebene bildet, die sich vom Einsetzpunkte des Messers bis zum Rande des Lederstückes um die Stärke des Leders neigt. Ganz auszuschärfende Lederstücken, z. B., schmale Streifen zu Rücken, Ecken etc., werden von der

Mitte aus nach beiden Seiten hin geschärft und das in der Mitte Stehenbleibende dann für sich herausgestoßen.

Nicht alle Leder schärfen sich gleich gut, und es kann die hier gegebene Anleitung zum Schärfen nicht in jedem Falle ohne weiteres angewendet werden; indeß wird sich mit derselben jeder Arbeiter in den verschiedenen möglichen Fällen leicht zu helfen wissen. Leder, z. B., das eine feste, spröde Fleischseite hat, wird vorher geribbelt, d. h., durch Vor= und Rückwärtsdrücken der zu schärfenden Fläche zwischen Daumen und Zeigefinger auf dem Schärfsteine gelinde gemacht. Wo es sich thun läßt, kann man auch ganz auszuschärfende Lederstücken vor dem Schärfen in Wasser weichen.

Soll die auszuschärfende Lederkante einen scharfen, geraden Schnitt haben, wie, z. B., beim Anſticken, Uebereinanderseßen 2c., so schneidet man denselben, da sich ein solcher durch bloßes Schärfen nicht gut erzielen läßt, nachher nach dem Lineale gerade.

Ein Hauptaugenmerk beim Schärfen des Leders hat der Buchbinder bei Halbfranzbänden oder überhaupt Leder= bänden der Stelle des Leders zu widmen, welche sich zwischen dem Deckel und dem Einlagrücken befindet, folg= lich der Stelle, welche, so zu sagen, das Scharnier zwi= schen beiden bildet. Hauptsächlich ist das Ausschärfen dieser Stelle von größter Wichtigkeit für die leichte Be= wegung und für den guten Schluß der Deckel.

So einfach diese Sache an und für sich ist, giebt es doch vielleicht wenig Buchbinder, welche auf den Gedan= ken gekommen sind, gerade dieser Stelle des Leders ihre Aufmerksamkeit zu widmen und glaubt Verfasser ganz bestimmt, daß er vielen derselben eine Neuigkeit bringen wird, deren Vortheile sofort in die Augen fallen müssen.

Doch wird natürlicherweise blos das zu starke Leder dieser Procedur unterworfen, indessen ist aber eben das meiste Leder für diesen Plaß zu stark und kommt es sehr wenig vor, daß so schwaches Leder gerade zu Büchern verarbeitet wird, um jedes Ausschärfen ersparen zu können.

Ist nun ein zu einem Buche bestimmtes Stück Leder ringsherum ausgeschärft, so nehme man den zugeschnittenen Einlagrücken, lege denselben genau in die Mitte an die Stelle, welche er, beim in das Ledermachen, später einnehmen wird und zeichne sich rechts und links mit dem Falzbeine eine Linie vor. Da nun zwischen den Rücken und Deckeln ein Zwischenraum von mindestens einem guten Messerrücken Breite eintritt, so muß, wenn eben das Leder nach den Verhältnissen des Buches zu stark, an dieser Stelle gut ausgeschärft werden.

In diesem Falle ist nun freilich die gewöhnliche Art des Schärfens nicht gut anwendbar und verfahre man daher in folgender Weise: Das Leder halte man an den betreffenden Stellen mit Daumen und Zeigefinger der linken Hand straff ausgespannt auf den Schärfstein fest nieder, die rechte Hand hält das Schärfmesser in etwas schiefer Richtung und schabt an der vorgezeichneten Linie das Leder nach und nach so dünn, als es eben erforderlich ist. Bei kleinen Büchern kann man das Leder sehr dünn ausarbeiten, während bei großen, an welchen sich schon sehr schwere Deckel befinden, das Leder stärker bleiben kann. Der denkende Arbeiter wird beim Lesen dieses Verfahrens sofort die Wichtigkeit beschriebener Methode erkennen, sich aber vielleicht darüber wundern, nicht bereits selbst an diese scheinbar unbedeutende Manipulation gedacht zu haben, deren Vortheile sofort beim ersten Versuch hervortreten müssen.

Das Ueberziehen des Leders bietet ebenfalls sehr viele Abwechselungen und Abweichungen, da fast jede Lederart dabei ihre besondere Behandlung sowohl in der Arbeit, als in der Wahl des Bindestoffes haben will. Nehmen wir, z. B., an, es sei ein Buch mit deutsch- oder französisch-appretirtem Schafleder zu überziehen, so würde man sich die Arbeit erschweren, nicht nur, wenn man das geschärfte Leder ganz mit Leim oder Kleister anstreichen wollte, sondern man würde auch dadurch der Reinheit und Schönheit des Leders merklich schaden, da es, vorzüglich wenn Kleister als Bindestoff angewendet

wird, öfterem Hin= und Herwenden, unnöthigem Begrei=
fen und dadurch unvermeidlichem Schmuz ausgesetzt ist.
Bei weitem leichter und sicherer wird man verfahren,
wenn man den Einlagrücken des Buches mit Leim be=
streicht, der in diesem Falle nicht zu dünn sein darf, auf
die ihm gehörende Stelle des Leders auflegt und gut
anreibt, respektive andrückt. Darauf rundet man den
Einlagerücken, behufs besserm Anschließens desselben mit
dem Leder, an das angesetzte Buch, giebt dann den
Deckeln, da wo sie angesetzt sind, das heißt am Falze
des Buches, in der Breite von ⅛ Zoll Leim, so wie einen
schmalen Streifen Leim rechts und links vom Rücken des
Buches, damit der Einlagerücken an selbiger Stelle ge=
hörig fest klebt, jedoch sorgfältig verhütend, daß derselbe
zwischen Deckel und Falz eindringe, weil er in diesem
Falle, dort festsitzend, das Scharnier hart und spröde
machen, und das baldige Brechen des Leders an dieser
Stelle befördern würde. Hat man das Buch so an=
gelegt, daß der Schließrücken in gehöriger Lage zum
Buchrücken sich befindet, worauf man streng sehen muß,
so erfolgt das Anziehen des Leders dergestalt, daß der
Schließrücken vollkommen fest an den Buchrücken schließt,
wovon man sich durch leises Drücken am Kapital sehr
leicht überzeugen kann, und hierauf ein leichtes Anreiben
oder Andrücken an den mit Leim angestrichenen Stellen
der Deckel, was man durch leichtes Einpressen des Bu=
ches, zur Schonung der Narben des Leders, zwischen
weichem Papier vervollständigen kann.

Nach kurzer Zeit des Pressens streicht man den noch
freien Theil der Deckel ebenfalls mit knotenfreiem, nicht
zu dünnem Leim an und drückt das Leder, alle Falten
und Runzeln vermeidend, darauf nieder, das Anlegen
wiederum durch eine leichte Pressung vervollständigend.
Die Ecken werden abgeschnitten und abgeschärft, so weit
von dem Deckel, als derselbe stark ist, jedoch kann
man auch vor dem Ueberziehen der Deckel die Ecken des
Leders abschneiden und schärfend nachhelfen, indessen muß
man dann gewöhnlich, nachdem das Leder aufgeleimt und

glatt gestrichen wurde, noch einmal nachhelfen, was durch das Ausdehnen des Leders beim Glattstreichen hervorgebracht wird.

Diese Arbeit, so leicht sie aussehen mag und es auch in der That ist, muß nichtsdestoweniger sorgfältig und akkurat verrichtet werden; denn eine schlecht abgeschnittene Ecke läßt sich nicht gut einschlagen und verunstaltet an einer leicht beschaubaren und in die Augen fallenden Stelle des Buches das ganze Ansehen desselben. Dennoch findet man sehr häufig, daß gegen diese einfache Regel durch nachlässige Behandlung der abzuschneidenden Ecken gesündigt und lieber das Aussehen des Buches beschimpft wird, als daß man durch geringe Mühe dergleichen auffallende Uebelstände zu beseitigen suchte. — Die Ecken werden in schiefer Richtung, und in der Stärke der Deckel von den Ecken derselben entfernt, abgeschnitten; es genügt jedoch nicht jede schiefe Richtung, da eine zu schiefe ebensogut als eine nicht hinlänglich schiefe Richtung ein unbefriedigendes Resultat geben. Durch Uebung wird sich der Mittelweg leicht finden lassen; gewöhnlich nimmt man an, daß der Eckeneinschlag der Vorderkante in schräger Richtung auf die betreffende Spitze des Vorderschnittes läuft und mit dieser abschneidet.

Es darf wohl als bekannt vorausgesetzt werden, daß jeder Ueberzug eines Buches an jeder Längen = und Breitenseite desselben so viel größer zugeschnitten wird, daß er mit Leichtigkeit über die Kanten der Deckel in das Innere derselben und in den Rücken eingeschlagen werden kann. Bei Leder von nicht zu großer Stärke und Sprödigkeit sollte das Einschlagen stets mit Kleister geschehen, selbst wenn beim ganzen Ueberzuge nur Leim verwendet wurde: einmal erhält man hierbei schärfere, nettere Kanten bei leichterer Arbeit; dann ist aber auch ferner nicht zu übersehen, daß Kleister einen geschmeidigeren Einschlag vorzüglich am Kapital abgiebt, als Leim.

Das Einschlagen selbst bietet, wenn der Einschlag gut ausgeschärft wurde, keine besonderen Schwierigkeiten. Nach dem Anstreichen mit Kleister wird vorerst

der Einschlag der obern und untern Kanten, mit Ver=
meidung aller Falten, in das Innere der Deckel und des
Rückens gebracht. Zu letzterem Behufe müssen vorerst
die Fälze des Vorsatzes (wenn die Deckel nicht auf diese
Fälze angesetzt sind) mit einem Einschnitte versehen, oder
von den Deckeln in der Länge des Einschlages losgelöst
werden, worauf man das Buch, es an der Vorderseite
anfassend, bequem so weit in die Höhe ziehen kann, um
den Einschlag durch die so entstehende Oeffnung in das
Innere des Rückens zu bringen, die etwa entstehenden
Falten zu vertheilen und ein nettes Kapital bilden zu
können. Vor dem Einschlagen der Vorderkanten werden
die durch das Abschneiden der Ecken beim Einschlagen
entstehenden Spitzen nieder=, oder besser, eingedrückt und
dann auch dieser Theil des Einschlags in das Innere
gebracht, worauf sowohl der Einschlag selbst, als auch
die Kanten der Deckel mit dem Falzbeine gut angerieben
werden.

Beim Einschlagen hat man vorzüglich darauf zu
sehen, daß die Kanten und Ecken scharf und nicht rund
oder kolbig werden, und daß ein dem Auge gefälliges,
gerades und gut schließendes Kapital entstehe. Darauf
wird letzteres mit einem Zwirnfaden, da wo die Deckel
im Falze liegen, gebunden und mit dem Falzbein in die
gehörige Form gebracht. Ein schönes akkurates Kapital
gehört zu großer Zierde eines Buches.

Nach dem Ueberziehen des Leders, selbst wenn dieß
mit Leim geschah, muß ein 6—8stündiges Trocknen statt
finden, ehe das Buch weiter behandelt werden kann.

Die hier gegebene Anleitung zum Ueberziehen mit
appretirtem Leder kann, ihren Hauptmomenten nach, auch
für Chagrinleder, Saffian, Juchten, Korduan
und gefärbtes Kalbleder gelten, überhaupt für alle
Ledergattungen, die in trockenem Zustande verarbei=
tet werden.

Etwas abweichend hiervon ist das Ueberziehen des
Leders im nassen Zustande, was bei allen Lederarten
angewendet wird, die ungefärbt verarbeitet, und entweder

auch nach dem Ueberziehen so bleiben, oder vom Buchbinder dann erst gefärbt werden. Das Leder wird vor
dem Zuschneiden gänzlich durchnäßt, entweder durch völ-
liges Einweichen und dem folgendes Ausringen, wie bei
geringen lohgaren Schafledern, oder durch Anfeuchten mit
einem nassen Schwamme, wie bei ungefärbten Kalbledern.
Nach dem Durchnässen des Leders wird dasselbe auf der
reinen Arbeitstafel, die Fleischseite nach unten, mit dem
Falzbeine nach allen Richtungen hin gut und glatt aus-
gestrichen und in dieser Lage zugeschnitten. Das Schärfen bietet bei nassen Ledern, wie auch das Ueberziehen
selbst, wenig Schwierigkeiten; denn da dasselbe im nassen
Zustande sehr geschmeidig ist, außerdem dann auch Kleister als Bindemittel angewendet wird, so läßt sich dasselbe leichter als trockenes Leder behandeln. Das Einschlagen geschieht analog der vorher gegebenen Beschreibung, nur macht es sich bei nassem Leder nöthig, nach
dem Einschlagen, um das Durchnässen des Vorsatzes zu
vermeiden, einige Blätter Papier einzulegen. Das Binden der Fälze und des Kapitals kann hier, weil nasses
Leder beim Trocknen sich zwischen Deckel und Falz leicht
losziehen und dann hohl stehen könnte, nicht umgangen
werden, zu welchem Zwecke man desfalls die hintern
Ecken der Deckel etwas abstumpft. Das Trocknen eines
Ueberzuges mit nassem Leder kann, nach Umständen, bis
auf mehrere Stunden andauern.

II.

Das Ueberziehen mit Leinwand ist je nach der
Gattung derselben, jedoch unbedeutend, verschieden. Bei
gepreßter Leinwand z. B. wird als Bindestoff
heißer, reiner, nicht zu dünner Leim angewendet, mit
welcher die Leinwand angestrichen wird. Auch hier ist
das Verfahren beim Ueberziehen ganz konform mit dem
Ueberziehen des trocknen Leders, nur genügt hier ein
hinlängliches Anreiben mit der flachen Hand oder dem
Falzbeine, da eine beim Ueberziehen angewendete, wenn

auch leichte Pressung, das Dessin verpressen, überdieß auch der beim Ueberziehen aufweichende Grund der gepreßten Leinwand, oder ihre Appretur, leicht kleben und so der Ueberzug verderben würde.

Anders gestaltet sich das Ueberziehen mit gewöhnlicher roher, oder gefärbter Leinwand. Da ihr Gewebe lose und durchsichtiger ist, als das durch Appretur verdichtete der gepreßten Leinwand, so muß als Bindemittel entweder Kleister angewendet werden, oder wenn Leim vorgezogen wird, nicht die Leinwand, sondern Rücken und Deckel des Buches damit angestrichen werden. Jedenfalls ist es gerathener, beim Ueberziehen mit Leinwand Leim als Bindemittel zu wählen, da er der Leinwand besser, als Kleister, Glanz und Glätte erhält.

Zuerst streicht man damit Rücken, Fälze und einen kleinen Theil der Deckel an, legt das Buch auf die zugeschnittene Leinwand und reibt diese mit dem Falzbeine gut an und in die mit Leim angestrichenen Stellen. Die übrige Fläche der Deckel wird dann ebenfalls mit Leim angestrichen und die Leinwand, mit Vermeidung aller Falten, auch dort gut angerieben. Der Einschlag wird mit Leim oder Kleister besonders angestrichen und ganz, wie auf die beschriebene Weise, mit Umgehung des Bindens der Fälze behandelt.

III.

Das Pergament wird ebenfalls, wie das Leder vor dem Ueberziehen an allen Kanten gehörig ausgeschärft und im Rücken mit starkem Papiere, sogenanntem Rückenpapiere, nach der Breite des Buchrückens und der Höhe der Deckel gefüttert. Das Papier wird genau in die Mitte des zugeschnittenen Pergaments geleimt und zwischen Bretern beschwert oder eingepreßt, worauf, nach dem Trocknen, der Rücken ebenso, wie an andern Orte beschrieben, gebrochen wird. Wenn der gebrochene Rücken mit dem Falzbeine gut ausgerundet, wird das Pergament aufgeleimt,, wozu das beste Bindemittel guter, nicht zu dicker, von allen Unreinigkeiten befreiter Tischlerleim ist.

Einige füttern das ganze zugeschnittene Stück Pergament mit weißem Papiere und legen dann das starke Rückenpapier auf; andere überziehen blos die Deckel mit Papier und nehmen, statt des Leimes, guten Kleister.

Farbloses weißes Pergament wird, ehe man den Rücken bricht, mit reinlicher weißer Seife und einigen Papierspänen eingerieben, um zu verhüten, daß Schmuzflecke, welche der Zufall auf das Pergament bringt, in dasselbe eindringen können; nach dem Ueberziehen wird das Pergament mit reinem Wasser wieder abgewaschen, wodurch die Seife hinwegkommt.

Die beste Methode, das gebrochene Pergament aufzuziehen, ist, den Deckel gehörig mit einem recht heißen und nicht zu schwachen Leime anzustreichen, jedoch ohne Leim in den Falz zu bringen, den Ueberzug mit dem elastischen Rücken genau aufzulegen, so daß der gebrochene Falz des Pergaments überall akkurat in den Falz des Buches zu liegen kommt, beide Seiten gut anzureiben, und hierauf das Buch zum Anziehen sogleich gelind zwischen zwei reinliche Breter, die vom Falze des Rückens einen Strohhalm breit abstehen, in die Presse zu bringen. (Erst wenn der Ueberzug hinlänglich festsitzt, wird auch der Einschlag eingeschlagen, zuvor aber hinlänglich mit Kleister erweicht, damit er nicht breche. Wie bei dem Ueberzuge des Pappbandes, wird jede Ecke gleichfalls etwas abgeschnitten und der Einschlag und die Deckelkanten scharf niedergerieben.

Nach dem Trocknen wird das Pergament mit Wasser, mittels eines Schwammes, sanft abgerieben, damit der etwa darauf befindliche Wachs- oder Seifengrund weggehe, welcher dem Eindringen der Farben hinderlich ist, welche man, zu größerer Schönheit, auf dasselbe zu setzen pflegt; denn das Pergament läßt sich ebenso gut, wie das Leder, färben und marmoriren. Wo es sich aber nur irgend thun lassen will, da färbe man das Pergament vorher, ehe man es überzieht, weil nicht allein das

Pergament, wegen seiner Sprödigkeit, sonst leicht hohl und faltig werden, sondern auch der Falz des Rückens sich durch die Feuchtigkeit ausziehen könnte.

IV.

Der Sammet muß, bevor er zum Ueberziehen verwendet werden kann, konform mit Decke und Schließrücken, mit glattem, reinem Papiere gefüttert werden, was man aber dann umgehen kann, wenn der Sammet, und hier wird nur der echte Sammet gemeint, nicht vergoldet wird. Das Ueberziehen des Sammets ist schon aus dem Grunde schwierig, weil er nicht wie andere Stoffe angepreßt und angerieben werden kann, sondern es muß derselbe, damit seine Haare nicht verdrückt oder verschabt werden, nur durch leises Andrücken mit der flachen Hand oder mit einem weichen Tuche befestigt werden. Als Bindemittel kann daher nur Leim, und dieser nicht zu dünn, verwendet werden.

Der Einschlag wird ebenso, wie beim Ueberziehen mit Leder, behandelt, nur mit dem Unterschiede, daß er, weil ein Ausschärfen der starken Kanten desselben hier nicht möglich ist, nach dem Anreiben, und soweit er später vom Buche verdeckt wird, mit einem kleinen Glättkolben oder Abziehstahl niedergebrannt wird. Wird der Sammet vor dem Ueberziehen nicht mit Papier gefüttert, so muß ersteres, übereinstimmend mit dem Ueberziehen ungepreßter Leinwand geschehen; d. h. es müssen, des losen, durchsichtigen Gewebes halber, die Deckel mit Leim angestrichen werden.

V.

Eben so große, wenn nicht größere Sorgfalt, als das Ueberziehen des Sammets, erfordert das Ueberziehen des Seidenzeuges. Auch dieses ist fast durchgehends

nicht von der Beschaffenheit, daß es ohne weitere Prä=
paration zum Ueberziehen tauglich ist; es würde viel=
mehr sein ganzes Aussehen verlieren, wollte man auf
eine der bis jetzt beschriebenen Arten des Ueberziehens
verfahren.

Schon das vorherige Aufziehen des Seidenzeuges
(s. vorn unter: Heften) mit Papier, und wenn dieses
mit noch so großer Sorgfalt und dem hierzu tauglichsten
Bindestoffe geschieht, beeinträchtigt den Glanz, die Appre=
tur und das Dessin des Seidenzeuges, weshalb es vor=
zuziehen ist, sofern es nur irgend thunlich, das Seiden=
zeug blos zu spannen. Da dasselbe, seiner geringen
Dauerhaftigkeit halber, nur zu schwachen Bänden oder
Heften verwendet werden kann, so ist das Spannen dessel=
ben um so leichter und zweckentsprechender, da ein Ein=
leg= oder Schließrücken entweder gar nicht, oder doch
nur von geringer Breite zu berücksichtigen ist, und ein
etwaiges Aufziehen des Rückens aus diesem Grunde nicht
von großer Bedeutung ist.

Von einem Abschneiden der Ecken kann und muß
man bei dem Ueberziehen des Seidenzeuges absehen, um
so mehr da einestheils seine geringe Stärke und große
Dehnbarkeit dieß nicht erfordert, anderntheils aber auch
durch das Unterlassen des Abschneidens der Ecken das
leicht mögliche Fasern der Stoffe vermieden wird. —
Seidenzeug erfordert sehr glatte, reine, am besten vorher
mit Papier von der Farbe des Seidenstoffes über=
zogene Deckel.

VI.

Die verschiedenen Arten des Papiers und die eben
so verschiedene Zubereitung derselben machen auch ver=
schiedene Abweichungen beim Ueberziehen nöthig, zu denen
dann auch noch die durch den Einband selbst bedingten
Abänderungen zu rechnen sind; denn das Ueberziehen ge=
staltet sich bei gleicher Papiergattung anders,

wenn der zu überziehende Band ganz, oder, wie bei Halbleder= oder Halbpergamentbänden, blos theilweis mit Papier überzogen werden soll.

Es lassen sich jedoch einige allgemeine Regeln für das Ueberziehen mit Papier anstellen, die man in den meisten Fallen unverändert festhalten kann. Diese be= treffen 1) das dabei zu benutzende Bindemittel. Man sollte sich, selbst nicht aus Rücksichten für größere Billigkeit, nie bewegen lassen, Kleister als Bindemittel zu verwen= den. Abgesehen davon, daß dieß bei vielen Papiergat= tungen, z. B. Chagrin=, Maroquin=, Titel=, gepreßtem Glacépapier 2c. gar nicht angeht, schadet die größere Feuchtigkeit des Kleisters dem Glanze und der Glätte des Ueberziehpapiers mehr oder weniger, er verdirbt bei ge= preßten Papieren fast ohne Ausnahme das Dessin und lockert die durch das Walzen oder Pressen geglätteten Deckel auf. Leim ist für das Ueberziehen mit Papier der geeignetste Bindestoff, nur darf derselbe hierbei nicht zu dick verbraucht werden.

2) Ein mit Papier überzogenes Buch darf nicht direkt nach dem Ueberziehen einer lang an= dauernden, ja fast durchgängig gar keiner Pres= sung ausgesetzt werden, weil dieß, selbst wenn das überzogene Papier weder gefärbt noch gepreßt wäre, der Gefahr aussetzt, daß das durch das Ueberziehen durch= feuchtete Papier an den Bretern kleben und so verderben würde, eine Gefahr, die sich bei gefärbten, marmorirten und gepreßten Papieren, wegen des da gebrauchten Far= benbindemittels, natürlich vergrößert.

3) Spröde Papiere, wie einige Chagrin=, Ma= roquin= und Titelpapierarten, die beim Einschlagen, oder Einreiben in den Falz leicht brechen würden, feuchtet man vor dem Ueberziehen ein wenig an.

Soll ein Buch ganz mit Papier überzogen werden, so setzt dieß immer voraus, daß es mit einem gebroche= nen Schließrücken versehen ist, da Papier in keinem Falle hinlänglichen Halt darbietet zur Verbindung eines Ein=

legerückens mit den Deckeln. Das zugeschnittene Papier
wird mit Leim angestrichen und das zu überziehende Buch,
unter richtiger Vertheilung des Einschlags, mit einer Seite
auf dasselbe gelegt. Das Ueberziehpapier wird dann, in
einer dem Gesicht des Arbeiters zugewendeten, bequemen
Lage mit dem Ballen der Hand gut angerieben und gleichzeitig auf dieser Seite mit einem nicht zu scharfen Falzbeine richtig, und ohne daß es reißt, in den Falz des
Buches eingedrückt, worauf, nach vorangegangenem Anreiben des Rückens, dasselbe Verfahren auf der andern
Seite des Buches sich wiederholt. Abschneiden der Ecken
und Einschlagen des Einschlags geschieht wie bereits erwähnt worden.

Bei Bänden in Halbleder, oder Halbpergament werden nur die Deckel mit Papier überzogen und zwar so,
daß auf beiden Seiten derselben sowohl die Ecken als
der unmittelbar am Rücken sichtbar bleibende Ueberzug
des letzteren in gleich großem Abstande mit Papierüber-
zug bedeckt werden. Dieser Abstand, sowie die Größe
der Ecken, richtet sich nach dem Formate des Buches, und
er darf, um ein gefälliges Ansehen zu haben, weder zu
breit, bezüglich zu groß, noch zu schmal oder klein sein.
Das richtige Verhältniß findet sich durch Uebung leicht.

Das Ueberziehpapier muß dann selbstredend da, wo
es die Ecken sichtbar läßt, und am Rücken einen geraden
scharfen Schnitt erhalten.

Es bedarf wohl kaum der Erwähnung, daß das
Ueberziehen mit Papier sowohl, wie mit Seidenstoffen
unbedingte Reinlichkeit erfordert, da hier Flecken nicht,
wie bei Leder oder Pergament, so leicht, ja bei manchen
Papiergattungen gar nicht zu entfernen sind, weshalb es
auch sehr anzurathen ist, das Ueberziehen nicht unmittelbar auf dem Arbeitstische, sondern auf einer reinen Pappe
vorzunehmen.

Nach den hier gegebenen Anleitungen zum Ueberziehen, die nur allgemein gehalten sein können, weil es
nicht möglich ist, die unendlich vielen, durch besondere

Umstände bedingten, abweichenden Fälle speciell und gründ=
lich zu erwähnen, wird sich wohl jeder denkende Arbeiter
leicht selbst ein System bilden können, das ihn in den
Stand setzt, sich überall helfen zu können.

19) Das Färben und Marmoriren des Leders und Pergaments.

a. Das Färben des Leders.

Unter diesem Abschnitte wird nicht sowohl das Fär=
ben des Leders in ganzen Fellen (dieses wurde bereits in
einem frühern Abschnitte beschrieben), sondern das Färben
des Leders nach dem Ueberziehen, oder am Buche abge=
handelt werden. Dasselbe kann nur nach vollständigem
Austrocknen des mit Leder überzogenen Buches, und nach=
dem das zu färbende Leder vorher mit dünnem Kleister
eingerieben worden ist, vorgenommen werden, und zwar
mit einem kleinlöcherigen, verhältnißmäßig großen Schwamm
oder mit einer Hasenpfote, bei größeren zu färbenden
Flächen.

Was das Färben des Leders an und für sich an=
belangt, so kommt es wohl jetzt vor, daß sehr viele Buch=
binder von dieser Arbeit gar keine oder nur sehr unbedeu=
tende Kenntnisse besitzen, da der Buchbinder der Jetztzeit
sein ganzes Leder in vollständig fertigem Zustande bezieht,
so daß eben obige Arbeit fast ganz in Wegfall gekommen
ist, und wird dasselbe wohl nur noch in solchen Fällen
vorkommen, wo nach Probebänden, die früher gemacht
wurden, gearbeitet werden muß. — Indessen dürfte es
doch noch von großem Interesse sein, etwas näher auf
das Färben des Leders einzugehen und sollte es auch nur
aus dem Grunde geschehen, damit der jetzige Buchbinder
einen Begriff erhält, mit was für Umständen unsere Vor=
fahren zu kämpfen gehabt und welche Vortheile wir jetzt,
bei dem hohen Standpunkte, welchen die Lederkultur ein=
nimmt, genießen.

Doch ist wohl durchaus nicht zu läugnen, daß vom Buchbinder schön gefärbte und marmorirte, halbe und ganze Lederbände einer Bibliothek eben so zur Zierde gereichen, wie in Chagrin oder Saffian gebundene.

Man wählt zum Färben des Leders am besten dunkele Farben, da zu helle kein gutes Ansehen geben, und zwar:

zu Karmoisinroth: auf ½ Pfund feine Fernambukspäne eine Unze gestoßenen Alaun und etwas grünen Kupfervitriol, kocht alles in einem halben Quart Regenwasser, bis das Fluidum sich auf cirka dreiviertel Quart Inhalt vermindert hat und seihet dann die Flüssigkeit durch.

Feiner wird der Purpur, wenn klares Fernambuk- und starkes Pottaschenwasser zusammengemischt wird. — Auch Blauholz, Fernambuk und Alaun, in Weinessig und Wasser gekocht, giebt eine schöne Purpurbeize. — Desgleichen Scharlachkörner, in Weingeist aufgelöst, mit einem Zusatze Scheidewasser, worin englisches Zinn aufgelöst worden ist.

Violett entsteht aus einer Mischung von Fernambuk- und Blauspänen in Essig gekocht und mit Alaun versetzt; oder man mischt eine rothe und blaue Beize untereinander; oder man kocht Fernambukspäne in Eisenwasser. Soll die Farbe recht feurig ausfallen, so setzt man derselben, vor der Anwendung, etwas salzsaure Zinnauflösung zu.

Grün erhält man durch zerquetschte Kreuzbeeren, welche mit Alaun in Essig gekocht worden, worauf die Farbebrühe mit Indig, den man in Vitriol aufgelöst hat, beliebig grün gefärbt wird; auch Kupferasche, mit Weinstein in Essig gekocht, giebt eine grüne Beizfarbe; oder man wendet Saftgrün mit einem Zusatze von Indigauflösung an.

Blau erfordert ein vollkommen gleichartiges, reines und weißes Leder. Man überstreicht dasselbe vermittelst eines kleinen Badeschwammes zuerst mit einer Auflösung

von grünem Vitriol oder Eisenschwärze, mehr oder we=
niger oft, je nachdem die Schattirung der blauen Farbe
ausfallen soll; hierauf wird ein Loth fein geriebenes blau=
saures Kali in Wasser aufgelöst, zu der Auflösung soviel
Salzsäure oder mit Wasser verdünnte Schwefelsäure ge=
setzt, daß sie merklich sauer schmeckt, und damit das
mit der Eisenauflösung gefärbte Leder so oft überstrichen,
bis die verlangte blaue Farbe erscheint. Daß das Leder
jedesmal vorher trocken geworden sein muß, versteht sich
von selbst. — Wird das Leder statt mit Eisenauflösung
erst mit einer Auflösung von blauem Kupfervitriol über=
fahren und dann erst das blausaure Kali angewendet, so
entsteht eine schöne kupferbraune Farbe.

Gelb läßt sich auf Leder durch Quercitronrinde,
Kurkumäwurzel, Gelbholz, Scharte und Orlean hervor=
bringen.

Silbergrau oder fahl entsteht durch Färbung
mit aufgelöstem Kupferwasser, oder durch Eisenvitriol, in
Essig aufgelöst, und die Farbe läßt sich leicht dunkler oder
heller machen, wenn man mehr oder weniger Vitriol
nimmt.

Braun bekommt man, wenn zuerst silbergrau ge=
färbt, dann diese Färbung mit einem Aufgusse von Sal
tartari oder aufgelöster Pottasche überfahren wird. —
Oder man kocht Kampescheholz und Orlean zu gleichen
Theilen in Wasser, und wenn die Farbe dunkler werden
soll, so setzt man etwas Kupferwasser hinzu. Auch Pott=
asche, in Essig aufgelöst, oder Kalkwasser oder grün ge=
kochte Nußschalen, färben das Leder braun. Zu Eichel=
braun nimmt man junge Eichenrinde, kocht sie stark in
Regenwasser aus, seihet die Brühe durch und setzt etwas
Weinsteinsalz hinzu.

Zu Schwarz kocht man eine Hand voll Eisenfeil=
späne, etwas Vitriol und einige gestoßene Galläpfel in
Weinessig; oder man kocht grünen Kupfervitriol in Re=
genwasser und thut etwas Alaun hinzu. — Die beste
schwarze Beize ist aber die Eisenschwärze, wie wir

solche oben bei Anstellung der Beizen angegeben haben, und man kann damit grundirtes Leder von jeder Beschaffenheit schwarz färben, oder mit einem feinen Pinsel zwischen den Vergoldungen schwarze Flecken anbringen, oder mit einer stumpfen Reißfeder Linien ziehen u. s. w.

Will man dem zu färbenden Leder durch eine Ausbeizung die natürliche weiße Farbe reiner und vollkommener geben oder durch mannichfaltig abwechselnde, geschmackvoll aufgetragene Flecken von verschiedener Gestalt und Größe zu verschönern suchen, so verfährt man hierbei auf folgende Art:

Nachdem der Lederüberzug mit dünnem Kleister eingerieben und wieder trocken geworden ist, überfährt man denselben überall mit dem Safte einer zerschnittenen Citrone, läßt es abermals trocknen und reibt zum zweitenmale dünnen Kleister ein. Wenn auch dieser Auftrag trocken geworden und das Leder noch nicht weiß und rein genug ist, so wendet man die Citronensäure noch einmal oder so oft an, bis man den gewünschten Zweck vollkommen erreicht hat. In Ermangelung des Citronensaftes bediene man sich des gereinigten Sauerkleesalzes, welches in warmem Wasser aufgelöst wird, und womit man das Leder, nach dem Erkalten überstreicht. Auch Essig- und Weinsteinsäure oder einige Tropfen reine Schwefelsäure, ferner gutes Scheide- oder Königswasser, mit reinem Wasser hinlänglich verdünnt, leistet Dienste. Um die Farbe des Leders noch zu heben, kann man auch etwas Safran in das Beizwasser thun. Aber bei Anwendung dieser Beizen ist darauf zu sehen, daß nicht allein das Beizwasser die rechte Stärke hat und nie schärfer wie etwa ein guter Essig ist, sondern auch diejenigen Stellen auf dem Rücken und auf den Decken, wo farbiges Leder oder Papier hinkommen soll, mit der Beize verschont bleiben, weil diese sonst durch das Leder oder Papier schlägt und die Farbe zerstört; überhaupt wollen diese Art Bände sehr zart und reinlich behandelt sein.

Ist das Leder gehörig rein und gleichsam gebleicht, auch gehörig trocken, so wird es mit Urin gut ausgewaschen. Das Buch bleibt nun entweder in dieser Beschaffenheit und wird mit Eiweiß überfahren; oder man sprengt es, wenn die verschiedenen Anstriche mit Kleister und den angewendeten Säuren trocken geworden sind, auf oben beschriebene Art mit Eisenschwärze allein und zwar recht fein, oder wenn die Flecken größer und mannichfaltiger werden sollen, so läßt man etwas Safran in Weinessig ausziehen und kocht in einem andern Gefäße Fernambuk oder Kochenille mit Wasser und etwas Alaun zu einer Tinktur. Mit diesen Farben sprengt man entweder vermittelst des Sprengpinsels, oder man tupft an den schicklichsten Orten Flecken damit auf, welche man, nach Gutdünken, mit einander abwechseln läßt. Auch kann man außerdem noch mit Citronenmark hin und wieder tupfen.

Nach dem Abtrocknen dieser Farbenaufträge bestreicht man die fleckige Belegung mit Kleister oder Gelatinewasser von nicht zu dünner Konsistenz; dann folgen, wenn dieses trocken ist, einige Anstriche von Eiweiß, worunter man auch einige Tropfen Citronensaft oder Vitriolspiritus mischen kann.

Eine eigene Art ist das sogenannte Kupferiren des Leders, welches sich besonders auf mattem Kalbleder schön ausnimmt und folgendermaßen bewerkstelligt wird:

Man schmilzt über gelindem Kohlenfeuer ein Loth reinen Hirschtalg und ein Quentchen weißes Wachs zusammen und formt es zu bequemem Gebrauche zu einer Kugel. — Zuerst druckt man mit einer Filete oder mit einem Stempel, welche beide nur mäßig heiß sein dürfen, die zu kupferirende und vorher erst angefeuchtete Stelle vor; hierauf wird die Filete oder der Stempel auf einem mit der obigen Wachskugel bestrichenen Läppchen hin- und hergezogen und nochmals damit vorsichtig dieselbe Stelle nachgedruckt, wodurch ein sehr schönes und reines, mit Glanz verbundenes Braun erscheinen wird.

b. Das Marmoriren des Leders.

Der gewöhnlichste Marmor ist der Wassermarmor, welcher auf folgende Weise gemacht wird.

Nachdem der mit Kleister eingeriebene Band fast trocken geworden ist, so setzt man das zu marmorirende Buch etwas abhängend in das eine Ende einer leichten Handpresse, also nicht zwischen beide Spindeln, dergestalt, daß die beiden Schalen auf die Balken derselben zu liegen kommen, und spritzt zuerst mit einem großen Pinsel von langen Borsten, oder noch besser mit einem Besen von Reisstroh, so viel reines, kaltes Wasser darauf, indem man die linke Hand vor sich hinhält und an diese oder an das sogenannte Marmorirholz, oder auch an einen Hammer und dergl., den Stiel des Pinsels mehrmals anschlägt, bis die Tropfen anfangen, ineinander zu fließen. Dann nimmt man schnell den schon in Bereitschaft liegenden Sprengpinsel, mit starker guter Eisenschwärze gefüllt, und spritzt darüber hin, so daß die Schwärze auf das mit Wasser besprißte Leder gleichsam regnet, sich mit dem Wasser vermischt und schöne Flüsse oder Adern bildet. Durch die willkürliche, bald mehr bald weniger dachförmige Biegung der Presse oder der Schalen kann man allerhand beliebige Richtungen hervorbringen, besonders wenn man schon etwas geübt ist. Ebenso verfahre man hierauf mit Pottaschenwasser, wohl auch mit Citronensaft oder geschwächtem Scheidewasser, welche beiden letztern Dinge wieder einen Theil der Flüsse mit weißen Adern durchbrechen, indem sie da, wo sie hinfließen, die Farbe wieder wegnehmen, wodurch öfters das Ganze sehr gewinnt. Doch muß dieß alles sehr schnell aufeinander geschehen, bevor das Wasser zu sehr verläuft. Gießt man auch in das Marmorirwasser, welches auf die Decken kommen soll, etwas aufgelöste Pottasche, oder Sal tartari, so dient solches dazu, nicht allein dem Grunde, sondern auch den Flüssen eine in das Braune spielende Farbe zu geben. — Eben so lassen sich auch die Flüsse des Marmors, welche zu schwarz gerathen sind, in eine braune Farbe verwandeln, wenn man das Ganze, nachdem es wohl trocken geworden ist, mit schwachem Pottaschenwasser überfährt. Ein gutes Marmorirwasser, welches einen guten und sichern Fluß des Marmors bewirkt, wird auf folgende Art bereitet: Man nehme zwei Pfund Fluß- oder Regenwasser, thue vier Loth gereinigte Pottasche, ein halbes Loth fein gestoßenen Salmiak und ein halbes Loth Gummigutt hinzu und lasse dieß alles gehörig auflösen. Von diesem Marmorirwasser gieße man beim Gebrauche zwei Eßlöffel voll in ein Pfund reines kaltes Flußwasser, welches beim Marmoriren gebraucht werden soll.

Manches Lohleder, welches mit Fichtenlohe oder der Rinde der Saalweide gegerbt worden ist, besonders das von hellerer Farbe, oder wenn Fett oder Leim darauf gekommen ist, nimmt die Eisenschwärze nicht genugsam an, in diesem Falle reibt man das Leder gut mit Kleister ein, und wenn es trocken geworden ist, überfährt man es mit Galläpfelwasser, welches also bereitet wird: Man stoße einige Galläpfel gröblich, thue sie in ein Töpfchen, gieße Weinessig und Wasser zu gleichen Theilen darüber, und lasse solches kochen; wenn dann die Flüssigkeit einen herben Geschmack angenommen hat, so ist sie gut, und man bedient sich derselben am besten heiß. Durch das Ueberfahren mit diesem Galläpfeldekokte kann man dem Leder mehr oder weniger die Eigenschaft geben, daß es sich auf oben angegebene Weise gut marmoriren läßt. — In Ermangelung des Galläpfelwassers wäscht man die Decke stark mit Urin aus, läßt solche trocken werden und reibt neuen Kleister ein.

Auch auf folgende Weise kann das Leder, je reiner und weißer desto besser, marmorirt werden. Nachdem es geglättet und einigemale mit Eiweiß überfahren worden ist, übertupft man es mittels einer Hasenpfote ganz grob, aber geschwind, mit Eisenschwärze, taucht sodann einen Schlagpinsel in Citronensaft, oder in verdünnte

14*

salpeterſaure Zinnauflöſnng, ſprengt damit in die näch-
ſten Flecken, legt Löſchpapier über das Leder und zieht
die überflüſſige Näſſe davon ab. — Wenn das Papier
abgenommen worden iſt, wird man das Leder marmorirt finden.

Der Beizmarmor wird mit Beizen hergeſtellt,
und dieſe vertreten hier die Stelle des Waſſers, welches
man bei dem Waſſermarmor anwendet; übrigens iſt die
Zurichtung des Leders und die Art des Marmorirens
dieſelbe. Man trägt zuerſt eine verdünnte Schwärze in
großen Tropfen auf und läßt dann verdünntes Scheide-
waſſer oder ſtark geſchwächte Schwefelſäure, oder eine
andere Beize, ebenfalls in großen Tropfen, folgen, woraus große Adern oder Flecken entſtehen. Ein ſolcher
Beizmarmor iſt der ſogenannte Feuermarmor, den
man dadurch erhält, wenn das Leder mit einer Farbe,
von Fernambuk in Eſſig gekocht, vorher roth gefärbt und
dann mit Eiſenſchwärze und Königswaſſer in der Art
marmorirt wird, daß hier die Schwärze die Stelle des
Waſſers vertritt und das Waſſer ganz wegbleibt.

Der Marmor in Baumgeſtalt entſteht, wenn
man den Einband zuerſt mit ſchwachem Pottaſchenwaſſer
und, wenn dieſes trocken iſt, mit Eiweiß überſtreicht, hierauf das Buch mit aufgeſpreizten Deckeln in die Preſſe
ſetzt, anfangs mit einem Büſchel oder Kiele reichlich Waſſer,
dann ſogleich mit einem Pinſel Kupferwaſſer leicht darauf
ſpritzt und beides wohl verlaufen läßt, während man die
Deckel in der Mitte ein wenig biegt. Auf eine andere
Art entſteht der Baummarmor, wenn man an verſchiede-
nen paſſenden Stellen auf den Deckeln mit einem Talg-
lichte runde oder ovale Figuren zeichnet, die nachdem
ſchöne Aeſte oder Muſcheln bilden. Endlich wird der
Einband mit Waſſer mittels eines Schwammes ausge-
waſchen.

Will man einen Steinmarmor herſtellen, ſo beſtreicht man den Einband mit Eiweiß, und wenn dieſes
trocken geworden, ſetzt man das Buch mit herabhängen-
den Deckeln in die Preſſe, trägt mit einem Pinſel Ku-

pferwasser auf, tunkt hierauf einen Schwamm in starkes
Pottaschenwasser und drückt an verschiedenen Stellen des
Rückens solches aus, damit es von da über das Leder
auf die Schalen herablaufe. Sollten hier und da leere
Stellen entstanden sein, so füllt man solche auf ähnliche
Weise mit Vitriolwasser aus. Wenn das Buch dann
trocken geworden ist, wird es abgewaschen.

Recht schön und egal werden die Deckel, wenn das
aufgezogene Leder mit weißem Wachse, worunter zwei
Theile reines Unschlitt gemischt worden, besprengt und
dann andere Farben, z. B. Roth und Gelb, auf Mar-
morart aufgetragen werden. Wenn dann alles trocken
ist, wird das Wachs abgeschlagen, indem man inwendig
an die Schalen pocht. Ein solcher Marmor heißt der
mit Wachs besprengte.

Auf ähnliche Art entsteht der Reismarmor. Das
Buch kommt mit horizontalen Schalen zwischen die Presse;
auf jene streut man hierauf recht regelmäßig Reis auf,
sprengt dann fein mit Kupferwasser und marmorirt zuletzt das Leder mit einem flüssigen Roth oder Blau, oder
mit Pottaschenwasser. Nach dem Trocknen wird der Reis
abgeschüttelt.

Eben so läßt sich ein Marmor durch Tünche herstellen, wenn Kalk mit Wasser zu einer steifen Substanz
gebildet und entweder in großen oder kleinen Flecken oder
Streifen aufgetragen wird. Ist die Tünche trocken, so
marmorirt man entweder mit Roth oder Gelb, spritzt
Pottaschenwasser oder Kupferwasser dazwischen, läßt alles
zusammenlaufen und schlägt die Tünche ab, wenn die Farben trocken sind.

Auch auf farbigem Grund läßt sich marmoriren, sobald die Grundfarbe keine so große Säure hat, daß sie
die Eisenschwärze hindert, auf das Leder zu wirken. —
Diese farbigen Marmore haben ihre Benennung von der
Farbe, welche vorherrscht. Bei dem rothen Marmor do-
minirt die rothe, bei dem gelben die gelbe, bei dem braunen die braune, bei dem grünen die grüne Farbe rc. —
Das gefärbte Leder wird dabei auf bekannte Weise zu-

gerichtet, zuerst mit Wasser, dann mit Kupferwasser ge=
sprengt und endlich die beliebige Farbe marmorartig auf=
getragen. — Wenn die Farben sich gesetzt haben und
trocken geworden sind, so wird der Ueberzug mit Wasser
abgewaschen.

Zu Roth nimmt man Fernambuk und etwas Alaun,
thut beides in ein Schüsselchen von englischem Zinn, gießt
Weingeist, oder auch nur guten Branntwein darüber und
läßt es einige Stunden stehen; hernach gießt man noch
etwas Scheidewasser, worin englisches Zinn aufgelöst ist,
dazu. Diese Farbe läßt sich auch noch mit Kochenille
versetzen, wodurch sie desto schöner wird. — Auch Schar=
lachkörner, klein gedrückt und in Weingeist aufgelöst, geben
eine rothe Farbe auf Leder.

Zu Gelb nimmt man Safran in Weinessig, oder
Gelbwurzel in Königswasser aufgelöst, oder Berberis mit
etwas Kurkuma in Wasser und Essig gekocht und mit
wenigen Tropfen Scheidewasser vermischt; oder geraspel=
tes Fisetholz in scharfer Lauge mit Alaun gekocht.

Grün erhält man durch Kreuzbeeren, in Essig ge=
kocht und mit aufgelöstem Indigo vermischt, oder durch
Zusammensetzung einer gelben und blauen Beize.

Blau geben die Späne des blauen Brasilienholzes,
auf die nämliche Art, wie der Fernambuk bei der rothen
Farbe behandelt.

Braun entsteht durch Pottasche oder Sal tartari, in
Regenwasser aufgelöst und gekocht; oder die Rinde von
jungen Eichen wird in Regenwasser gekocht und dann mit
etwas Weinsteinsalz vermischt.

Violett entsteht durch die Vermischung von Fer=
nambuk und Blauspänen, wie gewöhnlich gekocht, mit
einem Zusatze von Alaun u. dergl.

Der gemischte Marmor bildet sich durch die
Abwechslung mehrerer Farben, welche marmorartig nach=
einander aufgetragen werden. — Man giebt z. B. dem
Leder durch den Anstrich einer rothen Beize zuerst eine
rothe Farbe, marmorirt hierauf mit gemeinem Wasser und
Königswasser und wirft dann noch grobe Tropfen von

einer gelben und einer blauen Beize dazwischen. Die gelbe Beize wird von Safran in einer Zinnauflösung ausgezogen, und die blaue Beize erhält man von Indig, den man auf bekannte Art in Schwefelsäure auflöst.

Bei dem getäfelten Marmor wird der Einband zuerst mit starkem Braun gefärbt, dann mit Eiweiß bestrichen und in die Presse mit flachen Deckeln gesetzt. — Jetzt trägt man Wasser in hinlänglicher Menge auf, spritzt mit einem Pinsel Kupferwasser sorgfältig hinein, hierauf Pottaschenwasser und zuletzt Vitriolwasser.

Der kupferfarbige Marmor wird gebildet, wenn das vorbereitete Leder mit einer Kupfervitriolauflösung überstrichen und nach dem Abtrocknen mit einer Auflösung von blausaurem Kali, zu welcher man soviel Salzsäure oder Schwefelsäure gesetzt hat, daß dieselbe einen säuerlichen Geschmack erhält, besprengt wird. — Dieser Marmor hat das Ansehen wie frisch polirtes Kupfer und einen ganz besondern metallischen Glanz, nur zieht sich die Farbe mehr in's Rothe, als die des Kupfers.

Der Gold- und Silbermarmor wird auf folgende Art verfertigt. — Nachdem das auf irgend eine Weise marmorirte Leder mit Urin oder lauwarmem Wasser ausgewaschen worden, so überfährt man den Band mit einer schwachen Leimtränke und streut dann mit einem kleinen weichen Pinsel, oder mit dem Obertheile einer Schreibfeder hin und wieder, besonders an solchen Stellen, wo sich die mehrfarbigen Adern mit einander begegnen, etwas von dem Kehrgolde oder Kehrsilber auf, welches beim Vergolden abfällt, gesammelt und hier angewendet wird. Man darf aber nicht zu viel Gold oder Silber auftragen, weil sonst ein zu buntschäckiges Ansehen entsteht.

Um einen mit Gold gesprengten violetten Ledermarmor darzustellen, wird das Leder zuerst violett gefärbt, dann das etwas schräg eingesetzte Buch mit verdünnter Eisenschwärze gesprengt, und wenn die Tropfen zu fließen und Adern zu bilden anfangen, sprengt man mit einer rothen oder grünen oder braunen Beize

dazwischen. Ist das Buch wieder ausgetrocknet, so über=
fährt man es mit einer aus Pergamentspänen oder Ge=
latine bereiteten Leintränke zwei= oder dreimal, und be=
vor der letzte Anstrag ganz trocken geworden ist, wird
sein geriebenes Gold, mittels einer Büchse, die oben mit
Kanevas überzogen ist, aufgestreut. — Zuletzt wird das
Leder mit Eiweiß überfahren und abgeglättet.

Auf mannichfaltige Weise läßt sich der Marmor auf
Leder noch verändern, besonders, wenn mit den verschie=
denen Farben gewechselt, bald zwei, bald drei gebraucht,
bald die Pottasche, bald das Vitriol=, bald das Kupfer=
wasser oder die Eisenschwärze angewendet wird. — Der
Anfänger wird aber in den gegebenen Vorschriften Stoff
genug zu weiterem Nachdenken finden, und daher wer=
den andere, welche man noch anführen könnte, hier über=
gangen.

c. Das Sprengen des Leders.

Das Sprengen des Leders mit Eisenschwärze oder
allerhand anderen Farben, wodurch auf demselben eine
Menge kleiner Punkte, einem feinen Regen gleich, erzeugt
werden, geschieht auf folgende Art: Das Leder wird
zuerst mit dünnem Kleister eingerieben, und wenn sol=
cher trocken geworden, mit Eiweiß einmal überfah=
ren. Ist auch dieses trocken, so legt man zwei Spreng=
latten auf zwei Stühle, hängt zwischen diese das Buch
ein, so daß die Decken in horizontaler Lage sich befinden,
taucht dann einen Spreng=, Marmorir= oder Schlagpin=
sel mit kurzen Borsten in die beliebige Farbe und drückt
ihn gehörig wieder aus. Hierauf hält man den Pinsel,
die Borsten auswärts gekehrt, mit der linken Hand hoch
über die zu besprengende Fläche des Leders und fährt
mit dem Zeigefinger der rechten über die Spitzen der
Borsten gegen sich zu, oder man schlägt mit einem Ham=
mer an den Schaft des Pinsels, oder man schlägt mit
dem Stiele oder Schafte desselben gegen ein dickes und

ſtarkes Holz, das ſogenannte Marmorirholz. Dadurch
wird die in dem Pinſel befindliche Farbe in die Höhe
geſpritzt, ſo daß die gröbern Tropfen darüber wegfahren
und nur das Feinſte davon gleichſam wie ein feiner Re=
gen auf das Leder fällt und die kleinen Pünktchen bil=
det. Dieß wiederholt man ſo oft, bis das Leder gleich=
förmig, dunkel oder hell, grob oder fein, geſchloſſen oder
zerſtreut beſprengt iſt. Auf dieſe Weiſe kann man auf
gefärbtem und ungefärbtem Ledergrunde mit Eiſenſchwärze
oder einer andern Farbe ſprengen, und die ganze Kunſt
beſteht darin, die Farben ſo ebenmäßig in Tropfen fal=
len zu laſſen, daß ſie allenthalben das Leder gleich dick
und dunkel bedecken. Wendet man Eiſenſchwärze an, ſo
muß man ſolche nicht allein gehörig mit Waſſer verdün=
nen, ſondern auch etwas Kochſalz zuſetzen, welches ver=
hindert, daß ſich die Schwärze auf dem Leder ineinander
zieht.

Iſt eine Stelle genugſam, das Uebrige aber noch
nicht hinlänglich geſprengt, ſo ſchneidet man ein Papier
darnach aus und überdeckt damit die fertigen Orte, da=
mit nicht ſo viel Sprengung hinkomme und das ſchöne
Verhältniß geſtört werde.

Läßt aber der Sprengpinſel die Tropfen zu ſtark
fallen, wodurch keine ſchöne Sprengung hervorgehen würde,
ſo reibt man nur wenige Tropfen Baumöl hinein. —
Sollte aber dadurch der Pinſel zu fettig geworden ſein
und deshalb keine Farbe annehmen wollen, ſo läßt ſich
dieſer Fehler leicht verbeſſern, wenn man ihn mit Aſche
und Kreide wieder ausreibt.

Auf eine andere Art geſchieht das Sprengen mittels
des Spprenggitters. Man hält dann dieſes Gitter
in der linken Hand über das Buch, welches beſprengt
werden ſoll und reibt mit dem ausgeſchlagenen Pinſel voll
Schwärze, oder einer andern Farbe auf dem Drahtgitter
herum, gleichſam, als ob man Farbe reiben wollte, wo=
durch ein ebener und dichter Regen, wie bei dem Anſchla=
gen des Pinſels gegen das Marmorirholz entſteht. Es muß
aber hier, wie bei der erſten Methode, dafür Sorge getragen

werden, daß sich an das Gitter oder den Pinselstiel keine
Farbe in großen Tropfen sammele, auf das Buch fallen
und große Flecken verursachen könne. Ein solcher Unfall
läßt sich zwar bei Eisenschwärze durch eine Beize von
Citronensaft, oder Scheidewasser, oder Sauerkleesäure,
oder oxygenirter Salzsäure ziemlich wieder wegbringen,
aber immer wird das gegenseitige Verhältniß in etwas
gestört, nicht zu gedenken, daß das Leder auch leiden
kann; bei andern Beizfarben ist das Wegbringen noch
schwieriger.

Allerhand Spiele und Sprengungen entstehen, wenn
man auf Eisenschwärze Tropfen von Pottaschenauflösung
fallen läßt, oder dieser Sprengung eine Beize von
Königs- oder Scheidewasser zugesellt, oder mit Kupfer-,
Pottaschen- und Vitriolwasser sprengt, oder das Leder
erst gelb, roth, hellbraun oder silbergrau färbt, dann mit
Eisenschwärze und endlich mit Pottaschen- und Vitriolwasser sprengt. So lassen sich mannichfaltige Veränderungen darstellen, wobei es sich aber von selbst versteht,
daß bei Sprengungen mit mehreren Farben oder Beizen
stets der erste Auftrag trocken sein muß, bevor der zweite
folgt, außerdem alles zusammenfließt.

d. Geflecktes oder getupftes Leder.

Statt des Marmorirens oder Sprengens kann
man auch mit einem Hasenfuße, oder großlöcherigen
Schwämmchen oder Pinsel, auch wohl mit einem zusam-
mengedrückten Flanellläppchen tupfen und so auf verschiedene Art, sowohl einfache, als auch mehrfarbige
Flecken über- und nebeneinander hervorbringen. Man
läßt aber das Wasser, wodurch vornehmlich der Marmor
entsteht, weg und wendet nach dem Auftrage des Kleisters
die Eisenschwärze in Verbindung mehrerer Farben und
Beizen an, womit man verschiedene Tupfen, Flecken oder
Punkte von verschiedener Größe und Figur bildet. Es
ist also, im strengsten Sinne, das Tupfen nicht weiter
als ein grobes Sprengen, welches aber nicht mit dem

Sprengpinsel, sondern mit den zuerst genannten Werkzeugen, am gewöhnlichsten und schönsten mit einem Fischpinsel, gemacht wird. Auch hier sollen einige Methoden angegeben werden.

Man wasche den Einband mit schwachem Pottaschenwasser, bestreiche ihn mit Eiweiß und lasse ihn trocken werden. Hierauf mischt man einen Theelöffel voll Eisenschwärze mit einer halben Tasse voll Zinnabkochung wohl zusammen und trägt von dieser Flüssigkeit große Flecken auf. Das Buch bleibt dann so lange stehen, bis alles trocken ist.

Oder man färbe das aufgezogene Leder mit einem flüssigen Blau, und wenn dieses trocken ist, giebt man einen Anstrich von Kupferwasser, welches mit etwas Kleister vermischt worden ist. Dann reibe man nach dem Trocknen dünnen Kleister, hierauf Eiweiß ein, setze das Buch mit aufgeschlagenen Deckeln entweder zwischen Sprenglatten oder zwischen die Balken einer Presse und mache mit einem feinen Pinsel große und kleine Flecken mit Königswasser.

Oder man reibe den Einband mit dünnem Kleister ein und solchen mit Papierspänen wieder ab, bringe das Buch, wie vorgedacht, in die Presse und bilde große und kleine Flecken von einer Mischung, welche aus einem Theile Kupferwasser und 8 Theilen Zinnabkochung besteht.

Oder man schwärze den Einband mit Kupferwasser, trage dann, wie gewöhnlich, Kleister auf und flecke hierauf entweder mit Gelb, oder mit Königswasser und Gelb, oder mit Roth und Gelb, oder mit Roth, Gelb und Grün.

Nachahmungen der Schildkrötenschale entstehen, wenn man mit starker und schwacher Eisenschwärze übereinander und hernach darüber wieder mit starker Pottaschenauflösung, in der Fernambukspäne aufgelöst worden sind, tupft; oder wenn man in einem nassen Auftrage von Kleister oder Eiweiß mit mehreren Farben oder Beizen tupft, welche dadurch ineinanderfließen und Adern, auch Flecken bilden.

Ist die Decke auf die eine oder die andere Art marmorirt, gesprengt, oder getupft, so schwärzt man auch die Kanten, oder bildet mit einem Pinsel Streifen oder Schlangen darauf.

e. Das Färben des Pergamentes.

Die Farben, deren man sich hierzu bedient, werden auf folgende Art bereitet:

1) Zur rothen Farbe destillirt man Fernambuk=späne in einem mit durchstochener Blase verwahrten Glase mit Weinessig auf dem Ofen, oder an der Sonne, und thut dann etwas zerstoßenen Alaun hinzu.

Oder man nimmt Kochenille, schüttet Weinessig dazu und läßt es gut verdeckt sieden, worauf man etwas Alaun zugiebt und die Farbe erkalten läßt.

2) Zur blauen Farbe bedient man sich der Späne des blauen Brasilienholzes oder des Indigs, wie beim Lederfärben.

Zur hellblauen nimmt man Blaustein, gießt Essig darüber, läßt beides einige Zeit stehen, und thut dann statt des Alaun etwas cyprischen Vitriol hinzu.

3) Grün entsteht, wenn man destillirten Grünspan oder Kupferasche in Weinessig auflöst.

4) Gelb durch Auszug des Safrans in Weinessig.

Jede dieser Farben wird kalt aufgetragen und der Auftrag so oft wiederholt, bis die gewünschte Farbe erscheint.

Will man auf Pergament die Schildkrötenschale nachahmen, so wählt man am besten die rothe Grund=farbe. Ist diese abgetrocknet, so trägt man Wasser auf und macht sogleich abwechselnd mit Eisenschwärze und Citronenschale die gehörigen Flecken.

Mit obigen Farben kann man auch sprengen, nur muß das Pergament zuvor mit Kleister eingerieben wer=den, und gut trocken sein, sonst fließen die Farben zu sehr ineinander.

Statt des Sprengens kann man auch mit einem
Hasenfuße oder einem Schwämmchen tupfen und dadurch auf verschiedene Art marmoriren.

20) Das Vergolden und Blindpressen

ist eine Arbeit zur äußern Verzierung der Bücher, und
schon daraus leuchtet ein, daß sie mannichfaltig verändert,
dem Geschmack und der Mode unterworfen sein muß.

Beim Vergolden bezweckt man, erhaben in Messing
gravirte Dessins von verschiedener Gestalt und Größe,
entweder einzelstehend oder zu einem größern Muster geschmackvoll zusammengesetzt, mit Gold so in die verschiedenen Stoffe der Bücherüberzüge aus freier Hand,
oder mittels der Vergoldepresse zu pressen oder
zu drucken, daß sie nicht nur blank dort stehen, sondern
auch beim Gebrauche sich nicht abnutzen. Zu diesem
Zwecke bedient man sich der Fileten, Stempel,
Rollen und Platten von Messing oder entsprechendem Metall, die in einen dem zu vergoldenden Stoff
angemessenen Hitzgrad gebracht, auf das vorher aufgetragene, oder mit diesen Instrumenten aufgenommene
Gold, mit festem, sicherm Druck gedruckt oder geprägt
werden.

Dieß sind jedoch nicht die einzigen Erfordernisse beim
oder zum Vergolden. Selten ist der zu vergoldende Stoff
so appretirt oder grundirt, daß er ohne weiteres, selbst
bei ganz richtigem Hitzgrade und vollkommen genügendem
Drucke, das Gold annimmt oder hält. Es ist daher
nöthig, den zu vergoldenden Stoff, auf der zu vergoldenden Fläche, vor dem Vergolden mit einem Grunde zu
versehen, der geeignet ist, das Gold dauerhaft und fest
mit ersterem zu verbinden. Da die zu vergoldenden
Stoffe ebenso zahlreich, als unter sich verschieden sind, so
liegt es in der Natur der Sache, daß nicht sowohl der
Vergoldegrund an und für sich, als seine specielle
Anwendung verschieden sein muß. So hat man auch in
der That wenig Substanzen als Vergoldegrund bisher

verwendet, doch gestaltet sich ihre Anwendung sehr ver=
schieden. Von der Zusammensetzung des Vergoldegrundes
und seiner richtigen Anwendung hängt das Gelingen
des Vergoldens, einige geringfügigere Nebenumstände ab=
gerechnet, hauptsächlich ab, und es ist eine genaue Kennt=
niß der verschiedenen Substanzen selbst, sowie deren
Zusammensetzung von großer Wichtigkeit, weshalb ein
specielles Eingehen hierauf ebenso wünschenswerth, als
dringend geboten erscheinen muß.

Das Grundiren geschieht entweder auf trockenem
oder nassem Wege.

a) Trockener Grund.

1) Gummi arabicum,
   Schelllack (oder Kopallack),
   Sandarak und
   Siegellack

zu gleichen Theilen, fein gepülvert und gemengt.

2) Gummi copal,
   Gummi gutti,
   getrocknetes Eiweiß

zu gleichen Theilen, aufs feinste gerieben, geben ein
gelbes Vergoldepulver, welches sehr gut ist.

3) Gummi copal . . 4—5 Theile,
   Mastix . . . . 1 Theil

geben ein die erforderlichen Eigenschaften besitzendes Ver=
goldepulver. Auch genügt schon Kopal allein. Die
Substanzen müssen aufs feinste gepulvert und aufs beste
gemischt sein. Beim Gebrauche wird das Pulver mit
einem Haarpinsel auf die zu vergoldende Fläche getragen,
sogar ein wenig eingerieben. Reinen Kopal verwendet
Verfasser bereits seit vielen Jahren und geht die Ver=
goldung, vorzüglich bei Titeldrucken und Zeilen Schrift auf
die Decken, Namen auf lackirte Bücher, sehr rasch und
gut auf Leder, Kalliko, Papier 2c. von statten.

4) Getrocknetes Eiweiß

erhält man, wenn man gewöhnliches Eiweiß (siehe weiter unten) zu einem dicken Schaume schlägt, in flache Gefäße gießt, mit reinem Papier gegen Verstaubung überdeckt und es in der Sonne oder auf dem warmen Ofen ganz vertrocknen läßt. Diese harte Masse wird dann in einem Mörser zerstoßen und zu Staub zerrieben, das geriebene Eiweiß in ein Behältniß, in Form eines Deckels von einem Federpennale, gethan, über die Oeffnung ein Stück feine Leinwand gebunden und so die Stelle, welche trocken vergoldet werden soll, gepudert, nachdem man vorher Papier darum gelegt hat, um das daneben hingestiebte Eiweiß zu sammeln. Die Hitze, beim Trocknen des Eiweißes, darf jedoch 40 Grad Wärme nach Réaum. nicht übersteigen, wenn es eine zwar spröde, aber durchsichtige, geruch- und geschmacklose Substanz, die sich im kalten Wasser leicht auflöst und dann wieder flüssiges Eiweiß bildet, das alle Eigenschaften des frischen hat, darstellen soll. Findet eine größere Hitze, als angegeben, statt, so gerinnt das Eiweiß zu einer im Wasser unauflösbaren Masse.

5) Vergoldepommade.

Sie wird auf verschiedenerlei Art, oft sehr geheimnißvoll, bereitet. Nachstehend angegebene dürften unter allen Verhältnissen, da die Vergoldepommade ohnehin fast gar nicht mehr in Anwendung gebracht wird, vollkommen genügend sein:

¼ Pfund ausgelassenes Schweinefett,
2 Loth Meerzwiebelsaft,
2 „ Rosenpommade und das Weiße von 3 Eiern.

Das Eiweiß und der Meerzwiebelsaft werden zusammengeschüttet, zu Schaum geschlagen, und dann in einer Schüssel mit dem Schweinefett und der Rosenpommade so lange mit den Händen durcheinander gearbeitet, bis sich alles gehörig mit einander vereinigt hat.

Oder man nehme das Weiße von einem Ei, quirle das= selbe in einem Glase zu steifem Schaume, thue 4 Loth, durch gelinde Wärme fließend gemachtes, Schweineschmalz, in welches man 1 Loth Rosenpommade gethan hat, hinzu und schütte, während man das Gemisch aufs neue quirlt, nach und nach 18 bis 20 Tropfen Meerzwiebelsaft hinzu und fahre mit dem Quirlen fort, bis das ganze eine geschmeidige Salbe geworden ist, welche auf den zu ver= goldenden Gegenstand aufgetragen, und dann dessen Ober= fläche mit dem Ballen der Hand so lange gerieben wird, bis von derselben nichts mehr zu sehen ist. — Die Ver= goldepommade läßt nicht nur keinen Grund zurück, son= dern kann auch bei jeder Temperatur, sowohl auf Papier, als auch Leder, mit dem besten Erfolg angewendet werden.

Oder: 1 Loth Schweinefett, 2 Loth Rindertalg und ½ Loth Meerzwiebelsaft werden in einem irdenen Tiegel, unter stetem Umrühren, auf gelindem Kohlenfeuer zusam= mengeschmolzen und nach dem Durchseihen in einer Büchse zum Gebrauch aufbewahrt.

Oder: 6 Loth Schweinefett, 2 Loth Hirschtalg, 1 Loth Nußöl, einige Tropfen Meerzwiebelsaft, das Weiße von einem Ei. Schmalz und Hirschtalg werden in einem Topfe geschmolzen, worauf man die übrigen Substanzen zu der Fettsubstanz gießt, die jedoch vorher erkaltet sein muß. Die ganze Masse schlägt man so lange, bis sie nicht mehr an den Wänden des Topfes anhängt.

b) Nasser Grund.

Zum Grundiren auf nassem Wege wird fast aus= schließlich das Eiweiß, entweder rein oder gemischt, an= gewendet. Ein zum Vergolden taugliches, gutes Eiweiß erhält man, wenn man, z. B., Eiweiß in einer Flasche ansammelt und dasselbe entweder in der Sonnen= oder Ofenwärme so lange destilliren läßt, bis alles Unreine sich von selbst aufgestoßen und abgesondert hat, worauf man die Flasche fest verkorkt im Keller aufbewahrt, übri= gens aber vor dem Beschmeißen der Fliegen und anderer Insekten bewahrt, weil sich sonst Maden darin erzeugen.

Ein wenig zugethanes Salz befördert die Klärung des Eiweißes.

In kleinern Quantitäten kann man sich Eiweiß ansetzen, wenn man das Weiße von 2 oder 3 Eiern ausschlägt, einige Tropfen Salmiakgeist zugießt und das Ganze zu Schnee schlägt. Der Schaum wird dann abgesondert und nur das Flüssige verbraucht. Ein vorzüglich gutes Eiweiß zum Vergolden bereite man auf folgende Art:

Dem Weißen von circa 12 — 16 Eiern setze man ungefähr die Hälfte einer gewöhnlichen Kaffeetasse guten Weinessigs zu und quirle dieses vielleicht 6 — 8 Minuten tüchtig durch. Nachdem nun dasselbe 3 — 4 Tage ruhig gestanden, hat sich das Eiweiß gut geklärt und gießt man es nun behutsam zur Aufbewahrung in eine Glasflasche. In diese werfe man ein Stück Kampher von der Größe einer Haselnuß, und ist dessen Wirkung das Verhindern der bei Eiweiß sehr bald eintretenden Fäulniß, verbunden mit einem häßlichen Geruche. Ein derart zubereitetes Eiweiß hält sich, hauptsächlich wenn es an einem kühlen Orte aufbewahrt wird, jahrelang, ohne an seiner Kraft nur im mindesten zu verlieren und klärt sich mit der Zeit immer mehr und mehr. Verfasser fand dieses Eiweiß in seiner Praxis als den besten nassen Vergoldegrund und arbeitet derselbe stets nur mit diesem.

Ein anderes dünneres Eiweiß, als vorhergehendes, zu anderen Zwecken bereite ich auf folgende Weise:

Zu einem Eiweiß nehme man 5 — 6 Theile frischen Urin und quirle beides tüchtig durcheinander, lasse es abstehen und thue es ebenfalls mit Kampher in eine Flasche. Dieses Eiweiß dient zum Auswaschen der Titel rc. auf Chagrinleder und wird dabei noch das Vergoldpulver von Kopal mit angewendet. Auch werden Kalliko oder Lederdecken, welche in der Presse vergoldet werden, ganz damit überfahren und genügt dieß schon zu diesem Zweck als vollständiger Vergoldegrund. Der Verwendung beider hier angegebenen Eiweiße wird später specieller gedacht werden.

Einen andern nassen Vergoldegrund setzt man auf folgende Weise an: In 3 Eßlöffeln voll abgekochter Milch löst man ¼ Eßlöffel voll Gummi-Kopal überm Kohlenfeuer auf, worauf man 1 Eßlöffel voll Kopaivbalsam zusetzt, die ganze Mischung über Kohlenfeuer digeriren läßt, und sie dann mit Weingeist zu einer dickflüssigen Masse verdünnt. Auch die **Pergament-** und **Gelatineauflösung** gehört zu den Grundirsubstanzen und leistet wesentliche Dienste. Man erhält erstere, wenn man **Kalb-** (nicht **Schaf-**) **Pergamentabfälle** in ihr dreifaches Gewicht Regenwasser in kleine Stücke schneidet und bis zur Hälfte einkochen läßt, letztere, indem man Gelatintafeln in warmem Wasser auflöst.

Im allgemeinen wird vor dem Vergolden mit einem der hier erwähnten Grundirmittel, je nach der Beschaffenheit des zu vergoldenden Stoffes, ein, zwei, auch drei Mal überfahren, und mit dem in den gehörigen Hitzgrad versetzten Instrumente, bei aufgetragenem, oder aufgenommenem Golde, das Dessin aufgedruckt. Diese allgemeine Beschreibung des Vergoldens erleidet aber in Hinsicht auf die zu vergoldenden Stoffe, wie schon erwähnt, mancherlei Abänderungen, weshalb es gerathen sein dürfte, diese Abweichungen, nach den verschiedenen Stoffen rubricirt, näher und gründlich zu beleuchten.

A. Das gewöhnliche Vergolden aus freier Hand.

Die hierzu gebräuchlichen Werkzeuge und Instrumente, als: Glättkolben, Goldmesser, Goldkissen, Stempel, Fileten, Rollen oder Roulets, Schriftkästen 2c. dürfen wohl als bekannt vorausgesetzt werden, und man wird eines nähern Eingehens hierauf entbehren können.

1) Das Vergolden auf gefärbte, nicht zum Vergolden appretirte Papiere. - Unter diese Kategorie gehören alle mittelfeinen, und feinen einfarbigen Glanz-, Glacé- und Marmorpapiere. Hier genügt ein

einfaches Grundiren mit Eiweiß ꝛc. nicht, sondern es muß erst ein stärkerer Grund aufgetragen werden, auf welchen dann das eigentliche Grundiren zum Vergolden erfolgen kann. Zu ersterem wählt man entweder verdünnten Kleister, oder die erwähnte Pergament- oder Gelatin-auflösung, die man mit einem feinen Pinsel aufträgt, und nach dem Trocknen drei Mal mit Eiweiß überfährt, jeden Anstrich aber vorher erst trocknen läßt. Das Auf-tragen des Eiweißes geschieht mittels eines feinen, klein-löcherigen Schwämmchens, Strich an Strich und ohne daß Blasen entstehen. Nach dem Trocknen des dritten Anstriches wird mit einem Läppchen, auf welchem sich Wachs befindet und mit dem mäßig erhitzten Glättkolben abgeglättet, worauf ein hinlänglicher Vergoldegrund ent-standen ist, auf den das Dessin mit der Filete, dem Stempel ꝛc. bei entsprechendem Hitzgrade derselben, unter sicherm Ansetzen dieser Instrumente, und bei festem, ruhi-gem und gleichmäßigem Drucke, aufgedruckt werden kann. Der Hitzgrad ist nicht bei allen Papieren derselbe, muß vielmehr durch Uebung gefunden werden. Ebenso ist das eigentliche Drucken der erwähnten Instrumente, sowie das Nachdrucken derselben, im Fall ein erstmaliges Ab-drucken nicht halten sollte, eine Arbeit, die nicht beschrie-ben werden kann, sondern durch fortgesetzte Uebung und oft mehrjährige Praxis angeeignet werden muß.

Das Gold kann hier entweder vor dem Abdrucken aufgetragen, oder mit dem bezüglichen Instrumente nach dem Erhitzen desselben aufgenommen werden, nachdem es vorher auf dem Goldkissen mit dem Goldmesser etwas größer, als das zu druckende Dessin zugeschnitten wor-den ist. Das überflüssige Gold wird mit dem Gold-lappen, einem Stück weichem, nicht zu wolligem Tuche, welches mit etwas Fett eingerieben ist, weggenommen und dann mit einem ganz weichen Seidenlappen vollends ab-gewischt. Das Auftragen des Goldes erfordert etwas Fettigkeit, welche, indem man mit der flachen Hand über das Kopfhaar fährt, dann mit derselben den zu vergolden-den Gegenstand abreibt, auf diesen gebracht wird, darnach das Gold auflegt und mit Watte antupft. Nach geschehener Vergoldung und gutem Auswischen derselben erfolgt ein nochmaliges Abglätten mit stärkerem Hitzgrade.

2) **Das Vergolden auf gefärbte, zum Vergolden appretirte Papiere.** Hierher gehören die verschiedenen Arten Chagrin-, Maroquin-, Titel-, Ledermarmor-, Glanzfeuermarmor-Papiere 2c. Sie werden, da sie bereits von Haus aus einen Vergoldegrund haben, blos einmal mit starkem Eiweiß oder auch blos mit Urineiweiß überfahren und mit mäßiger Hitze vergoldet.

3) **Die Vergoldung auf deutsch- und französisch appretirtes Leder** muß, wenn sie mit Sauberkeit ausgeführt werden soll, mit besonderer Vorsicht behandelt werden. Man druckt zuerst mit lauwarmer Hitze das Dessin vor, wäscht dann das Leder mit sehr durch Wasser verdünnter Salpetersäure oder dergleichen Essigsäure mit Wasser (die Stärke der Säure zu ergründen, muß dieselbe auf der Zunge wie nicht zu starker Essig schmecken) oder mit Urin aus. Erstere Säure hält man sich stets in Glasflaschen vorräthig, während der Urin frisch am besten, auch ist letzterer das empfehlenswertheste. Nachdem das Auswaschen geschehen, werden die aufgedruckten Zeichnungen ein auch zwei Mal mit dem starken Eiweiß grundirt. Ist der Grund getrocknet, trägt man wieder mit der Hand etwas Fettigkeit des Kopfhaares auf und dann das Gold, welches mit Watte angetupft wird; darauf beginnt das Abdrucken. Die anzuwendende Hitze läßt sich hier nicht bestimmen und muß dieselbe der Arbeiter selbst nach und nach kennen lernen, doch ist es jedenfalls rathsam, den ersten Stempel mit weniger Hitze zu drucken, um dieselbe kennen zu lernen, da leicht bei zu großer Hitze das Leder verbrannt wird, welcher Schandfleck nicht wieder zu vertilgen, jedoch ein mit weniger Hitze gedruckter Stempel sich im Falle des Nichthaltens leicht nachdrucken läßt.

Viele Buchbinder tragen bei dieser Vergoldung das Gold entweder mit Vergoldpommade oder süßem Mandelöl auf, doch ist dieß insofern zu verwerfen, weil dadurch das

Gold nicht den schönen Glanz erhält, als wenn keine
Fettigkeit angewendet wird; ein leichteres Drucken in=
dessen hat der Arbeiter beim Auftragen mit Fett.

Es ist aber bei diesem Leder nicht unbedingt nöthig
das Dessin vorzudrucken, sondern kann die ganze Decke,
welche vergoldet werden soll, nachdem sie mit Urin aus=
gewaschen, einmal ganz mit Eiweiß überfahren werden;
sobald dieß trocken, reibt man mit Vergoldpommade oder
Oel ein und trägt das Gold auf u. s. w. Die an=
gewendete Hitze darf für Schwarz, Violett, Grün und
Roth nur eine mäßige, für Braun aber eine etwas
höhere sein.

4) Vergoldung des chagrinirten Schaf=
und Ziegenleders. Chagrinirtes Leder, Chagrin=
Saffian wird zuerst mit lauwarmem Wasser ausgewaschen,
darauf mit einer nicht zu harten Bürste gebürstet, was
dem Leder ein schönes frisches Aussehen giebt. Darauf
druckt man die Dessins lauwarm vor und wäscht die
Stellen, an welchen dieß geschah, gut mit Urin aus.
Alsdann werden die Dessins mit starkem Eiweiß 1 — 2
Mal mit einem Pinsel ausgemalt, doch muß dieß sehr
gewissenhaft geschehen, damit nicht später nach der Ver=
goldung um dieselbe herum Eiweißränder entstehen, wo=
durch das saubere Aussehen der Arbeit sehr beeinträchtigt
wird, oder wenn im andern Fall das Dessin nicht voll=
ständig ausgemalt wäre, würde wieder an diesen Stellen
das Gold nicht halten. Bestehen diese Dessins aus
Stempeln oder Bogen, so ist es am besten, man trägt
das Gold auf, indem die Stellen wieder mit der Hand,
welche etwas Fettigkeit vom Kopfhaar hat, abgerieben
wurden. Sind es Rollen oder Fileten, welche gedruckt
werden sollen, so fängt man das Gold mit denselben auf,
die Rolle oder Filete erhält den nöthigen Hitzgrad, dar=
auf streicht man mit dem Zeigefinger der linken Hand
über das Kopfhaar und dann mit demselben über die
Rolle oder Filete, um dieser eine Idee Fett zuzuführen,
worauf sich beim Aufnehmen des Goldes dasselbe anhängt.
Obige Leder lassen sich, wenn sie mit Urin ausgewaschen

sind, ungeheuer leicht vergolden und ist in den meisten
Fällen nur ein einmaliges Grundiren mit starkem Eiweiß
nöthig. Es giebt auch Buchbinder, welche die Dessins
erst mit verdünntem Kleister und Scheidewasser (welches
auf der Zunge nicht zu sauer schmecken darf) ausmalen
und dann noch mit starkem Eiweiß, doch habe ich stets
oben angegebenes Verfahren vorgezogen und gehandhabt.
Bei Preßvergoldungen, nachdem das Dessin nur ganz
leicht vorgedruckt wurde, blos um die Stelle zu bezeichnen,
wo das Gold aufgetragen werden muß, genügt in vielen
Fällen, wenn mit geheizter Presse gearbeitet wird, ein
einmaliges Ueberfahren mit Eiweiß in 3 — 4 Theilen
Urin und wird hier das so sehr zeitraubende, als lang=
weilige Ausmalen erspart. Die dunkeln Farben, als
Schwarz, Braun und Grün, werden auch von vielen mit
Oel vergoldet (d. h. das Gold damit aufgetragen), doch
tritt auch hier wieder der Fall ein, daß das Gold nicht
den schönen Glanz erhält, welcher doch die größte Schön=
heit einer Vergoldung überhaupt ist.

Bei ganzen Lederbänden, an welchen die Kanten
innen und außen vergoldet werden sollen, überfahre man
dieselben, ohne vorzudrucken, mit starkem Eiweiß ein oder
zwei Mal und trage dann mit süßem Mandelöl, von
welchem man einige Tropfen auf ein wenig Watte nimmt
und die Stellen damit überfährt, das Gold auf.

5) Vergoldung des matten farbigen Kalb=
leders. Das matte farbige Kalbleder ist wohl beinahe
das empfindlichste Material, was der Buchbinder zu ver=
arbeiten hat. Es verlangt die allergrößte Sauberkeit des
Arbeiters, jeder Finger vom Angreifen ist darauf bemerk=
bar und wird überhaupt ein Arbeiter, welcher feuchte
Hände hat, nie im Stande sein, dasselbe verarbeiten zu
können.

Man wasche dasselbe ebenfalls mit laumarmem
Wasser aus, darauf drucke man das Dessin vor und über=
fahre die zu vergoldende Decke mit Urin. Nun pinsele
man die Dessins einmal mit Milch aus und darauf zwei=
mal mit starkem Eiweiß. Würde man sofort mit Eiweiß

grundiren, würde sich dasselbe in das Leder hineinziehen und dunkele Ränder um die Vergoldung hervorbringen, was doch jedenfalls die Sauberkeit der Arbeit bedeutend beeinträchtigen würde, dieser Uebelstand jedoch kommt durch das vorherige Grundiren mit Milch in Wegfall.

Nach dem Auswaschen mit Urin kann man auch das ganze Leder mit einer dünnen Auflösung von Gelatine mit einem Schwamme überfahren, doch darf dieselbe nur so dünn sein, daß das Matte des Kalbleders nicht beeinträchtigt wird. Ist die Gelatine-Auflösung zu stark, tritt nach dem Trocknen ein Glanz auf dem Leder ein, welcher vermieden werden muß. Das Ueberfahren mit Gelatine bietet übrigens noch den Vortheil, daß dadurch das Leder weniger empfindlich beim Angreifen gemacht wird.

Darauf pinselt man das Dessin auch zwei Mal mit starkem Eiweiß aus und wird nun auch das Einziehen desselben, durch die Gelatine verhindert, nicht stattfinden.

Bei diesem Leder läßt sich auch das Gold mit einem flüchtigen Oel, z. B. Citronenöl, anstragen, doch ist es trotzdem besser und räthlich wieder blos mit der Hand über das Kopfhaar zu fahren und behutsam das Leder damit abzureiben.

6) Das Vergolden des am Buche gefärbten, marmorirten ꝛc. Kalb- und Schafleders. Nachdem die Färbung des Leders in gediegener Weise vorhanden, wasche man dasselbe mit Urin aus, überstreiche es mit einem dünnen Kleister oder Gelatine und reibe dieses tüchtig mit der Hand in das Leder ein. Ist dieß geschehen, überfährt man dasselbe schön egal dreimal mit starkem Eiweiß, läßt aber den letzten Eiweißüberzug nicht zu trocken werden, nimmt ein Läppchen, welches mit weißem Jungfernwachs bestrichen wurde und reibt das Leder damit tüchtig ab und glättet schließlich mit einem mäßig heißen Glättkolben.

Das Leder hat nun einen schönen Vergoldgrund erhalten und überreibt man jetzt wieder die zu vergoldenden Stellen mit der Hand, welche wiederum etwas Fett des Kopfhaares erhalten hat, worauf das Vergolden beginnen kann. An Fileten und Rollen fängt man das Gold auf, während zu Stempeln dasselbe aufgetragen und mit Watte angedrückt wird und wendet man nun beim Drucken eine ziemlich starke Hitze an.

Viele vergolden auch dieses Leder mit Vergoldpommade oder Oel, doch wird auch hierbei wieder, im Bezug auf Glanz des Goldes, nicht das günstige Resultat erzielt, wie nach obenangegebener Methode.

7) Vergoldung auf Juchten. Nach dem Vordrucken der gewöhnlichen Malja-Juchten erfolgt ein Auswaschen mit Urin, darauf ein Ueberfahren mit Gelatinewasser und ein zweimaliges Auspinseln mit starkem Eiweiß, worauf dann ebenfalls ohne Anwendung des Oels vergoldet wird. Die feineren, aus Kalbleder gefertigten Juchten kann man genau so behandeln, wie das matte Kalbleder.

8) Vergoldung des Saffian. Beim Vergolden des Saffian kann man ganz so verfahren, wie bei dem Chagrin-Saffian, nur muß hier ganz bestimmt zweimal mit starkem Eiweiß grundirt werden, da derselbe sich etwas schwieriger vergoldet, was theils davon herrührt, daß der Saffian weniger Fett enthält als der Chagrin.

9) Vergoldung auf Sammet. Der Sammet wird entweder mit nassem Grunde oder mit Vergoldpulver vergoldet. In seinem natürlichen Zustande läßt sich derselbe nicht vergolden, sondern muß er erst mit Papier gefüttert werden, wenn nicht der Fall vorhanden, daß die Decke des Buches bereits fertig, folglich schon die Deckel darin enthalten sind. Mit der Hand läßt sich der Sammet nur mit großer Mühe vergolden und auch da selbst nur mangelhaft, daher jetzt wohl eine Handvergoldung auf diesem Stoffe nur bei einem Buchbinder vorkommen wird, welcher keine Presse besitzt, es wird aber heutzutage wohl jedem Buchbinder, welchem das Vertrauen geschenkt wird, eine vergoldete Sammtarbeit liefern zu können, eine derartige Hülfsmaschine und die dazu nöthigen Platten zu Gebote stehen.

Das Aufziehen des Sammets geschieht übrigens mit einem guten Leim, doch muß vor Beginn des Druckes derselbe vollständig getrocknet sein und ist zu obigem Zwecke wohl das Fabrikat der Aktien-Gesellschaft in Aschaffenburg bestens zu empfehlen.

Die Dessins werden mit sehr großer Hitze in den Sammet hineingepreßt, damit sich der lockere Stoff in eine feste Grundlage verwandele. Darauf werden dieselben mit einem nicht zu starken Pariserlack ausgemalt, auch muß dieses wieder, ehe das Vergolden beginnen kann, gut getrocknet sein.

Beim Sammet macht es sich nöthig, das Gold zweimal aufzudrucken, und kann man das erstemal hierzu Zwischgold verwenden, worauf wieder leicht grundirt und dann mit echtem Gold nachgedruckt wird. — Auch kann hier das Gold nicht auf den Sammet aufgetragen werden, sondern muß dasselbe an den Stempel oder auf die zu druckende Platte kommen.

Zur Schönheit einer Sammetvergoldung nun gehört hauptsächlich ein hoher Glanz des Goldes und kann dieser nur durch gut polirte Platten und einen längere Zeit ausgeübten Druck erzielt werden.

Als trockener Grund für Sammetvergoldung können alle früher angeführten Vergoldepulver Verwendung finden, doch ist hierbei auch ein zweimaliges Drucken, verbunden mit starker Hitze nothwendig. Der Hitzgrad muß derart beschaffen sein, daß dadurch das aus Harzen bestehende Pulver vollständig aufgelöst und dadurch der Halt des Goldes erzielt wird.

Ersterer Methode auf nassem Grunde ist aber unbedingt der Vorzug zu geben, da dieselbe leichter als letztere zum Ziele führt.

10) Vergoldung auf Seide. Wegen der geringen Stärke dieses Stoffes, und da derselbe, ohne an seinem Glanze und Ansehen zu verlieren, nicht gefüttert werden kann, erfordert das Vergolden außerordentliche Aufmerksamkeit. Es geschieht ebenfalls wie beim Sammet, jedoch ist ein einmaliges Abdrucken, und zwar aus-

schließlich bei trocknem Grunde, hinreichend; jedoch muß dabei auch der Hitzgrad so beschaffen sein, daß der Vergoldegrund vollständig aufgelöst wird, weil im Gegentheile sich das nicht ganz gelöste Vergoldepulver abschälen und dadurch eine fehlerhafte Vergoldung entstehen würde.

11) **Vergolden auf Pergament und Pergamentpapier.** Das Verfahren hierbei ist verschieden. Man kann:

1) nach dem Vordrucken mit Eiweiß, dem die Hälfte Milch beigegeben wurde, grundiren und dann lauwarm, ja fast kalt abdrucken; oder:

2) das Pergament mit Urin answaschen, dann mit Gelatineauflösung überfahren und einmal mit frischem gutem Eiweiß und ebenfalls lauwarm abdrucken. Auf Pergament hält übrigens eine Vergoldung sehr leicht, es darf dabei aber stets nur geringe Hitze angewendet werden.

12) **Die Vergoldung des Schreib-Postpapiers** u. dergl. geschieht mit trocknem Grunde, ohne daß ein vorgängiges Vordrucken nöthig wäre, mit mäßiger Hitze, aber scharfem, sicherem Drucke.

13) **Das Vergolden der Leinwand** ist je nach der Beschaffenheit derselben verschieden. Gepreßte Leinwand z. B., die neuerer Zeit fast ohne Unterschied schon zum Vergolden appretirt fabricirt wird, erfordert nach geschehenem Vordrucken ein ein- höchstens zweimaliges Grundiren mit starkem Eiweiß und ein scharfes, sicheres Abdrucken mit einem schon ziemlich hohen Hitzgrade. Nicht zum Vergolden appretirte Leinwand muß vorher einen Grund von dünnem Kleister, oder Gelatineauflösung erhalten und erfordert ein zweimaliges Ueberfahren mit Eiweiß.

Die gewöhnliche gefärbte Leinwand wird mit trockenem Grunde bei mäßiger Hitze vergoldet.

14) **Das Auslegen der Vergoldungen** geschieht entweder mit verschiedenfarbigem Golde, mit Pa-

pier oder Leder. Eine Vergoldung mit verschiedenfarbigem Golde läßt sich auf folgende Art darstellen. Beabsichtigt man nämlich eine Vergoldung von grünem Golde abwechselnd mit rothem auszuführen, so werden, nachdem die Dessins vorgedruckt, zuerst die Stellen grundirt, welche das grüne Gold erhalten. Darauf trage man dasselbe auf, und kommt es hierbei nicht so ängstlich darauf an, wenn auch das grüne Gold etwas in die zu rothem Golde bestimmten Dessins eingreift. Sobald nun die Stempel gedruckt sind, werden die Stellen für das rothe Gold grundirt, doch muß nun hier beim Auftragen streng darauf gesehen werden, daß blos genau die Stellen dasselbe erhalten, welche dafür bestimmt sind, weil sonst die Arbeit, da sie doch überhaupt etwas besonderes vorstellen soll, sehr beeinträchtigt werden würde.

Indessen kann man auch beide Farben Gold zu gleicher Zeit auftragen und drucken, wodurch allerdings Zeit erspart wird, doch muß hierbei oft nach dem Abdrucken nachgeholfen werden, da man hier mitunter nicht ganz scharf die Grenzlinie zwischen dem Golde einhalten kann.

Zum Auslegen der Vergoldung mit Papier oder Leder schneidet man die betreffenden Stücke dem Dessin entsprechend zu, das Leder wird ausgeschärft und die Einlagen dann mit Kleister an der gehörigen Stelle aufgeklebt. Grundiren und Abdrucken geschieht wie gewöhnlich.

B. Das Vergolden und Blindpressen mit der Vergoldepresse.

Wenn Papier, Leinwand, Leder, entweder in aufgezogenem oder rohem Zustande, zwischen einer harten, mit vertieften oder erhöhten Mustern gravirten Fläche und einem etwas nachgiebigen Körper, einem starken Drucke ausgesetzt wird, so preßt es sich in die Vertiefungen, und die erhöhten Dessins vertieft in den zu pressenden Stoff ein, und es erscheint demnach auf der Rückseite der letzteren ein erhabener Abdruck in seinen einzelnen Theilen vertieft, während, wie beim Vergolden, ein Abdruck erhaben gravirter Dessins auf der Vorderseite des Abdrucks vertieft und auf der Rückseite erhaben erscheint.

Dieses Princip, nach welchem überhaupt alle Pressungen hergestellt werden, mag auf verschiedene Arten ausführbar sein; in der Buchbinderei indeß genügt die Wirkung einer Vergolde- oder Prägepresse auf eine erhitzte gravirte Platte aus Messing oder derartiger Komposition, um Reliefs in verschiedener Höhe zu erzeugen, oder um Dessins in Gold oder Silber zu drucken, die mit einem Drucke aus freier Hand sich nicht herstellen lassen würden.

Selbstredend hängt aber von der Beschaffenheit dieser beiden Faktoren und von dem Verhältniß derselben zu einander, sowie von der Berücksichtigung und genauen Kenntniß der dabei noch in Frage kommenden verschiedenen Nebenumstände und Erfordernisse, nicht allein das Zustandekommen einer untadelhaften Arbeit ab; es ist auch davon ein nicht unbedeutender Aufwand an Zeit, Kraft und Geld bedingt, weßhalb ein gründliches Eingehen auf diesen Gegenstand um so mehr wünschenswerth erscheinen muß, als die Einführung der Vergoldepressen bei den Buchbindereien so bedeutend zugenommen hat, daß wohl keine derselben, welche der modernen Richtung der Neuzeit huldigt, ohne eine derartige Maschine den Anforderungen genügen kann.

Was vorerst:

1) die Pressen (Vergolde- und Prägepressen, sogenannte Vergoldepressen) betrifft, so ist deren Konstruktion sehr verschieden und in neuerer Zeit sehr vervollkommnet worden. Es liegen uns detaillirte Beschreibungen einiger renommirten Maschinenfabriken vor, die sich vorzüglich mit der Anfertigung und Verbesserung der Vergoldepressen beschäftigen, und wir glauben unsern Lesern einen Dienst zu erweisen, wenn wir dieselben zu ihrer Kenntniß bringen.

1) **Die Pressen aus der Maschinenfabrik der Gebr. Heim in Offenbach.**

Diese sind in ihrer Konstruktion ganz von Eisen und bei einer verhältnißmäßig großen Druckkraft von solider Arbeit und geringem Preise. Wir können aus voller Ueberzeugung und eigener Anschauung die Vergolde- und Prägepressen der Herren Heim nur empfehlen, auch haben sich diese Maschinen bereits in weiteren Kreisen eine ehrenvolle Anerkennung zu sichern gewußt.

a. Balancierpresse mit Schlagrad nach Pariser Art.

Fig. 26 zeigt eine, die nicht nur zum Gold- und Blinddruck sehr vortheilhaft, sondern auch ganz zweckentsprechend ist zu größeren Prägungen u. s. w., da durch den Mechanismus des Schlagrades die größten und schwierigsten Dessins von einem Manne ohne besondere Kraftanstrengung gepreßt werden können.

b. Stock- und Vergoldepresse.

Fig. 27 repräsentirt eine kleinere zum Blind- und Golddruck; aus der hier folgenden Beschreibung derselben erläutert sich auch die Konstruktion der großen Presse (Fig. 26), die im wesentlichen der kleinen ganz gleich und nur in den Dimensionen und in der Anwendung der Hebelkraft von dieser abweichend ist.

Die auf einem Gestell von Holz ruhende Presse besteht ganz aus Eisen. Die massiven Säulen H, H sind durch das Querstück C mit einander verbunden; durch letzteres geht die ebenfalls massive Schraube (Spindel) B, mittels welcher durch den Schwengel (Hebel) A A der eigentliche Druck bewerkstelligt wird, indem die Schraube B, welche bei D in einer Pfanne läuft, auf den Preßtiegel (Sattel) E, E wirkt und ihm die von dem Hebel ausgehende Preßkraft mittheilt. Durch die Stäbe F, F ist der Preßtiegel mittels der Muttern e, so mit der Schraube und dem Hebel verbunden, daß seine Bewegungen denen des Hebels analog sind. Zur Erzielung eines sichern, ruhigen Druckes sind an dem Tiegel die Pfannen G, G angebracht, die genau an die Säulen H schließen und deshalb während des Auf= und Niedergehens des Sattels ein Abweichen oder einen schiefen, unsichern Druck desselben unmöglich machen.

Der Preßtiegel wirkt auf die eiserne Platte (Preßtisch) I, auf welchen. der zu pressende Gegenstand zu liegen kommt. Zur Fixirung der zu pressenden Gegenstände, d. h., um ihnen eine genau zu bestimmende, unveränderte Lage geben zu können, sind auf dem Preßtische I Stifte angebracht, an welchen die zu pressenden Gegenstände mittels der Matrizen befestigt werden, welche Einrichtung vorzüglich dann von großem Nutzen ist, wenn eine Anzahl gleicher Pressungen hintereinander geliefert werden soll. Da die eigenthümliche Konstruktion dieser Presse und das bei Anwendung derselben zu beobachtende Verfahren (von welchem weiter unten abgehandelt werden wird) es unbedingt erfordern, daß der Preßtisch I, welcher während des Pressens vor= und rückwärts bewegt werden kann und muß, beim jedesmaligen Druck immer wieder genau in seine ursprüngliche Stellung gebracht werden, so läuft derselbe während seiner Bewegungen mittels der Zapfen f, f in den Schienen k, k.

Beim Gebrauch der Presse erhält der Preßtiegel die nöthige Hitze durch glühende Kolben, welche bei L L in denselben geschoben werden. Zur Erhaltung des nöthigen Hitzgrades ist es hinreichend, wenn alle 15 bis 20 Minuten ein Bolzen um den andern mit einem heißeren vertauscht wird. An der Preßfläche des Tiegels befindet sich eine Eisenplatte, welche durch kleine Schrauben ebenso schnell an= wie abgeschraubt werden kann.

Diese, mit einem halben Zoll weit von einander entfernten Schraubenlöchern, ungefähr in dieser Figur:

versehene Eisenplatte dient dazu, die Vergoldeplatten mit=
tels Schrauben bequem an erwähnte Eisenplatte befesti=
gen zu können.

Nach den zu Fig. 27 gegebenen Erläuterungen be=
darf es zur weitern Erklärung der in Fig. 26 darge=
stellten Presse nur der Bemerkung, daß hier als Hebel
das eiserne Schlagrad A A wirkt, an dessen unterer Seite
die vier Griffe B, zum Werfen desselben, angebracht
sind. Befestigt wird diese Presse, entweder, wie die Ab=
bildung zeigt, auf einem starken Holzblocke, oder man
läßt sie einmauern.

Beide Pressen werden von den Herren Gebrüdern
Heim höchst solid, elegant und dauerhaft zu nachstehen=
den Preisen geliefert:

Die Balancierpresse mit Schlagrad zum Prä=
gen und Vergolden nach Pariser Art.

Fig. 26.

Druckfläche	40	Cmet.	30	Cmet.	575	Fl.
„	35	„	26	„	475	„
„	31	„	24	„	375	„

Stock- und Vergoldepresse.
Fig. 27.

Druckfläche 31 Cmet. 24 Cmet. bei 70 Cmet.
   lichter Weite zwischen den Säulen . . . . . . 300 Fl.

Druckfläche 28 Cmet. 21 Cmet. bei 48 Cmet.
   lichter Weite zwischen den Säulen . . . . . . 225 „

Dieselben sind zum Vergolden der Decken schon gebundener Bücher eingerichtet und dienen auch, wenn man
den Aufsatz A herausnimmt, zum Einpressen von Handlungsbüchern ꝛc., indem man unter und über dieselbe
starke buchene Breter legt, welche mitgeliefert werden.

c. Heim'sche Patent-Hebelpresse zum Prägen und Vergolden auf zwei Züge mit zwei Hebeln.

Bei dieser Patent-Hebelpresse, welche sich uns in
Fig. 28 vorstellt, wird der Druck auf zwei Züge hervorgebracht.

Der große Vortheil, den diese Konstruktion bietet,
besteht darin, daß mit dem ersten Hebel die Druckplat-
ten (welche, um bequem mit dem aufgelegten Stück Leder ꝛc. zwischen dieselben einfahren zu können, 1 Cmet.
weit auseinanderstehen) zusammengeführt werden und der
ganze Zug des zweiten Hebels zur Ausübung der Druckkraft selbst angewendet wird. — Die Hebelübersetzung
kann in Folge davon viel stärker genommen werden, so
daß dadurch der an der Presse beschäftigte Arbeiter im
Stande ist, die dreifache Druckkraft auszuüben, als an
einer gewöhnlichen Hebelpresse. Diese Pressen eignen
sich deshalb ganz besonders für schwere Prägungen und
Vergoldungen.

<table>
<tr><td></td><td>Mit niedriger Einschiebplatte.</td><td>Mit hoher Einschiebplatte.</td></tr>
</table>

	Mit niedriger Einschiebplatte.	Mit hoher Einschiebplatte.

Druckfläche 40 Cmet. und 40 Cmet.
bei 70 Cmet. lichter Weite zwischen
den Säulen . . . . 600 Fl.   630 Fl.

Druckfläche 38 Cmet. und 30 Cmet.
bei 48 Cmet. lichter Weite zwischen
den Säulen . . . . 425 Fl.   450 Fl.

Bei diesen Patent-Hebelpressen wird der Druck auf zwei Züge hervorgebracht.

Außer diesen Pressen liefert obige Fabrik noch:

Vergoldepressen mit Halbbogenkörper, Balancier zum Prägen und Vergolden. — Gewöhnliche Hebel- und Vergolde-Pressen. — Englische Hebel- und Vergoldepressen 2c.

Alle Vergoldepressen, mit Ausnahme der Vergoldepresse mit Halbbogenkörper werden sowohl mit niedriger, als auch mit hoher Einschiebplatte angefertigt. Die niedrige Einschiebplatte dient für Portefeuillefabriken; auf der Presse mit hoher Einschiebplatte können jedoch nicht nur allein alle Gegenstände der Portefeuillefabrikation, wie bei der niederen Einschiebplatte gemacht, sondern es können auch gebundene Bücher darauf gepreßt werden, so daß diese für Buchbindereien sich vortheilhafter eignet.

Alle Vergoldepressen können sowohl für Gas- oder Bolzenheizung eingerichtet werden, was bei der Bestellung gefälligst anzugeben ist. — Soll die Presse für beide Heizmethoden eingerichtet sein, so erhöht sich deren Preis um 7 Fl.

2) Die Pressen von Koch u. Komp. in Leipzig.

a. Die Knie-Hebelpresse.

Diese Presse ist ganz von Eisen und hat doppelte Hebelbewegung und Keilstellung und ist sowohl für Gold-

Schauplatz, 2. Bd. 6. Aufl. 16

als auch für Blinddruck eingerichtet. Ihre Konstruktion ist im wesentlichen folgende:

Das Fundament a a ist durch die beiden schmiede= eisernen gedrehten Säulen c c mit dem Kopfstück b ver= bunden, welche Verbindung mittels eiserner Keile herge= stellt ist. An dem Kopfstücke b hängt an Schrauben d d, welche durch Federn in einem elastischen Drucke gehalten werden, der Heizkasten e und kann derselbe durch die Keile f mittels der Schraube h gehoben oder gesenkt werden.

An den Heizkasten e ist noch eine Platte i, welche man herausnehmen kann, durch zwei Schrauben angehängt. Auf dem Fundament a sitzen zwei Lager k k, welche die kleinen Kniee l l aufnehmen, letztere nehmen wieder in entsprechender Entfernung die großen Kniee m m auf, und auf diesen großen Knieen sitzt der Tisch n, der mit den Lagern o o um die Säulen c c greift und dadurch seine Führung erhält. An dem Tische n sind zwei Arme p p angegossen, auf dem die Schiebeplatte q in Nuthen läuft. An den Knieen l l und m m sind zwei Hebel r r befestigt, die nun in s ihren Drehpunkt finden und sich in dem Kniee u vereinigen.

Um die Hebelkraft zu vergrößern, ist der Schwengel t in u befestigt.

Das Heizen der Pressen geschieht gewöhnlich durch Bolzen; hat jemand Gas im Hause, so ist ihm eine Gas= heizung sehr anzurathen, da sie weit bequemer ist.

Für größere Etablissements, die über Dampfkraft ge= bieten können, ist jedenfalls die Heizung mit durchströ= mendem Dampf das Beste und Billigste. Das Arbeiten mit einer solchen Presse ist sehr einfach, nur ist zu be= merken, daß zu tiefem Blinddruck eine Matrize aus Pappe nöthig ist, die sich ein jeder Arbeiter selbst fertigt.

Der Preis einer solchen Presse mit doppelter Hebel= bewegung und Keilstellung

Druckfläche 12 u. 16 Zoll, Preßraum 24 Zoll   200 Thlr.
„   14 u. 18 „   „   32 „   250 „
Dieselbe mit Schwungradbetrieb u. Aus- u.
    Einrückung . . . . 350 „
Die Gas- wie auch Dampfheizungseinrichtungen werden
aufs billigste berechnet.

b. Die Imperialpresse.
(Fig. 30.)

Diese Presse besteht aus dem Körper a; in dessen
Zwischenraum (Preßraum) ruht auf dem Verbindungsstücke
b der beiden Seitenwände die Platte c, welche den Kegel
oder Keil d trägt. Auf dem Kegel d sitzt die Platte e,
welche durch die Stifte f f ihre Führung erhält, wenn
der Kegel durch die Schraube g gehoben und gesenkt
wird. Die Vorrichtungen der Einschiebe- und Anhängeplatte sind wie bei der Knichebelpresse.

Der Heizkasten h hat in den Lappen i i seine Führung und kann, sollte der Druck nicht gleichmäßig sein,
durch die Schrauben o o regulirt werden. Die Federn
k k treiben den Heizkasten nach vollendetem Druck wieder
in die Höhe. Die Bewegung des Hebels l ist von hinten nach vorn und wird durch die eigenthümliche Konstruktion der Hebel m und n in eine auf- und niedergehende Bewegung übersetzt.

Auf der Einschiebeplatte e ist der Winkel p angebracht, welcher sich nach der Größe der zu pressenden
Decken stellen läßt und an welchen dieselben beim Pressen
angeschoben werden. Die Dessinplatte wird nun an der
Anhängeplatte q, genau in der Mitte derselben angeleimt
und der Winkel genau nach der Decke gestellt, darauf
wird durch die Schraube g der Kegel d soweit gehoben,
daß die eingeschobene Decke beim Zuziehen der Presse
den ihr nöthigen Druck erhält.

Sollte der Hebel l in laufender Zeit zu viel todten
Gang bekommen, so ist die Schraube o anzuziehen. —

16*

Selbstverständlich sind die Theile, welche die Bewegung hervorbringen, immer gut zu ölen, damit die Presse einen leichten Gang hat.

Eine solche Presse ganz von Eisen mit Kegel- oder Keilstellung, je nach Wunsch des Bestellers, kostet:

Druckfläche 8 und 12 Zoll, Preßraum 15 Zoll 115 Thlr.
„   10 und 12 „   „   20 „   180 „
„   14 und 18 „   „   26 „   240 „

Dieselben mit Schwungradbetrieb u. Ein-
und Ausrückung:

Druckfläche 15 und 20 Zoll, Preßraum 26 Zoll 600 „

Außerdem liefert obige Fabrik noch:

Spindelpressen.

Eingerichtet zum Vergolden der Deckel schon gebundener Bücher, sowie zum Einpressen von Papier, Büchern rc. durch Herausnahme der Einschiebeplatten und Einlage von Bretern.

Druckfläche 12 und 16 Zoll, Preßraum 24 Zoll 160 Thlr.

Balancierpressen.

Um den stärksten Druck für Prägungen, Ausschnitte und Stanzen zu erreichen je nach Größe von 200 bis 1500 Thlr. rc. rc. Ausschlageisen in allen Größen und Façons für Kouverts, Karten, Etikettes, je nach Größe u. s. w. werden billigst berechnet.

3) Die Gold- und Blinddruckpresse von Karl Krause in Leipzig

(Fig. 31)

eigener neuer Konstruktion, ganz aus Eisen mit prismatischer stellbarer Tiegelführung. Diese Presse besitzt eine ungeheure Druckkraft und kann vorzüglich zu großen Pressungen benutzt werden.

Obige Fabrik liefert diese Pressen in vier verschiedenen Größen:

1) Druckfläche 16 und 18 Zoll, Raum zwischen
den Wänden 32 Zoll . . . . 375 Thlr.

2) Druckfläche 12 und 16 Zoll, Raum zwischen
den Wänden 28 Zoll . . . . 200 „

3) Druckfläche 10 und 12 Zoll, Raum zwischen
den Wänden 24 Zoll . . . . 160 „

4) Druckfläche 8 und 10 Zoll, Raum zwischen
den Wänden 18 Zoll . . . . 115 „

Nr. 1 mit zwei Druckschwengeln, Nr. 2, 3 und 4 mit
einem Druckschwengel.

Alle vier Sorten sind mit Losnehmeplatten zur Befestigung der Schrift oder Platten versehen.

4) Die Imperialpresse von H Cueva u. Komp. in Erfurt
(Fig. 32.)

zeichnet sich durch verbesserte Detailkonstruktionen vor andern Vergoldepressen vortheilhaft aus, so daß bei einigermaßen aufmerksamer Behandlung die bei ähnlichen Pressen häufigen Reparaturen ganz wegfallen. Es können auf dieser Presse die verschiedenartigsten Arbeiten in Gold- und Blinddruck nach der jedesmaligen Anforderung in gewöhnlicher wie feinster Weise mit großer Präcision und geringem Kraftaufwande in vortheilhafter Weise ausgeführt werden.

Der Druck wird durch die Bewegung des Schwengels a in horizontaler Richtung bewirkt, indem die Schwengelbewegung durch einen wesentlich verbesserten Mechanismus auf einen im Kopfstücke b befindlichen Kniehebel übertragen wird. Durch den Kniehebel wird dann der Preßtiegel c, welcher durch Einschieben von Wärmebolzen auch beliebig erwärmt werden kann, nach unten gedrückt. Besonders zweckmäßig ist die Einrichtung des untern

Preßklotzes d; die obere Platte desselben kann nach jedem Abdrucke vorgezogen und auch wieder ganz auf den frühern Standpunkt zurückgeschoben werden.

Dadurch, daß sich der Preßklotz nach Belieben vor- und rückwärts stellen und die Höhe desselben sich ebenfalls in einfachster und sicherster Weise ändern läßt, können auf dieser Presse eben so gut lose Bücherdecken, als auch die Decken gebundener Bücher, sowohl bei vollständiger Druckplatte auf einen Druck als auch durch Vor- und Nachauflegen und Zusammenstellen der Deckenverzierung durch mehrere Drücke gepreßt werden.

Die bewegliche Preßplatte auf dem Preßklotze d ist 19 Zoll rhein. lang und 13 Zoll breit und die freie Weite zwischen den Säulen e, e beträgt 24 Zoll und kostet 250 Thlr. Diese Presse wird jedoch auch in kleineren Formaten geliefert.

Die Differenzschraubenpresse von R. Howson in Manchester läßt sich, bei unbedeutender Abänderung ihrer Konstruktion, ebenfalls als Vergoldepresse anwenden.

Außer den hier angeführten Vergolde- und Prägepressen giebt es noch vielerlei Arten derselben, die in Bauart und Konstruktion zwar mehr oder weniger von einander abweichen, in ihrer Anwendung aber sich auf eins von den in vorstehenden Beschreibungen und Abbildungen gegebenen Prinzipien zurückführen lassen, weshalb wir die hier gegebenen Andeutungen über Vergoldepressen zum Verständniß des nachfolgenden Abschnittes, welcher von dem Gebrauch dieser Maschinen handelt, genügend halten.

Die Vergolde- und Prägepressen wendet man an, entweder zum Blindpressen oder Vergolden.

a) Das Blindpressen. Wer den hier gegebenen Erläuterungen über den Bau und das Spiel der erwähnten Vergoldepressen mit Aufmerksamkeit gefolgt ist, wird, um mit denselben arbeiten zu können, einer umständlichen Anleitung dazu nicht mehr bedürfen. — Es kommen jedoch bei der Manipulation des Pressens überhaupt, und des Blindpressens insbesondere, mancherlei

Umstände in Betracht, die dem hierin weniger Geübten bei aller Mühe, die er sich giebt, nicht nur unnütze pekuniäre Unkosten verursachen, sondern ihm auch übermäßigen Zeit- und Materialverlust kosten, dabei aber dennoch ein nichts weniger als tadelfreies Resultat zu Tage fördern würden. Daher schien es uns geboten, bei Abhandlung dieses Gegenstandes so instruktiv, als möglich zu sein.

Wie schon am Eingange dieses Abschnittes erwähnt wurde, genügen zur Erzeugung von Reliefs auf Leder, Papier u. dergl., und hierunter verstehen wir diese Stoffe in nicht auf Pappe gezogenem Zustande, zwei Faktoren: eine mit vertieften Mustern gravirte, harte Fläche, und eine, einen starken Druck ausübende Presse. Indeß können die mit diesen beiden Faktoren (bei aller Thätigkeit derselben) hervorgebrachten Pressungen nur unvollkommen sein, wenn man ein drittes, wesentliches Erforderniß hierbei nicht in gehörige Erwägung zieht; wir meinen nämlich den als Unterlage dienenden Gegenstand. — Wählt man als solchen einen dünnen, harten Körper, wie z. B. schwache, feste Pappe, starkes Leder 2c., so findet die gravirte Platte an den unmittelbar unter ihr liegenden, eines festen Widerstandes fähigen, Körpern (Leder, Unterlage, Preßtisch) keinen geeigneten Gegendruck, d. h., einen Gegendruck, der wirksam genug ist, den zu pressenden Gegenstand von seiner Rückseite aus in die en relief gravirten Verzierungen der Platte, und zwar so zu treiben, daß die gravirten Dessins der Platte auf der Oberfläche des zu pressenden Gegenstandes möglichst erhaben, scharf und rein sich ausprägen, und es ist das Außerachtlassen dieses Umstandes oft die alleinige Ursache des Mißlingens dieser Arbeit.

Man ist daher stets darauf bedacht gewesen, den beim Pressen als Unterlage dienenden Gegenstand so darzustellen, daß sich die vertieften Gravirungen der Platte auf der Unterlage möglichst erhaben und, umgekehrt, die dort erhabenen Gravirungen hier vertieft darstellen, oder mit andern Worten: daß die Unterlage auf ihrer Oberfläche einen möglichst scharfen Abdruck der gravirten Platte vorstelle, dabei aber von hinreichender Konsistenz sei, um beim Pressen den geeigneten Gegendruck auszuüben.

Bei Ausführung dieses Prinzips stieß man auf verschiedene als Unterlage geeignete Körper, als: Pappe, Sägespäne, Guttapercha, gravirte Platten aus Holz, Blei, Zinn u. s. w.; die in der Praxis bewährtesten aber blieben immer die einen Abdruck der gravirten Messingplatte darstellenden, möglichst scharf gravirten Unterlegeplatten aus Holz, Blei, Zinn 2c. — Da die Anfertigung solcher Platten jedoch sehr kostspielig ist, so mußte man auf ein Surrogat für dieselben denken, und man hat dieses auch in den Unterlagen (Matrizen) aus Pappe, die sich, wenn bei Anfertigung derselben mit möglichster Sorgfalt verfahren wird, als dem Zwecke vollkommen entsprechend zeigen, und die auf folgende Art gefertigt werden:

Auf ein Stück mittelstarke Pappe, welches in Länge und Breite ungefähr 1 bis 2 Zoll größer ist, als die zu pressende Reliefplatte, legt man dieselbe auf und druckt das Dessin vor.

Darauf leimt man diese Pappe genau auf die Mitte der Einschiebeplatte der Presse, legt in das Dessin die Reliefplatte ein, bestreicht auch diese auf der Rückseite mit Leim, schiebt die Einschiebeplatte scharf in die Presse, zieht letztere zu und läßt dieß ungefähr 5 bis 10 Minuten ruhig stehen. In dieser Zeit trocknet die Reliefplatte gut an und wird sich später nicht verschieben, da es bei diesen Pressungen darauf ankommt, daß sich die Dessinplatte immer wieder ganz genau auf die Matrize ansetzt.

Nun stellt man auf dem Stück Pappe, auf welchem das Dessin vorgedruckt ist, das erhabene, was hervortreten muß, durch Aufleimen von Pappenstreifen in der Höhe als es der Relief verlangt her, schiebt die Platte ein und preßt es einigemale scharf nach, wodurch die nöthige feste Unterlage erzielt wird.

Ist die Matrize nun in dieser Weise fertig geworden, so werden, wenn das zu pressende Leder aufpunktirt

werden soll, rechts und links von derselben zwei Punktu=
ren, welche aber blos in den Einschlag des Leders ein=
greifen dürfen, angebracht, indem man z. B. zwei Kopir=
zwecken mittels eines Stückchens starken Papieres, natürlich
die Spitzen nach oben, auf die Einschiebplatte oder, wenn
das Leder nicht über die Pappe hinausgeht, auf diese
aufleimt, oder das Leder wird gleich frei ohne Punktur
aufgelegt, doch ist das Aufpunktiren ein sichereres Ver=
fahren.

Bei schwachem Leder ist es nöthig, dasselbe mit
Papier von der Größe des Dessins zu füttern, bei stär=
keren kann dieß auch wegfallen, doch macht es sich nöthig
vor dem Pressen die Leder einige Zeit an einem feuchten
Orte aufzubewahren oder dieselben in etwas feuchte
Tücher einzuschlagen. Ist das Leder zu trocken, kann
der Fall eintreten, daß, wenn das Relief sehr hoch, das
Leder auseinanderplatzt und dadurch die ganze Arbeit
verdorben wird.

· Nachdem die Presse den nöthigen Hitzgrad (bei Leder
darf er nicht zu hoch sein) erhalten, das zu pressende
Leder etwas feucht ist, punktirt man es auf der Matrize
auf, schiebt die Platte ein und zieht die Presse zu und
die Arbeit ist fertig. Ueber Wärme und Druck läßt sich
keine genaue Bestimmung angeben, weil sich beides nach
dem zu pressenden Gegenstande richten muß, da diese
aber sehr verschiedenartig sind, muß der Arbeiter durch
Uebung nach und nach die nöthige Fertigkeit zu erlangen
suchen.

Sollte beim Pressen der Umstand eintreten, daß
nicht alle Stellen der Platte sich gleichmäßig ausprägen,
so erhöhet man die ausgebliebenen auf der betreffenden
Stelle der Matrize durch Aufkleben von Papierstreifen.

Sollen Bücherdecken en relief gepreßt werden, so
werden jetzt in den meisten Fällen dieselben ganz fertig
gemacht und gleichzeitig mit der Pappe die Relief=
pressung ausgeführt, wozu eben so gut eine Matrize ge=
hört, nur muß hier später das Vorsatzpapier, welches an

den Deckel kommt, vorher mit starkem Papier gefüttert werden.

Bei Reliefpressungen muß stets die Deſſinplatte in der Preſſe befeſtigt ſein und obiges Verfahren eingehalten werden, da ſich derartige Platten nicht genau mit der Hand auflegen laſſen, und ſind auch dieſe Preſſungen nur da vortheilhaft anzuwenden, wo ganze Partien egaler Bücher ꝛc. angefertigt werden.

Man ſieht hieraus, daß das eigentliche Preſſen ſehr einfach iſt und das Herrichten der Matrize die meiſte Zeit wegnimmt, jedoch iſt dieſelbe erſt fertig, ſo können in kurzer Zeit Hunderte von Abdrücken geliefert werden.

Etwas anderes iſt es hingegen beim Blindpreſſen mit den gewöhnlichen Vergoldeplatten, dieſe können, wenn ſie erhitzt ſind, auch aus freier Hand aufgelegt werden, doch iſt dieß Verfahren nur bei einzelnen Arbeiten anwendbar, während bei Partien die Platten auch in der Preſſe feſtgemacht und die Decken genau nach dem Winkel in die Preſſe eingeſchoben werden.

Man verfährt hier auf folgende Art: Die Deſſinplatte preßt man ſich ganz akkurat auf eine Seite einer fertigen Decke, ſchiebt, nachdem man geprüft ob auch der Druck ganz akkurat ausgeführt, die Decke abermals in die Preſſe ganz genau in die Mitte und ſtellt nun an beiden Seiten den Winkel, welcher ſich auf der untern Preßplatte befindet, ſcharf an die Decke und ſchraubt ihn feſt.

Darauf nimmt man die Decke mit der Platte wieder heraus, beſtreicht die Rückſeite der letztern mit nicht zu dünnem Leim, ſchiebt die Decke ganz genau am Winkel an, zieht die Preſſe zu und läßt die Platte antrocknen. Nachdem nun die Preſſe auch den nöthigen Hitzgrad empfangen, wird eine Decke nach der andern ſcharf an den Winkel eingeſchoben und gepreßt, was übrigens ſehr ſchnell von ſtatten geht.

Hat man blos einige Decken zu preſſen, ſo würde es nicht der Mühe lohnen, die Preſſe zu heizen, daher erwärmt man die Platten auf einem Kohlenfeuer oder auf

Gas, über welches beides eine Eisenplatte gelegt wird und darauf die Dessinplatte, legt letztere dann aus freier Hand auf die Decke auf, schiebt sie in die Mitte der Presse und zieht dieselbe zu.

Eine Blindpressung, jedoch mit geheizter Presse, wird bedeutend schöner und schärfer als eine nach letztbeschriebener Anfertigung und ist daher dieses Pressen mehr zu empfehlen.

Es braucht wohl gar nicht erwähnt zu werden, daß bei diesen Pressungen eine Matrize nicht nöthig ist, so wie beim Pressen der fertigen Decken eine Unterlage; letztere wird blos dann gebraucht, wenn das Leder oder Kalliko ꝛc. gepreßt wird, ohne daß sich bereits die Deckel darin befinden, und muß es in diesem Falle auch meistentheils mit Papier, so weit das Dessin reicht, gefüttert werden.

In kleinen Buchbindereien, in welchen keine Partie=arbeiten vorkommen und sich das ganze Wesen der Arbeit blos auf einzelne Stücken erstreckt, ist es von Vortheil zum Heizen der Platten, wenn nicht Gas vorhanden, ein Kohlenöfchen mit Rohr, welches die schädlichen Dünste der Kohlen der Werkstatt entführt und auf dessen oberer Seite die Platten gewärmt werden, anzuschaffen und kann auf diesem gleichzeitig der Leim warm gehalten werden.

Auch kann man, wenn dieses Oefchen mit Rost eingerichtet wird, in demselben Kofs heizen, welcher sich ganz bedeutend billiger stellt als die Holzkohlen und gar keinen Dunst verbreitet.

Die Platten, die wir später noch besonders erwähnen werden, sind von Messing oder aus einer Komposition von Messing und Zinn, werden von den resp. Gravenranstalten nach eigener Angabe und Idee, sowie nach Bestellung gefertigt, und sind hinsichtlich der Gravirungen der Mode unterworfen. Ihre gravirten Flächen müssen stets rein gehalten, mitunter mit Lauge ausgewaschen und vor Scharten und Rissen bewahrt werden, da diese beim Pressen leicht sichtbar werden. Platten, die größer sind, als der Preßtiegel, und daher auf zwei oder mehrere Male gepreßt werden müssen, werfen sich leicht krumm, welchen Uebelstand man indeß dadurch beseitigen kann, daß man sie in heißem Zustande in entsprechender Lage eine Zeit lang mit der Matrize einpreßt.

b) **Das Vergolden in der Presse.** Wenn beim Blindpressen es wesentliches Erforderniß sein muß, sich einer Unterlage zu bedienen, die geeignet ist, den zu pressenden Gegenstand von seiner Rückseite aus in die Gravirungen zu treiben, so wird beim Vergolden in der Presse gerade das Gegentheil erfordert. Die Vergoldung müßte wesentlich verlieren, wenn sie, wie dieß bei der, im Verhältniß zu den beim bloßen Blindpressen gebräuchlichen Platten, umgekehrten Gravirung der Vergoldeplatten nicht anders der Fall sein könnte, sich tief in den zu pressenden Gegenstand einprägen sollte; es wird vielmehr bei einer guten Vergoldung gerade das Gegentheil erfordert.

Daher muß eine zum Vergolden bestimmte Unterlage mehr Konsistenz haben; sie kann sogar hart und fest sein. Am geeignetsten hierzu sind die sogenannten Preßspäne (Glanzdeckel), die man sich, je nach den zu vergoldenden Gegenständen, in verschiedenen Größen und Stärken und der erforderlichen Anzahl vorräthig halten muß. Sie werden so zugeschnitten, daß sie außer der erforderlichen Größe für den (ein- oder zweimaligen) Abdruck der Vergoldeplatte noch Raum genug haben zum Anbringen der Löcher, mittels welcher sie an den auf dem Preßtische angebrachten Stiften, die zum Fixiren der zu vergoldenden Gegenstände dienen, befestigt werden können.

Das Arbeiten mit der Presse beim Vergolden ist, im Gegensatze zum Blindpressen und je nach der Art der zu pressenden Gegenstände, mehr oder minder von diesem abweichend.

Die Vergoldeplatten werden am zweckmäßigsten bei Partiearbeiten nicht aus freier Hand aufgelegt, sondern, wie schon bei Beschreibung des Blindpressens erwähnt wurde, an die am Preßtiegel bestimmte Platte, wie beim

Blindpressen, festgeleimt und der Druck mit geheizter Presse ausgeführt.

Beim Pressen fertiger Decken werden dieselben ebenfalls an den Winkel angeschoben, leicht vorgedruckt, dann grundirt und, wenn der Grund gehörig trocken, das Gold aufgetragen, die Decke wieder genau nach dem Winkel eingeschoben und erfolgt darauf das Abdrucken.

Wenn blos Rücken oder Decken, mit welchen die Bücher überzogen werden sollen, in Gold gedruckt werden, macht man sich auf die Einschiebeplatte ebenfalls eine Matrize von schwacher Pappe (aus feiner Masse) und rechts und links zwei Punkturen. Auf diesen punktirt man das Leder auf, leimt die Dessinplatte ebenfalls in die Presse und druckt leicht vor, doch nur so leicht, daß blos das Dessin zu erkennen ist, um die Stellen zu markiren, an welchen grundirt und Gold aufgetragen werden muß. Ist nun vorgedruckt, grundirt und Gold aufgetragen, hängt man das betreffende Leder wieder in die Punkturen ein und erfolgt auch nun wieder das Abdrucken. Der Arbeiter muß sich jedoch hier gewöhnen, so schwach wie möglich vorzudrucken, weil, wenn das Dessin sehr tief eingepreßt ist, sich das Gold schlecht auftragen läßt und dann beim Drucken platzt, da es sich nicht ganz in die Vertiefungen eindrücken läßt.

Bei einzelnen Arbeiten kann man auch wieder die Dessinplatten mit freier Hand auflegen, was bei einem geübten Arbeiter gar keine Schwierigkeit macht und wird derselbe auf diese Art eine eben so schöne Vergoldung erzielen, als nach vorher beschriebener Methode.

Einen schönen Glanz des Goldes erzielt man, wenn der zu vergoldende Gegenstand mit der erwärmten Platte so lange dem Drucke der Presse ausgesetzt ist, bis dieselbe darauf erkaltet, natürlich muß aber die Platte dabei auch eine schöne Politur besitzen.

Ueber den anzuwendenden Hitzgrad läßt sich auch hier keine feste Bestimmung treffen, nur muß Leder immer mit weniger Hitze als Leinwand, Papier, Seide ꝛc. gedruckt werden, während Sammet wieder einen größeren Hitzgrad als jene verlangt.

Der anzuwendende Hitzgrad überhaupt richtet sich nach dem zu vergoldenden Gegenstande und muß durch Uebung gefunden werden, wozu es sorgfältiger Beobachtungen bedarf, da davon ein großer Theil des Gelingens der Arbeit abhängt.

Der hier gegebenen allgemeinen Anleitung zum Vergolden mit der Presse müssen wir nun noch die besondern Regeln, betreffend das Vergolden der einzelnen Materialien, folgen lassen.

Außer der Bestimmung und Anwendung des richtigen Hitzgrades, der genauen Kenntniß und Behandlung der Presse, Platten, Matrizen u. s. w., ist nicht minder eine genaue Kenntniß des Vergoldegrundes und der Zubereitung desselben erforderlich, und wollen wir hier eine ausführliche Abhandlung über diesen Gegenstand folgen lassen.

I. Die Vergoldung des appretirten, chagrinirten und levantirten Ziegen- und Schafleders. Nachdem diese Leder mit lauwarmem Wasser ausgewaschen wurden, geschieht das Vordrucken der Dessins, wornach noch einmal mit Urin ausgewaschen wird und darauf werden dieselben mit starkem Eiweiß, das blos etwas Essig enthält (siehe Handvergoldung), mit einem Pinsel ausgepinselt, was man, nachdem das erstemal getrocknet, noch einmal wiederholen kann. In vielen Fällen genügt ein einmaliges Auspinseln der Dessins vollständig. Nach dem Trocknen dieses Grundes trägt man das Gold auf, aber ja nicht mit Fett oder Oel, sondern blos mit etwas Fett vom Kopfhaar (siehe Handvergoldung) und drückt es mit Baumwolle sanft an.

Chagrinirtes Ziegenleder oder Chagrin-Saffian läßt sich, wenn viele Decken oder Rücken zu vergolden sind und man will das so sehr zeitraubende Auspinseln ersparen, recht gut vergolden, wenn man die ganze Fläche mit Eiweiß (in 5 — 6 Theilen Urin gequirlt) überfährt. — Die Vergoldung hält ganz gut, jedoch steht dieselbe nicht

so schön, wie beim zweimal Anspinseln mit starkem Eiweiß. Das Drucken selbst geschieht mit nicht zu starker
Hitze.

II. **Vergolden farbigen (matten) Kalbleders.** Das Grundiren des farbigen Kalbleders geschieht entweder auf nassem, oder auf trocknem Wege,
d. h., mit nassem oder trocknem Grunde. Im ersten
Falle wird das Kalbleder mit Wasser ausgewaschen, dann
druckt man das Dessin vor, beizt mit Urin und pinselt
einmal mit Milch und zweimal mit starkem Eiweiß aus
(siehe Handvergoldung). Es gehört hierzu, wie schon
früher erwähnt, die größte Reinlichkeit des Arbeiters,
um ein günstiges Resultat zu erzielen.

Das Grundiren des Kalbleders auf trocknem Wege
geschieht mittels des bereits bei der Handvergoldung erwähnten Vergoldepulvers, ist aber nicht sehr zu empfehlen, weil die Vergoldung leicht abspringt.

Das matte Kalbleder und unter diesem besonders
das gelbe, eignen sich vorzüglich zum Blind- (sogenanntem Schwarz-) Drucken. Die Platte wird hierbei erst
mäßig heiß vorgedruckt; hierauf wird ein Stückchen Leder,
auf welches man reines, weißes Wachs aufgetragen hat,
gegen die Platte gepreßt, worauf diese nochmals gedruckt
und endlich das Dessin lackirt wird, was mittels eines
Pinsels und gewöhnlichen Pariser Lacks geschieht.

III. **Juchtenleder,** siehe dessen Behandlung
unter Handvergoldung.

IV. **Vergoldung auf Sammet** geschieht ebenfalls auf trockenem oder auf nassem Wege. Vor dem
Vergolden jedoch muß der Sammet, wie schon bei der
Handvergoldung erwähnt wurde, mit Papier gefüttert
werden. Das übrige Verfahren ist dem der Handvergoldung im wesentlichen ganz gleich und muß hier
ebenfalls das Gold auf die Platte aufgetragen werden.
Die am Preßtiegel befindliche Platte, an welcher die
Dessinplatte befestigt ist, wird aus der Presse gezogen,
das Zwischgold auf dieselbe aufgetragen, wieder eingeschoben, und mit sehr starker Hitze gedruckt. Darauf ge-

schiebt das Nachdrucken mit ächtem Golde in eben dieser Weise.

V. Vergoldung auf Seide ist ebenfalls der Hauptsache nach dem Vergolden dieses Stoffes aus freier Hand ganz gleich.

VI. Vergoldung auf Pergament und Pergamentpapier. (Siehe den betreffenden Abschnitt unter: Vergolden aus freier Hand.)

VII. Vergolden des Kallikos. Bei großen Partien Kalliko=Decken, welche mit gebeizter Presse vergoldet werden, kann man die ganze Decke mit Eiweiß in 5 — 6 Theilen Urin überfahren, darauf trägt man das Gold nach Abreibung mit der Hand und etwas Fettigkeit vom Kopfhaar auf und druckt, indem man die Decke an den Winkel anschiebt, ziemlich heiß ab.

Manche Buchbinder vergolden auch auf folgende Weise: sie überfahren z. B. ohne Vordrucken den Rücken mit obigem Eiweiß (was die gute Eigenschaft besitzt, die Farbe des Kallikos, wie Apretur nicht anzugreifen) erhitzen die Platte, tragen das Gold auf dieselbe auf und legen sie mit freier Hand auf die zu vergoldenden Stellen und pressen sie. Zu diesem Verfahren gehört indessen große Uebung, weil leicht beim Auflegen das Gold lädirt wird und ein Nachdruck erfolgen muß, was sehr unangenehm ist.

Ein anderes Verfahren besteht darin, die Dessins ebenfalls vorzudrucken und ein= bis zweimal mit starkem Eiweiß auszupinseln, was das sicherste Verfahren ist und das günstigste Resultat giebt.

VIII. Die Vergoldung auf weißes Schreib=, Postpapier u. dergl. geschieht, wie oben unter II. angegeben wurde.

IX. Erhabene Vergoldung. Wenn bei der gewöhnlichen Vergoldung, sei es mit Stempel oder Platte, das in Gold darzustellende Dessin, es möge dasselbe blank, schattirt, guillochirt ꝛc. sein, in Messing erhaben gravirt ist und die Vergoldung, dem entsprechend, auf dem zu vergoldenden Gegenstande vertieft steht, so ist bei hier erwähnter Vergoldung gerade das Umgekehrte der Fall. Das in Gold darzustellende Dessin ist hier vertieft in Messing gravirt und steht nach dem Drucke auf dem zu vergoldenden Gegenstande erhaben. Die Hauptschwierigkeit bei Herstellung einer fehlerfreien, erhabenen Vergoldung bietet die Anfertigung der Matrize, welche auf dieselbe Art geschieht, wie wir in dem Abschnitte unter „Blindpressen" umständlich auseinandersetzten. Die Anfertigung dieser Matrizen jedoch erfordert bei weitem mehr Sorgfalt, als die der nur zum Blindpressen gebräuchlichen; denn da sie, bei der eigenthümlichen Beschaffenheit der zu dieser Art Vergoldung erforderlichen Platten, dazu dienen, den eigentlichen Druck auszuüben, so müssen sie so beschaffen sein, daß sie genau in das zu druckende Dessin passen. Gravirte Matrizen aus Blei, Zinn oder Zink sind hierbei freilich am bequemsten; da jedoch manchem Arbeiter die Gelegenheit zu sofortiger Anschaffung derselben mangeln mag, so bleibt ihm nur die Selbstfertigung derselben aus Pappe, und zwar in möglichster Vollkommenheit und Festigkeit, übrig. Bevor man zum eigentlichen Gebrauche der Matrize schreitet, versucht man einen Abdruck und hilft bei etwa ausbleibenden Stellen durch Auffüttern auf der Matrize nach, die übrigens ebenfalls am Preßtisch festgemacht ist und rechts und links Punkturen hat. Das übrige Verfahren hat nur insofern eine Abweichung von dem vorhergehenden, als hier, wie bei der Sammetvergoldung, ein zweimaliges Abdrucken und Grundiren in Anwendung kommen muß. Zum Grundiren genügt starkes (d. h. unverdünntes) Eiweiß; jedoch können wir für Sammet den erwähnten Vergoldegrund aus nicht zu starkem Pariser Lack bestens empfehlen und muß das Abdrucken dann mit einem mittelmäßigen Hitzgrade erfolgen.

X. Das Auslegen der Vergoldungen geschieht auch hier wie beim Vergolden aus freier Hand.

Das Entfernen des überflüssigen Goldes bei Preßvergoldungen geschieht durch Abkehren mit einem sei-

nen Pinsel oder einer Hasenpfote in einem dazu her=
gerichteten Behälter, behufs der Aufbewahrung zum
Wiederverkauf an Goldschläger, Goldschmiede ꝛc. oder bei
einzelnen Sachen durch behutsames Abwischen mit dem
Goldlappen. Ist das Ablehren oder Abwischen erfolgt,
so reibt man das noch etwa vorhandene Gold nochmals
mit einem sehr weichen Seidenlappen ab und ist letzterer
sehr zu empfehlen, weil dadurch das Gold nicht beschä=
digt wird.

c. Das Liniiren des Kalbleders.

Mattes Kalbleder wird öfters, statt des Ver=
goldens, mit farbigen Linien verziert. Die Wahl der
Farben hängt natürlich von der Farbe des Kalbleders
ab, die Form der Linienverzierung aber muß sich nach
der Plattenvergoldung richten.

Die Farben werden mit Gummi gerieben, die weiße
mit Milch, die andern mit Wasser verdünnt. Wie die
Linienverzierung in Bezug auf Form und Farbe am ge=
schmackvollsten aneinander und zueinander passen muß, —
darüber läßt sich eine bestimmte Norm nicht feststellen,
sondern ist lediglich durch die gegebenen Umstände bedingt
und deshalb Sache des Arbeiters. Wir müssen uns
daher mit der gegebenen kurzen Andeutung begnügen.
Da aber das Kalbleder nicht mehr so häufig in Anwen=
dung kommt, sondern fast nur Chagrin verarbeitet wird,
ist auch diese Arbeit ziemlich verschwunden.

C. Die freie Handvergoldung,
der größte Prüfstein der Buchbinderei,

d. h. eine Vergoldung aus Bogen und Linien ꝛc. abwechselnd
mit Blinddruck, auch in verschiedenen Farben des Goldes, in
Arabesken, à la grecque, in gothischem oder byzantinischem
Styl ꝛc. ausgeführt, welche vorzüglich in Paris, London,
Wien ihre volle Anerkennung findet.

Die unter A. beschriebene Vergoldung sollte wohl
eigentlich jeder Buchbinder können, doch eignet sich nicht

jeder Mensch zur Erlernung derselben und ist es wohl nicht zu viel gesagt, wenn aufgestellt wird, daß von sämmtlichen existirenden Buchbindern im günstigen Falle 25 Procent etwas darin leisten können.

Jedoch über dieser früher beschriebenen Handvergoldung, weit über dem Niveau des gewöhnlichen Standpunktes des Handwerkers, steht noch eine andere Handvergoldung, zwar verwandt mit jener, welche wohl mit Recht der größte Prüfstein der Buchbinderei genannt zu werden verdient, indessen wird dieselbe nur von solchen geliefert, welche mehr als Künstler in diesem Fache zu betrachten sind. Größte Ausdauer des Arbeiters, Akkuratesse und Sauberkeit, verbunden mit keiner Rücksichtnahme auf Verdienst, nur das Streben, durch Erlernung dieser Kunst für sich Ehre zu erringen, können einen jungen Mann, mit Aufopferung seiner ganzen freien Zeit, dahin bringen, sich dieselbe anzueignen.

Im Jahre 1849 bekam ich das Meisterstück des Buchbinders F. W. Vogel von Jena, welcher vorher in Ofen und Wien etablirt war und in seinem Fache Ausgezeichnetes leistet, zu sehen.

Es bestand aus einem großen Foliobande in kochenillerothem Chagrin-Saffian, mit Goldschnitt bestochenem Kapital, seidenem Vorsatz, der vergoldet war, und hatte auf der Decke und Rücken eine ausgezeichnete Handvergoldung; in einem Quartband von Chagrin-Saffian mit Goldschnitt und Pressenvergoldung und in einem großen Hauptbuche ohne Falz und in Rauchleder gebunden.

Ersterer Folioband befindet sich auf der großherzoglichen Bibliothek zu Weimar.

Dieses Meisterstück übte einen bedeutenden Eindruck auf mich aus, indem es mir den Weg zeigte, nach welchem Ziele zu streben sei. Obgleich ich nun damals nicht glaubte es in der Arbeit bis zu dieser Vollkommenheit bringen zu können, ist es mir doch durch Fleiß, Ausdauer und manches Opfer gelungen, auch in dieser Kunst etwas leisten zu können.

17 *

Taf. VIII und IX unseres Atlas zeigt uns verschie=
dene Zeichnungen von Handvergoldungen, welche vom
Verfasser selbst komponirt und auch sowohl an dessen
Meisterstück, wie an Büchern, welche derselbe in Industrie=
ausstellungen aufgestellt hatte, selbst ausgeführt wor=
den sind.

Gehen wir jedoch nunmehr näher auf diese freien
Handvergoldungen ein.

Um eine derartige Vergoldung ausführen zu können,
sind Hauptbedingnisse ein gutes Auge und eine ruhige
sichere Hand.

Zuerst ist es nöthig, daß die Zeichnung genau dem
Formate des Buches, inkl. Kanten, entsprechend angefer=
tigt werde; ist der Arbeiter Zeichner, so ist er vielleicht
im Stande sich die Zeichnung selbst zu fertigen oder er
hat vielleicht einen Zeichner zur Hand, welcher ihm die=
selbe liefert, besser ist es freilich, wenn man sie selbst
anfertigen kann, weil man dadurch der ganzen Ausfüh=
rung gleichsam näher steht.

Betrachten wir Fig. 36 auf Taf. VIII. Es wird
hier die Zeichnung einer Handvergoldung, welche Ver=
fasser auf Schiller's sämmtlichen Werken, Ausgabe in
1 Band mit Stahlstichen im Jahre 1861 ausgeführt
hatte, uns vor Augen gebracht. Diese ganze Vergoldung
ist mit dem Bogensatz Fig. 37 und dem Liniensatz Fig. 38
und noch einigen größern Linien hergestellt worden und
war das Buch in violettem Chagrin=Saffian gebunden.
Fig. 40 ist der Rücken dazu.

Die Schneckenlinien, verbunden mit den starken Li=
nien, sind Blinddruck, die schwachen Goldlinien, welche
dieselben einfassen, sind von grünem Gold, die wieder an
diese grenzenden Linien sind von rothem Gold, während
die Ringe in den Feldern wieder mit grünem Golde ge=
druckt sind. Die Arabesken sind mit dunkelrothem Golde
gedruckt und die Linien und Punkte, welche die Blätter
füllen, wieder mit grünem Gold.

Man beginnt nun auf folgende Weise: Zuerst
wäscht man die Fläche, auf welcher die Vergoldung an=

gebracht werden soll, mit lauwarmem Wasser aus; ist dieß getrocknet, so wird die Zeichnung an den vier Ecken und in der Mitte der langen Seiten mit einigen Tupfen Leim auf das Leder befestigt und die Zeichnung durch das Papier mit den betreffenden Instrumenten kalt durchgedruckt. Zu dem Drucke der Bogen wurde der Bogensatz Fig. 37 verwendet.

Ist dieß mit der ganzen Zeichnung geschehen, so nimmt man das Muster davon hinweg, doch recht behutsam, damit man an den Stellen, an welchen dasselbe befestigt war, nicht das Leder beschädigt.

Zuerst werden nun die Blinddrucksachen ausgeführt und fertig hergestellt, das Leder wird zu diesem Zwecke etwas gefeuchtet, die blinden Schneckenlinien, so wie die starken sie verbindenden Linien lauwarm mit sicherer Kraft in das Leder gedruckt, und zwar muß durch den Druck eine egale dunkle Farbe der Verzierung erzielt werden.

Darauf wird die ganze Decke zum Zwecke der Vergoldung mit Urin ausgewaschen und grundirt man sich nun vielleicht zuerst eine Ecke mit dem starken Eiweiß, damit der Vergoldegrund, wenn alles auf einmal grundirt würde, nicht zu sehr austrocknet und trägt sich, indem man auch hier mit dem Finger über das Kopfhaar fährt und das Leder damit abreibt, das rothe Gold zu den Bogen auf, drückt es recht fest an, damit die Zeichnung recht genau durchscheint und druckt mit nicht zu starker Hitze die Bogen nach.

Am besten ist es, man trägt nicht zu große Flächen Goldes auf einmal auf, sondern nur vielleicht zu ein oder zwei Blättern der Zeichnung, damit man es bei der Arbeit nicht verwische, was leicht der Fall sein kann.

Bei dem Drucken kommt es nun sehr auf die Akkuratesse an, denn die geringste Abweichung beim Anfetzen der Bogen oder Ueberdrucken der Spitzen würde die Arbeit sehr mangelhaft machen. Hat man nun an einer Ecke die Vergoldung der Bogen vollendet, so kann man auch dieselben gleich mit den Linien ausfüllen, wozu eben der Liniensatz Fig. 38 verwendet wurde; diese Linien sind

nun nicht aufgetragen gedruckt worden, sondern auf=
gefangen mit der Linie. Letztere müssen ganz genau bis
an die Bogen gedruckt werden, ja nicht bis in die Bogen=
linie hinein, weil sonst dieselbe leiden, auch nicht dar=
über hinaus, weil dieß wieder die saubere Arbeit beein=
trächtigen würde.

Sollte aber beim Drucken eine Stelle ausbleiben,
wo kein Gold wäre, so muß dieß sowohl bei den Linien
als auch beim Bogen ganz akkurat und sicher nachgedruckt
werden.

Die Einfaßlinien des Blinddruckes sind nicht auf=
getragen worden, sondern auch aufgefangen gedruckt.
Einige Blätter der Zeichnung sind punktirt und ist dieß
auch eine höchst mühsame Arbeit. Man grundirt die
ganze Fläche, welche punktirt werden soll; ist dieß trocken,
trägt man das Gold auf und druckt mit einem warm
gemachten Stifte von Messing diese kleinen Punkte hinein.
Nach dem ersten Male Drucken kommt es vor, daß man
nicht die ganze Fläche mit Punkten bedeckt hat oder we=
nigstens nur mangelhaft; entweder hat man nicht überall
gedruckt oder der Stift war zu kalt und die Punkte hiel=
ten nicht; daher muß man noch einmal Gold auftragen
und nachdrucken, ja mitunter muß dieß sogar 2—3 Mal
geschehen, ehe die ganze Fläche Punkt an Punkt steht.

Durch Uebung kommt der Arbeiter dahin, daß er
sofort bemerkt, was er für Bogen gebraucht, um eine
gewisse Bogenlinie ausführen zu können, ist aber diese
Uebung noch nicht da, so legt man sich die Bogen vor
dem Goldauftragen zurecht und probirt erst, was eben
für Bogen nöthig sind.

Bei solchen Arbeiten (man kann dieß zwar bei allen
bessern Arbeiten in Anwendung bringen) legt man das
Buch, die Seite an welcher nicht gearbeitet wird, gut in
Papier eingeschlagen, auf ein weiches Tuch, damit das
Leder ja nicht bei dem vielen Hin= und Herbewegen bei
Ausführung der Vergoldung beschädigt wird.

Auch ist es stets gut, wenn man bei solcher Arbeit
immer die hintere Seite des Buches zuerst vergoldet,

damit, wenn sich ja ein kleiner Fehler einstellen sollte, sich derselbe eben hinten befinde, da diese Seite weniger in das Auge fällt als die vordere und hat man dadurch auch schon eine Uebung erlangt, welche unbedingt dann auch die vordere Seite besser gelingen läßt.

Selbstverständlich ist es wohl auch, daß man sowohl bei diesen Arbeiten, wie überhaupt bei allen Büchern, die beste Seite des Leders nach vorn nimmt.

Ehe jedoch die Seiten gedruckt werden, kommt es natürlich an den Rücken und kann dieser auf dem Buche oder leichter vor dem in das Leder Machen, indem man so breit wie der Rücken, Papier einklebt, gedruckt werden. Verfasser druckt derartige Sachen stets vorher, da es weit sicherer und bequemer ist.

Sind der Rücken und die Decken fertig gedruckt, so vergoldet man die Kanten innen und auswendig entweder mit Linien, was am zartesten, oder einer Dessin-Filete oder Rolle und dann erst die Einfassungslinien der äußern Decken, damit diese nicht wieder begriffen werden.

Im übrigen hatte dieses Buch einen glatten Goldschnitt, welcher nach der Polus-Methode gefertigt, bestochenes Kapital und Vorsatz von hellgrauem Chagrin-Saffian, welches ebenfalls vergoldet war.

Jetzt befindet sich das Buch im Besitz Ihrer Majestät der Königin von Preußen.

Einige Jahre früher hatte Verfasser bereits einen derartigen Schiller in kochenillerothen Chagrin-Saffian mit grauem Kalbledervorsatz und einer andern Vergoldung gebunden, und kaufte diesen damals Ihre Kaiserliche Hoheit die Großherzogin von Weimar, Maria Paulowna, in deren Bibliothek sich das Buch befindet.

Im allgemeinen eignet sich diese Schiller-Ausgabe sehr zu einem derartigen Prachtbande, das Format ist ein hübsches Oktav und hat das Buch auch eine diesem Formate angemessene Stärke.

Fig. 39 zeigt eine Handvergoldung, welche auf einer Stuttgarter Prachtbibel ausgeführt war. Die Zeichnungen a a waren in grünem Gold ausgeführt, während die

Zeichnung b b, welche sich durch a hindurchschlingt, mit dunkelrothem Gold gemacht waren. Näher darauf ein= zugehen, ist nicht nöthig, da die Zeichnung die sonstige ganze Ausführung präsentirt. — Auf der Rückseite des Buches war die Wartburg als Mittelstück in freier Hand= vergoldung ausgeführt und befindet sich dieses Buch in der Freimaurerloge zu Gotha.

Fig. 41 ist das Eckstück einer Vergoldung auf einem Querfoliobande. Das Buch war eine Naturgeschichte des Thierreiches, gebunden in kochenille= rothem Chagrin= Saffian; die starken Linien der Quadrate der Einfassung, sind Blinddruck mit der Rolle ausgeführt; alles übrige Gold. Die $\frac{1}{4}$ Zoll breite Einfaßlinien der Decke ist Gold, auch mit einer Rolle gedruckt. — Eine solche Linie zu drucken ist auch eine schwere Aufgabe für den weniger geübten Arbeiter, da selbst der Geübte eine solche Linie zweimal, stellenweise mitunter dreimal drucken muß, doch kann man sich auf folgende Weise die Sache sehr erleich= tern: Man ziehe zuerst eine Linie mit einem Falzbeine, um eine Richtungslinie für die Rolle zu haben; darauf drucke man dieselbe nicht zu heiß, aber recht kräftig vor und grundire sie einmal mit starkem Eiweiß. Ist dieß trocken, schneidet man sich die Streifen Gold zu, hängt sie an einen Papierstreifen, indem man mit demselben vorher über die Stirn fuhr, an, grundirt die Linie so lang, als das Blatt Gold, noch einmal, doch recht akku= rat, daß das Eiweiß blos ganz genau auf die vorge= druckte Linie kommt, und trägt sofort auf diesen noch flüssigen Grund das Gold auf und fährt so fort, bis man die ganze Linie bedeckt hat. Ist der Grund ge= trocknet, erwärmt man die Rolle und druckt die Linie damit nach, so wird das Gold auf derselben sehr gut halten, aber nicht viel Glanz haben. Darauf überfährt man diese Linien nochmals, aber nur ganz leicht, daß nur, so zu sagen, eine Idee Eiweiß darauf kommt; dieß trocknet sofort und fängt man jetzt die Streifen Gold an die Rolle auf, welche vorher aber schön sauber gepuzt

wurde, und druckt dieselbe nicht zu heiß, doch mit sicherer Kraft, genau nach. Auf diese Weise wird dieselbe
massiv mit schönem Glanze dastehen.

In Fig. 42 sehen wir die Zeichnung eines Löwen,
des Königs der Thiere, welche mit freier Handvergoldung,
als Mittelstück dem Inhalte entsprechend, zu dieser Decke
ausgeführt worden war.

Der Bogensatz, Fig. 37, und Liniensatz, Fig. 38,
wie schon erwähnt, und Bogensatz, Fig. 43, sind die hauptsächlichsten Werkzeuge, mit welchen alle vorliegenden Zeichnungen ausgeführt wurden, und glaube ich nicht zuviel
gesagt zu haben, wenn ich behaupte, daß eben diese Arbeit weit über dem Handwerk steht und Kunst genannt
zu werden verdient und der größte Prüfstein der Buchbinderei ist.

21) Das Anpappen.

Zur Verdeckung des Einschlags vom Ueberzuge,
überhaupt zur Verdeckung der rohen Pappe im Innern
des Buches, wird das unmittelbar mit den Deckeln in
Berührung kommende Blatt des Vorsatzes an die Deckel
befestigt oder angepappt.

Es würde demnach genügen, wenn das betreffende
Vorsatzblatt mit Leim oder Kleister angestrichen und das
Buch nach dem Schließen der Deckel entweder einer
Pressung ausgesetzt oder das Vorsatzblatt einfach an-
gerieben wird. Den Hauptmomenten nach wäre dieß
allerdings das Verfahren beim Anpappen, jedoch nur im
Grundriß; denn das Anpappen ist je nach dem Ansetzen
der Deckel verschieden. Kamen beim Ansetzen der Deckel
die Bünde unter diese, so wird das Vorsatz mit dem
Bindemittel angestrichen, wozu man am zweckmäßigsten,
wenn es sich anderer Nebenumstände halber thun läßt,
Kleister anwendet; denn dieser erhält das Scharnier gelind, wogegen Leim es hart und spröde macht und das
Reißen und Brechen auch bei starken, festen Vorsatz-
papieren ungemein begünstigt.

Das Anstreichen selbst geschieht stets von der Mitte aus gleichmäßig und nicht zu dick, und nach demselben wird der Deckel mit einer ziehenden Handbewegung nach vorn so auf das angestrichene Vorsatzblatt gelegt, daß er den unter ihm liegenden an allen Kanten und Ecken vollkommen deckt. Dieselbe Manipulation wiederholt sich bei dem zweiten Deckel, und hierauf folgt ein Einpressen des angepappten Buches zwischen glatte, reine Preßbreter, oder, wenn es der Ueberzug erfordert, zwischen vorgelegtem, weichem Makulatur, oder glattem, reinem Papiere. Bei dieser, gewöhnlich letzten Pressung des Buches, wird dasselbe dem Vorderschnitte etwas näher gepreßt.

Sehr vortheilhaft ist es, nachdem derartige mit Kleister angepappte Bücher circa ¼ Stunde in der Presse gestanden haben, dieselben herauszunehmen, Zinkbleche zwischen das Buch und den Deckel zu legen, dieselben wieder einzupressen und dann gehörig trocken werden zu lassen. Sobald dann die Bücher wieder aus der Presse kommen, ist der Deckel innen und das erste Vorsatzblatt so glatt wie satinirt. Würden aber die Bleche gleich eingelegt werden, würde der Kleister durch das Papier schlagen und an den Blechen kleben, was eben durch das spätere Einlegen verhindert wird, weil sich dann die größte Feuchtigkeit schon verzogen hat.

Anders gestaltet sich das Anpappen der auf tiefe Fälze, oder mit durchzogenen Bünden angesetzten Bücher. Hier erfordert es die Natur der Sache, daß das angestrichene Vorsatzblatt sowohl an den Falz des Buches, als auch an die dort liegende Deckelkante fest schließen, demnach an diesen Stellen sorgfältig angerieben werden muß, was bei andern Arten des Ansetzens der Deckel nicht unbedingt nothwendig ist. Es kann demnach, auch wenn das Vorsatz durchgängig richtig angerieben worden ist, nicht ein sofortiges Einpressen des angepappten Buches, nicht einmal ein sofortiges Zuschlagen des angepappten Deckels erfolgen, weil dieß nothwendigerweise ein Abspringen oder Ablösen des Vorsatzes im Scharniere des Buches zur Folge haben müßte.

Hat man nun ein oder mehrere Bücher, welche tiefen Falz haben, anzupappen, so legt man dieselben zuerst vor sich auf den Tisch, schlägt die Deckel auf und befreit die Fälze derselben von allen Unreinigkeiten, das heißt, putzt sie gut aus; darauf wird der aufgeschlagene Deckel mit der hintern Kante fest auf den Falz aufgedrückt und mit dem Falzbeine gut niedergestrichen, so daß Falz und Deckel in senkrechter Linie zu stehen kommen.

Dann legt man schwache Bücher auf ein Bret, damit sich der Deckel recht weit nach unten biegt (bei starken Büchern ist dieß nicht nöthig), schmiert das anzupappende Vorsatzblatt mit nicht zu starkem Leim gut an und giebt auch mit dem Leimpinsel in den Falz und an die Kante der Pappe etwas Leim, weil an dieser Stelle das Vorsatz recht fest sitzen muß und legt nun das Vorsatzblatt, indem man dasselbe leicht anzieht, herüber auf den Deckel, reibt rasch dasselbe an, legt dann Papier auf und reibt durch dieses auch das Vorsatz im Falze gehörig fest.

Manche Buchbinder klappen auch, nachdem das Papier angeschmiert, den Deckel zu und machen ihn sofort wieder auf, wodurch sie das Vorsatzblatt an demselben auffangen. — Beim Aufschlagen des Deckels zieht sich dann, weil das Blatt nicht gleich festsitzt, dasselbe wieder so weit zurück, als es in den tiefen Falz gehört, wornach sie dasselbe anreiben.

Diese Methode ist jedoch nicht so zu empfehlen, als die vorher beschriebene, weil sich dabei leicht das Papier zu straff herüberzieht, was zur Folge hat, das beim Aufschlagen der Deckel sich das erste Blatt hebt, oder das Papier im Falze leicht platzt.

In den meisten Fällen des Anpappens wird man finden, daß sich das Vorsatz durch das Anschmieren gedehnt hat, und dann oben und unten über das Buch heraussteht, weshalb die Nothwendigkeit eintritt, das über das Buch herausstehende Vorsatz abzuschneiden und auf die richtige Buchhöhe zurückzuführen.

Bei Büchern, welche innen vergoldete Kanten haben, wird das Vorsatz vor dem Anpappen erst oben und un-

ten so weit abgeschnitten, daß nichts von der Vergoldung
verdeckt wird, auch legt man hier ein Blatt Makulatur
beim Anschmieren unter das Vorsatz, was an den drei
Seiten ungefähr 1 Zoll übersteht, damit der Schnitt,
wenn es Goldschnitt, dadurch gesichert wird.

Nachdem das Vorsatz offen ziemlich getrocknet ist,
klappt man die Deckel zu, legt auch hier Zinkplatten ein
und setzt die Bücher in die Presse, wobei noch zu bemerken ist, daß auch hier alle Bücher etwas mehr nach vorn
weggepreßt werden.

Bücher, welche Leder- oder Kallikofälze erhalten haben, werden eben so behandelt, wie das Anpappen eben
beschrieben wurde. Das Blatt, was dann auf den Deckel
kommt, wird akkurat zugeschnitten, ebenfalls so aufgeklebt,
daß nichts über das Buch hinaussteht, oder etwas von
der Vergoldung verdeckt wird.

Uebrigens haben Lederfälze das Unangenehme an
sich, daß das in dem Leder enthaltene Fett in nicht zu
langer Zeit durch das Vorsatzpapier zieht, daher ist es
in vielen Fällen rathsam, lieber Kallikofälze in die Bücher
zu machen.

Seidenes Vorsatz erhält bei stärkern Bänden
gewöhnlich einen Falz von Leder, wenn es nicht ganz
aufgezogen wurde, was wohl nur in den wenigsten Fällen geschehen kann, aus Gründen, die an andern Orten
schon genügend erörtert wurden. Das Spannen des
Seidenzeuges geschieht dann über Papier, das akkurat
passend für Deckel und Buch zugeschnitten, bezüglich mit
beschnitten wurde. (Siehe unter: Heften.)

Das Einkleben des gespannten Vorsatzes geschieht
dann, nach dem Anpappen der Fälze, unter einer nachfolgenden leichten Pressung.

22) Das Lackiren und die Lackbereitung.

Das Lackiren besteht in der Kunst, einen festen
und dauerhaften Lackfirniß herzustellen und solchen auf

allerhand Gegenstände gehörig aufzutragen, um denselben dadurch mehr Dauer, Glanz und Schönheit zu geben.

Der Name Lackiren kommt aber von dem Worte Lack her, welches ursprünglich Persisch ist und eine jede, besonders glänzende und rothe, Farbensubstanz bedeutet. Im engern Sinne bezeichnet man jetzt mit diesem Worte jene, zum Theil harzige, zum Theil wachsartige, Masse, die zwar ihre Farbe dem Wasser mittheilt, aber nur im Weingeiste vollständig aufgelöst werden kann, fälschlich unter dem Namen Gummilack in dem Handel bekannt ist und durch den Stich einer eigenen Art von Schildläusen auf den Blättern verschiedener indischer Pflanzen entsteht. Anfangs ein Milchsaft, wird diese Substanz durch Vermischung mit den Insekten hochroth und nach und nach hart. — Mit dieser Masse bereitet man in Europa gewöhnlich die Lackfirnisse, womit lackirt werden soll, und wodurch denn auch der allgemeine Name Lack oder Lackfirniß entstanden ist. — Im weitern Sinne aber versteht man unter Lack ooder Lackfirniß eine schickliche Flüssigkeit, worin gewisse Harze aufgelöst und mit derselben innigst verbunden worden sind, welche letztere, nach dem Verdunsten der ersteren, auf einer damit bestrichenen Fläche, in Gestalt einer dünnen, nur wenig Körper habenden, glänzenden, durchsichtigen, mehr oder weniger harten und dauerhaften Rinde oder Haut zurückbleiben, welche weder reißen, noch abspringen darf, und geeignet ist, eine Schutzdecke gegen nachtheiliges Einwirken der Luft, Wärme und des Lichts zu verschaffen. Je reiner, durchsichtiger und unverfälschter diese Harze sind, je farbenloser und wasserfreier die Flüssigkeit ist, in welcher sich jene, in Beziehung ihrer Verwandtschaft, auflösen lassen, je leichter das mit Harz oder Harzen gesättigte Fluidum nach dem Anstreichen verdunstet, und je glänzender, durchsichtiger und fester diese Harzrinde wird, desto mehr entspricht der Lackfirniß seinem Zwecke.

Man hat zweierlei Arten von Lackfirnissen, die in der Buchbinderei ihre Anwendung finden und welche ih-

ren Namen von der Flüssigkeit erhalten, in welcher die
Harze, mit Hülfe der Wärme, aufgelöst worden sind,
nämlich:

A. **Weingeist=Lackfirnisse**, wo die Harze durch
höchst rektificirten **Weingeist** entbunden werden;

B. **ätherische oder Terpentinöl=Lackfirnisse**,
wo ein **ätherisches Oel**, vorzüglich rektificir=
tes **Terpentinöl**, die Stelle der Auflösung ver=
tritt.

A. **Weingeist=Lackfirnisse.**

Die **Weingeist=Lackfirnisse**, wobei der Alkohol
oder reine **Weingeist**, vermöge der Verwandtschaft oder
Analogie, das **Mittel** oder **Vehikel** ist, gewisse Harze,
als **Grundbestandtheile**, vollkommen zu lösen und ihnen
dadurch die höchstmögliche Ausdehnung zu geben, sind die
hellsten und trockenbarsten Lackfirnisse, welche einen glas=
artigen und sehr glänzenden Ueberzug bilden, dessen mehre
oder mindere Festigkeit von den Harzen selbst abhängt,
welche nach dem Verdunsten des Weingeistes als feste
Körper auf einer damit bestrichenen Fläche zurückbleiben;
allein sie sind in der Regel auch die vergänglichsten und
undauerhaftesten; einmal, weil der Weingeist zu flüchtig ist
und für sich selbst zu wenig feste Theile besitzt, folglich
nicht so gut, wie das Oel, Stand hält; ein andermal,
weil gewöhnlich solche Harze, die keine sonderlich feste
Beschaffenheit haben, wie z. B. der **Sandarach**, Ma=
stix, Anime, Elemi u. s. w., darin aufgelöst werden.
Inzwischen sind die Weingeistlackfirnisse auf Papier, Pappe,
Leder u. s. w., wenn diese Gegenstände dem unmittelba=
ren Einflusse der wechselnden Witterung nicht ausgesetzt
sind, mit Vortheil zu gebrauchen, nur hat man, wegen
ihrer großen Empfindlichkeit und geringen Konsistenz, da=
für zu sorgen, daß man ihnen eine zähe und bindende

Materie, z. B. Terpentin u. s. w. beisetzt, welche fähig ist, die Sprödigkeit und Trockenheit der übrigen Harze, nach dem Verdunsten des Weingeistes, zu mäßigen, weil sonst leicht der üble Umstand eintritt, daß die Lackirung Risse oder Sprünge bekommt.

Um Lackfirnisse von Weingeist zu bereiten, bringt man die ausgelesenen und gereinigten Harze in verkleinertem Zustande entweder in eine geräumige gläserne Flasche, oder, gemessener, in einen gläsernen Kolben mit kurzem Halse, gießt hierauf die erforderliche Quantität alkoholisirten Weingeist, der aber, mit Inbegriff der Jugredienzien, das Gefäß niemals über ¾ füllen darf, darüber, verbindet die Oeffnung des Gefäßes mit nasser Blase, in welche man eine starke Stecknadel steckt, damit der zu sehr ausgedehnten Luft ein Ausweg verschafft werden könne, und bewirkt die Lösung der harzigen Substanzen, mittels der Digestion unter öfterem Umschütteln oder Umrühren, entweder im sogenannten Wasserbade, oder auch auf einem warmen Ofen. Während die Flasche oder der Kolben umgeschüttelt und zu dem Ende vom Ofen oder aus dem Bade genommen wird, zieht man die Nadel heraus und steckt sie erst wieder in die Oeffnung, wenn die Flasche oder der Kolben wieder auf den Ofen oder in das Bad zurückgebracht worden ist; denn wollte man diese Vorsicht unterlassen, so müßte man gewärtigen, daß das Gefäß von der ausgedehnten und verdünnten Luft zersprengt werde. Nach geschehener Auflösung läßt man die Mischung, damit sie sich gehörig setzen und reinigen könne, 48 Stunden in dem Gefäße zugebunden und ruhig stehen, um nicht durch mehrmaliges Filtriren zuviel Verlust zu haben, und gießt dann die helle Flüssigkeit, welche nun ein fertiger Weingeistlackfirniß ist, behutsam durch ein feines, reines Seibtuch in starke gläserne Flaschen, mit eingeriebenen gläsernen Stöpseln, die man, überdieß noch mit Blase gut verbunden, an einem temperirten Orte ruhig aufbewahrt.

Diese Procedur läßt sich im allgemeinen bei Verfertigung aller Weingeist=Lackfirnisse anwenden; doch ist für den besonderen Fall, wenn Terpentin hinzukommt, zu bemerken, daß solcher dann erst hinzugesetzt werden darf, wenn die übrigen Harze bereits aufgelöst sind. — Diese Beimischung geschieht am besten in flüssigem Zustande.

Da der Buchbinder nur Leder und Papier, seltener Pergament, Leinwand ꝛc. zu lackiren hat, um diesen Gegenständen einen festen Ueberzug und höhern Glanz zu geben, so kann er nur solche Weingeist-Lackfirnisse mit Vortheil gebrauchen, die sich auf Leder, Pergament und Papier schicken, und diese müssen eine gewisse Elasticität haben, um nicht abzuspringen, wenn das Buch gebraucht und aufgeschlagen wird.

a) Receptformeln zu allerhand Weingeist-Lackfirnissen.

Die ersten vier Lackrecepte sind vom Verfasser selbst geprüft und für sehr gut befunden worden, daher sich derselbe bereits seit vielen Jahren nach diesen Anweisungen den Lack selbst bereitete.

1) Ein schnell trocknender Buchbinderlack.

5 Loth gepulverter Schelllack,
2½ „ Sandarack,
2½ „ Mastix, } gepulvert,
2½ „ Benzoe,

werden in ein Zollpfund absolutem Alkohol aufgelöst. — Nach erfolgter Auflösung setzt man 2½ Loth venetianischen Terpentin hinzu und filtrirt den fertigen Lack.

Hat man große Flächen zu lackiren, ist es am besten, man bedient sich eines weichen Pinsels; bei kleineren thut es ein Schwämmchen, oder ein kleines Bäuschchen Watte, auf welches einige Tropfen gegossen werden. Der Lack trocknet sehr schnell und erzeugt einen schönen Glanz.

2) Ein ebenfalls schnell trocknender Buchbinderlack.

2 Loth Sandarack,
¼ „ Mastix,
¼ „ Elemigummi, weißes,

werden gepulvert und mit einem Loth venetianischem Terpentin in einem Schälchen bei gelinder Wärme in eine homogene Masse zerfließen gelassen.

Mit diesen zerlassenen Harzen wird nun eine kalt bereitete Auflösung von 8 Loth bestem, blankem Schelllack in 24 Loth starkem Weingeist und 6 Loth Lavendelöl durch gelinde Wärme und Umschütteln vereinigt. Nachdem das Ganze sich einige Tage abgelagert hat, filtrirt man den Lack durch Fließpapier in eine andere Flasche. Die Aufbewahrung dieses Lackes muß in gut verkorkten Flaschen geschehen.

3) Buchbinderlack hauptsächlich zum Auslackiren der Blindpressungen auf Leder, Kalliko ꝛc.

25 Loth Spiritus vini,
7 „ Gummi-Benzoe,
4 „ Gummilack in Granis,
1 „ Lavendelöl.

Man erwärmt den Spiritus in einer Flasche im Wasser oder Sandbade und schüttet zuerst das Gummi-Benzoe und dann das Gummilack in Granis hinzu, nachdem dieß beides vorher recht klar gestoßen wurde.

Nun setzt man das Lavendelöl zu und schüttelt die Substanzen gehörig durcheinander. Darauf läßt man dieß alles mehrere Stunden im Wasserbade stehen, nur muß dann und wann umgeschüttelt werden, auch darf die

Flasche während dieser Zeit nicht zugekorkt sein, weil sie sonst leicht springen könnte.

Haben sich die Substanzen einigermaßen aufgelöst, korkt man die Flasche zu und setzt sie zur weiteren Auflösung an einen warmen Ort. — Nach einigen Tagen, hauptsächlich wenn man alles dann und wann umschüttelt, ist der Lack fertig.

4) Ein etwas brauner Buchbinderlack.

2 Loth gepulverter, blonder Schelllack in
13 „ Alkohol,
15 „ weißer Schelllack in
52 „ Alkohol,

jedes besonders aufgelöst und dann filtrirt. Darauf läßt man die braune Schelllacklösung bis zur Hälfte ihres Gewichts in einem Schüsselchen eindampfen und die weiße bis zum vierten Theile, mischt sie dann zusammen und setzt noch ein Quentchen Lavendelöl zu.

5) Venetianischer Glas-Firniß.

Man nehme:

Höchst rektificirten Weingeist, 21 Loth,
Gereinigten Sandarach . . . 5 „
Venetianischen Terpentin . . 1½ „
Terpentinöl . . . . 1½ „
Kampher . . . . ¼ „
Kanarienzucker . . . . ¼ „

Der Sandarach wird fein gestoßen, in den Spiritus gethan und fünf Minuten durcheinandergeschüttelt; alsdann wird der venetianische Terpentin beigemischt und wieder drei Minuten geschüttelt, worauf man das Terpentinöl zugießt und die Masse wiederum drei Minuten bewegt; zuletzt wird der Zucker und Kampher, letzterer mit einigen Tropfen Weingeist fein gestoßen, ebenfalls hinzugethan und alles wohl eine halbe Viertelstunde geschwenkt, wo dann alles ganz aufgelöst sein wird. Hat dieser Lackfirniß ein paar Tage gestanden, so gießt man ihn durch zarte Leinwand in ein reines Gefäß und hebt ihn zum Gebrauche auf. Pappbände, die mit Marmor- oder anderem Papier überzogen sind, wenn sie überhaupt lackirt werden sollen, sowie auch Leder- und Pergamentbände, streicht man mit einem feinen, aber guten Haarpinsel, der die Haare nicht gehen läßt, an, indem man das Buch mit zurückgeschlagenen Schalen in die linke Hand nimmt, und wenn der Anstrich geschehen, stellt man dasselbe mit aufgeschlagenen Deckeln aufrecht hin, bis der Ueberzug recht trocken geworden ist. — Dieser Lackfirniß giebt einen vollkommenen Spiegelglanz, der niemals Risse oder Sprünge bekommen wird.

6) Fester, aber etwas dunkler Lackfirniß.

Man nehme:

Sandarack . . .	6	Unzen,
Lack in Tafeln .	2	„
Kolophonium .	3	„
Terpentin . . .	2	„
Alkohol	32	„

Das Kolophonium vertritt hier die Stelle des Mastix und macht Glanz; das Lack vermehrt die Dauer. Will man Gegenstände mehr in Roth setzen, so nehme man mehr Plattlack und so viel weniger Sandarack

7) Ein leicht trocknender Weingeist-Lackfirniß.

Nimm:

Alkoholisirten Weingeist	32	Unzen,
Gereinigten Mastix . . .	6	„
Desgl. Sandarack . . .	3	„
Venet. Terpentin	2	„

18*

Dieser Lackfirniß ist glänzend, hat aber mehr Geschmeidigkeit, als Konsistenz und Körper.

8) Dauerhafter und glänzender Lackfirniß.

Nimm:

Gummilack	4	Loth,
Sandarack	2	„
Mastixkörner	2	„
Animeharz	2	„
Weißen Weihrauch . . .	4	„
Alkoholisirten Weingeist	48	„

und lasse die Mischung im Wasserbade auflösen.

9) Weißer Lackfirniß.

Es werden hierzu:

6 Loth Dammarharz und
2 „ weißes Mastix,

beides in einem reinen, mäßig fein gepülverten Zustande,
mit gewaschenem Quarzsande in eine gläserne Flasche gethan, mit 1 Quart 90grädigem Alkohol übergossen und
in eine mäßige Wärme gestellt, übrigens nach der allgemeinen Vorschrift damit verfahren.

Dieser Lackfirniß eignet sich vorzüglich zum Ueberziehen der Globen, Landkarten, Papiertapeten u. s. w.

10) Bilder-Lackfirniß.

Hierzu sind erforderlich:

10 Loth Sandarackharz,
 4 „ Mastix, beides von der besten und
        hellsten Beschaffenheit,
 1½ „ Kampher,
 1 „ venetianischer Terpentin und
 ¾ Quart Alkohol.

Oder: 6 Theile Sandarac,
       3   „   Mastix,
       1   „   Elemi,
       ¼   „   venetianisch. Terpentin, und
      32   „   Alkohol von 90 Grad.

Dieser Lackfirniß ist farblos und eignet sich zum Lackiren biegsamer Gegenstände.

11) Pariser Lederlack.

Man nimmt:

       4 Loth Schelllack,
       2   „   Mastix,
       1   „   Dammarharz,
       1   „   venetianischen Terpentin,

und löst alles auf bekannte Weise in einem halben Quart Alkohol auf. — Beim Gebrauche werden einige Tropfen auf einen kleinen Ballen von feiner Leinwand gegossen und das gefärbte und vorbereitete Leder damit einigemal gleichförmig und nicht zu dick überstrichen.

12) Pariser Buchbinderlack.

Hierzu werden:

      12 Unzen Gummilack in Tafeln,
       ½ Drachme Kampher und
       ¼   „   fein gestoßener Raffinade-Zucker

in 6 Pfd. 86- bis 90procentigem Weingeist im Wasserbade aufgelöst, die erkaltete Auflösung durch Löschpapier geseihet, die filtrirte Flüssigkeit in einer Retorte auf die Hälfte des Volumens reducirt und der noch warmen Flüssigkeit eine Drachme Oleum Cassiae beigemischt. — Bei der Anwendung werden einige Tropfen auf Baumwolle geschüttet, und hierauf das zubereitete Leder damit

einigemale überſtrichen; doch muß dabei für eine gleich=
förmige, nicht zu dicke Beſtreichung Sorge getragen werden.

**13) Pariſer Lack für alle Arten Leder, Papier,
Holz und Metall.**

8 Loth Schelllack,
2 „ Sandarack,
¼ „ Maſtix,
¼ „ Elemi,
6 „ Lavendelöl,
27 „ Alkohol, ſtärkſten,
1 „ venetianiſchen Terpentin.

Nachdem Sandarack, Maſtix und Elemi gröblich pul=
veriſirt worden ſind, läßt man ſie in einem porcellanenen
Gefäße bei gelinder Wärme zergehen, worauf man den
venetianiſchen Terpentin hinzufügt. Der Schelllack wird,
nachdem er fein gepülvert worden iſt, ſo lange mit dem
Alkohol geſchüttelt, bis er von dieſem ganz aufgenommen
iſt. (Gut iſt es, wenn der Schelllack einen Tag vorher
in Spiritus aufgelöſt worden iſt.)

Bevor man nun den Schelllack mit den übrigen
Subſtanzen vermiſcht, erwärmt man die letzteren in einer
Retorte oder in einem verdeckten Topfe im Sandbade,
oder in einer Ofenröhre, und giebt dann das Lavendelöl
und die zerlaſſenen Species hinzu. Man rühre hierauf
mit einem Glasſtabe oder ſchüttele das Ganze bis zur
beſten Vereinigung in einer Flaſche durcheinander, laſſe
dann die Wärme ein paar Stunden abſetzen und filtrire
zur vollkommenen Auflöſung das Ganze. Das Durch=
ſeihen geſchieht durch ein auf ein Tenakel genageltes
Stück Flanell, auf welches man ein Stück wollenes Löſch=
papier legt. — Erwärmt man die Spiritusmiſchung in
einer Glasflaſche, ſo hüte man ſich, dieſelbe zu feſt zu
verſchließen, da das Gefäß durch die Ausdehnung des
Inhalts leicht geſprengt werden kann. Am beſten ver=

schließt man hierzu die Flasche, wenn man sie mit einer feuchten Blase verbindet, die man durch Nadelstiche mit kleinen Oeffnungen versieht.

14) Russischer Lack.

Nr. 1.

12 Loth Schelllack,
  6 „ Benzoeharz,
  3 „ Mastix,
  2 Pfd. (1½ berl. Quart) Alkohol.

Nr. 2.

14 Loth Benzoeharz,
  7 „ Schelllack,
  1 „ Sandarack,
  2 „ Mastix,
  1 berl. Quart Spiritus.

Die trockenen Harze werden hier ebenfalls gröblich pulverisirt und bei mäßiger Hitze zergehen lassen. Der Schelllack wird fein gestoßen und kalt in Spiritus aufgelöst. Diese Schelllackauflösung wird dann warm gestellt und ihr die zergangenen Harze beigemischt. Durch anhaltendes Schütteln in einer Flasche, die man, wie schon bemerkt, nicht zu fest verschließt, bewirkt man dann die vollständige Vereinigung, und nach einigem Absetzen filtrirt man die Mischung nach der vorher angegeben Art.

Die hier angegebenen Lacke geben einen schönen Glanz, trocknen äußerst schnell und kommen verhältnißmäßig sehr billig zu stehen. Das Auftragen des Lackes beim Lackiren geschieht mit einem kleinen Schwämmchen oder mit Baumwolle, oder mit einem Pinsel, in einer warmen Stube.

Das Lackiren bei feuchter oder kalter Temperatur verdirbt die Arbeit; denn der Lack kann dann nicht einsaugen, bleibt stehen und wird schmierig.

Noch ein brauner Lack ist folgender:

Man löst

4 Loth blonden Schelllack in 26 Loth Spiritus, und
4 „ weißen Schelllack in 26 „ „

von 36 bis 38° Kart. (98 bis 92 Procent Tralles); jede Auflösung wird besonders filtrirt, dann mit einander vermischt, die vereinigten Flüssigkeiten bis auf die Hälfte reducirt und dem Firniß 1 Quentchen Lavendelöl zugesetzt.

Dr. Waltl in Passau*) verfährt bei der Lackbereitung auf folgende Art: Er pulverisirt Kopallack grob, übergießt ihn mit ächtem, ungefärbtem Quendelkrautöl, oder auch mit einem Rosmarinöl (oleum thymi serpylli et oleum roris marini) und erwärmt dann behufs leichterer Lösung. Hierauf gießt er das Flüssige vom Unaufgelösten herunter und die nöthige Menge Alkohol hinzu, der dann damit eine gleichmäßige, helle Auflösung giebt. Von dem Oele nimmt er soviel, daß es gerade den Kopallack überdeckt, vom Alkohol das 8= bis 10fache (dem Volum nach) der Auflösung mit dem ätherischen Oele. Er hat jedoch nicht versucht, ob alle Sorten Kopal ein gleich günstiges Resultat geben, und räth daher: anfangs von einer Sorte Kopal nur wenig zu kaufen, bis man deren Güte kennt. Uebrigens ist es Thatsache, daß alle mit gewöhnlichem Weingeist gemachten Firnisse auf feinem Leder nichts taugen, weil dieses das Wasser einsaugt und aufschwillt.

Levantirte und Chagrinleder, sowie Kalbleder und Saffian, dürfen nicht lackirt werden.

15) Kopal-Lackfirniß von Weingeist.

Der Kopal, in alkoholisirtem Weingeist aufgelöst, giebt nicht allein den schönsten, hellsten und farblosesten,

---

*) Polytechn. Centralblatt 1850.

sondern auch härtesten und dauerhaftesten Lackfirniß; allein seine Lösung, wenn keine Schmelzung über freiem Feuer vorausgegangen ist, hält im Alkohol schwer, und ist, selbst unter den günstigsten Umständen, nicht ganz vollkommen zu bewirken. Wir wollen hier einige Methoden mittheilen.

Man reibe 2 Loth feinen Kopal zu Pulver und lasse ihn dann in einer papiernen Kapsel zur vollkommensten Austrocknung etliche Tage lang an einem warmen Orte liegen. Dann reibe man eine Drachme Kampher in einem sorgfältig ausgetrockneten serpentinenen Mörser mit etlichen Tropfen Alkohol ab, schütte hierauf das Kopalpulver hinzu, reibe alles recht genau zusammen und schütte endlich nach und nach, in kleinen Portionen, 4 Unzen höchst rektificirten Weingeist dazu. Schon unter dem Reiben wird man bemerken, daß das Kopalpulver aufgelöst wird. Man darf daher die Mischung nur aus dem Mörser in ein Glas schütten, ohne daß man nöthig hat, sie erst lange in der Wärme stehen zu lassen.

Noch leichter pflegt die Auflösung zu geschehen, wenn man den Kopal zu feinem Pulver stößt, ihn dann auf einem reinen starken Papiere mit starkem Kampherspiritus benetzt, hierauf in gelinder Wärme austrocknet, nun wieder stößt, mit Kampherspiritus anfeuchtet und trocknet, und nachdem er viermal angefeuchtet, getrocknet und gestoßen worden, in einem Glase mit der nöthigen Quantität des stärksten Alkohols vermischt, das Glas mit Blase verbindet, eine Stecknadel durchsticht und es auf einen warmen Ofen setzt.

Oder man nimmt eine Quantität Kopalstücke und übertröpfelt solche mit reinem Rosmarin- oder Lavendelöle. Diejenigen Stücke, welche hier erweicht werden, sind für Lackfirnisse von Weingeist vorzüglich geschickt, und man nimmt davon soviel, als nöthig ist, trocknet sie in Kapseln von Papier, stößt sie dann zu Pulver, thut dieses in ein Glas, gießt einen Finger hoch Rosmarinöl darauf, und wenn sich die Masse in eine dicke Flüssigkeit verwandelt hat, so schüttet man auf dieselbe

nach und nach in kleinen Portionen den stärksten Wein=
geist und vermischt die Flüssigkeiten durch Schütteln. —
Ist die Vereinigung erfolgt, so fährt man so lange fort,
Alkohol zuzugießen, bis der Lackfirniß die gehörige Kon=
sistenz erhalten hat.

Auf noch andere Art wird der Kopal durch reinen
Alkohol, ohne Zwischenmittel, vermöge der Dämpfe auf=
gelöst. Man füllt nämlich in einen gläsernen geräumi=
gen Kolben mit etwas langem Halse 2 Pfund Alkohol,
der wenigstens 90 Procent nach Richter hält, derge=
stalt, daß der Kolben höchstens nur bis auf ⅓ voll ist.
Nun bringt man 16 Loth Kopal, in Stücken einer Erbse
groß, in ein Beutelchen von wollener Gaze, und hängt
solches, mittels eines Bindfadens, in dem Halse des Kol=
bens so auf, daß der Beutel 1½ bis 2 Zoll weit von der
Oberfläche des Alkohols absteht, worauf die Oeffnung
des Kolbens mit einer Verdichtungsflasche, oder auch nur
mit nasser Blase verschlossen wird, in deren Mitte man
eine Stecknadel steckt. Jetzt setzt man den Kolben in ein
Wasser= oder Sandbad und erhitzt dieses, doch so, daß
der Alkohol dadurch nicht zum Kochen kommt. Sobald
der Alkohol durch die Wärme flüchtig wird, so durchdrin=
gen die Dämpfe den Kopal, lösen ihn auf, er tröpfelt in
öliger Gestalt in die Flüssigkeit und verbindet sich mit
derselben. Ist die Flüssigkeit gesättigt, und treten die
herabfallenden Tropfen mit derselben nicht mehr in Mi=
schung zusammen, so nimmt man die Kohlen weg und
läßt die Auflösung kalt werden, welche man, wenn sie
sich gehörig geklärt hat, mit Vorsicht in reine, trockene
Flaschen abgießt. Der Niederschlag, der als Ueberschuß
zurückbleibt, wird zuletzt in Weingeist oder Terpentinöl,
mittels der Wärme, besonders aufgelöst.

16) Lackfirniß mit Bernstein.

Man stoße:

     1 Loth Schelllack,
     3 Quentchen Sandarack,

2 Quentchen Mastix und
2 „ Bernstein

zu Pulver, thue alles mit einem Zusatze von gestoßenem Glase in eine Flasche und gieße 6 bis 7 Loth vom besten Weingeiste dazu. Das gläserne Gefäß darf aber davon nicht ganz voll werden. Man verbinde dann die Oeffnung mit einer Blase und durchsteche dieselbe mehrmals mit einer Nadel, damit das Glas nicht zerspringe, stelle es auf den warmen Ofen und schüttle es manchmal untereinander. Nach einigen Tagen ist der Lackfirniß fertig; zwar löst sich der Bernstein nicht ganz auf, dieses thut aber nichts, da derselbe doch die besten Theile hergegeben hat. Man verbinde das Glas mit doppelter Blase und hebe es an einem kühlen Orte zum Gebrauche auf. —

17) Farbige Lackfirnisse von Weingeist.

Zu einem rothen Lackfirniß nimmt man:

Gummilack . . . . 4 Loth,
Drachenblut 4   „
Sandarack 1   „
Alkohol (reinen) 24   „

Zu einem gelben Lackfirniß nimmt man:

Gummilack . . . . 4 Loth
Sandarack 2   „
fein gestoßene Kurkuma . . . 2   „
von der besten Aloe Sokotrina 1 Quentchen,
Mastix . . . . 1 Loth
reinen Alkohol 24   „

Zu einem braunen Lackfirniß nimmt man:

Sandarack . . . . 12 Loth
Schelllack 8   „
Alkohol . . . . 1 Quart (2¼ Pfd.)

Die Harze werden gestoßen, dann geschmolzen, nach dem Erkalten fein gepülvert, in ein Glas zu dem Weingeiste gethan und dann an einem warmen Orte, oder auch im Wasserbade, unter öfterem Umschütteln, aufgelöst.

15) Goldlackfirniß von Weingeist.

Man nehme: Gummilack, Gummiguttä, Drachenblut und Sandarack, von jedem . . . . 2 Loth, venetianischen Terpentin . . . . 2½ „
Mastix und weißen Weihrauch von jedem . . . 1 „
Kolophonium . . . . ¼ „

thue diese Ingredienzien in zerkleinertem Zustande in eine geräumige Flasche, und gieße 32 Loth alkoholisirten Weingeist darüber. Hat diese Masse einige Zeit bei gelinder Wärme, unter öftern Umschütteln, digerirt, so bewirkt man die völlige Solution in einem Kolben durch das Wasserbad, filtrirt das Fluidum durch ein seidenes Tuch und verwahrt es in wohlverstopften gläsernen Flaschen.

Oder man zerstoße Gummilack, Gummiguttä, Drachenblut, Orlean, von jedem . . . . 4 Loth
Safran . . . . 1 „

jedes besonders, löse auch jedes besonders in einem Glase in Weingeist auf und lasse alles 14 Tage lang zu dem Ende in der Sonne oder auf einem mäßig erwärmten Ofen stehen, während man alle Tage jedes Glas einigemale umschüttelt. Wenn jede Substanz gehörig aufgelöst ist, werden die Tinkturen untereinander gegossen, und je nachdem man die Farben haben will, setzt man mehr oder weniger von der einen oder der andern zu.

Auf diese Weise lassen sich Goldlackfirnisse vielfältig verändern, wenn man den aufgelösten Harzen, so lange die Mischung noch heiß ist, die Farbestoffe, als da sind: Gummiguttä, Safran, Kurkuma, Avignonsbeeren, Drachenbeeren, Drachenblut, Orlean, Aloe ꝛc. in Gestalt von Tinkturen, nach einem schicklichen Verhältnisse zumischt.

B. Terpentinöl-Lackfirnisse.

Die Terpentinöl-Lackfirnisse folgen im Range den Weingeist-Lackfirnissen und kommen mit diesen, in Rücksicht der eigenthümlichen Eigenschaften, am meisten überein, denn das Terpentinöl ist, als ein wesentliches oder ätherisches Oel, fast so flüchtig, als der Weingeist und verdunstet fast eben so schnell als dieser. — Dieser Eigenschaften ungeachtet, sind die Terpentinöl-Lackfirnisse geschmeidig, dauerhaft und fest, denn das Terpentinöl läßt die Harze, welche nichts anderes als trockene wesentliche Oele sind, in einem zähern Zustande zurück und giebt ihnen mehr Körper, als der Alkohol; es halten mithin die Terpentinöl-Lackfirnisse das Mittel zwischen den Weingeist- und fetten Oel-Lackfirnissen.

Die ätherischen, namentlich die Terpentinöl-Lackfirnisse, weil das Terpentinöl gewöhnlich die Stelle des Vehikels vertritt, entstehen: wenn gewisse Harze entweder geschmolzen und in diesem Zustande mit einem ätherischen, vorzugsweise rektificirten Terpentinöle vermischt und vereinigt, oder wenn diese Harze, ohne vorausgegangene Schmelzung, in genannten Oelen, mit Hülfe der Wärme, aufgelöst werden.

Es zerfallen diese Terpentinöl-Lackfirnisse in zwei Klassen: in reine und in gemischte Terpentinöl-Lackfirnisse.

b) Receptformeln zu allerhand Terpentinöl-Lackfirnissen.

1) Reine Terpentinöl-Lackfirnisse.

Man nehme:

ausgelangten schönen Sandarack . . . 2 Loth
reine weiße Mastixkörner . . . . 2 „
Animeharz . . . . 2 „
weißen Bernstein . . . . 1 „ und
in Wasser weißgesottenen Terpentin . . 3 „

Sämmtliche Ingredienzien, mit Ausnahme des Terpentins, werden fein gepülvert, wohl zusammengemischt und mit 24 Loth rektificirtem Terpentinöle in ein starkes Glas oder in einen Kolben gethan, dessen Oeffnung man mit nasser Blase verbindet, in welche man eine Stecknadel steckt. Wenn die Auflösung der Harze in einem Wasserbade oder auf einem stark erwärmten Ofen geschehen ist, setzt man der Mischung den besonders geschmolzenen Terpentin hinzu, läßt die Masse noch einige Zeit in der Wärme stehen und filtrirt sie dann auf die bekannte Weise.

Oder man nehme:

schöne weiße Mastixkörner 4 Loth
ausgelaugten Sandarack 4 „
weißgesottenen Terpentin 4 „

pulverisire die harten Harze und löse sie, wie vorgemeldet, in 32 Loth gutem Terpentinöle auf. Ist dieß geschehen, so setze man den Terpentin in flüssigem Zustande bei und filtrire zuletzt die Masse auf die bekannte Art.

Oder man schmelze in einem Kolben, bei gelinder Wärme,

6 Loth Mastix und
2 „ Terpentin,

setze dann 1 Quentchen Kampher, und

12 bis 16 Loth rektific. Terpentinöl

hinzu und bewirke die Auflösung im Wasser- oder Sandbade. –

Oder man nehme:

16 Loth elastisches Harz,
16 „ Terpentinöl und
16 „ Leinölfirniß.

Das Federharz wird in kleine Riemen oder dünne Streifen zerschnitten, in Vitriolnaphtha aufgeweicht und dann in einen gläsernen Kolben gethan, den man so lange in einem sehr heißen Sandbade liegen läßt, bis das Federharz völlig flüssig geworden ist. Dann vermischt man es langsam mit dem siedendheißen Leinöl= firnisse, rührt es gut um und setzt nachher das warm gemachte Terpentinöl hinzu. Nun läßt man den Lackfirniß sich abkühlen, bis er lauwarm geworden ist, gießt ihn dann durch feine Leinewand in eine gläserne Flasche mit weiter Mündung und stellt diese, leicht ver= stopft, an einen warmen Ort. — Dieser Lackfirniß hat zwar die Eigenschaft, langsam zu trocknen, ist aber dann sehr dauerhaft.

2) Goldlackfirniß von Terpentinöl.

Man nehme:

Gummilack in Körnern .	2 Loth
Leberaloe . . .	2 „
gelben Bernstein . .	1 „
ausgelaugten Sandarach	1 „
Gummiguttä . .	1 Quentchen
Drachenblut . . .	½ „

pulverisire alles sehr fein, thue es in einen Kolben, gieße 16 Loth des besten alten Terpentinöls hinzu, ver= wahre die Oeffnung des Gefäßes mit nasser Blase, lasse die Ingredienzien einige Tage lang bei gelinder Wärme digeriren und bewirke zuletzt die völlige Auflösung im Sand= oder Wasserbade. Ist die Auflösung geschehen, so bringe man noch einen Eßlöffel voll starken Leinöl= firniß dazu und lasse die ganze Masse noch etlichemal aufwallen, bis sich alles recht mit einander vereinigt hat. Zuletzt seihe man den fertigen Lackfirniß durch zarte Leinwand.

Oder man nehme:

Drachenblut	½ Loth
schönes, helles Kolophonium .	½ „
Gummigutt	1 „
Schelllack	1 „
gelben Bernstein . . .	1 „
Aloe socotrina . . .	½ „

pulverisire alle diese Ingredienzien fein und thue solche, wenn man 6 Loth weißen Terpentin in einem glasurten Tiegel auf gelindem Kohlenfeuer hat zerlaufen lassen, nach und nach hinein, wobei man mit einem hölzernen Spatel die Masse fleißig umrührt. Hat sich alles gut mit einander vereinigt, so bringt man 24 bis 30 Loth erwärmtes Terpentinöl dazu, je nachdem der Lack= firniß mehr oder weniger konsistent werden soll, und mischt zuletzt noch 1 Loth starken Leinölfirniß bei. Hat dann die Masse noch einigemal mit einander aufgewallt, so läßt man sie abkühlen und seihet sie, noch lauwarm, in trockne Flaschen.

Oder man schmelze in einem neuen, gut glasurten, irdenen Gefäße 6 Loth feinen Bernstein, hebe das Gefäß, wenn solcher völlig geschmolzen ist, vom Feuer und lasse die größte Hitze verfliegen. Dann löse man den geschmolzenen Bernstein mit erwärmtem Terpentinöle völlig auf, entweder, wenn man dieses demselben, so lange er noch heiß und flüssig ist, beimischt, oder wenn man den Bernstein, nach der Schmelzung, erkalten läßt, pul= verisirt, und dieses Pulver mit dem Terpentinöle der Digestion unterwirft. Dem auf die eine oder die andere Methode aufgelösten Bernsteine setzt man 1 Quentchen fein pulverisirtes Drachenblut, 1 Gran Orlean und 1 Gran Gummiguttä bei, sorgt für gehörige Vereini= gung, bringt zuletzt noch 1 Loth starken Leinölfirniß dazu und seihet ihn, wie gewöhnlich, durch.

3) Terpentinöl=Lackfirnisse von Kopal.

Man nehme:

16 Loth verdichtetes Terpentinöl,

wie es in Ibon's Lackirkunst, 6. Aufl., Weimar 1855, beschrieben worden ist, und setze es in einen Kolben mit kurzem Halse und weiter Oeffnung in ein Wasserbad. Wenn das Terpentinöl siedend ist, ohne jedoch zum ei= gentlichen Kochgrade zu gelangen, so werfe man in das=

selbe so viel Kopalpulver, als man mit 3 Fingern fassen kann, und unterhalte im Kolben eine kreisförmige Bewegung. Ist das Pulver dem wesentlichen Oele einverleibt, so setze man neue Dosen zu und fahre damit fort, bis man gewahr wird, daß sich ein unlösbarer Bodensatz bildet. Hierauf nehme man den Kolben aus dem Bade, lasse ihn ruhig stehen und seihe den klaren Lackfirniß durch Baumwolle. — Wenn in dem Augenblicke, wo die erste Dosis Kopalpulver eingeschüttet wird, dieses Pulver in Klümpchen zu Boden sinkt, so ist es unnöthig, weiter damit fortzufahren. Jene Wirkung hängt von zwei Ursachen ab; entweder ist das Terpentinöl nicht gehörig verdichtet (koncentrirt), oder es ist seines Phlegma's nicht genug beraubt. Setzt man es dann der Sonne in demselben Kolben aus und verwahrt die Oeffnung mit einem Korkstöpsel, so wird das Oel nach und nach die erforderlichen Eigenschaften erlangen und die Lösung des Kopals bewirken.

Oder man nimmt einen Theil Kopal, zerschlägt ihn in erbsengroße Stücke, bringt diese in einen neuen irdenen Topf über gelindes Kohlenfeuer, und wenn der Kopal geschmolzen ist, gießt man 3 bis 4 Theile heißes Terpentinöl, unter beständigem Umrühren, langsam hinzu.

Oder man schmelzt Kopal in einem neuen irdenen, gut glasurten Topfe, gießt hierauf die geschmolzene Masse auf kaltes Wasser und trocknet sie wieder. Nachher nimmt man einen Kolben, füllt ihn mit 32 Loth Terpentinöl, setzt ihn in ein Wasserbad, pulverisirt 6 Loth nach dieser Methode geschmolzenen, auf Wasser erkalteten und getrockneten Kopal, schüttet davon in kleinen Dosen hinzu, unterhält die Mischung in einer steten Kreisbewegung und setzt nicht früher Kopal hinzu, bis der erste dem Terpentinöl einverleibt ist. Die völlig gesättigte Flüssigkeit wird endlich in lauwarmem Zustande durch Baumwolle in reine Flaschen filtrirt.

4) Terpentinöl-Lackfirnisse von Bernstein.

Der Bernstein erfordert, in Rücksicht seiner Natur, eine ziemlich ähnliche Behandlungsart, wie der Kopal. Man schmelzt nämlich den Bernstein und gießt dann heißes Terpentinöl hinzu; oder man läßt die geschmolzene Bernsteinmasse erkalten und setzt sie nach und nach, in Pulverform, dem heißen Terpentinöle bei.

Im ersten Falle läßt man hellen und weißen Bernstein in einem neuen Topfe schmelzen, gießt dann soviel heißes Terpentinöl hinzu, als zur gehörigen Konsistenz nöthig ist, und filtrirt dann die mit Bernstein gesättigte Flüssigkeit.

Im andern Falle schmelzt man eine Quantität weißen Bernstein in einem neuen, gut glasurten Topfe behutsam über Kohlenfeuer, wartet aber nicht ab, bis derselbe völlig geschmolzen ist, sondern, sobald er anfängt zu zerlaufen, nimmt man einen hölzernen Spatel, taucht denselben in das Gefäß, windet den geschmolzenen weißen Bernstein heraus und wiederholt dieses Eintauchen so oft, als der Bernstein noch weiß erscheint. Von diesem zuerst geschmolzenen Bernsteine nimmt man nach dem Erkalten 6 Loth, stößt ihn zu Pulver und löst ihn, mit einem Zusatze von 3 bis 4 Loth zerstampftem Glase, bei starker Ofenwärme, oder im Wasserbade, in 16 bis 18 Loth Terpentinöl auf.

Das Lackiren des Buchbinders erstreckt sich hauptsächlich auf das Auspinseln der Blindpressungen auf Chagrinleder, Juchten, Kalliko ꝛc., auf das Lackiren der glatten Leder, der Chagrinpapiere und der Rücken der Pappbände mit Titel. Hierzu eignen sich vorzüglich die angegebenen Buchbinder- und Pariser Lacke.

Sie werden theils mit einem weichen Pinsel mit einem Schwämmchen oder mit Watte, je nachdem es die Arbeit erfordert, aufgetragen. Auch werden diese Lacke zum Auspinseln der Preſſungen auf Sammet, wenn ſolche vergoldet werden ſollen, verwendet.

Zum Lackiren einfarbiger, glatter und marmorirter Papiere, auch Landkarten ꝛc. eignen ſich vorzüglich Kopallackfirniſſe, wenn ſelbige hauptſächlich ſehr weiß und hell ſind. Auch laſſen ſich überhaupt nicht alle farbigen Papiere lackiren und wenn man auch noch ſo viel Vorſicht dabei anwendet, die dunkeln Farben jedoch laſſen ſich wohl alle lackiren.

Bei hellen Papierſorten, Landkarten und dieſen verwandten Sachen erfolgt erſt ein zweimaliges Grundiren oder Planiren mit einer Gelatine-Auflöſung oder Leimtränke von Pergamentſpänen und nachdem dieß getrocknet, kann erſt das Lackiren erfolgen.

1 Loth Gelatine in ¼ C-nart Waſſer aufgelöſt, iſt eine ſehr gute Planitur, welche jedoch zweimal aufgetragen werden muß. Das Auftragen dieſer Planitur kann entweder mit einem etwas großen Schwamme oder auch mit einem breiten Pinſel geſchehen.

Zu bemerken iſt noch, daß das Auftragen des Lackes ſehr gleichmäßig und akkurat geſchehen und wenn ein zweites Mal erforderlich iſt, der erſte Anſtrich ganz trocken ſein muß.

Vortheilhaft für das Lackiren iſt übrigens, wenn daſſelbe ſtets in einer warmen Stube vorgenommen wird.

23) Das Fertigen der Futterale.

Zur Schonung werthvoller Einbände oder Bücher fertigt man für dieſelben von leichter Pappe Futterale und überzieht dieſelben mit Papier, Leder, Leinwand ꝛc. Schon aus dieſer ganz allgemein gehaltenen Definition läßt ſich auf die Erforderniſſe eines zweckmäßig konſtruirten Futterales ſchließen. Da ein ſolches zur Erhaltung des Einbandes beitragen ſoll, ſo wird vor allem an daſſelbe angefordert, daß es ſelbſt ſeinem Zwecke angemeſſen dauerhaft genug gearbeitet ſei, ohne jedoch plump zu erſcheinen. Ferner muß es das einſchließende Buch gegen

19 *

äußere Einflüsse hinlänglich verdecken, ohne an dasselbe weder zu fest, noch zu leicht zu schließen.

Beim Zuschneiden, Brechen, Einritzen oder Zusammensetzen eines Futterales giebt demnach das bezügliche Buch in allen seinen Dimensionen die Norm an für das zu fertigende Futteral. Nehmen wir z. B. an, es sei über ein Oktavbuch von mäßiger Stärke ein Futteral zu fertigen, so würde eine hierzu nicht zu schwache Rückenpappe hinlänglich stark genug sein. Das Futteral würde dann das Buch der Länge oder Höhe nach umschließen, so daß eine Breitenseite zur Einführung des Buches geöffnet bliebe.

Das Zuschneiden eines solchen Futterales würde demnach auf folgende Art zu geschehen haben: Da dasselbe das Buch seiner Höhe nach umschließt, so wäre es vorerst nach seiner Breite akkurat zuzuschneiden; diese findet man aber, wenn man die Breite des Buches, von seiner Rückenkante ab und seiner Stärke einschließlich der Deckel, in eine Zirkelweite nimmt, die dann akkurat die Breite der Pappe für das Futteral angiebt, und in welcher letztere, wenn sie vorher, sofern dieß nöthig, mit Papier ausgefüttert wurde, zugeschnitten wird.

Sticht man von der Breitenseite dieses Pappenstückes mit dem Zirkel die Stärke des Buches separat ab, und bricht darnach die Pappe, nöthigenfalls nach vorherigem Einritzen, um, so erhält man die Normalbreite des Futterales. Seine Länge findet man, wenn man das Buch an einer im Winkel geschnittenen Seite der Pappe entsprechend anlegt, und letztere nach den noch übrigen Seiten des Buches: der Höhe und Stärke nach entweder konform mit dem Buche vor- und umbricht, oder wenn man diese Dimensionen mit Hülfe des Zirkels sucht, überträgt und darnach das Futteral blos bricht, oder einritzt und umbricht.

An der letzten gebrochenen Seite giebt man vielleicht einen Zoll breit Pappe zu, schärft diese ab und schließt damit das Futteral an dieser Seite mittels starken Leimes. Es wäre nun noch übrig, das Futteral an seinem

Boden, hier an der Seite des Vorderschnittes des Bu=
ches, zu schließen. Ehe dieß jedoch geschehen kann, ist
es nöthig, Einschnitte da zu machen, wo sich beim Um=
brechen oder Einritzen die die Stärke des Buches dar=
stellenden Seiten des Futterales kreuzen. Diese Ein=
schnitte geschehen nur an zwei Seiten, so, daß die da=
selbst an einer Seite noch festsitzenden kleinern Stücke,
nachdem sie abgeschält und etwas abgeschärft wurden, mit
Leim angestrichen und auf dem Boden des Futterales
befestigt werden können, wo sie gleichsam einen Schluß
und Schutz für die Ecken desselben abgeben. Von den
durch das Einschneiden der Ecken sich bildenden zwei
Theilen des Bodens wird nur ein Theil desselben mit
Leim angestrichen, auf den andern geschlagen und dort
gut angerieben. Beim Schließen des Futterals, auch
schon beim Brechen desselben, bleibt das Buch innerhalb
des Futterales, damit hinlänglicher Widerstand oder
Unterlage zum Anreiben vorhanden sei; auch kann man
den Boden einzeln in das Futteral einsetzen, es muß
dann aber derselbe von etwas stärkerer Pappe sein und
kann man dann denselben an den Kanten mit etwas
schwacher Leinwand, der Festigkeit halber, einfassen.
Gleichfalls kann man auch an der obern Seite, an wel=
cher das Buch in das Futteral eingeschoben wird, die
Ecken vor dem Ueberziehen mit etwas Leinwand vor dem
leichten Einreißen sichern.

Das Ueberziehen des Futterales kann, je nachdem
es das dazu bestimmte Papier erlaubt, auf verschiedene
Art geschehen. Beim Ueberziehen aus einem Stück ist es
am zweckmäßigsten, den Schluß des Papieres auf den
schmälsten Seiten, hier also auf denen der Buchstärke zu
bewerkstelligen, und den Einschlag in das Innere des
Futterales nicht zu breit zu lassen. Uebrigens ist das
Ueberziehen selbst so leicht, daß sich jeder Arbeiter bei
nur einigem Nachdenken und Ueberlegen zu helfen wissen
wird, zumal eine Beschreibung dieser einfachen Arbeit,
da sie weitläufig werden müßte, eher verwirren, als
nützen würde. Obgleich es das Ueberziehen merklich er=

leichtert, wenn während desselben das Buch im Futterale bleibt, ist es jedoch eher anzurathen, letzteres zu unter= lassen, weil es beim Einschlagen des Ueberzuges in das Innere des Futterales und dem dann nöthigen Aus= ziehen des Buches aus demselben, auch bei größter Vor= sicht, sehr leicht geschehen kann, daß das Buch an dem angestrichenen Einschlag anstreifen oder wohl gar kleben bleiben und dadurch fleckig werden kann.

Außer dem Futterale giebt man dem Buche oft auch noch eine Decke von starkem Papiere, überzogen mit glei= chem Papiere, wie das Futteral. Diese Decke hat akku= rat die Höhe des Buches, mit Einschluß der Deckel, umschließt den Rücken und beide Deckel und ist breit genug, um in das Innere der letzteren einige Zoll breit eingeschlagen werden zu können.

Nach richtigem Verständniß dieser Beschreibung wird es leicht fallen, alle hiervon abweichenden Arten von Futteralen zu fertigen, da, außer den bereits angegebenen Haupterfordernissen, sich etwas allgemein Gültiges hier= über nicht feststellen läßt; auch in dergleichen Sachen jeder Buchbinder seine eigne Ansicht zur Geltung zu bringen sucht; es also dem Geschmack und der Einsicht des Arbeiters überlassen bleibt, das Zweckmäßige mit dem Schönen zu verbinden.

Futterale von starker Pappe, die sich weder brechen, noch einritzen läßt, müssen in einzelnen Stücken akkurat zugeschnitten und diese einzelnen Stücke mit starkem Leime dann zusammengesetzt werden; eine Arbeit, die mehr Af= kuratesse als Geschicklichkeit erfordert, und so leicht ist, daß man sie öfters von Dilettanten verrichten sieht, wes= halb auch von einer detaillirten Beschreibung derselben füglich abgesehen werden kann.

Heutzutage werden nun freilich statt der Futterale mehr Kästchen gefertigt, welche das Buch in sich auf= nehmen und auch unbedingt weit vortheilhafter als er= stere sind.

Das Untertheil eines derartigen Kästchens wird genau nach der Größe des Buches etwas reichlicher auf schwache Pappe aufgezeichnet, darauf geritzt, dann die kleinen dadurch an den Ecken entstehenden Quadrate ausgeschnitten und eine lange Seite, wenn das Buch hohes Format hat, an zwei Ecken mit etwas Leinwand geschlossen. Jetzt macht man den Deckel in derselben Weise, nur nicht so hoch als das Untertheil, und so groß, daß er über dasselbe hinweggeht, auch bekommt der Deckel blos an drei Seiten Rand, wird geschlossen und dann mit der offen gebliebenen Seite des Untertheils mittels eines Streifens Kalliko verbunden, worauf der Kasten überzogen und gefüttert wird. Beim Aufschlagen des Deckels nun liegt sofort das Buch offen da, der Deckel nimmt die vierte Seite des Untertheils mit zurück, wodurch dann das Buch an dieser Seite frei liegt und leicht aus dem Futteral herausgehoben werden kann.

24) Das Zusammensetzen der Pappen, Aufziehen von Karten, Plänen, Tafeln ꝛc. auf Pappe und Leinwand.

Um mehrere Pappen, die eine große Fläche bilden sollen, zum Zwecke der Anfertigung einer großen Mappe zum Aufbewahren von Zeichnungen oder um eine große Karte, Zeichnung, Tabellen, Kupfer aufziehen zu können, schärfe man die aneinanderzusetzenden Seiten ungefähr einen Zoll breit gut ab, bestreiche sie mit starkem heißem Leim und verbinde sie unter gutem Anreiben mit einander.

Das aufzuziehende Blatt bestreiche man gut mit Kleister, lasse es kurze Zeit weichen, dann nehme man es mit den Spitzen der beiden Daumen und Zeigefinger an den beiden obern Ecken von der Unterlagpappe weg und lege es mit der bestrichenen Seite auf die Pappe, welche noch unbeschnitten sein kann, aber an allen Seiten etwas größer sein muß, als das aufzuziehende Blatt. Nun streiche man ganz sanft mit dem Ballen der Hand von der Mitte nach allen Richtungen gegen außen, damit sich

nicht so leicht Blasen bilden können, lege dann ein Papier
darauf und reibe mit einem leinenen Lappen, aus wel=
chem ein Ballen gebildet wurde, durch jenes die betref=
fende Karte ꝛc. gut an. Um besser anreiben zu können,
fahre man mit dem Anreibelappen dann und wann über
das Kopfhaar, wodurch demselben etwas Fettigkeit mit=
getheilt wird und dadurch der Lappen leichter über das
Papier hingleitet. Nun lasse man es trocknen und schneide
das Ganze nachher von allen Seiten rechtwinkelig.

Um es einzufassen, schneide man Streifen gefärbten
Papiers, etwas größer als doppelt so breit, als der
Rand werden soll, ziehe mit, nach der Breite des Ein=
fasses, gestelltem Zirkel eine Linie an der vordern Seite
ringsherum, streiche einige Streifen mit Leim oder Klei=
ster an und lege sie nach der vorgezogenen Linie auf und
zwar so, daß die Länge des Streifs an beiden Seiten
fingerbreit über die einzufassende Pappe hinausreiche.
Dann wende man das Ganze um, schneide die Ecken
hinweg, drücke das an den Ecken ein wenig vorstehende
Papier mit den Nägeln der Daumen oder der Zeigefinger
einwärts und schlage das Papier nach der Rückseite um.
Ebenso fasse man auch den gegenüberstehenden Rand ein.
Die beiden andern Seiten werden zuletzt eingefaßt, und
zwar mit kürzeren Streifen, welche nicht über die Länge
der Pappe hinausreichen dürfen und eher etwas kürzer
sein können, da die Ecken durch die beiden ersten Strei=
fen schon bedeckt sind. Man legt diese also nur auf der
vordern Fläche an und schlägt sie um.

Gleiches Resultat erhält man auch, wenn man das
aufzuziehende Stück vorher richtig zuschneidet, dasselbe
auch mit der Pappe thut, indem man hier den für jede
Seite des Randes erforderlichen Raum zugiebt, die Pappe
nach dem Zuschneiden einfaßt und dann zum Aufziehen
schreitet, wo man dann beim Auflegen den eingefaßten
Rand gleichmäßig vertheilt.

Da sich jede nur auf einer Seite überzogene Pappe
wirft, so ist es gut, auch die hintere Seite mit Papier
zu überziehen. Soll die Karte, Tabelle, oder was es

sonst sein mag, aufgehängt werden, so schneide man ein Bändchen von beliebiger Länge, bestreiche diejenige Stelle der hintern Seite, wohin es kommen soll, mit Leim oder Kleister, lege beide Enden desselben nebeneinander auf, bevor man die hintere Seite mit Papier überzieht; oder man klebe, wenn dieses schon geschehen ist, oder gar nicht geschehen soll, ein Stückchen Papier darauf und lasse es vor dem Aufhängen wohl trocknen.

Schlägt man mittels eines Durchschlageisens nicht zu nahe am Rande ein entsprechend großes Loch durch, so läßt sich in demselben auch sehr leicht ein Band zum Aufhängen anknüpfen.

Zum Aufhängen anzubringende kleine Messingringe durchzieht man mit Band oder nicht zu schwachem Bind-faden, dessen Enden man aufschabt, und leimt sie, wenn nur je einer erforderlich, in der Mitte, oder, wenn meh-rere, unter zweckmäßiger Vertheilung, nach dem Zuschnei-den der Pappe, fest, die dann vor dem Aufziehen eingefaßt und das dazu verwendete Papier an der Stelle der Ringe eingeschnitten und zur Verdeckung des Bandes mitten durch den Ring auf die Rückseite der Pappe ge-schlagen wird.

Sollen aber Karten und dergleichen auf Lein-wand, entweder zum Aufrollen, oder zum Zusam-menschlagen gezogen werden, so verfahre man auf folgende Art.

a. Zum Aufrollen.

Das Stück Leinwand, worauf die Karte gezogen werden soll, wird mit einem Schwamm und Wasser an-gefeuchtet und muß an allen Seiten wenigstens um einige Fingerbreiten größer sein, als die Karte selbst. Man biege die Leinwand an einem Ende einen Finger breit um, damit sie daselbst doppelt werde (doch kann man dieß auch unterlassen) und nagele dasselbe auf ein ebenes Bret, eine Tischplatte, oder im Nothfalle auf den reinen Fußboden des Zimmers, mit kleinen Nägeln in etwa

handbreiter Entfernung und gerader Linie, ohne die Nä=
gelchen sehr tief einzuschlagen. Nun verfahre man mit
dem entgegengesetzten Ende ebenso, indem man es, soviel
als möglich, anspannt, dann desgleichen mit dem dritten
und vierten. Ist die Leinwand nun ohne Falten ange=
nagelt, so streiche man die Karte mit Kleister wohl an —
Leim ist bei einer großen Karte, wegen des allzuschnellen
Trocknens, nicht anzurathen — und lege sie auf; man
streiche dann mit der Hand von der Mitte in allen Rich=
tungen auswärts, lege reines Papier auf und reibe wie=
der mit dem Anreibelappen alles wohl an.

Besteht eine Karte aus mehreren Blättern, welche
zusammengesetzt werden sollen, so beschneide man diejenige
Seite des ersten Blattes, an die ein zweites gehängt
werden soll, bis auf einen schmalen weißen Rand, den
man auch mit Schafthalm abschärfen kann; die anzu=
fügende Seite des zweiten Blattes aber muß genau an
der Linie beschnitten werden, welche demselben als Grenze
dient. Oft paßt das zweite Blatt nicht ganz genau auf
das erste, und man möchte glauben, der Kupferstecher
habe unpünktlich gearbeitet; dieses ist aber selten der
Fall, sondern es war öfters beim Trocknen, nach dem
Drucke, das eine Blatt mehr der Hitze als das andere
ausgesetzt und schrumpfte dadurch mehr zusammen; oder
es war ein Blatt mehr angefeuchtet als das andere. —
Um nun beide einander wieder gleich zu machen, lasse
man nur das mehr zusammengezogene, nach dem Bestrei=
chen mit Kleister, etwas weichen und dehne es im Auf=
ziehen, so viel als nöthig, aus.

Ein großer Vortheil beim Aufziehen von Karten in
mehreren Theilen wird gewährt, wenn man das Blatt,
welches zuerst aufgezogen wird, ziemlich lange mit Klei=
ster bestrichen weichen läßt, so daß es sich sehr ausdehnt.
Der Vortheil liegt nun darin: ist das erste Blatt aufge=
zogen und das zweite hat sich vielleicht mehr gedehnt als das
erstere, so läßt sich das mehr gedehnte Blatt nicht wie=
der zusammenschieben, während, wenn das erste zu An=

fang aufgelegte am größten ist, läßt sich bei allen folgenden Blättern leicht nachhelfen, indem man dieselben, bis die nöthige Größe erreicht worden, weichen läßt.

Um eine Karte aufzuziehen, welche vielleicht aus 9 bis 12 großen Theilen besteht, verfahre man auf folgende Weise: Führen wir als Beispiel die Kiepert'sche Wand= karte des römischen Reiches an, welche ungefähr 9½ Fuß lang und ungefähr 6 Fuß breit ist, aus 12 Theilen be= steht und von welchen 4 Theile auf die Länge und 3 Theile auf die Breite der Karte kommen.

Bei einer derartigen Karte ist es nothwendig von der Mitte aus aufzuziehen und nicht z. B. das erste, dann das zweite Blatt 2c. aufzulegen, weil dabei der Fall eintreten wird, daß, wenn auch die erste Reihe gut paßte, die zweite doch schon differiren und mit der dritten eine Unmöglichkeit des genauen Anpassens der Theile eintre= ten wird.

Man lege nun die Karte in allen ihren Theilen aus= gebreitet der Reihe nach auf das Bret oder den Fuß= boden, um das Bild derselben vor sich zu haben.

1	2	3	4
5	6	7	8
9	10	11	12

Darauf nimmt man Blatt 2, schneidet den äußern Rand, nachdem der zu bleibende Raum mit dem Zirkel abpunktirt wurde, ab, und darauf die andern drei Seiten, indem man ungefähr ¼ Zoll weißes Papier an demselben ste=

hen läßt. Darauf nimmt man Blatt 6, schneidet dasselbe scharf an der Anschlußlinie weg uud läßt abermals an den drei übrigen Seiten das weiße Papier ¼ Zoll breit stehen. Dann kommt Blatt 10, welches wieder beim Anschluß scharf an der Linie abgeschnitten, links und rechts weißen Rand behält, und unten wieder der Raum abpunktirt wird und das übrige weggeschnitten wird.

So kommen nun nach der Reihe die Blätter 3, 7, 11, dann die Blätter 5 und 8 und zuletzt die Eckblätter 1, 4, 9, 12.

Da zu einer solchen Karte natürlich Leinwand von solcher Breite nicht existirt, so wird dieselbe jetzt, da man nun erst die genaue Größe derselben berechnen kann, zugeschnitten und mit Kleister zusammengesetzt. Ist dieß vollständig getrocknet, feuchtet man die Leinwand an, doch darf dieß nicht an den zusammengesetzten Stellen geschehen, weil da leicht der Kleister sich auflösen könnte, und würde da eine Trennung der Leinwand beim nunmehrigen Aufnageln derselben vorkommen.

Sobald die Leinwand glatt aufgenagelt, ziehe man an der obern Seite als Richtung beim Aufziehen eine gerade Linie und in der Mitte der Leinwand abermals eine Linie winkelrecht mit der obern, um darnach die zuerst aufzulegende Reihe Blätter genau richten zu können. Darauf trage man die Karte zusammen, nach der Reihenfolge, als dieselbe aufgezogen wird und zwar so daß Blatt 2 mit der Rückseite nach oben zu liegen kommt, um zuerst mit Kleister angestrichen zu werden.

Man streiche nun aber dieses zweite Blatt mit einem nicht zu dicken Kleister nicht zu mager an und lasse dasselbe ungefähr 10 Minuten weichen, um das Blatt auf die nöthige Größe, wie schon oben erwähnt, zu bringen, lege dann dasselbe genau an der obern und mittlern Linie an, streiche es gut aus und reibe es mit dem Anreibelappen gut an. Darauf folgt Blatt 6, welches aber, nun sofort, nachdem es angeschmiert, an Blatt 2 angelegt wird; ist es zu klein, so muß so lange gewartet werden, bis es die nöthige Größe erreicht hat u. s. f.

Nach diesem Verfahren ist es unausbleibliche Folge, daß die Theile der Karte, wie die ganze Karte selbst, wenn das Aufziehen geschehen, vollständig genau passen muß. —

Das Trocknen erfordert bei Kleister 6 bis 8 Stunden, während welcher Zeit das Ganze aufgenagelt bleibt; nach diesem ziehe man die Nägelchen heraus und beschneide den Rand nach Gefallen, welchen man auch mit Band oder Papierstreifen einfassen kann, oder man läßt auch die Leinwand rings herum einen guten Viertelzoll stehen, bestreicht dieß mit Kleister und schlägt es herum auf die Karte, wodurch nicht blos mehr Halt erzielt, sondern auch das Ausfasern der Leinwand verhindert wird.

An Karten, auf diese Weise aufgezogen, kommen gewöhnlich oben und unten Stäbe, welche meistens des bessern Aussehens halber polirt werden. Dieselben sind in der Mitte gespalten, um die Karte in sich aufnehmen zu können, während hölzerne darin befindliche Stifte den Stab nach seiner Länge wieder verbinden. Rechts und links sind gedrehte Knöpfe, gewöhnlich in Gestalt von Eicheln, welche an die Enden angesteckt werden, und diese auch da zusammenhalten. Die Stäbe müssen natürlicherweise so viel länger sein, als sie in den Eicheln aufgenommen werden. Zum Aufhängen werden in den obern Stab Ringe eingeschraubt, welche mit einer Schnur, des bessern Haltens wegen, doppelt verbunden werden. Solche Karten können nun, zusammengerollt, aufbewahrt werden, oder bei beständigem Gebrauche offen hängen bleiben. — Auch werden diese Karten sehr häufig lackirt. Zu diesem Zwecke wird dieselbe erst, wenn das Aufziehen getrocknet und während dieselbe noch aufgenagelt, auf dem Brete zweimal mit früher erwähnter Gelatineauflösung grundirt oder planirt, dieß kann nun entweder mit einem Pinsel oder einem Schwamme geschehen. Sind beide Grundirungen getrocknet, so wird der Lack mit einem breiten Pinsel schön egal aufgetragen. — Das Lackiren selbst kann auch geschehen, wenn die Karte abgeschniten ist, nur muß das Grundiren noch im aufgenagelten Zu-

stande vorgenommen werden, weil durch die Feuchtigkeit
die Karte wellig wird.

b) Zum Zusammenschlagen.

Man beschneide zuerst die Karte an allen vier Seiten linealgleich und winkelrecht; dann wende man dieselbe um, theile die hintere Seite mit dem Zirkel in so
viele Vierecke, als man will und ziehe die Linien mit
Bleistift. Diese Vierecke bezeichne man nun mit Zahlen,
doch nur sehr leicht, damit dieselben nicht durch die Leinwand zu sehen sind, und zwar so, daß man oben rechts
mit 1 anfängt, und so von der rechten zur linken fort-
fährt, und zerschneide die Karte nach den Linien mit dem
Messer und Lineal, nur muß dieses von Eisen und jenes
recht scharf sein und eine zurückgebogene Spitze haben.
Nun nagele man die Leinwand auf, wie vorhin gezeigt
wurde, streiche das Viereck Nr. 1 mit Kleister an und
lege es am obern Ende links auf. Da alle folgenden
Vierecke sich nach diesem richten müssen, so nehme man
sich besonders in Acht, daß es nicht schief auf die Leinwand komme; man reibe es gleich und gehörig an und
lege dann das zweite, dritte, vierte u. s. w. daran, doch
so, daß zwischen jedem ein Raum von wenigstens einem
Messerrücken bleibe, um beim Zusammenlegen die Biegung
bilden zu können. Wenn man mit der ersten Reihe fertig ist, so fährt man mit den folgenden auf dieselbe Weise
fort, indem man auch zwischen diesen Reihen einen solchen Raum läßt, dergestalt, daß das Ganze nachher aus
lauter getrennten, nur durch die Leinwand zusammenge-
haltenen Vierecken besteht. Wenn die Karte trocken ist,
so beschneidet man den Rand, welchen man auch einfassen
kann. Bei großen Karten ist es wiederum nöthig, in
der Weise zu verfahren, wie vorher beschrieben, nämlich
in der Mitte mit dem Aufziehen zu beginnen. Solche
zusammengelegte Karten werden entweder in leichten Mappen, oder in besonderen Futteralen aufbewahrt.

c) Zeichenbogen auf Leinwand zu ziehen.

Geometer, Geographen ꝛc. gebrauchen zu ihren Arbeiten auf Leinwand gezogene Zeichenbogen und wird zu diesem Zwecke gewöhnlich das Whatmann-Zeichenpapier, Double-Elephant-Format verwendet. Zu diesem Aufziehen eignet sich am besten ein geköperter baumwollener Stoff, welcher dem Eingehen nicht so sehr unterworfen ist, wie jedes andere Gewebe, da hauptsächlich der Geometer ꝛc. auf diesen Punkt achten muß, denn oft kommt es vor, daß ehe derselbe mit seiner Zeichnung fertig, schon die zuerst aufgetragenen Maße differiren.

Ein solcher Bogen ist nicht ganz leicht aufzuziehen, da das Papier sehr stark ist. Nachdem man die Leinwand auf das Bret gespannt hat, streicht man den Bogen mit recht gutem, knotenfreiem Kleister der Breite nach, Strich bei Strich an, darauf streicht man eben so der Länge nach und dann wieder recht egal nach der Breite, um den Kleister so gleichmäßig wie möglich aufzutragen, läßt dann den Bogen mindestens eine Viertelstunde weichen, legt ihn darauf auf die betreffende Leinwand, streicht denselben mit einem recht saubern leinenen Lappen gut aus, legt Papier auf und reibt mit dem Anreibelappen und darauf noch mit einem kräftigen, nicht zu scharfen Falzbeine gehörig nach.

Schließlich muß noch nachgesehen werden, daß hauptsächlich die Kanten des Bogens recht fest angerieben sind. Bei diesen Zeichenbogen wird gewöhnlich angenommen, daß es die rechte Seite des Papiers ist, in welcher der Name Whatmann gerade zu lesen; doch dieß ist nicht immer der Fall, und hat der Buchbinder auf die Seite beim Aufziehen zu achten, auf welcher nicht radirt ist, und wird diese Seite als die rechte angenommen.

In ganz großen Karten werden mitunter Zeichenbogen gefertigt, welche vielleicht 40 bis 50 □-Quadratfuß groß sind und werden diese auch aus Bogen zusammen-

geſetzt, da ein ſo großes Zeichenpapier, wenigſtens Hand=
papier, nicht exiſtirt. Zu einem ſolchen werden mitunter
4 bis 6 Bogen Zeichenpapier gebraucht, und behandelt
man dieſe in folgender Weiſe: Man ſchneide zuerſt die
zu brauchenden Zeichenbogen an allen vier Seiten glatt
und winkelrecht, darauf ſehe man genau nach den rechten
Seiten, lege ſie auf die aufgeſpannte Leinwand in der
Reihe, als ſie aufgezogen werden müſſen. Das Papier
iſt nun doch ſehr ſtark, daher iſt es nöthig, daß die Bo=
gen, wo ſie übereinander geſetzt (gewöhnlich ungefähr ¼
Zoll) werden ſollen, dieſelben recht akkurat und fein mit
einem ſcharfen Meſſer auf dem Schärfſtein abgeſchärft
werden.

Das Anſtreichen mit Kleiſter und Aufziehen geſchieht
ganz wie ſchon beſchrieben. Sollte ſich, was aber eigent=
lich nicht vorkommen darf, wo das Papier zuſammenge=
ſetzt iſt, ein unſauberes Rändchen zeigen, ſo nehme man
etwas Watte, feuchte es an und waſche die Stelle damit
ab. Ein ſolcher Zeichenbogen muß mindeſtens 2 bis 3
Tage auf dem Brete zum gehörigen Austrocknen bleiben,
ehe derſelbe abgeſchnitten werden kann.

Um einen ſolchen Zeichenbogen wird, gewöhnlich in
gerolltem Zuſtande, zum Schutze ein Mantel, welcher
denſelben ſehr gut umſchließen muß, in folgender
Art gefertigt: Man läßt ungefähr 10 bis 12 Holzſtäb=
chen 1 Zoll breit und ¼ Zoll ſtark, und ſo lang, als der
gerollte Zeichenbogen iſt, anfertigen, leimt dieſe recht feſt
mit ihrer breiten Seite auf ſtarke Leinwand und wird
dieß dann wieder an einer Seite des Zeichenbogens feſt=
gemacht. An die andere Seite deſſelben kommt eine höl=
zerne Rolle, um welche der Zeichenbogen gewickelt, und
dann legt ſich ſchließlich um dieſes der Mantel, welcher
denſelben ganz bedeckt und vor Druck ꝛc. bewahrt. An
dieſem Mantel ſind wieder Bänder zum Zubinden an=
gebracht.

d) Pausen aufzuziehen.

Baupläne, Zeichnungen 2c., welche auf Pauspapier übertragen wurden, werden, um als Vorschrift zu dienen, oder des bessern Haltens wegen, auf Papier oder Kartons gezogen. Hierzu gehört nun ein ganz weißer, feiner dünner Kleister, sowie ein ganz sauberer Pinsel, da durch dieses Papier jeder Pinselstrich, welcher nicht ganz rein, zu sehen ist.

Man streicht die Pause mit diesem Kleister recht egal an, legt sie dann auf eine ganz saubere Pappe recht glatt hin, nimmt dann das Papier, worauf sie gezogen werden soll und legt es ebenfalls recht vorsichtig auf die angestrichene Pause auf, giebt dann über dasselbe hinweg mit der Hand die nöthigen Striche, damit sich die Pause glatt an das Papier hängt, dreht dieses dann um und reibt durch aufgelegtes Papier die Pause vollends an.

Bei Pausen, welche mit Tusche ausgezogen sind, oder auf welcher sich Schrift mit rother Tinte 2c. befindet, muß noch vorsichtiger verfahren werden, da sich Tusche und Tinte leicht durch die Feuchtigkeit auflösen und verwischen kann.

Ist das Aufziehen geschehen, legt man die Pausen zum Trocknen zwischen glatte reine Pappen. Soll eine Pause auf Pappe gezogen werden, so muß das Aufziehen derselben auf Papier erst vorhergegangen sein.

25) Das Vertilgen der Flecke aus Papier, Büchern 2c.

Die Weiße des Papiers wird entweder durch die Länge der Zeit zerstört, vorzüglich, wenn das Papier der freien Luft und dem Staube ausgesetzt ist, wie dieses bei Landkarten, oder durch Oel-, Fett- und Tintenflecken der Fall ist. Um das durch das Alter gelb gewordene Papier wieder zu bleichen, kann man folgendes Verfahren anwenden, was jedoch nur für weißes oder gedrucktes Papier dient, da es für geschriebene Papiere kein Bleich= mittel giebt, welches nicht zugleich in die Schrift eingriffe. Bei Anwendung dieses Verfahrens trennt man vorerst die Bücher auf und vertheilt sie in die einzelnen Bogen, die in die Abtheilungen eines bleiernen Kübels eingesetzt werden. Diese Abtheilungen werden durch sehr dünne Leisten gebildet, so daß die glatt eingelegten Bogen in kaum bemerkbaren Zwischenräumen von einander getrennt sind. Längs den Wänden des Kübels gießt man Chlor auf, damit die Bogen aus ihrer Lage nicht verrückt wer= den. — Nach Beendigung der Operation zieht man die Säure durch eine Röhre ab, die am Boden des Kübels beßudlich ist. Die Säure wird durch frisches Wasser er= setzt, was man zu wiederholten Malen erneuert, um das Papier zu waschen und aus ihm den sauern Geruch zu entfernen. Hierauf läßt man das Papier trocken werden, satinirt es und bindet das Buch wieder ein. Die Bogen können auch vertikal in den Kübel eingelegt werden, was den Vortheil hat, daß sie weniger leicht zerreißen; zu diesem Zwecke bedarf man eines hölzernen Rahmens, der in der passenden Höhe eingelassen wird. Dieser Rahmen unterstützt dünne hölzerne Leisten, die unter sich nur einen Zwischenraum von einer halben Linie lassen. Zwei Bo= gen werden in einen jeden dieser Zwischenräume eingesetzt und mit zwei kleinen hölzernen Keilen befestigt, welche zwischen die Leisten eintreten und die Bogen gegen die= selben drücken. — Nach Beendigung nimmt man den Rahmen mit den Bogen weg und taucht sie in frisches Wasser. Durch die Anwendung dieser Operation wer= den die Bücher nicht nur wiederhergestellt, sondern das Papier wird auch viel weißer, als es früher gewesen war. Die Anwendung des Chlores bietet auch noch den Vor= theil dar, daß sie alle Tintenflecken entfernt, die sehr häu= fig die Bücher und die Kupferstiche beschmuzen.

Hat man Kupferstiche zu reinigen, die so zerrissen sind, daß man deren Stücke auf Papier leimen mußte,

so läßt sich zum Reinigen derselben keine Flüssigkeit anwenden, weil sich der Kupferstich von dem Papiere los-
trennen würde. In diesem Falle ist man gezwungen,
den Kupferstich zusammenzurollen und in einen großen
cylinderförmigen gläsernen Pokal zu bringen, den man
auf eine Untertasse umkehrt, in welche man Salzgeist und
etwas pulverisirte Magnesia bringt und das Ganze in
warmem Wasser erwärmt, damit Chlorgas sich entwickele;
dasselbe füllt nun den innern Raum des Bechers an,
wirkt auf den Kupferstich und entfernt von demselben
alle Tinten= und Fettflecken, ohne daß sich der Kupferstich
von dem Papier ablöst, auf das seine einzelnen Theile
geleimt worden sind. Wie ich eben erwähnt habe, entfernt das Chlor vollkommen die Tintenflecken, und es be-
dürfte nun eigentlich keiner ferneren Mittel zur Weg-
nahme dieser Flecken, wenn das Papier zu gleicher Zeit
mit gebleicht werden müßte. Da es jedoch häufig geschieht, daß Tintenflecken aus Büchern und Kupferstichen
entfernt werden müssen, deren Papier noch vollkommen weiß
ist, so muß es für den Buchbinder von Wichtigkeit sein,
daß ihm die Mittel angegeben werden, wie er dergleichen
Flecken entfernen kann, ohne daß es nöthig ist, das Buch
auseinanderzunehmen.

Fast alle Säuren können zum Entfernen der Tin-
tenflecke aus dem Papier angewendet werden; jedoch muß
man vorzugsweise solche Säuren wählen, welche das Papier so wenig als nur möglich angreifen. Salzsäure, die
mit dem Vier= oder Sechsfachen ihres Gewichts Wasser
verdünnt worden ist, kann mit Erfolg zum Entfernen
eines Tintenfleckes angewendet werden; ebenso kann man
Sauerkleesäure oder Salpetersäure, die mit Wasser verdünnt worden sind, für das Papier und Kupferstiche mit
Erfolg anwenden. Diese Säuren entfernen Tinte ohne
die Buchdruckerschwärze anzugreifen, und deshalb kann
man mit denselben die mit den Tintenflecken beschmutzten
Bücher reinigen, ohne daß der Text leidet. Um Fett=
flecken aus Büchern und Kupferstichen zu entfernen, wendet man eine schwache Auflösung aus Pottasche oder

äßender Soda an, bei deren Anwendung jedoch die Bücher in einzelnen Bogen auseinandergesetzt werden müssen. Bisweilen geschieht es, daß beim Marmoriren der Buchbinder die Bogen mit Farbe befleckt, und um diese wieder herauszubringen, wendet man Chlorkalk an. Der Bogen wird in diese Flüssigkeit so lange eingetaucht, bis der Flecken verschwindet, was in kurzer Zeit stattfindet, und man taucht ihn dann in gewöhnliches Wasser ein, wo er noch einmal so lange, als in der Flüssigkeit bleibt.

Mit Fett, Wachs, Oel oder jeder andern fettigen Substanz beflecktes Papier erwärmt man leicht, nimmt dann, so viel nur möglich, die fettige Substanz mit Löschpapier weg und taucht hierauf einen feinen Pinsel in fast kochendes Terpentinöl, mit dem man die beiden Seiten des Papieres bestreicht, während dasselbe warm erhalten wird. Dieses Verfahren wiederholt man so lange, bis das Fett verschwunden ist, worauf man dem Papier an der befleckten Stelle durch folgendes Verfahren seine frühere weiße Farbe wieder giebt. Ein anderer Pinsel wird in sehr rektificirten Weingeist getaucht und mit demselben ebenfalls über den Fleck und vorzüglich nach den Rändern hin gestrichen, damit alles vom Fleck noch übrig Gebliebene weggenommen werde. Wird diese Operation mit Vorsicht und Geschicklichkeit ausgeführt, so wird der Fleck vollkommen verschwinden und das Papier seine frühere Weiße wieder erhalten. War das befleckte Papier beschrieben oder bedruckt, so leidet die Schrift durch dieses Verfahren nicht.

Alle, durch die Zeit vergilbte, Kupferstiche, Drucksachen ꝛc. werden nach einem von Dr. Elsner angegebenen Verfahren auf folgende Art wieder gebleicht: Er nahm hierzu Drucksachen und Kupferstiche, welche im Jahr 1728 gefertigt waren, wo sie durch die Zeit eine fast bräunliche Farbe angenommen hatten, und beschreibt sein Verfahren wie folgt:

Es wurde eine Auflösung von Chlorkalk in Wasser gemacht, ungefähr 1 Theil Chlorkalk auf 20 Theile Wasser;

diese Lösung wurde filtrirt und in dieselbe der zu reini-
gende Kupferstich oder der Abdruck eingelegt, so daß letzterer von der Chlorkalkauflösung gänzlich bedeckt wurde;
hierauf ward so viel starker Essig hinzugesetzt, daß die
Flüssigkeit sauer reagirte; in dieser Mischung von Chlor-
kalklösung und Essig liegend, nahmen die nun bräunlich
gefärbten Probesachen nach und nach immer mehr eine
hellere Farbe an, nach etwa einer Viertel- bis halben Stunde waren die Abdrücke völlig weiß, ja vielleicht weißer, als sie ursprünglich gewesen waren. Nachdem die Gegenstände völlig weiß geworden, wurden sie
herausgenommen aus der Mischung und in Flußwasser
so lange abgespült, bis sie nicht mehr nach Chlor rochen;
hierauf wurden sie, an der Luft liegend, getrocknet und
später geglättet; so bearbeitet, sahen sie aus wie neu
und hatten an ihrer Festigkeit gar nichts verloren.

Man hatte theils Chlorkalkauflösung, theils Salzsäure vorgeschlagen, allein nur die so angegebene Mischung
giebt ein völlig genügendes Resultat. Offenbar ist in
dem beschriebenen Verfahren die nach und nach frei wer-
dende unterchlorige Säure, die sich sofort im freien Zustande in Chlor und Sauerstoff zerlegt, die Ursache der
guten Erfolge, da überdieß bekannt ist, daß das sogenannte Wasserstoffsuperoxyd auf ähnliche Weise, d. h.,
durch Freiwerden von Sauerstoff, wirksam ist. — Da
Essigsäure angewendet wird, kann auch keine Veränderung
der Papierfaser eintreten und eben so wenig durch freien
Chlorkalk, da dieser durch die freie Essigsäure zersetzt wird
und essigsaurer Kalk die Papierfaser nicht angreift.

Kunstkenner haben mir die Versicherung gegeben,
daß man auch auf nachstehende Weise alte vergilbte Kupferstiche ganz vortrefflich farblos machen könne.

Man spannt dieselben auf ein Bret auf und befeuchtet sie fortwährend mit einem Schwamme mit reinem
Wasser, Regen- oder destillirtem Wasser, währenddem
man den befeuchteten aufgespannten Kupferstich in die
Sonne legt; nach einiger Zeit ist derselbe völlig entfärbt

und schön weiß. Daß diese Operation auf der bekann= ten Theorie der Rasenbleiche beruht, ist unzweifelhaft.

26) Das Spalten des Papieres.

Nicht selten geschieht es, daß ein Buch, dessen Sei= tenzahlen durch mehrere Alphabete gehen, und das, in einen Band gebunden, ein viel zu starkes Volumen dar= stellen würde, des bequemern Gebrauchs halber, in meh= rere Bände getheilt und gebunden werden soll. Hierbei schließt aber zuweilen an den bestimmten Stellen ein Ab= schnitt nicht in der erwünschten Weise ab, so daß beim Anfang oder Schluß eines Bandes zuletzt nichts übrig bleibt, als eine längere oder kürzere Stelle abzuschreiben und das gedruckte Bruchstück zu verkleben.

Hierin liegt aber stets ein großer Uebelstand und es muß daher die Kenntniß eines zweckmäßigen Verfahrens erwünscht sein, mittels dessen ohne Nachtheil für den auf beiden Seiten befindlichen Druck, dergleichen Anfangs= oder Schlußblätter in entsprechender Weise umgestaltet werden können.

Man klebt das zu spaltende Blatt Papier zwischen zwei Schreibpapierblätter von gleicher Größe mit dem zu spaltenden und preßt es bis zum Trocknen zwischen Ma= kulatur ein. Nach vollständigem Trocknen reibt man den Rand an einer Seite gleichmäßig zwischen den Fingern so lange bis ein Spalt sich öffnet, den man durch gleich= mäßiges Ziehen nach und nach so lange erweitert, bis das Blatt sich in der ganzen Breite getheilt hat, worauf man dann mit leichter Mühe im Stande ist, durch fort= gesetztes Ziehen an beiden Seiten dasselbe auch der Länge nach zu trennen, so daß jede Druckseite auf einem Blatte Schreibpapier festsitzt. Hierauf weicht man diese beiden Blätter in kaltem Wasser ein, bis der Druck sich leicht ablösen läßt; indem man nach Aufsaugung des überflüs= sigen Wassers durch Einlegen zwischen Makulatur, ein Blatt nach dem andern mit der Druckseite oder mit der

Fläche, auf der sich die gespaltene Hälfte befindet, auf ein reines Bret legt und das Schreibpapier behutsam abhebt. Die getrennten Hälften werden dann wieder auf planirtes Druckpapier, oder dünnes Schreibpapier aufgezogen. Zum Gelingen dieser Arbeit ist es erforderlich, daß der Kleister recht gleichmäßig und ohne Knoten aufgetragen werde, andernfalls sonst Löcher in das Papier reißen würden.

27) Die Fabrikation der Briefkouverts.

Unter diesem Abschnitte soll nicht sowohl die Fertigung der Briefkonverts mittels Handarbeit, als: Zuschneiden mit dem Messer nach einem Muster von Pappe, Holz oder Blech, Falten und Schließen derselben, beschrieben werden, als vielmehr die Anfertigung derselben mittels Maschinen oder deren Fabrikation. Erstere Art ist so leicht und allgemein bekannt, daß sie einer speciellen Beschreibung nicht bedarf, was wohl nicht so mit der letzteren der Fall sein dürfte, weshalb ein näheres Eingehen hierauf, bei der immer allgemeiner werdenden Einführung der Briefkonverts in den täglichen Geschäftsverkehr, um so wünschenswerther sein dürfte.

Kein einfacheres und unbedeutenderes Ding, als ein Briefkouvert, und dennoch werden kostbare Maschinen zu dessen Anfertigung erfunden und hunderte fleißiger Hände fanden dabei Beschäftigung. Ursprünglich französische Erfindung, hat sich das Konvert, wie die Aufklärung, deren Gegensatz es eigentlich bildet, unaufhaltsam Bahn über die Erde gebrochen und fast überall hat dasselbe, namentlich in der fashionablen Welt, das gewöhnliche Falten der Briefe verdrängt.

Nach der Einführung der englischen Posttaxe stieg dort die Zahl der Briefe ins Ungeheure und schon 1843 wurden 330 Mill. Briefe jährlich mit der Post befördert, eine Zahl, die sich jetzt ohne Uebertreibung auf 600 Mill. annehmen läßt. Seit der Gebrauch, kouvertirte Briefe für doppelte zu rechnen, in England abgekommen ist, werden dort auch alle Briefe mit Kouverts versehen, so daß also jährlich für die Post schon eine gute Masse gebraucht werden, abgesehen von den für andere Korrespondenzen verwendeten.

Die ersten Kouverts, die auf den Verkauf gemacht wurden, schnitt man nach Patronen aus, faltete sie mit der Hand und gummirte sie zum Schluß. — Der erste Schritt auf der Bahn der Verfertigung im Großen war der, daß Morgan große Durchschläge erfand, welche für die ganze Form des Kouverts einen schneidenden Reif machten, mittels dessen in einer starken Presse 250 Blätter auf einen Schlag ausgestampft wurden. Aber schon 1845 erfand Edwin Hill, in der Fabrik von Warren de la Rue, eine Maschine, welche in einer Minute 42, also in einem Tage von 10 Arbeitsstunden 25,200 Stück Kouverts vollständig faltete, wonach also eine Maschine 80 Jahre hätte arbeiten müssen, um den Jahresbedarf für England allein zu beschaffen. Mit der Hand können in der Minute höchstens 5 bis 6 Kouverts vollendet werden, was täglich etwa 2500 bis 3000 Stück giebt.

Eine der sinnreichsten Maschinen, welche die neuere Zeit hervorgebracht hat, ist die, welche Remond in Birmingham zum Falten der Briefkouverts erfunden hat[*]), und von der wir in Fig. 44 eine Seitenansicht, theilweise Durchschnitt, Fig. 45 die vordere Ansicht, Fig. 46 einen theilweisen Durchschnitt der Maschinerie nach **A B**, in Fig. 44 u. 47 eine horizontale Ansicht der Tafel, wo die Operation des Faltens stattfindet, dargestellt haben. Der Mechanismus der gesammten Maschine ist so angeordnet, daß eine Quantität zugeschnittener Blätter auf die Tafel der Maschine gelegt wird, wo dann mittels eines besondern Apparates, in welchem von Zeit zu Zeit ein luftleerer Raum gebildet wird, ein einzelnes Blatt auf-

---

[*]) Illustrirte Zeitung. Jahrgang 1850 Nr. 389.

genommen und in den Faltungsapparat gebracht wird, in welchem zuerst die 4 Klappen rechtwinklig in die Höhe gebogen werden. Dieß geschieht in einer viereckigen Büchse, in welche das Blatt mittels eines genau passenden Stempels hinabgedrückt wird, wo natürlich, da die Büchse und der Stempel nur die Größe des eigentlichen Kouverts haben, die vier Klappen in die Höhe gebogen werden müssen. Da der Boden der Büchse durchbohrt ist, so wird das Kouvert beim Zurückgehen des Stempels durch die Ansaugung festgehalten, und es kommt nun nur darauf an, den vier Klappen die geeignete Neigung nach innen zu geben, damit sie bei dem zweiten Niedergange des Stempels vollends in der gehörigen Lage festgepreßt werden. Zu diesem Zwecke sind die Seitenwände der Büchse durchbohrt, und es werden Luftströme durch dieselben gegen die Klappen geblasen, welche dadurch in der gehörigen Ordnung niedergebeugt werden. Außerdem sind noch Vorrichtungen angebracht, um sowohl die Siegelklappe mit einem durchbrochenen Stempel zu versehen, als auch die Bindekappe zu gummiren, und das Kouvert in der gefalteten Lage zu erhalten. Wir wollen uns nun zur nähern Beschreibung der Maschine selbst wenden.

A ist die Hauptwelle der Maschine, von wo aus alle Bewegungen der einzelnen Theile bewirkt werden. An dem einen Ende befindet sich eine lose und eine feste Riemenscheibe und an dem andern ein Schwungrad, um die Bewegungen regelmäßig zu machen. Der mittlere Theil der Welle trägt sieben excentrische Scheiben, durch welche die arbeitenden Theile der Maschine in Bewegung gesetzt werden. B ist die Faltungsbüchse oder die Höhlung, in welcher der Proceß des Faltens stattfindet. Sie besteht aus vier Wänden, in deren Winkeln die Vorsprünge C, C angebracht sind, um das Papierblatt genau in der richtigen Lage zu halten, bis der Stempel dasselbe erfaßt hat. D ist die Thür oder der bewegliche Boden der Büchse und hängt an der einen Seite ein Scharnier, um nach Vollendung des Kouverts sich zu öffnen und dasselbe in den darunter befindlichen Ablauf fallen zu lassen.

Der Boden ist vielfach durchbohrt, um der Luft den Aus=
gang zu gestatten, während das Kouvert eingedrückt wird.
Dieser Boden wird mittels des Hebels E geschlossen ge=
halten, welcher durch die Herzscheibe F auf der Haupt=
welle A mittels einer in einem Schlitten H H gehenden
Schubstange G in gewissen Intervallen bewegt wird, um
den Boden D frei zu lassen. Das Zuführen des Papiers
geschieht mittels der äußersten Herzscheibe K auf der
Welle A. Die Herzscheibe bewegt, in dem Schlitten
L L, den kürzern Arm eines Winkelhebels M, welcher
mittels einer Leitstange mit dem Speiser N verbunden ist.
Dieß Instrument geht auf einem Schlitten am Haupt=
gestelle in einer Schwalbenschwanznuthe und besteht aus
zwei hohlen Greifern P, P, die an der untern Seite offen
sind. Das Innere dieser Greifer öffnet sich in dem
hohlen Raume des Schlittens, so daß, wenn hier eine
Ausschöpfung der Luft eintritt, in den Greifern ein theil=
weise luftleerer Raum erzeugt wird. Diese Ausschöpfung
wird durch eine biegsame Röhre Q aus vulkanisirtem
Kautschuk bewirkt, die an dem andern Ende mit dem
Schöpfbalg R verbunden ist. Dieser Schöpfbalg erhält
seine Bewegung von der Herzscheibe S auf der Hauptwelle
A, deren Schubstange im Schlitten J arbeitet und mit
dem Winkelhebel U in Verbindung steht, der sich an
einem Pfeiler am hintern Ende der Maschine befindet.
Der längere Arm dieses Hebels ist mittels einer Leit=
stange V mit der Stirnplatte W des Schöpfbalges ver=
bunden, der auf den Leitstangen X, X läuft. Sobald
nun die Greifer mit dem obersten Blatte des Papier=
stapels in Berührung kommen, tritt mittels des Schöpf=
balges die Ausschöpfung ein, das oberste Blatt des
Papierstapels wird angesaugt und durch die Greifer zwi=
schen die Ansätze C C, Fig. 47, gelegt, und da in dem=
selben Augenblicke der Schöpfbalg seine rückgängige Be=
wegung beginnt, hört die Ansaugung auf, die Greifer
lassen das Blatt los und gehen zurück. Die Plattform
Y, welche den Papierstapel trägt, steigt und fällt nach
Bedarf, um das Papier stets fest unter die Greifer zu

bringen. Dieß wird von der Herzscheibe Z aus bewirkt, welche auf den Schlitten a drückt, von welchem ein Arm b ausgeht, der mit dem langen doppelarmigen Hebel c in Verbindung steht, mit dessen Ende die vertikale Spindel d der Plattform zusammenhängt. Um den Unterschied im Papierstande, den die nach und nach abnehmende Höhe des Papierstapels bewirkt, auszugleichen, ist eine Lage Kautschuk angebracht, welche durch ihre Ausdehnung stets den Papierstapel, dessen Blätter ebenfalls zwischen Leitungen f, f liegen, um immer die richtige Lage zu behalten, mit den Greifern in Berührung hält.

Ist nun das Blatt durch die Greifer P zwischen die Nasen C, C gelegt, so kommt der Stempel g in Bewegung. Dieser Stempel bildet einen viereckigen Rahmen, welcher durch den Schlitten n von der Herzscheibe k aus bewegt wird. Dieser Rahmen hat in seinem Innern die Hervorragungen, welche bei dem zweiten Niedergange des Stempels auf die verschiedenen Klappen des Kouverts wirken, indem sie dieselben nach einander niederdrücken, wenn sie zuvor durch die seitliche Luftströmung in eine schräge Lage gebracht sind. Die Richtung dieser Hervorragung ist sehr wesentlich, weil davon abhängt, daß die Klappen ihre richtige Lage gegen einander erhalten, also rechtzeitig nach einander zuklappen. Die Hervorragung L schlägt zuerst eine Klappe ein, dann kommt die Hervorragung m, welche die an der Seite liegende niederdrückt, dann n, welche die gegenüberliegende faßt, während der Rand des Stempels endlich die Siegelklappe umlegt und dem ganzen Kouvert die Pressung nach der vorläufigen Faltung giebt.

Die nöthige seitliche Luftströmung auf die Klappen wird durch eine schräge Luftpumpe p bewirkt, deren Kolben durch eine Leitstange bewegt wird, die an einem Krummzapfen oder einer Warze auf dem Schwungrade spielt. Die komprimirte Luft tritt durch eine Röhre q an dem Boden der Luftpumpe in einen hohlen Kanal, der rings um die Wände des Kastens B geht und dort die Luft durch die Oeffnungen o gegen die Klappen des Kouverts ausströmen läßt.

Um das Gummi oder irgend eine andere klebende Flüssigkeit an die untere Klappe zu bringen, wodurch die drei festen Klappen mit einander verbunden werden, verbindet sich bei r ein kleines Bassin, von dessen Boden zwei Röhren s, s ausgehen und das Gummiwasser zu den röhrenförmigen Behältern t, t führen, die in dem Gefäße u liegen, und deren Zufluß durch einen Hahn regulirt wird. Das Gummiren geschieht durch zwei kleine Schwämmchen, welche in der flachen Röhre t t liegen und kaum über deren Oberfläche ragen. In dem Augenblicke vorher, ehe der Stempel g das Kouvert zum ersten Male berührt, tritt auch ein Stempel v herab und preßt die Klappe, welche später die unterste werden soll, auf die Schwämmchen nieder, wodurch sie den nöthigen Klebestoff annimmt. Der Stempel v erhält seine Bewegung durch die Herzscheibe w, welche auf den Schlitten x wirkt, dessen Fuß der Stempel v bildet. Soll die Siegelklappe mit einer Reliefverzierung oder mit einer durchbrochenen Rosette versehen werden, so wird das Stempelwerk y z angebracht. Der Stempel y ist an den Schlitten l befestigt, welcher durch die Herzscheibe z in Bewegung gesetzt wird, und die Stempelung selbst findet kurz vor dem Niedergehen des Hauptstempels g, also gleichzeitig mit dem Gummiren der gegenüberstehenden Platte, statt. Diese Stempelung nennt Remond den Detektor, weil durch sie jeder Versuch, den Brief zu öffnen, entdeckt wird. Sie verbindet Sicherheit mit Eleganz. Die Siegelklappe wird dadurch mit einer durchbrochenen Verzierung versehen, welche die gefärbte Oblate, mit der man den Brief schließt, durchscheinen läßt. Ist nun ein Versuch gemacht, den Brief zu öffnen, wozu man warmes Wasser oder Wasserdämpfe benutzt, so verschwindet das elegante Ansehen vollständig; sollte aber der Versuch gemacht werden, die Oblate mit einem flachen Messer waagerecht zu durchschneiden, so ist ihre Substanz so dünn, daß der geringste

Oeffnungsversuch das Ornament zerstören oder doch in Unordnung bringen muß.

Die Maschine macht bequem 60 Kouverts in der Minute oder 36,000 in einem Tage, kann aber noch schneller betrieben werden. Die Kouverts ∙ sind genau gefaltet, gummirt und mit dem Stempel versehen.

Hr. Legrand, Fabrikant in Paris, fabricirt jetzt nicht nur für Frankreich, sondern auch für das Ausland, namentlich zur Ausfuhr nach Amerika, große Massen von Kouverts; er erhält Bestellungen auf Millionen und ist im Stande, alle Aufträge rasch und genügend auszuführen.

Die Legrand'sche Maschine hat jetzt einen hohen Grad von Vollkommenheit erlangt und läßt, unerachtet der vielen an sie gestellten Bedingungen, fast nichts zu wünschen übrig. Sie bewerkstelligt folgende Operationen:

1) Gummirung oder Ueberziehung mittels Stäbchen oder metallener Leimer;

2) Abnahme eines jeden Kouverts von einem Stoße sehr vieler derselben;

3) Gummirung oder Leimung dieser Kouverts auf zwei Seiten und Transport derselben zum Falten;

4) Falten oder Umschlagen der vier Ecken in der nothwendigen Ordnung für die verschiedenartigen Kouverts;

5) Transport der Kouverts von der Maschine weg, bei jeder Operation.

Außerdem bewirkt die Maschine noch drei Neben∙verrichtungen;

6) das Zählen und die Separation in Packete von 25 Stück; ·

7) das Zurückschlagen eines jeden Kouverts, um falsche Brüche zu verhüten und um die natürliche Elasti∙cität des Papieres unwirksam zu machen;

8) endlich die Trennung der zu verarbeitenden Papierblätter. Von dieser Maschine wollen wir blos eine summarische Beschreibung des Mechanismus geben, der diese verschiedenen Verrichtungen ausführt.

Nachdem die Kouverts zugeschnitten sind, werden sie auf einem beweglichen Plateau mit Gegengewicht, oder besser mit einer Feder übereinander gelegt, so daß die Platte nach und nach aufsteigen kann, in dem Maße, als sich die Anzahl der Kouverts vermindert.

In der Mitte der Maschine befindet sich eine senkrechte Welle, die an ihrem obern Ende mit einem horizontalen Flügel versehen ist. Mit diesem Flügel oder Querbalken sind durch Schraubenbolzen die metallenen Leimer verbunden, die ganz einfach aus eisernen Stäbchen bestehen, deren Stellung man nach allen Richtungen verändern kann, je nachdem man die eine oder andere Art von Kouverts anfertigen will. Diese Leimer gehen gleichzeitig über eine gummirende oder leimende Walze, die deren untere Fläche mit einer Gummi- oder Leimschicht versieht, welche sie dann auf verschiedene Stellen des Kouverts übertragen, die sie von dem Haufen nehmen.

Zu dem Ende dreht sich der Flügel, bis er einen senkrechten Aufhalter trifft, der seinen Lauf beschränkt, den übrigens auch der Mechanismus unterbricht; darauf geht er senkrecht nieder, dem gabelförmigen Aufhalter folgend, so daß er sich auf den Haufen der Kouverts nur mittels der Leimer stützt. Indem er sich wiederum hebt, ist das oberste Kouvert hinreichend mit Leim überzogen, um an den Leimern festzuhalten und der aufsteigenden Bewegung des Flügels zu folgen, der über den Aufhalter hinausgeht und nun eine drehende Bewegung im halben Kreise erlangt. Während dieser drehenden Bewegung erfolgt auch eine niedersteigende, bei welcher die Leimer am entgegengesetzten Ende des Flügels ihrerseits mit Gummi oder Leim überzogen werden, um ebenfalls Papierblätter zu ergreifen und mittels des Aufhalters zum Stillstande gebracht zu werden. Man begreift schon, daß eine auf diese Weise kombinirte Maschine doppeltwirkend ist, d. h., daß jeder Arm des Flügels gleichzeitig eine besondere Operation ausführt, entweder um zu leimen, oder um die Papierblätter aufzuheben, oder sie zu falten.

Der erwähnte gabelförmige Aufhalter hat den Zweck, den Flügel zur gehörigen Zeit und an dem gehörigen Punkte zum Stillstande zu bringen, d. h. in dem Augenblicke, wo er sich in der Achse des Falters befindet. Das Kouvert, womit er versehen ist, geht alsdann mit dem Flügel nieder, um in den länglich-viereckigen Falter einzutreten; in Folge hiervon werden die vier Ecken gegen die senkrechten Wände der Büchse aufgerichtet. Das Kouvert nimmt auf diese Weise mit dem ebenen Theil, auf welchen die Adresse geschrieben wird, den ganzen Boden des Falters ein, seine vier Ecken dagegen die Seiten des Falters. Vier Vertiefungen dienen ihm zum Schutz, wobei man die Elasticität benutzt, um dem Kouvert seine anfängliche flache Form unversehrt zu erhalten, wenn der Kolben zurückgeht.

Da die Büchse länglich-viereckig ist, so versteht es sich von selbst, daß der Kolben allein in das Innere derselben dringt und daß die Leimer außerhalb niedergehen, indem sie nach und nach die geleimten Seiten verlassen. Während dieser niedergehenden Bewegung nimmt auch der zweite Kolben ein anderes Kouvert auf u. s. f.

Endlich hebt sich durch diese niedergehende Bewegung der bewegliche Sitz (welcher dem Falter als Boden dient und als geneigte Ebene den Kouverts, um sie außerhalb der Maschine zu schaffen) horizontal während der ganzen Dauer des Drucks, um durch sein eigenes Gewicht niederzufallen, wenn er sich selbst überlassen, d. h., nachdem das Falten bewirkt wird.

Wenn der Kolben in die Höhe geht, so schließt sich die erste Seite des Kouverts, die nach unten gebogen, dann zu gleicher Zeit die beiden geleimten Seiten und zuletzt die vierte Seite, welche die Faltung des Kouverts beendigt.

Diese vier Seiten vollenden ihre doppelte Bewegung des Senkens und Aufsteigens oder des Schließens und Oeffnens, während der Flügel seine halbe Umdrehung macht. Alsdann wird der schwingende Stuhl ausgelöst, welcher durch seine Neigung die Kouverts in eine senkrechte Büchſe führt, wo ſie übereinander gelegt werden. Der obere Theil dieſer Büchſe iſt trichterförmig erweitert, um die Regelmäßigkeit der Bewegung zu erleichtern, und endlich drückt ein Kolben auf jedes Kouvert nacheinander, damit ſie ſich nach dem Falten nicht aufblähen können.

Der Mechanismus iſt durch einen Zähler vervoll-ſtändigt, deſſen Zweck iſt, die Kouverts in Packetchen von 25 Stück zu trennen, indem er zwiſchen jedes ſolche Quantum eine Scheibe von Pappe oder Holz fallen läßt.

Delarues Briefkouvert-Maſchine *).

Dieſe Maſchine Fig. 48 arbeitete in der Londoner Ausſtellung und zog immer ſehr viele Neugierige herbei, denen freigebig eben fertig gewordene Kouverts überreicht wurden. Wir haben in Fig. 44—47 Remond's von Birmingham Briefkouvert-Maſchine gegeben.

Dieſe unterſcheidet ſich von der Delarue'ſchen ſehr merklich, hat manche ſinnreiche Bewegungen und leiſtet wohl ziemlich daſſelbe in Menge und Beſchaffenheit, während, allerdings nur oberflächlicher Peurtheilung nach, die Maſchine von Delarue einfacher erſcheint und wahr-ſcheinlich wohlfeiler zu ſtehen kommt.

Aber troß der Maſchinenarbeit hat das Fertigen der Kouverts nicht aufgehört, die Zunahme der Korreſpondenz und die Verwohlfeilerung der Kouverts wird die Fabri-kation der Kouverts noch mehr in Aufnahme bringen, als es jeßt wenigſtens in Deutſchland der Fall iſt. Bei allen Kouvertmaſchinen müſſen die Blätter erſt zuvor in die gehörige ausgeſchweifte Form geſchnitten werden.

Dieß geſchieht durch ein Durchſchlageeiſen in einer Preſſe zu mehreren Hunderten auf einmal.

In unſerer Abbildung iſt eine Anſicht der Maſchine gegeben, in der die Blätter in Kouverts gefaltet, zugleich geflebt und mit einem Petſchaftdruck verſehen werden.

*) Illuſtrirte Zeitung 1851, Nr. 421.

Man feuchtet nämlich das unten gummirte Ende des Ueberfalls mit den Lippen an und drückt es auf. Oblaten werden in England fast gar nicht mehr, wie auch jetzt in Deutschland, gebraucht.

Aus der vorliegenden Ansicht läßt sich freilich die Konstruktion der Maschine nicht entnehmen, aber sie wird doch dadurch besser veranschaulicht, als durch schlichte Beschreibung, welche wir mehr schildernd als technisch erläuternd zu geben uns veranlaßt sehen.

Der Knabe, der vorn an der Maschine steht, legt die Blätter in eine Führung, bei der die vier inwendigen Ecken der vier Kouvertlappen gerade zwischen die vier Stangen der Führung passen und zwar mit einer Geschwindigkeit von etwa 60 Blätter in der Minute. Der Knabe zur Seite nimmt die fertigen Kouverts weg. Ein Schlägel mit Gegengewicht drückt das Blatt in eine Form. Metallene Finger treten sodann von den vier Seiten herein und schlagen die Lappen zusammen. Andere mit Kautschuk überzogene künstliche Finger ziehen das Kouvert, so wie es fertig ist, ab und sämmtliche Kouverts werden regelmäßig hintereinander auf einen Tisch ohne Ende in schräge Lage gestellt, von da nimmt man sie weg. Alle diese Bewegungen gehen von einer einzigen Welle aus, welche von irgend einer Kraft gedreht wird. Auf der Welle aber sitzen sogenannte excentrische Hebel = oder Muschelscheiben, welche zu gehöriger Zeit in Thätigkeit kommen und die künstlichen Finger bewegen. Diese ziehen und drücken, wie es der Zweck erheischt.

Eine ähnliche Hand mit drei Fingern, wie sie zum Falten der Kouverts gebraucht werden, dient auch zum Gummiren; sie taucht erst auf ein endloses mit Gummi bestrichenes Band und überträgt diesen auf die beiden Lappen kurz vor dem Augenblick, wo der Schlägel das Blatt in die Form drückt. Elf solcher Maschinen sind in Delarues' Fabrik im Gange (Bunhill = row), auf denen 400,000 Kouverts täglich fertig werden.

Die größte Kouvertfabrik, welche wir in Deutschland haben, ist die von C. Remkes u. Komp. in Elberfeld.

In derselben sind jetzt 15 Kouvertmaschinen aufgestellt und können diese täglich eine Million Kouverte liefern. Das Papier zu denselben wird auf Zinkplatten ausgestanzt, da das Zink zweckmäßiger als Holz ist, indem auf demselben eine schärfere Kante erzielt wird und dasselbe bei Abnutzung wieder eingeschmolzen und zu frischen Platten gegossen wird. Das Gummiren des Kouverts, um dasselbe, nachdem sich der Brief darin befindet, zu schließen, geschieht nicht mit den Maschinen, sondern ist dieß Handarbeit, welche von einer bedeutenden Zahl Mädchen gemacht wird. Daß dieß nun sehr schnell gehen muß, kann man daraus entnehmen, wenn man hört, daß obige Fabrik für das Gummiren von 1000 Stück blos 2 Sgr. berechnet.

Trotz der bedeutenden Maschinenzahl, welche diese Fabrik besitzt, werden doch daselbst noch viele Kouverts mit der Hand gefertigt, hauptsächlich wenn außergewöhnliche Formate verlangt werden, und sollen die Verfertigerinnen eine fabelhafte Uebung besitzen, daß es überraschend sein soll, mit welcher Geschwindigkeit dieselben arbeiten.

Zweites Kapitel.

Die verschiedenen Arten der Büchereinbände.

Die Aufeinanderfolge der meisten im vorigen Kapitel ausführlich beschriebenen Arbeiten und die Verwendung verschiedener Materialien zu diesen Arbeiten, nicht minder aber auch die mehr oder weniger sorgfältige und dauerhafte Ausführung dieser Arbeiten und Behandlung der Materialien, bedingen die größere oder geringere Solidität, die Dauerhaftigkeit, den Werth und die technische Benennung eines Bucheinbandes.

A. Die Broschüre.

1) Gewöhnliche Broschüre.

Diese hat den geringsten Werth und die wenigste Dauerhaftigkeit, da sie — wenn man hierunter blos die einfache, leichte Broschüre versteht — in den meisten Fällen blos als provisorischer Einband betrachtet wird.

In neuerer Zeit hat der Buchhandel eine bedeutende Verkehrserleichterung gefunden, indem er fast sämmtliche Erzeugnisse broschirt zur Versendung bringt. Da auf diese Weise von dem Buchbinder bedeutende Massen von Bogen und Büchern bearbeitet werden, die bei billigster Preisstellung oft in einer überaus kurzen Zeit geliefert werden müssen, weil bei der eigenthümlichen Konstruktion des deutschen Buchhandels oft der Erfolg eines neu erscheinenden Werkes von dessen möglichst beschleunigter Versendung abhängt, so ist es einleuchtend, daß es hierbei für den Buchbinder Hauptaufgabe sein muß, sich die zulässigsten Vortheile und Handgriffe anzueignen, sowohl in Bezug auf die einzelnen Arbeiten selbst, als auf die, zu diesen verwendeten Materialien.

Einen Anspruch auf Dauerhaftigkeit kann eine einfache Broschüre nur insofern machen, als sie den Anstrengungen einiger Verpackungen und Versendungen widersteht, ohne daß die einzelnen Bogen getrennt oder beschädigt werden, da sie im übrigen, auch bei dauerhaftester Anfertigung, nicht geeignet ist, den bescheidensten, an einen Bucheinband zu stellenden Anforderungen auch nur zum kleinsten Theile zu entsprechen. Wenn aber in einigen Buchbindereien beim Broschiren der Bücher Arbeiten und Materialien in Anwendung kommen, welche bezwecken, die Dauerhaftigkeit des Broschirens zu erhöhen, so kann dieß offenbar nur zum Nachtheil des so broschirten Bu-

ches geschehen, da — auch den günstigsten Fall an=
genommen — dennoch hierdurch nie ein zum Gebrauch
bequemer, dauernder Einband hergestellt werden kann.

Nach dieser kurzen Definition des Broschirens über=
haupt, und bei einigem Verständniß des Hauptinhaltes vor=
hergehenden Kapitels wird die Zusammenstellung der beim
Broschiren erforderlichen, einzelnen Arbeiten leicht sein.
Was vorerst das Falzen betrifft, so geschieht das bei
einzelnen, schon kompletirten, zu broschirenden Büchern
ganz nach der Anweisung des unter dieser Ueberschrift
nachzusehenden Abschnittes; es gestaltet sich doch ab=
weichend hiervon bei auflagen= oder massenweis zu bro=
schirenden Büchern. Hier tritt der bereits erwähnte Fall
der Arbeits= und Zeitersparniß ein, und es wäre zweck=
widrig und kostspielig, sich streng an jene Anweisung und
die dort aufgestellten Regeln zu binden.

Obwohl immerhin dieselben der Hauptsache nach
auch hier ihre Geltung behalten, so lassen dieselben doch,
unbeschadet eines genügenden Endresultates, bedeutende
zeitersparende Abkürzungen zu. Es kann jedoch nie genug
gerügt werden, wenn sich manche Arbeiter, in ängstlicher
Sorge um möglichste Zeitersparniß, verleiten lassen, auf=
fallend ungenau und fehlerhaft zu falzen, ein Verfahren,
dessen Uebelstände bei definitivem Einbande eines Buches
sich erst deutlich herausstellen und dasselbe oft außer=
ordentlich verschimpfen. Es ist das Falzen großer Massen
von Bogen eine der mechanischsten Arbeiten des Buches
und läßt bei nur einiger Uebung die Erlangung einer
solchen Fertigkeit zu, die ein, so zu sagen, „am Griffe
haben" gestattet und bei der größten Schnelligkeit mit
nicht minderer Akkuratesse verrichtet werden kann.

Da bei einem in ganzer Auflage zu broschiren=
den Buche jeder einzelne Bogen in ganzer Auflage ge=
falzt wird, so gestattet schon dieser Umstand einige Zeit=
ersparniß. Es läßt sich da in einer großen Masse von
Bogen für jeden einzeln zu falzenden Bruch leicht der
zweckdienlichste Anhaltepunkt festhalten und am Griffe
haben, sowie auch, da hier eine Reihenfolge einzelner

Bogen nicht zu beobachten ist, manches unnütze Drehen der Bogen vermeiden. Gewöhnlich erhalten so zu falzende, z. B. Quartbogen, zwei, und Oktavbogen drei Striche, also für je einen Bruch einen Strich, ein Verfahren, welches bei einiger Fertigkeit gestattet, in der Stunde 600—700 Quart= oder 400—500 Oktavbogen zu falzen. Dieser eine Strich für jeden Bruch kann nichtsdestoweniger mit solcher Präcision und Schärfe geführt werden, daß er gleich ist der Wirkung von zwei und mehreren Strichen des regelmäßigen Falzens.

Die gefalzten Bogen werden dann in entsprechend hohen Stößen eingepreßt und der Wirkung der Presse möglichst lange Zeit, und wenn es sich thun läßt, wenigstens 12 Stunden ausgesetzt, jedoch ist dieß jetzt gar nicht mehr nöthig, sondern genügt nach dem Gleichstoßen ein tüchtiges Niederklopfen mit dem Ballen der Hand, da auf die Druckpapiere und das Satiniren derselben sehr viel Sorgfalt verwendet wird und das Papier schon von selbst fester zusammenliegt. Darauf werden sie zum Kompletiren aufgestellt und alle zu einem Werke gehörigen gefalzten Bogen in gehöriger Ordnung nach der Reihenfolge der Signaturen zusammengetragen und so kompletirte Bücher gebildet. Diese Arbeit setzt jedoch voraus, daß am Anfangs= oder Endbogen etwa angedruckte, dorthin nicht gehörige Blätter oder einzuschaltende Kartons, unter Berücksichtigung möglichster Zeitersparniß und Vermeidung aller überflüssigen Handgriffe hierbei, vorher abgeschnitten und gehörigen Ortes angeklebt oder eingeschaltet wurden. Auf welche Art das Abschneiden und Einschalten geschehen muß, richtet sich natürlich nach der Druckeinrichtung des betreffenden Bogens; selbstredend aber muß auch hierbei mit möglichster Zeitersparniß verfahren werden.

Zu broschirende Bücher werden nach dem Kompletiren oder Zusammentragen kollationirt, da leicht sich bei dieser Arbeit, welche sehr schnell gehen muß, ein Fehler einschleichen kann, welcher z. B. in einem doppelt gegriffenen oder einem verfalzten Bogen besteht oder es wurde vom Arbeiter ein Bogen übersprungen, so daß gar ein Bogen fehlt, darauf werden sie entweder geheftet (geholländert), oder sie werden ungeheftet weiter bearbeitet. Die Methode, broschirte Bücher unweit des Rückens ein oder mehrere Male zu durchstechen, sollte nirgends mehr in Anwendung kommen, denn sie verschändet das ganze Buch, da es bei späterem Einbande nicht mehr möglich ist, die durch das Durchstechen entstandenen Löcher gänzlich zu beseitigen und diese demnach auf jedem Blatte sichtbar bleiben.

Um die gehefteten oder ungehefteten Bogen im Rücken zu verbinden, werden diese in angemessen hohen Stößen gerade gestoßen und zwischen Bretern eingepreßt. Es macht sich daher behufs des Geradestoßens nöthig, daß ein geholländerter Stoß in mehrere zum Geradestoßen geeignete kleinere Stöße, die jedesmal eine Anzahl vollständiger Exemplare des geholländerten Buches enthalten, getrennt werde. Die so im einzelnen gerade gestoßenen kleineren Stöße werden an der oberen Seite wie am Rücken mit einem Hammer etwas niedergeklopft, da sie an diesen Seiten gewöhnlich durch den Bruch in die Höhe gestiegen sind, dann so lange aneinander geschichtet, bis ein größerer Stoß entsteht, der sich bequem in die zu benutzende Presse einsetzen läßt. Das Einsetzen dieser Stöße läßt sich merklich erleichtern, wenn zu diesem Behufe die Presse so auf den Arbeitstisch gelegt wird, daß sie, bei größtmöglichster Oeffnung, durch die aufgedrehten Schraubenmuttern an der vordern Kante des Arbeitstisches festgehalten wird, um das Hin- und Herschieben derselben zu verhindern, welches beim Einsetzen des Stoßes nothwendig erfolgen muß. Das Geradestoßen selbst muß mit größter Sorgfalt geschehen, damit nicht nur alle Bogen im Rücken und am Kopfe in einer Linie liegen, sondern auch der ganze Stoß winkelrecht in der Presse stehe, was, so leicht es auch aussehen mag, immerhin nicht geringe Uebung erfordert.

Erlaubt es das Format der einzupressenden Bücher, mehrere geradgestoßene Stöße von gleicher Höhe nebeneinander in eine Preſſe einzuſeßen, ſo kann dieß, unbeſchadet der übrigen Arbeit geſchehen, ja es iſt ſogar, bezüglich der Zeiterſparniß, dieſes Verfahren anzurathen. Nach dem Einſeßen der Stöße erfolgt ein leichtes Zudrehen der Preſſe mit der Hand, worauf das Auftragen des Bindeſtoffes auf den Rücken der eingepreßten Bücher geſchehen, und wozu man, je nach Umſtänden, Leim oder Kleiſter wählen kann. Der Bindeſtoff wird mit dem Pinſel nicht zu ſtark aufgetragen, mit der Schärfe eines Hammers gut eingerieben und das Ueberflüſſige mit dem ausgeſtrichenen Pinſel wieder weggenommen, worauf die Preſſe mit dem Preßbengel feſt zugedreht wird.

Manche Arbeiter glauben, dem Rücken der Bücher mehr Feſtigkeit und Halt zu geben, wenn ſie denſelben mit einem Meſſer einrißen, oder wohl gar einſägen. Es iſt jedoch dieſes Verfahren gänzlich zu verwerfen, da es gar keinen Zweck hat und nur den Nachtheil nach ſich zieht, daß die Bogen unnöthigerweiſe zerſchnitten werden, übrigens wird dieß wohl jeßt auch gar nicht mehr geſchehen.

Nach vollſtändigem Abtrocknen der Rücken und möglichſt langem Preſſen erfolgt das Auspreſſen und Trennen der Stöße in einzelnen Exemplaren (Auseinanderreißen), wenn, bei vorausgegangenem Holländern, der dann auf dem Rücken ſichtbare Zwirn mit dem Hammer niedergeklopft worden iſt. Es bleibt dann noch übrig, das ſo weit fertige Buch mit einem Umſchlage zu verſehen (einzuhängen), was bei gedruckten Umſchlägen mit Berückſichtigung der gehörigen Symmetrie der Einfaſſungen oder des Druckes geſchehen muß. Zu dieſem Zwecke werden die Umſchläge entweder an einer Seite vorgebrochen, oder der erforderliche Raum wird mit dem Zirkel vorgeſtochen, Arbeiten, die bei nicht bedruckten Umſchlägen natürlich in Wegfall kommen.

Beim Einhängen ſelbſt wird der Buchrücken mit Leim oder Kleiſter angeſtrichen, das Buch auf dem Umſchlage frei oder nach markirten Stellen angelegt, der Umſchlag über den Rücken weg ſcharf angezogen und einstweilen mit den Fingern leicht angerieben, wobei man zu berücksichtigen hat, daß der Umschlag mit dem gerade-gestoßenen Kopfe des Buches akkurat abschneide. Das vollständige Anreiben des Umschlages im Rücken geschieht entweder aus freier Hand, oder unter leichtem Einpressen der eingehängten Bücher, mit dem Falzbeine, nöthigen-falls mit Auflegen reinen Papieres bei frischem Druck im Rücken des eingehängten Umschlages.

Was die Umschläge anbelangt, so werden diese gleich vor dem Einhängen so akkurat zugeschnitten, daß sie gleich richtig passen und zwar so, daß der Umschlag oben egal, vorn und unten aber etwas Weiß sehen läßt.

Broschirte Bücher werden jetzt gar nicht mehr be-schnitten, da die Maschinendruckpapiere sehr egal und glatt sind, sollte aber ja bei einzelnen Broschiren dann und wann ein oder mehrere Blätter vorstehen, so wird dieß mit einer Scheere abgeputzt.

Nicht selten geschieht es, daß in zu broschirende Bücher Tafeln, Tabellen ꝛc. gehören, die entweder in den Text oder am Ende des Buches eingeklebt werden. Bei einzelnen zu broschirenden Büchern wird hierdurch die Arbeit nicht erschwert, wohl aber wird dieß und zwar erheblich der Fall sein, bei auflagen- oder massenweis zu broschirenden Büchern, wenn die Tafeln ꝛc. nach all-gemein gültiger Regel gebrochen und weiter behandelt werden sollten. In diesem Falle gilt als Grundsatz, daß diese Beilagen möglichst wenig Brüche erhalten, selbst auf die Gefahr hin, daß bei definitivem Einbande diese Brüche wieder abgeändert werden müßten; denn da es die Arbeit erschweren und vertheuern würde, durch Ein-legen von Fälzen eine egale Stärke herzustellen, so muß hiervon abgesehen und durch möglichst weniges Einbrechen der Tafeln und zweckmäßiges Vertheilen der verschiedenen Brüche ein zu starkes Auftragen verhindert werden.

Mehrere am Ende eines Buches anzubringende der-gleichen Beilagen werden bei geringer Anzahl entweder aufeinander geklebt, oder sie werden, nachdem sie zusam-mengetragen, geradegestoßen und eingepreßt worden sind,

im Rücken geleimt und dann gebrochen. — Statt des
Heftens können sie mit geleimt werden, oder, wenn das
Heften vorgezogen wird, kann dieses am zweckmäßigsten
durch einen mittels Umbrechen der Beilagen an der Rük-
kenseite sich bildenden Falz geschehen, in welchem Falle
dann auch mehrere ineinander gesteckt werden können, so
daß sich eine zum Heften geeignete Lage bildet.

2) Steife Broschüre.

Ein steif zu broschirendes Buch erhält einen
schon festeren und zum Gebrauch, — wenn auch nicht zu
Anstrengungen — geeigneteren Einband. — Nach dem
Falzen und Einpressen wird dasselbe verhältnißmäßig geschlagen oder gewalzt und dann, je nach seiner Beschaffenheit oder seiner Bestimmung, auf Bünde oder Riemen
geheftet, wobei man, wenn ersteres stattfindet, das Buch
stets einsägt. Die Anzahl der Bünde richtet sich natürlich nach dem Format, doch wendet man, wenn auch nicht
unter allen Umständen, für Oktav zwei und für Quart
und Folio drei Bünde an.

Beim Heften wird vorn und hinten nur ein einfaches mit einem Falz versehenes Vorsätz vorgeheftet, der
jedoch auch unbeschadet der Dauer des Buches ganz weg-
bleiben kann. Das nach dem Heften folgende Aufschaben
der Bünde, Leimen des Rückens und Beschneiden des
Vorderschnittes bietet gegen die bereits gegebenen Beschreibungen dieser Arbeiten nichts Erinnerungswerthes. Anders
verhält es sich jedoch mit dem Ansetzen oder Auffüttern
der Deckel in einer solchen Broschüre. Die Pappe wird
hierzu nur sehr schwach genommen, und nach dem Zuschneiden parallel mit dem obern Schnitt, einige Messerrücken von den Vorsätzbogen entfernt, auf die gereinigten
und gut ausgebreiteten Bünde mit Leim oder Kleister
angesetzt, worauf ein Einpressen erfolgt. Bei mangeln-
dem Falze am Vorsätz geschieht das Ansetzen der Deckel
direkt auf das Vorsätz. Nach einiger Zeit des Trocknens

werden die Deckel nach dem Vorderschnitt so formirt, daß eine nur einen guten Messerrücken breite Kante bleibt, nach welcher Arbeit das Buch zum Ueberziehen geschickt ist, da ein Verzieren des Schnittes in der Regel unter= bleibt.

Das Ueberziehen selbst ist insofern leicht, als hier= bei nur der Einschlag des Vorderschnittes und ein mä= ßiges Einreiben in den durch das Ansetzen der Deckel entstehenden Absatz zu berücksichtigen ist. Der zu über= ziehende Stoff, in der Regel ausschließlich Papier, wird ebenfalls parallel mit dem obern Schnitte angelegt, damit an dieser Stelle eine möglichst glatte und gerade Kante für das Beschneiden dieses Schnittes gebildet wird, was, mit Inbegriff des untern Schnittes, zuletzt und zur Voll= endung des ganzen Einbandes geschieht, wenn man nicht das Aufkleben eines weißen oder farbigen Rückenschildes um ein wenig vom oberen Kapital entfernt, als Arbeit rechnet.

Der in Hinsicht auf Dauer und Festigkeit nächstfol= gende Einband ist

B. Der Pappband,

der sich wieder in den sogenannten ordinären, und den Pappband mit Titel unterscheidet.

1) Ordinärer Pappband.

Das Falzen und Schlagen oder Walzen desselben bieten nichts, was nicht unter den besonderen Rubriken bereits erwähnt wäre. Das Heften geschieht auch hier aus schon erwähnten Gründen am zweckmäßigsten auf ein= gesägte Bünde, jedoch mit vorgeheftetem doppelten Vor= satz, und indem sich die Stärke und Anzahl der Bünde nach dem Format der Stärke und der Bestimmung des Buches richtet.

Nach dem Heften, Aufschaben der Bünde, Leimen des Rückens und Beschneiden des Vorderschnittes (wenn letzteres nicht durch die Verzierung des Schnittes als später erfolgend bedingt wird) erfolgt das Umklopfen und Abpressen, wobei der Rücken mit Papier überklebt wird, wenn das Buch nicht marmorirten Schnitt erhalten soll. Das Beschneiden des Ober- und Unterschnittes geht dem Verzieren der Schnitte vorher, auf welche letztere Arbeit das Brechen des Rückens folgt. Wie dasselbe geschieht, wurde schon früher auseinandergesetzt.

Eine andere Art Rücken, als der gebrochene, wird auf folgende Art gefertigt: Man schneidet sich einen Einlagrücken von schwacher, weißer Pappe, welcher, wenn das Buch im Rücken etwas viel Falz hat, etwas schmäler als derselbe sein muß, damit der Rücken nicht höher sei, als die später angesetzten Deckel. Hat das Buch gar keinen Falz, schneidet man die Einlage etwas breiter, um den Rücken mit den Pappen in eine Höhe zu bringen. — Darauf nimmt man ein Stück Doppelpapier, welches die Höhe des Einlagrückens hat und ungefähr 2 Zoll breiter ist, schärft dieß an seinen langen Seiten ab und klebt den Einlagrücken genau in die Mitte. Darauf bricht man das Doppelpapier rechts und links herüber, und daran das Fälzchen, rundet den Rücken und vereinbart denselben, indem man ihn mit Leim anstreicht, durch scharfes Herüberziehen mit dem Buche.

Ist nun dieser gebrochene Rücken mit dem Buche vereint, so folgt das Ansetzen, welches bereits früher beschrieben wurde.

Bei einer Anzahl egaler Pappbände schneidet man die Deckel entweder in der Beschneidepresse zu, um das lästige Formiren zu ersparen, oder sie werden mit der früher beschriebenen Pappenscheere in die nöthige Größe gebracht.

Sind die Decken vor dem Ansetzen beschnitten worden, so wird auch der Einlagerücken und das Doppelpapier vorher auf die Normalhöhe der Deckel gebracht und dann erst am Buche befestigt. An einem so angesetzten

Pappbande ist dann, wenn er nach dem Ansetzen aus der Presse kommt, vor dem Ueberziehen nur noch das Ausputzen nöthig, was im Ausreißen des nicht klebenden Theiles des Falzes und Einschneiden der beiden Fälze oben und unten besteht. Der ordinäre Pappband wird stets nur mit Papier überzogen; dasselbe ist bereits hinlänglich beschrieben, ebenso das Anpappen, welches letztere die Arbeiten an einem ordinären Pappbande beschließt. Aufzuklebende weiße oder farbige Rückenschilder, deren Länge sich nach dem Formate des Buches richtet, werden, in der Regel, um einige Messerrücken vom obern Kapital entfernt, etwas schmäler als die Rückenbreite aufgeklebt, oder bei ganz schwachen Bänden, um ein wenig auf beiden Seiten auf die Deckel übergreifend. Auf solche Rückenschilder wird auch häufig der Titel s c h w a r z gedruckt, zu welchem Behufe man mit einem Schwärzballen nicht zu dicke Druckerschwärze auf die in gehöriger Ordnung in den Schriftkasten gebrachten Typen, die in diesem Falle nicht erhitzt zu werden brauchen, aufträgt und die mit K l e i st e r aufgeklebten Rückenschilder damit bedruckt.

2) Pappband mit Titel.

Für den Pappband mit Titel treten vom Ueberziehen ab noch andere Arbeiten ein, die ihn von dem ordinären Pappbande unterscheiden, nämlich seine Vergoldung. Letztere gestaltet sich, je nach Geschmack des Arbeiters, sehr verschieden; denn sie kann einfach blos aus dem vergoldeten Titel ohne alle andere Verzierungen, oder dem Titel mit Verzierungen, bestehen. Ebenso kann wieder der Titel zu vielerlei Verschiedenheiten Anlaß geben; denn er kann direkt auf den Ueberzug gedruckt werden, wie bei zum Vergolden appretirten Papieren, oder auf besonderes Titelpapier; er kann durch gerade Linien, durch Stempel oder Fileten eingefaßt, länger oder kürzer sein, indem er a k k u r a t einen gewissen Theil (den dritten, vierten, fünften ꝛc.) der Rückenhöhe ausmacht und dem entsprechend begrenzt ist, oder er ist nicht abhängig von einer solch genauen Eintheilung und nur im Verhältniß zur Größe des Buches und des Buchtitels angebracht.

Nicht zum Vergolden appretirte Papiere, wie die meisten Marmor- und einfarbigen Papiere, werden vor dem Vergolden und bevor der in diesem Falle unumgäng- lich nöthige Titel von Titelpapier aufgeklebt wird, mit verdünntem Kleister überfahren, welcher Grund dann zwei- bis dreimal mit Eiweiß überfahren wird, nachdem das Auf- kleben des Titels erfolgte. Damit das Titelpapier beim Oeffnen der Deckel nicht zu leicht abspringe, wird es um einige Linien schmäler geschnitten, als der Rücken und mitunter an den Seiten etwas abgeschärft. Das Auf- kleben selbst geschieht entweder mit starkem Kleister oder mit nicht zu dünnem Leime, wenn man vorher die dem Titelpapier eigene Sprödigkeit durch mäßiges Anfeuchten mit Wasser, oder Anlecken mit der Zunge auf der rech- ten Seite etwas gemindert hat. — Beim Anreiben legt man ein Stück reines Papier vor, damit mit dem Falz- beine gut angerieben werden kann, was vorzüglich an den äußern Rändern sehr nöthig ist, und wird das Titel- papier nur einmal mit Eiweiß überfahren. Werke, die aus mehreren Bänden bestehen, die durch fortlaufende Bezifferung bezeichnet werden, erhielten früher für diese Bezeichnung häufig einen in Farbe von dem Haupttitel verschiedenen Titel (das sogenannte Tomfeld), der sich entweder direkt an ersteren anschließt, oder wenn die Ver- goldung des Rückens auf drei, vier oder mehrere Bünde eingetheilt worden ist, den Raum zwischen zwei Bünden oder ein Feld erhält, das sich jedoch nicht direkt an das Titelfeld anschließt.

Seit neuerer Zeit hat sich jedoch der Geschmack sehr geändert, und findet man eine derartige Verzierung des Rückens nicht mehr modern.

Die Eintheilung des Rückens auf Bünde zum Ver- golden geschieht auf folgende Art: Mittels des Zirkels theilt man den Rücken in vier oder fünf gleiche Theile, je nach dem Formate des Buches oder der Absicht des Arbeiters. Diese einzelnen Theile werden durch eine mit dem Falzbeine nach aufgelegtem starkem Papiere, der Sicherheit halber, gemachte gerade Linie bezeichnet, die der Goldeinfassung zur Richtung dient und deshalb sehr akkurat gezogen werden muß. In der Regel erhält das untere oder Fußfeld einen etwas größern Raum als die übrigen zugetheilt.

Zum Linienziehen über den Rücken kann man sich auch eines Stückchens Zinkblech, welches recht gerade geschnitten ist, bedienen. Das Blech läßt sich leicht nach jeder Rundung des Rückens biegen und leistet beim Linienziehen einen ordentlichen Widerstand, so daß es weit sicherer zu gebrauchen ist, als das Papier.

Der Titel für einen nicht auf Bünde abgetheilten Rücken richtet sich in seiner Länge, wie schon erwähnt, nach dem Formate des Buches und der Anzahl der zu druckenden Zeilen und man theilt demnach den Rücken in drei ungleiche Theile, von denen jedoch der unterhalb des Titels befindliche Theil etwas größer, als der obere Theil sein muß.

Außer der Verzierung des Titels erhalten auch, in der Regel, noch die beiden Kapitale eine mehr oder weniger breite Goldeinfassung mit Linien oder Fileten, die vom Geschmacke des Arbeiters abhängig ist, im allgemeinen aber natürlich mit der übrigen Vergoldung harmoniren muß.

Da jetzt die meisten zum Ueberziehen angewendeten Papiere schon zum Vergolden appretirt fabricirt werden, so wird die Anwendung des Titelpapieres immer seltener und zwar eben so wenig zum Nachtheile des Buches, als des Arbeiters. Eben so ist in neuerer Zeit die Fileten- und Stempelvergoldung fast gänzlich verschwunden, da man es vorzieht, Pappbände mit Titel nur mit einigen Linien zu vergolden.

Das Drucken und Vergolden des Titels im engern Sinne oder der Schriften anlangend, so ist hierüber Folgendes zu bemerken. Dem Drucken muß natürlich das Setzen vorangehen und dieß geschieht nach Maßgabe des möglichst abgekürzten Originaltitels in passenden und wo möglich verschiedenen Schriften, indem man die einzelnen Lettern von der linken zur rechten Hand entweder auf einem Kantenlineale oder auf einem eigends hierzu gehaltenen Winkelhaken so aufstellt, daß der in den Typen befindliche Einschnitt oder Kegel nach dem Gesicht des Arbeiters zu stehen kommt. Zu schmale oder kleine Worte werden mit Spatien entsprechend durchschossen.

Jede einzelne so gesetzte Zeile kommt in den erhitzten Schriftkasten, wo die Lettern unter sich so gerichtet werden, daß sie akkurat in einer Ebene liegen, damit sich das ganze Wort vollständig ausdrucke, was nicht geschehen würde, wenn ein oder der andere Buchstabe gegen die übrigen rückwärts stände und sich so im Golde nicht ausprägen könnte.

Ein Richten der Lettern ist übrigens bei den jetzt so akkurat gearbeiteten Schriften gar nicht nöthig, sondern nehme man nur die gesetzte Zeile, thue sie in den Schriftkasten und sorge dafür, daß alle Lettern genau in demselben hinten anstehen, wodurch schon die ganz gerade Richtung der Schrift erzielt ist. Sobald die Schrift an der hinteren Seite des Schriftkastens ansteht, ist auch nur ein leichtes Zudrehen desselben nöthig, um dieselbe fest zu halten.

Sitzen indeß die Schriften nicht hinten an, wie es so viele Buchbinder machen, welche dann dieselben mit dem Messer richten, so erfordert dieß ein schärferes Zudrehen, damit sich dieselben nicht beim Drucken nach hinten verschieben, und werden dadurch die Schriften in kurzer Zeit so verpreßt, daß sie bald nicht mehr zu gebrauchen sind.

Ein Buchbinder, welcher seine Freude an einem schön gedruckten Titel hat, wird auch seine Schriften so viel als möglich in Acht nehmen und wird sich ganz entschieden für obige Methode erklären.

Die Hitze, mit welcher gedruckt wird, richtet sich stets nach dem zu vergoldenden Stoffe, und muß man vorzüglich darauf achten, daß die Schriften beim Erhitzen nicht schmelzen, welcher Fall leicht eintreten kann.

Meine Methode des Titel = und Liniendruckens auf den Rücken besteht nun in folgendem:

Nehmen wir an, es sei ein schwarzer Marmorpappband mit rothem Titel zu vergolden, der Rücken wäre auf 4 Bünde abgetheilt, das Titelpapier sei im zweiten Felde aufgeklebt und das unterste Feld sei etwas größer als die übrigen.

Nachdem der Rücken gekleistert wurde, klebe ich, sobald dieß trocken, das Titelpapier, indem ich dasselbe mit der Zunge auf der rechten Seite etwas anfeuchte, auf, und reibe es tüchtig, mit Auflegen eines Stück Papieres, an. Ist etwas Unreinigkeit, vielleicht Leim, darauf gekommen, so lecke ich dieß hinweg und überfahre dann den Rücken mit starkem Eiweiß. — Nachdem dieß erstemal trocken, überfahre ich ein zweitesmal, doch mit Auslassung des Titels, da beim Titelpapier ein einmaliges Ueberfahren vollständig genügt. Ist nun auch dieß wieder trocken, ziehe ich an dem Stückchen Blech mit dem Falzbeine nach den abgestochenen Punkten die Richtungslinien zum Vergolden der Linien; doch geschieht dieß bei mir nur noch bei starken Bänden, da ich die Linien ganz nach dem Augenmaße, jedoch mit Beibehaltung des Abpunktirens, drucke.

Jetzt nehme ich meine kleine Schnürpresse zur Hand, welche in Figur 33 auf Tafel VII abgebildet ist. (Die Länge der Seitentheile derselben beträgt 17 Zoll und die Höhe 4 Zoll Leipz.; im Ganzen glaube ich dieselbe nicht weiter beschreiben zu müssen, da die Abbildung dieselbe und deren Zweck hinlänglich darstellt.) Ich setze das Buch in dieselbe ein, fahre mit der Hand über das Haar, reibe damit den Rücken ab und drucke darauf mit ziemlich starker Hitze die Linien.

Nun trage ich mir mit einem Pinsel von dem Vergoldepulver, welches aus Gummi-Royal besteht, auf das

Titelfeld oder Titelpapier auf, so daß es ganz bedeckt ist, stelle dann das Buch gerade vor mich hin, nehme einen Faden feinen Zwirn und ziehe damit in das Pulver die Richtungslinien für die Schrift.

Sind mehrere Bände zu einem Werke gehörig, so mache ich auf alle Titel Vergoldepulver und gebe leicht mit dem Zirkel die Höhe, in welcher die Zeilen gedruckt werden sollen, auf allen Bänden an, worauf dann auf allen die Richtungslinie vorgezogen wird.

Nun lege ich den Schriftkasten auf die Gasflamme, schneide das Gold zu, so groß als die Zeile ist, setze die Schrift ein, fange, wenn dieselbe die gehörige Hitze hat, das Gold genau abschneidend mit den höchsten Buchstaben der Zeile auf und drucke, mich nach diesem Golde rich= tend, scharf an der Linie hin, so daß, wenn die Zeile gedruckt ist, das Gold genau an der vorgezogenen Linie anliegen muß, wische dann mit einem seidenen Läppchen das Gold, um mich zu überzeugen, ob der Druck gelun= gen, hinweg, und fahre in dieser Weise mit sämmtlichen Zeilen fort.

Nach dieser Methode, wenn sie genau eingehalten, wird wohl, bei einigermaßen Uebung, jede Zeile sowohl gerade, als auch mit andern Bänden in einer Höhe stehen.

Ein Arbeiter, welcher noch nicht die gehörige Uebung und soviel Augenmaß besitzt, die Zeilen genau in die Mitte zu drucken, kann sich eine große Erleichterung da= durch verschaffen, wenn er ein Streifchen Papier nimmt, die Länge der Zeile mißt, mit dieser auf den Titel genau in die Mitte trägt und den Anfang der Zeile leicht markirt.

Sind alle Zeilen gedruckt (die Schriften lasse ich ge= wöhnlich von einem meiner Lehrlinge nach meiner An= gabe setzen), so wischt man den Titel gut ab und wird derselbe wohl vollständig zufriedenstellend sein.

Darauf glätte ich den Rücken mit dem Glättkolben ab, unterlasse dieß auch häufig, lackire ihn und der Papp= band mit Titel ist vollständig fertig.

Ein Pappband, welcher mit Chagrinpapier überzogen ist, wird blos mit dem früher beschriebenen dünnen Eiweiß mit Urin überfahren, im Uebrigen ist die Behandlung dieselbe.

Viele Buchbinder drucken auch alles aus freier Hand, d. h., ohne das Buch einzupressen, doch ist dieß weniger sicher und ist das Einsetzen in die Schnürpresse durchaus kein Zeitverlust.

Mit gegenwärtiger Abhandlung über die Vergoldung des Pappbandes glaube ich so weit unterrichtet zu haben, daß sich jeder denkende Buchbinder hiernach mit Leichtigkeit selbst ein System bilden können wird, wie es erforderlich ist, um der herrschenden Mode sowohl, als dem guten Geschmack als tadelloser Arbeit entsprechen zu können.

C. Der Leinwand oder Kallikoband.

1) Halbleinwand.

In neuerer Zeit begünstigt durch die Fortschritte in der Fabrikation der gepreßten Leinwand ist deren Verarbeitung so gewöhnlich geworden, daß die meisten Pappbände (streng genommen ist der Leinwandband auch ein Pappband) theils halb, theils ganz mit Leinwand überzogen werden.

Obgleich viele Buchbinder bei derartigen Büchern den Schlußrücken gänzlich weglassen und behaupten, daß der Kalliko genug Halt besitze, um die Verbindung zwischen Einlagrücken und Deckel hinlänglich zu sichern, theile ich doch diese Ansicht keineswegs, indem ich den Halt, welchen die gepreßte Leinwand allein giebt, durchaus nicht für genügend erachte.

In folgender Weise werden nun in meiner Werkstatt die Halbleinwandbände angefertigt: Nachdem das Buch beschnitten, marmorirt, nach diesen noch einmal in die Presse gesetzt, übergeleimt und dann geglättet wurde, werden die Deckel bei mehreren egalen Bänden in der

Preſſe zugeſchnitten, ja ich laſſe dieß ſogar thun, wenn auch nur zwei egale Bücher, oder wenn es ein ſtarker Band iſt, an welchen auch ſtarke Deckel gehören, da ich überhaupt kein großer Freund des Formirens bin. — Darauf wird ein Einlagerücken von ſchwacher weißer Pappe, genau dem Rücken des Buches entſprechend und in der Höhe der Deckel zugeſchnitten, dann laſſe ich ein Stück kräftiges Packpapier zuſchneiden, welches ungefähr zwei Zoll breiter als der Einlagerücken und genau von deſſen Höhe ſein muß. Nun wird der Einlagerücken ge=rundet, das Packpapier mit Leim angeſchmiert, der Rücken in die Mitte deſſelben gelegt, das Papier etwas ange=drückt und nun der Rücken mit dieſem Papiere ſcharf und akkurat an das Buch herübergezogen und darauf die Deckel angeſetzt.

Letzteres geſchieht wie beim Pappband, nur laſſe ich hier die Deckel etwas breiter vom Rücken abſetzen, da=mit ſie ſich, da doch der Kalliko ein etwas ſtärkerer Stoff als Papier iſt, gut aufſchlagen.

Bei ſehr ſtarken Bänden, welche in dieſer Weiſe ge=bunden werden, laſſe ich jedoch zum Herüberziehen des Rückens, wie bei den Pappbänden, auch Doppelpapier nehmen, weil mir das andere hier auch nicht genügend erſcheint.

Dann erhält das Buch Leinwandrücken und Ecken, gewöhnlich von Chagrin=Kalliko, doch muß derſelbe ſo zu=geſchnitten werden, daß der Chagrin quer läuft, weil dieß beſſer ausſieht, und ich glaube auch, beſſer hält. — Im Uebrigen bin ich ein Freund von viel ſichtbarer Leinwand, daher ich auch ſehr breite Rücken und ſehr große Ecken an meine Bücher machen laſſe. — Die Bücher werden dann gewöhnlich mit einem der Farbe des Kalliko's ent=ſprechenden Agatpapier, als zu braunem Kalliko braun Agat, zu grünem Kalliko grün ꝛc., oder in derſelben Weiſe mit Chagrinpapier überzogen, auch eignet ſich noch ſchön zum Ueberzug der Guſtavmarmor.

Viele Buchbinder indeſſen finden wieder breite Rücken und große Ecken ſehr geſchmacklos und behaupten, daß

gerade recht kleine Ecken und schmale Rücken schön aus=
sähen, doch läßt sich auch hier sagen, de gustibus non est
disputandum, und mag natürlich jeder Buchbinder seinen
eigenen Geschmack verfolgen.

Diese Halbleinwandbände werden gewöhnlich einfach
vergoldet, man überfährt den Rücken einmal mit starkem
Eiweiß, mehr ist nicht nöthig; ist dieß trocken, theilt man
den Rücken auf vier Bünde ab, druckt einfache, am Fuße
desselben vielleicht zwei Linien, giebt dem Titelfeld Ver=
goldepulver und druckt mit etwas starker Hitze den Titel.

Sollen diese Bücher vielleicht in der Presse vergol=
dete Rücken erhalten, es ist entweder ein Gedichtbuch,
oder es sind Klassiker, was sehr häufig geschieht, so schnei=
det man sich von der Breite und Höhe des Rückens,
nachdem es angesetzt, ein Stück Doppelpapier und klebt
dieß in die Mitte des zugeschnittenen Kalliko's, doch darf
man nicht blos das Papier anschmieren, sondern muß
auch der Kalliko an betreffender Stelle Leim erhalten,
weil, wenn blos das Papier angeschmiert wäre, dasselbe
sich sehr leicht loslösen würde, und blos dadurch, daß
beide Theile Leim erhalten, eine gewissenhafte Verbindung
herzustellen ist.

Die Rückenplatte wird, nachdem dieß wieder gehörig
trocken, etwas warm vorgedruckt, ein= bis zweimal mit
starkem Eiweiß grundirt, und dann in Gold nachge=
druckt.

Man rundet dann das eingeklebte Papier, schmiert
dasselbe nebst Leinwand mit Leim an, desgleichen den
Rücken des Buches und überzieht dasselbe.

Bei einem Werke, was aus mehreren unegal starken
Bänden besteht, muß man selbstverständlich zu jedem ein=
zelnen das einzuklebende Papier genau nach der Rücken=
stärke zuschneiden und sich dasselbe mit einer Zahl oder
einem Buchstaben zeichnen, damit es immer leicht wieder
zu dem betreffenden Bande gebracht werden kann.

2) Ganz Leinwand.

Der gewöhnliche Ganzleinwandband wird im allgemeinen gerade so behandelt, wie der Halbleinwandband,
nur daß er eben, wie es der Name giebt, ganz mit Leinwand überzogen wird, und werden die Decken vielleicht
mit einem blinden Rand gepreßt, vielleicht auch der Rücken
vor dem Ueberziehen in der Presse vergoldet.

Um eine Decke, in welcher sich bereits das Buch befindet, pressen zu können, muß die Presse dazu eingerichtet sein, und befindet sich in einer solchen gewöhnlich ein
eiserner Klotz, welcher in der Presse verschoben werden
kann, so daß die zu pressende Platte mit der aufgeschlagenen Decke immer in die Mitte der Presse gesetzt werden kann, während das Buch und die andere Decke an
dem eisernen Klotze herunterhängen.

Auf andere Weise ist der Leinwandband, welcher gepreßt werden soll, nun noch anzufertigen, indem man denselben auf Tupf ansetzt. Man schneidet den Einlagerücken
nebst dem Stück Papier zum Herüberziehen wieder genau
zu, klebt den Rücken in das Papier ein, rundet dann
denselben und befestigt ihn, indem man dem überstehenden Papier auf jeder Seite zwei bis drei Tupfen Leim
giebt, am Buche. – Darauf schmiert man die Pappen
ungefähr einen halben Zoll breit an, setzt sie an und preßt
das Buch ein.

Soll das Buch einen in der Presse vergoldeten Rük-
ken erhalten, klebt man in die Leinwand wieder Papier
ein, druckt denselben und überzieht das Buch. Ist die
Leinwand um die Decke herumgeschlagen, so löst man die
Tupfen los, reißt das überstehende Papier des Falzes
behutsam ab, und schlägt die Decke so allein ein; ist dieß
geschehen, so legt man das Buch wieder akkurat hinein,
drückt den Falz noch einmal scharf ein, bringt das Kapital in die gehörige Façon, läßt alles trocknen, preßt es
dann auf der Decke, hängt es am Falze ein und pappt
es schließlich an.

Bei ganz schwachen Leinwandbänden kann man auch die Decken machen, ohne daß der Rücken das Herüber= ziehpapier erhält. Nachdem Deckel und Rücken genau zugeschnitten worden, nimmt man den Kalliko, schmiert ihn an, legt zuerst die eine Decke akkurat auf, dann ¼ Zoll davon entfernt den Rücken und dann wieder den andern Deckel, natürlich alles in genau egaler Höhe; darauf schneidet man die Ecken aus, schlägt ein, dreht die Decke um, und reibt sie fertig an. Nachdem sie dann gepreßt 2c., wird das Buch am Falze in die Decke ein= gehängt.

Seit neuester Zeit ist nun der Buchhandel von gro= ßem Einflusse auf diese Art Einbände geworden, indem er dieselben massenweise, hauptsächlich gepreßt und elegant mit Vignetten, dem Inhalte entsprechend, vergoldet, in kürzester Zeit vom Buchbinder geliefert verlangt.

Die Verfertigung der Leinwandbände im einzelnen haben wir bereits erklärt und bleibt uns nun noch die massenweise Anfertigung derselben auseinanderzusetzen übrig, indem diese in Bezug auf Zeit= und Kostenersparniß des Erwähnenswerthen manches darbietet.

Diese Bände müssen zuerst gut abgepreßt und kaschirt werden, da hierbei ein schöner scharfer Falz bedingt wird; nachdem die Schnitte marmorirt, gewöhnlich mit einem zarten Gallschnitte oder auch vergoldet worden, werden sie in vielen Fällen, namentlich in letzterem Falle, kapi= talt, wohl auch mit einem Zeichenbändchen versehen.

Ein eigentliches Ansetzen der Deckel findet hier nicht statt; es werden vielmehr die Deckel nach dem Zuschnei= den auf ihre Normalgröße, einschließlich der Kanten, in der Beschneidpresse oder Pappenscheere beschnitten, was ebenfalls mit den Einlegrücken geschieht. — Mittels der richtig zugeschnittenen Deckel und Rücken wird nun eine genau zum Buche passende Decke gebildet, indem die zu= geschnittene Leinwand mit Leim angestrichen wird, in de= ren Mitte man den Einlegrücken gerade anlegt und zu beiden Seiten desselben die Deckel mit einem Abstand um ihre Pappenstärke, übrigens aber in einer Höhenlinie sowohl unter sich, als mit dem Rücken anbringt und nach sorgfältigem Anreiben dieser drei Theile das Uebergehende einschlägt.

Es ist jedoch bei dem Anlegen der Deckel nicht gleichgültig, wie dieselben aufgelegt werden, damit später ein genau formirtes Buch entstehe; einleuchten wird vielmehr, daß dieselben, um jenes Resultat zu erreichen, so aufgelegt werden müssen, daß das Buch zwischen zwei auf dem beschnittenen Stoße liegende Deckel komme, ohne daß ein Verdrehen oder Verwechseln ihrer Lage stattfindet, ein nothwendiges Erforderniß, gegen welches nichtsdestoweniger sehr oft gefehlt wird, indem beim Ueberziehen der Decken die entsprechende Drehung des einen Deckels unterlassen wird.

Nach dem Ueberziehen der Decken mit Leinwand muß, ehe zu einer weiteren Arbeit geschritten werden kann, ein vollständiges Austrocknen der Decken erfolgen, weil durch den Anstrich mit Leim die Appretur der Leinwand aufweicht und eine Bearbeitung in deren feuchtem Zustande, ohne erstere gänzlich zu verderben, nicht möglich ist. In ausgetrocknetem, überzogenem Zustande wären die Decken zum Einhängen des Buches in diese geeignet, wenn nicht noch besondere Verzierungen, namentlich Vergolden derselben, vorgenommen werden sollen.

Das Vergolden und Blindpressen derselben geschieht nach der, unter diesem Abschnitt gegebenen ausführlichen Anweisung, mit möglichster Berücksichtigung der Zeit- und Materialersparniß. Namentlich ist es beim Vergolden und Blindpressen großer Partieen von einer Gattung sehr zu rathen, die nun zu druckenden Platten am Preßtiegel fest zu machen und die zu pressenden Gegenstände auf dem Preßtische zu fixiren, wozu fast jede Presse mit einer geeigneten Vorrichtung versehen ist.

Behufs der Befestigung der Bücher in die Decken, hier geschieht das Einhängen derselben im Rücken und kommen auch die Bünde auf denselben zu liegen, und müssen nun auf dem Rücken sogenannte Hülsen angebracht werden, welche man in folgender Weise anfertigt:

Hat das Buch vorgeheftete Fälze, so werden die auf=
geschabten Bünde durch dieselben hindurchgezogen, dann
der Rücken des Buches mit Leim angeschmiert und der
eine Falz fest darauf geleimt; aus diesem Grunde braucht
das Buch nicht vorher überklebt zu werden, darauf bricht
man diesen Falz wieder scharf an der Kante nach dem
Rücken zu um, schneidet denselben so ab, daß das Papier
noch ungefähr ¼ Zoll über das Buch reicht und schneidet
auch den Falz der andern Seite in dieser Breite ab. —
Nun wird der eine Falz mit Leim bestrichen, beide über=
einander geschlossen und die Hülse ist fertig, auf welche
nun die gut ausgebreiteten Bünde von beiden Seiten
in entgegengesetzter Richtung scharf herübergezogen ange=
leimt werden.

Eine andere Art Hülse fertigt man, indem ein Streif
Papier, ungefähr nicht ganz von dreifacher Rückenbreite
und nicht ganz Rückenhöhe zugeschnitten wird. Der Buch=
rücken wird mit Leim angeschmiert, das Papier in seiner
Mitte auf den Rücken gelegt, gut angerieben, darauf das
rechts und links überstehende nach hinten zurückgebrochen
und mit Leim geschlossen.

Am schnellsten jedoch lassen sich die Hülsen anferti=
gen, wenn man dieselben vorher, nachdem man das Papier
zugeschnitten hat, an einer Seite anschmiert und über
einen schwachen Pappenstreifen, welcher die Breite des
Rückens hat, schließt und dann gleich die fertige Hülse
auf den Rücken klebt.

Sind die Hülsen fertig, werden die Bücher, nachdem
der Rücken der Decke gerundet wurde, eingehängt. Man
bestreiche dabei sowohl die Hülse als auch den Rücken der
Decke mit Leim, bringe nun das Buch recht akkurat in
dieselbe hinein, lege dann die Bücher zwischen Breter,
setze sie in die Presse, drehe diese nicht zu fest zu und
drücke den Rücken durch Papier noch recht fest auf die
Hülse an.

Bis zum vollständigen Trocknen müssen solche Bücher
in der Presse stehen und geschieht dann das Anpappen
derselben in ffenem Zustande, wie beim tiefen Falz und

gestattet dieser Einband ein ungeheuer leichtes Aufschlagen der Deckel, jedoch mit wenig Halt verknüpft.

Es lassen sich auch Hülsen von schwacher Leinwand
anbringen und sind diese ganz bedeutend haltbarer; doch
von diesem später.

D. Der Lederband.

1) Halbleder.

Im weitesten Sinne des Wortes bezeichnet die Benennung Halblederband ein blos am Rücken und
einem dem Rücken zunächst stehenden Theile der Deckel,
sowie an den Ecken derselben mit Leder überzogenes Buch.
Schon aus dieser ganz allgemein gehaltenen Erklärung,
zusammengehalten mit dem Abschnitte über das Ueberziehen und Färben des Leders wird man entnehmen, daß
die Anfertigung der Halblederbände nicht an feststehende
Normen geknüpft ist, im Gegentheil sehr verschieden sein
kann.

Ein Halblederband kann zum Heften eingesägt oder
auf Bünde geheftet werden, wie es gerade seiner Bestimmung angemessen befunden wird. Vom Heften ab bis
zum Ansetzen ist die weitere Bearbeitung der des Pappbandes ganz gleich; das Ansetzen jedoch ist, da Halblederbände keinen gebrochenen, sondern einen Einlegrücken erhalten, insofern verschieden und kann demnach ebensogut
mit unter, oder auf die Deckel kommenden, als durchzogenen Bünden geschehen. Es richtet sich dieß nach
der Beschaffenheit des Buches und seiner beanspruchten
Dauer, wovon auch die Bearbeitung des Schließ= oder
Einlegrückens abhängig ist; denn während bei schwachen
kleinern Bänden gar kein, oder doch nur ein sehr schwacher Einlegrücken nöthig ist, müssen stärkere, größeren
Strapazen ausgesetzte Bücher, auch mit stärkeren Rücken
versehen werden.

Vor dem Ueberziehen des Rückens werden jedoch erst die Ecken mit Leder überzogen, was je nach den Eigenschaften des zu überziehenden Leders mit Leim oder Kleister geschehen kann. Bei größern Bänden, die nicht kapitalt wurden, legt man beim Einschlagen des Leders verhältnißmäßig starken Bindfaden ein, der in der Breite des Rückens zugeschnitten, an der Kante des Einlegerückens angelegt, mit Kleister angestrichen wird und so in den Rückeneinschlag zu liegen kommt, von wo er, nach dem Einschlagen mit Leichtigkeit an die Rückenkante des Buches angedrückt, der Rundung des Buches sich akkomodirt.

Nach dem Trocknen des Lederüberzuges, das bei gefärbtem, trocken verarbeitetem Leder von kürzerer Dauer ist, als bei ungefärbtem, durchnäßtem, mit Kleister überzogenem, ist die ersterwähnte Gattung sofort zum Ueberziehen geschickt, während die letztere noch des Färbens ꝛc. bedarf. Nicht alle Halblederbände werden indeß gefärbt, sondern es bleibt das Leder sehr häufig in seiner rohen, lohgaren Beschaffenheit.

Das Ueberziehen der Halblederbände wurde bereits früher beschrieben und genügt es hier, darauf hinzuweisen, da diese Arbeit nichts besonders erwähnenswerthes bietet. Nach dem Trocknen des Ueberzugs erfolgt das, dem Ansetzen der Deckel entsprechende, Anpappen, als letzte Arbeit, da an einem Halblederbande keine weiteren Verzierungen stattfinden, wenn man nicht ein etwa nöthiges Kleistern, Grundiren mit Eiweiß und Abglätten des gefärbten, getupften oder marmorirten Leders unter die Verzierungen rechnen will.

2) Ganz Leder.

Es leuchtet wohl ein, daß der Unterschied zwischen dieser und der vorigen Gattung Büchereinbände schon in seiner Benennung zu finden ist und der Hauptsache nach blos im Ueberzuge derselben liegt, da letzterer bei den Ganzlederbänden ausschließlich von Leder, während bei den Halblederbänden blos ein Theil des Ueberzuges aus Leder und der übrige Theil gewöhnlich aus Papier besteht.

Da das Ueberziehen der verschiedenen Ledergattungen bereits ausführlich besprochen worden, die übrige Arbeit aber ganz dieselbe, wie an den Halblederbänden ist, bemerken wir nur noch, daß diese Bücher entweder am Falz oder auf tiefen Falz angesetzt werden können oder es können auch hier bei starken Büchern die Bände durchzogen werden; von diesen siehe später.

E. Der Franzband.

1) Der Halbfranzband.

Der Halbfranzband ist ebenfalls ein Halblederband, nur mit dem Unterschiede, daß das Leder nach dem Ueberziehen durch Vergolden, Blindpressen und lohgares Leder außerdem noch durch farbige Beizen, Marmoriren ꝛc. verziert wird, wozu außerdem noch kömmt, daß ein Halbfranzband schon durch alle Stadien der Arbeit sorgsamer behandelt und feiner bearbeitet wird, als ein ordinärer Halblederband. So sind namentlich Vorsatz, Deckel und Ueberzug besserer Qualität, der Schnitt wird schöner verziert, geglättet und kapitalt, auch zum Leder nimmt man nur beste Waare.

a. In Chagrinleder.

Um nun die Behandlung der Halbfranzbände recht anschaulich zu machen, lasse ich hier eine ganz specielle Beschreibung folgen, wie bei mir ein Halbfranzband in Chagrinleder behandelt wird.

Der Halbfranzband gehört nun schon zu den bessern Einbänden und muß, wie schon gesagt, alles von vornherein akkurater und besser behandelt werden. Nachdem das Buch geheftet (und zwar werden Halbfranzbände auch auf stärkern Bindfaden als Pappbände geheftet) und darauf dem Vorsatz Kleister gegeben wurde, wie schon

früher beschrieben, leimt man dasselbe recht gut. Dar=
auf klebt man auf die vorgehefteten Fälze zwei andere
Fälze, welche in folgender Weise gemacht werden, auf. Ein
Stück Papier, ungefähr 5 Zoll breit und von der Höhe
des Buches, wird so nach seiner Länge zusammenge=
brochen, daß eine Seite 3 Zoll und die andere 2 Zoll
breit ist, darauf legt man sie aufeinander und ungefähr
½ Zoll auseinander mit der zusammengebrochenen Seite,
so daß die breiteste Seite davon nach oben liegt und
bestreicht sie, so weit sie auseinander stehen, mit Leim,
schlägt die Bünde des Buches zurück und klebt sie scharf,
an diese angelegt, auf die vorgehefteten Fälze.

Durch das nach Obenlegen der breiten Seite der
Fälze beim Aufschmieren kommt diese Seite beim Ankleben
auf das Buch nach unten; da sich nun die Enden dieser
Fälze leicht in das Buch hineinpressen, so schützt die breite
Seite, wenn sie nach unten kommt, vor dem Eindruck der
schmalen andern Seite und bekommt man dann wenig=
stens blos einen Eindruck in das Buch und hier haupt=
sächlich in das Vorsatz. Bei guten Büchern klebt man
auch ganze Blätter auf und wird sich dann natürlich
nichts in das Buch hineinpressen.

Diese Fälze haben nun folgenden Zweck: wenn ein
Halbfranzband auf tiefen Falz angesetzt ist, liegen die
Pappen scharf in dem Falze des Buches, dann wird das
Buch in das Leder gemacht, überzogen und angepappt.
Durch diese vorgeklebten Fälze nun, welche vor dem An=
pappen mit dem vorgehefteten Falze herausgerissen wer=
den, entsteht zwischen Falz und Deckel ein Zwischenraum,
durch welchen erstens eine leichtere Beweglichkeit des
Deckels erzielt wird und welcher den Raum gewährt, für
das durch das Anpappen in den Falz kommende Papier.

Geschieht dieß nicht, so wird es häufig vorkommen,
daß die Deckel keinen guten Schluß erhalten und häufig
aufsperren.

Also diese Fälze werden aufgeklebt, nachdem das
Buch geleimt, jedoch kann dieß auch nach dem Rund=
machen oder vor dem Leimen geschehen; ist es ein schwa=

ches Buch, wird es dann gleich abgepreßt und kaschirt, ist es ein starkes, so wird erst mit Herauslassung der Bünde der Falz, wie früher beschrieben wurde, herüber- geklopft und dann kaschirt.

Ist das letztere getrocknet, so wird das Buch be- schnitten und nun die Deckel für das Buch hergerichtet, man schneidet sie zu und klebt auf die Seiten, welche nach dem Buche zu genommen werden, mit Kleister Papier auf, d. h. kaschirt sie mit Papier, um dadurch ein nach innen Werfen der Deckel zu erzielen, dann wird der Schnitt des Buches marmorirt (oder auch mitunter vergoldet, wenn es gerade ein recht nobler Halbfranzband werden soll), ist dieß trocken, setzt man das Buch noch einmal in die Presse und klopft den Falz noch einmal scharf an, was aus dem Grunde geschieht, weil das Buch beim Marmoriren etwas aus seiner richtigen Façon ge- bracht wird und glättet dann den Schnitt.

Darauf beschneidet man die Deckel in der Presse mit Berechnung hübsch proportionirter Kanten, zeichnet sich dieselben gleich, um sie nicht zu verwechseln, und werden dann die Ecken der hintern Kanten abgeschnitten, um das Buch, nach dem in das Leder machen, daselbst zu binden; das Ausschneiden dieser Ecken kann übrigens auch nach dem Ansetzen erfolgen, doch ist es jetzt bequemer als nachher.

Dann legt man die Pappen vorn und hinten akku- rat, mit Herauslassung der Bünde, an das Buch, giebt auf den vorgeklebten Falz 2 — 3 Tupfen, je nach dem Formate, Leim, damit die Deckel hier einen Halt bekom- men. Jetzt legt man das Buch gerade vor sich auf den Tisch, sind es mehrere, legt man sie in einer Reihe neben- einander, breitet die Bünde hübsch aus, giebt den Pap- pen an den betreffenden Stellen Kleister, legt die Bünde herüber und reibt sie mit dem Hammer oder einem gro- ßen Falzbeine gut nieder. Zum Ueberkleben über die Bünde nimmt man nun ein Stück recht festes Packpapier, was schon vorher zugeschnitten wurde, bestreicht es auch etwas in der Gegend, wo es auf die Bünde zu liegen

kommt, mit Kleister und legt es, indem man es mit der
Hand anstreicht, akkurat auf, doch so, daß es ja nicht
hinten über die Pappe übersteht, weil dieß dann beim
Anpappen immer im Falze zum Vorschein kommen würde,
was dann sehr unangenehm ist.

Viele legen auch blos einen Streifen dünnes Papier
auf, was sie dann theilweise wieder losreißen, doch halte
ich fürs beste, wenn die Bünde recht fest auf die Deckel
kommen und noch schließlich mit einem dauerhaften Papier
verwahrt sind. Darauf preßt man das angesetzte Buch
ein, legt aber beim Einlegen zwischen die Breter auf das
übergeklebte Stück Papier noch einen Streifen anderes,
damit das Buch nicht an den Bretern klebt, was häufig
vorkommt, und dieselben unsauber macht.

Entweder wurde das Buch vor dem Ansetzen kapitalt
oder es findet dieß nun nach demselben in der Presse
statt, worauf das Buch gut auf dem Rücken mit einem
dauerhaften Papiere, indem das Papier sowohl als auch
der Rücken mit Leim bestrichen wurde, überklebt wird.

Viele Buchbinder verfolgen die irrthümliche Ansicht,
den Rücken des Buches mit ganz dünnem Druckmakulatur
zu überkleben, indem sie den Rücken des Buches mit
Kleister bestreichen, das Papier auflegen, über das aufgelegte Papier wieder Kleister geben und dann mit der
Hand dasselbe anreiben, doch bietet dieß, nach meiner
Ansicht, zu wenig Halt.

Ist das Ansetzen trocken, nimmt man das Buch aus
der Presse und zieht die Breter von dem Papier ab,
welches vom Ueberkleben an denselben fest sitzt, schneidet
dann das über den Rücken weg stehende scharf an der
Kante desselben mit dem Messer weg (nicht reißen, damit
nicht auch das Papier vom Rücken mit losgeschält wird,
sondern muß dieß zum bessern Halt ganz darauf verbleiben); dann werden behutsam die über die Bünde geklebten
Papierstreifen, wo sie nicht kleben, abgerissen, wiederum
so, daß das Papier in seiner ganzen Stärke über den
Bünden fest sitzen bleibt und streicht man darauf mit

dem Falzbeine den möglicherweise etwas über die Pappen stehenden Falz des Buches gut nieder.

Man schreitet nun zum Zuschneiden des Einlegerückens. Soll das Buch hohe Bünde bekommen, schneidet man den Rücken von dem Buche angemessen starker Rückenpappe zu, genau in der Höhe der Deckel, doch etwas schmäler als der Rücken des Buches ist, theilt ihn in 3 oder 4 Bünde, je nachdem das Buch dieselben erhalten soll, ab, und klebt dieselben auf.

Hat man ein ganzes Werk, vielleicht von 10 — 12 Bänden, so nimmt man ein Stück Rückenpappe, welche groß genug ist, um der Reihe nach die Rücken zu sämmtlichen Bänden aus derselben zuschneiden zu können. Dasselbe wird ganz genau nach der Höhe der Deckel zugeschnitten und nach den Bünden genau eingetheilt, dann schneidet man sich die Pappenstreifchen zu den hohen Bünden, leimt sie gleich über die ganze Pappe hinweg, stellt das Werk der Reihe nach so, daß der erste Band sich zur linken befindet, vor sich auf, und schneidet in derselben Reihenfolge die Einlagerücken von dem ganzen Stück ab und werden auf diese Weise, nach dem Inslebermachen, die Bünde wieder ganz genau aneinander passen.

Jetzt schneidet man das Leder zu und zwar den Rücken hübsch breit und die Ecken groß, damit auch Leder an dem Buche zu sehen ist, schärft dasselbe an den Kanten gut aus, legt den Einlagerücken genau in die Mitte desselben, zieht mit dem Falzbein daran herunter eine Linie, nach welcher auch an dieser Stelle das Leder, wenn es zu stark, ausgeschärft werden muß, um eine leichtere Beweglichkeit der Deckel zu erzielen; am Kapital jedoch muß das Leder etwas stark bleiben, damit dasselbe in eine richtige Façon gebracht werden kann.

Das geschärfte Leder zum Rücken wird nun mit gutem, starkem Kleister angeschmiert, etwas weichen lassen, der Einlegerücken dem Buche angemessen gerundet und auf die Mitte des Leders gelegt, und das Leder etwas an denselben angedrückt. Darauf schmiert man mit Kleister auch die Deckel an, nicht ganz so breit als das Leder herübergehen wird, giebt auch an der Kante des Buchrückens einen, ungefähr einen Achtelzoll breiten, Streifen Kleister, damit an dieser Stelle der Einlegerücken auch fest sitze, und bringt nun Einlegrücken und Leder mit dem Buche in Verbindung; zieht es rechts und links scharf an, und drückt es mit der Hand fest. Jetzt stellt man das Buch gerade lang vor sich, hält es mit der linken fest und reibt mit einem scharfen Falzbeine die Bünde rechts und links gut ein, zieht das Leder nochmals gut an und drückt es wieder mit der Hand fest. Mit dem Falzbein darf man auf dieses Leder nicht kommen, weil sonst häßliche Stellen entstehen würden; dann legt man das Buch zwischen zwei Preter und läßt es gut trocknen. Hat man mehrere egale Bücher, legt man sie verschränkt auf einander.

Ist dieß gehörig getrocknet, was hier aber eine Hauptsache ist, macht man die Deckel des Buches auf, löst die Tupfen, mit welchen sie an dem vorgeklebten Falze fest sitzen, los, schlägt die Deckel ganz zurück und streicht sie mit dem Falzbeine hinten gut nieder. Darauf giebt man dem überstehenden Leder Kleister, leckt dasselbe, um es recht geschmeidig zu machen, mit der Zunge von außen an, und schlägt es darauf ein, nachdem man den Rücken des Buches, soweit als der Einschlag eingreift, vom Einlagrücken, welcher durch das Kleistergeben an der Kante festsitzt, losgelöst hat. — Das Leder darf am Kapital nicht zu scharf herum geschlagen werden, damit immer das zum Bilden des Kapitals nöthige Leder bleibt, während das Leder über die Pappe ganz scharf herübergezogen werden muß. Sind beide Theile eingeschlagen, so werden die Deckel zugemacht und das Leder scharf an der Kante niedergestrichen, darauf legt man das Buch nach seiner Höhe vor sich auf den Tisch, klappt den einen Deckel zurück, bringt denselben in eine senkrechte Lage mit dem Falze des Buches, zieht den Einschlag nochmals scharf an und reibt ihn mit dem Falzbein, sowohl im Falze wie auf der Decke, gut an, macht den

Deckel zu, nimmt dasselbe auf der andern Seite vor, bindet dann das Buch mit einem Faden Zwirn und bildet die Kapitale. Hat dieß wieder einige Zeit getrocknet, so wird der Zwirn abgenommen, darauf die Ecken angemacht, wenn dieß nicht vor dem Einledern des Rückens geschah, und kommt es nun an das Ueberziehen des Buches.

So breit als das Leder am Rücken bleiben soll, zieht man sich, indem man vorher von der vordern Kante aus mit dem Zirkel die genaue Breite angegeben hat, mit dem Falzbeine am Lineal eine Linie, entfernt dann am Rücken und an den Ecken alle durch das Leder entstandenen Erhöhungen, indem man dieselben wegschärft, und kratzt dann mit dem Messer noch das Leder bis an die gezogene Linie wund, damit das Ueberziehpapier auf demselben ja recht gut halte.

Nun schneidet man das Ueberzugpapier zu, indem man die beiden dem Ueberzug entsprechenden Stücken Papier, welche an der hintern Seite ganz glatt geschnitten wurden, akkurat nach der vorgezogenen Linie auflegt und etwas beschwert, bricht die Ecken in der Breite, als das Leder sichtbar bleiben soll, um, schlägt sie wieder nach vorn zurück, markirt, indem man mit dem Finger an dem Rand hinstreicht, die Stelle, wo der Einschlag beginnt und schneidet nun mit der Scheere denselben nicht gerade, sondern in schiefer Richtung, ungefähr den dritten Theil eines rechten Winkels nach der Ecke zu, ein. Ganz dasselbe Verfahren beim Zuschneiden des Papieres wird bei mir auch bei den Halbleinwandbänden eingehalten und hat das Schiefeinschneiden des Papieres an den Ecken den Zweck, etwaige Stellen, wo Leder oder Kalliko fehlen könnte, zuzudecken, da ich die Ecken alle sehr groß ausschneiden lasse.

Darauf wird das Buch überzogen; ist es mit Chagrin-Papier geschehen, so muß es erst einige Zeit trocknen, da dasselbe durch den Leim sehr weich und feucht wird; ist es Agath, so kann man dasselbe gleich anpap-

pen, das Anpappen indessen wurde bereits früher be=
schrieben. Darauf preßt man das Buch mit Auflegen
von weichem Makulatur und Einlegen von Zinkplatten
ein und läßt es, wenn es möglich ist, längere Zeit in
der Presse stehen. Dann wird es wieder herausgenom=
men, das Chagrinleder mit warmem Wasser ausgewaschen,
in die Schnürpresse gesetzt, an den Bünden blind ab=
gedruckt und fertig vergoldet. Darauf werden noch mit
dem Streicheisen Linien am Papier, sowohl am Rücken
als auch an den Ecken gestrichen, die blinden Linien auf
dem Rücken auslackirt und im nöthigen Fall auch das
Chagrinpapier auf der Decke. Bei sehr eleganten Halb=
franzbänden werden wohl auch Goldlinien an dem Papier
hingedruckt, was das Buch ungemein ziert.

Das Vergolden der Halbfranzbände geschieht in
vielen Fällen auch vor dem Anmachen der Ecken und dem
Ueberziehen, damit bei dem Vergolden diese beiden nicht
vielleicht lädirt werden. Bei einem Halbfranzband, wel=
cher einen in der Presse vergoldeten Rücken erhält, klebt
man entweder gleich den Einlegerücken in das Leder ein
oder ein Stück Papier von der Größe desselben, um dar=
auf die Platte drucken zu können, oder man druckt auch
dieselbe gleich auf das einfache Leder, ohne erst etwas
unterzukleben, worauf dann das Buch in das Leder ge=
macht wird.

Dasselbe Verfahren ist im allgemeinen auch bei far=
bigem Kalbleder, Schweinsleder, Juchten 2c. anzuwenden.

b. Kalb= und Schafleder.

Ein Halbfranzband in Schaf= oder Kalbleder, wel=
ches vom Buchbinder gefärbt wurde, wird im allgemeinen
gerade so behandelt wie der Halbfranzband in Chagrin=
leder. Um nun das gefärbte Leder vergolden zu können,
überfährt man dasselbe erst einmal mit Urin, kleistert es
und überfährt es dreimal mit starkem Eiweiß, wornach
es mit einem Wachslappen abgerieben und mit einem
lauwarmen Glättkolben abgeglättet und dann, wie schon
früher angegeben, vergoldet wird.

c. Der durchzogene Halbfranzband.

Bei Büchern, welche recht dauerhaft gebunden werden sollen, namentlich bei starken Bänden, werden die
Bünde durchzogen, das heißt vor dem eigentlichen Ansetzen durch die Deckel hindurchgezogen. Zu diesem Zwecke
müssen die Bünde an jeder Seite ungefähr 1½ — 2 Zoll
Länge haben und wird ein Buch bis zum Glätten im
übrigen gerade so behandelt, wie der vorher beschriebene
gewöhnliche Halbfranzband. Ist jedoch der Schnitt am
Buche geglättet und die beschnittenen Deckel sind hinten
und vorn an das Buch angelegt, so legt man das Buch,
mit dem Rücken nach sich zu, auf den Tisch und dreht mit
Kleister an die aufgeschabten langen Bünde Spitzen,
welche mittels dieser durch die Deckel gezogen werden,
wenn erst die Löcher durch dieselben in folgender Weise
gestochen wurden. Mit dem Spitzbohr zieht man sich
von jedem Bunde aus auf dem akkurat am Buche liegenden Deckel eine Linie, hebt dann den Deckel hinweg und
sticht ungefähr ¼ Zoll von der hintern Kante auf dieser
Linie ein Loch für jeden Bund, etwas schief nach vorn
zu, durch, dreht dann den Deckel um und sticht in gerader Linie nach vorn wieder ein Loch von innen nach
außen, ebenfalls in schiefer Richtung, durch, dann werden
die Bünde von außen nach innen durch das erst gestochene Loch durchgezogen und wieder von innen nach
außen durch das zweite Loch. Ist dieß an beiden Seiten
geschehen, schneidet man die zusammengekleisterten Spitzen
ab, so daß noch ungefähr ¼ Zoll lang der aufgeschabte
Bindfaden bleibt, welcher nun gut ausgebreitet, nachdem
man Leim auf die betreffenden Stellen gegeben hat, indem man die Deckel scharf auf die Kante des Falzes
anschiebt, den Bund scharf anzieht, aufgeklebt wird.
Darauf wird der Deckel zurückgeschlagen und dasselbe
auf der andern Seite vorgenommen. Nachdem diese
Bünde gehörig angetrocknet sind, nimmt man das Buch
in die linke Hand, legt den Deckel auf eine Eisenplatte
und klopft mit dem Hammer die Bünde inwendig auf

den Deckel nieder, worauf dann die letzteren geschlossen
werden und der möglicherweise ein wenig überstehende
Falz des Buches mit dem Falzbeine niedergestrichen wird.
Nun giebt man, indem man den einen Deckel wieder
zurückschlägt, so daß er am Rücken des Buches hängt,
unter die Bünde Kleister und auf den vorgeklebten Falz
auch einige Tupfen, klappt den Deckel wieder zu, bringt
ihn in seine gehörige Lage, indem die Kanten genau gerichtet werden, reibt und klopft die Bünde nieder, überklebt dieselben in derselben Weise wie früher beschrieben
und setzt das Buch in die Presse, wornach der Rücken
ebenfalls überklebt wird.

d. Der durchzogene Halbfranzband nach fran-zösischer Manier.

Eine andere Art Durchziehen, welche freilich viel
complicirter ist, jedoch zu einem ausgezeichneten Resultate
führt, ist nun noch folgende:

Hierbei kommen die Deckel schon vor dem Beschneiden an das Buch und werden mit demselben oben und
unten beschnitten; doch ist diese Methode etwas zeitraubend, daher es an Einbänden, für welche nicht sehr
viel bezahlt werden soll, nicht anzuwenden ist.

Sobald das Buch geheftet, behält dasselbe ungefähr
2 Zoll lange Bünde hinten und vorn, das Vorsatz erhält
Kleister, die Papierfälze werden aufgeklebt und das Buch
wird gut geleimt. Dann wird es gerundet und der Falz
an das Buch angeklopft, wornach es ungefähr $\frac{1}{4}$ Stunde
in der Presse stehen bleibt. Vorher wurden nun bereits
die Deckel zugeschnitten und mit Papier kaschirt, an der
hintern Seite beschnitten und mit einem Streifen Papier
an derselben mit Kleister eingefaßt. An dieser Seite
zieht man nun in der Breite der obern und untern Kante,
welche das Buch erhalten soll, mit dem Zirkel eine Linie
und legt die Deckel, nachdem nun das Buch ausgepreßt
wurde, rechts und links genau in den Falz und läßt
dieselben, welche übrigens oben mit der hintern Kante

winkelrecht sein müssen, so breit als eine obere Kante am
Buche werden soll, überstehen, dreht ebenfalls mit Kleister
Spitzen an die Bünde und sticht dem Bund gegenüber
auf der gezogenen Linie das erste Loch), ebenfalls in
schiefer Richtung nach vorn, durch den Deckel nach innen,
dann ein zweites wieder ⅛ Zoll entfernt, nach vorn, eben=
falls nach innen, darauf dreht man den Deckel um und
sticht rechts, von den Löchern ⅛ Zoll entfernt, in der
Mitte beider, ein Loch nach außen. Ist dieß Durch=
stechen durch beide Deckel geschehen, zieht man die Bünde
durch die ersten Löcher nach innen, durch das zu dritt
gestochene wieder nach außen und durch das zu zweit
gestochene wieder nach innen, zieht dann alle Bünde, in=
dem man den Deckel halb offen hält und scharf an den
Falz des Buches andrückt, fest an, steckt dann innen die
Enden der Bünde unter den durchgezogenen Bund weg
und schneidet sie in der Länge von ¼ Zoll ab. Dann
giebt man diesem Kleister und klopft die Erhöhungen auf
einer Eisenplatte gut nieder. Nachdem dieß trocken,
klappt man die Deckel, so daß der Falz des Buches nicht
übersteht, zu, setzt das Buch in die Presse und kaschirt es.
Ist das Buch getrocknet, wird es zuerst oben beschnitten.
Die Pappen, welche, wie bereits gesagt wurde, oben in
der Breite einer Kante überstehen, werden nun, da sie
durch den doppelten Kantenraum, nach welchem die Bünde
eingestochen wurden, Spielraum haben, heruntergeschoben,
so daß sie mit dem Buche gleich sind, worauf dann das
Buch in die Presse gesetzt und der Schnitt ausgeführt
wird. Ist dieß geschehen, wird der Zirkel oder das
Punktureisen, wie das Buch unten beschnitten werden soll,
gestellt, dazu die beiden Kanten, welche das Buch erhal=
ten soll, gerechnet, und auf den hintern Deckel in dieser
Größe abpunktirt, dann werden beide Deckel nach oben
geschoben, so daß sie in der Breite der beiden Kanten
über den Schnitt hinausstehen, genau mit dem Winkel in
eine Linie gerichtet und darauf das Buch eingesetzt und
unten beschnitten.

Nun geht es an das Beschneiden des Vorderschnit=
tes. Man legt das Buch mit zurückgeschlagenen Deckeln
vor sich auf den Tisch, so daß der Rücken über demselben
nach dem Arbeiter zu ungefähr 2 Zoll übersteht und
umbindet dasselbe in einer Entfernung von 1 — 1½ Zoll
vom Rücken fest mit einem schwachen Bindfaden oder
starkem Zwirn, darauf stellt man das Buch auf den
Rücken, rechts und links liegen die Deckel auf dem Tische,
nimmt zwei Breter vorn und hinten an das Buch und
stößt mit denselben, indem man sie fest an das Buch
drückt, den Rücken in eine gerade Linie. Sollte dieß
Resultat beim Gleichstoßen nicht ganz erzielt werden, so
muß man noch durch Drücken mit der Hand nachhelfen.
Ein solches Buch kann nicht abgesattelt werden, daher
muß es an der vordern Seite oben und unten, wie es
beschnitten werden soll, abpunktirt sein. Darauf wird
es in die Presse gesetzt, rechts und links hängen die
Deckel herab, mit dem Augenmaß gerichtet, nach den
Punkturen gleich gestellt und dann beschnitten.

Ist das Beschneiden geschehen und das Buch wieder
aus der Presse genommen, löst man den zum Aufbinden
nöthigen Faden los und rundet das Buch wieder, dann
wird der Schnitt entweder marmorirt oder vergoldet und
muß hierzu natürlicherweise der Vorderschnitt wieder ge=
rade gemacht werden, ausgenommen, der Arbeiter macht
seinen Goldschnitt rund. Beim Vorderschnitt werden die
Deckel zurückgeschlagen, oben und unten werden sie her=
unter oder hinaufgeschoben. Sind die Schnitte fertig
und das Buch soll bestochenes Kapital erhalten, so ge=
schieht dieß jetzt, dann werden die Deckel vorn abformirt,
wozu man dieselben am besten auch von hinten nach vorn
abpunktirt. Darauf werden die Deckel ganz in derselben
Weise angesetzt, wie dieß bei der ersten Methode des
Durchziehens bereits beschrieben wurde.

Ein Buch, nach dieser Weise behandelt, wird ein
Resultat liefern, was alles andere übertrifft, doch ist es,
wie schon gesagt, für die jetzigen Preise der Einbände zu
zeitraubend. Werkstätten, in welchen diese Methode ihre

Anwendung findet, sind sehr selten, ich lasse auch nur bei seltenen Fällen, blos wenn etwas besonderes erzielt werden soll, darnach arbeiten. In unserer Nähe wüßte ich blos noch eine Werkstatt und zwar die des Hofbuch-binders J. W. Vogel in Jena anzuführen.

2) Ganz Franz.

Der Ganzfranzband ist im ganzen genommen eigent-lich blos ein Ganzlederband, der Name Franzband be-deutet französischer Band, doch versteht man unter diesem Namen einen Einband, welcher mit der höchsten Eleganz, Sauberkeit und Akkuratesse angefertigt wurde, in Ver-bindung mit dem besten Material. Derselbe kann nun entweder auf tiefen Falz angesetzt oder durchzogen worden sein, er hat Leder- oder Kallikofalze, häufig seidenes Vorsatz, ist auf der Decke und Rücken sowohl wie an den Kanten innen und auswendig vergoldet und hat einen glatten oder ciselirten Goldschnitt, bestochenes Kapital x.

Seit neuerer Zeit hat, in Bezug auf diese Einbände, der Geschmack die Richtung der Einfachheit eingeschlagen, jedoch in Verbindung mit dem besten Material. So wird ein Ganzfranzband jetzt z. B. einen schönen Gold-schnitt bekommen, wird in Chagrinleder gebunden sein, auf dem Rücken mit hohen Bünden versehen und auf der Decke und an den Kanten blos mit schwachen Goldlinien und vielleicht noch mit einigen gestrichenen blinden Linien verziert sein.

Jetzt werden auch viele Ganz-Franzbände, welche in der Presse vergoldet oder auch nur blind gepreßt werden, wie die Leinwandbände mit Hülsen auf den Rücken ein-gehängt, jedoch sind diese Hülsen hier von Leinwand ge-fertigt. Die Anfertigung der Hülsen wurde bereits bei den Leinwandbänden beschrieben und ist blos der Unter-schied der, daß jene blos von Papier, diese aber von Leinwand gemacht werden.

Nachdem die Decke vollständig fertig, das heißt auch alles fertig vergoldet, wird das Buch, indem man Hülse

und Rücken mit Leim anschmiert, eingehängt und im übrigen so behandelt wie die Kallikobände.

Die Ganzfranzbände werden seit neuerer Zeit auch
sehr viel mit Beschlägen theils aus Gold, Silber, Messing, welches galvanisch vergoldet, versehen. Diese Mode
ist zwar sehr alt, war aber fast ganz verschwunden und
hat sich jetzt von neuem wieder Bahn gebrochen. Diese
Beschläge werden vor dem Anpappen des Buches auf-
genietet und zwar muß man sehr vorsichtig damit sein,
damit dasselbe dabei nicht lädirt wird. Gewöhnlich sind
es Ecken von durchbrochener oder massiver Arbeit und
Schlösser in demselben Geschmacke. Kleine Bücher erhalten ein Schloß, während größere zwei dergleichen bekommen und müssen diese Schlösser stets etwas streng
zugehen, um die Deckel gehörig fest zu schließen.

Daß solche Bücher nach dem Beschlagen und darauf
folgenden Anpappen nicht wieder eingepreßt werden können, ist wohl selbstverständlich und braucht eigentlich wohl
gar nicht erwähnt zu werden.

In Paris und Wien werden die schönsten Beschläge
gefertigt und ist noch eine bedeutende Fabrik in Schwä-
bisch-Gmünd, Firma: Ehrhardt und Söhne.

F. Halbenglischer Band,

welcher bis zum Ueberziehen mit Leder ganz wie ein
Halbfranzband behandelt wird; zum Ueberzug kann jedoch
nur rohes, lohgares Leder, bester Qualität, verwendet
werden, dem man nach dem Trocknen eine möglichst helle,
reine Naturfarbe durch Beizen mit Citronensäure oder
verdünntem Scheidewasser, deren Auftragen man bis zum
Erscheinen der gewünschten Nüance wiederholt, zu geben
sucht. Die weitere Behandlung von da ab ist ganz konform mit der des übrigen am Buche gefärbten Leders,
nur rathet die Empfindlichkeit des auf diese Art gebeizten
Leders sehr zu Vorsichtsmaßregeln gegen Schmuz, Auftragen fettiger Substanzen und vor allem zu heißes Abglätten, weil hierdurch leicht unvertilgbare Flecke entstehen
können.

Dergleichen Bände erhalten gewöhnlich rothen, auch grünen Schnitt und werden mit ledergelbem oder hellgrünem Glanztaffet überzogen, wobei jedoch anzurathen ist, das vom Ueberziehpapier bedeckte Leder möglichst wegzuschärfen, weil die Beize desselben, auch nach noch so sorgfältigem Auswaschen die Farbe des Ueberziehpapieres vertilgt.

G. Der Pergamentband.

Der Pergamentband gehört, streng genommen, zu den Pappbänden. Ohngeachtet seiner Dauerhaftigkeit wird er jedoch jetzt nicht viel mehr angewendet und man sieht ihn nur noch, und da äußerst selten, an Handlungsbüchern und großen, für die Dauer bestimmten, wissenschaftlichen Werken. Er wird auf verhältnißmäßige, bis zu einem halben Zolle breite, Streifen von Kalbspergament, und zwar auf drei, gehörig einzutheilende, Bünde, umschlungen geheftet, bekommt aber, ohne Ausnahme, einen glatten und hohlen Rücken, und der Zwischenraum, von einem Bunde bis zum andern, wird mit Leinwand ausgeklebt, welche, wie die Streifen, über den Rücken hinausreichen muß, um angeleimt zu werden und dadurch dem Buche eine größere Dauer zu geben.

Nach dem Heften wird das Buch beschnitten, der Schnitt gefärbt, gesprengt oder marmorirt, der Rücken gebrochen und das Kapital angesetzt, wobei man einen schmalen, nur wenige Linien breiten Streifen Pergament auf der hintern Seite anlegt und darüber besticht, dessen Enden aber über den Rücken 3 bis 4 Zoll weit hinausreichen müssen, um später im Falze durch zwei in das Pergament gestochene Löcher gezogen und befestigt werden zu können, wodurch der Band noch mehr Festigkeit bekommt. Zu dem Ende sticht man mit einer dünnen und scharfen Ahle in den ersten Bruch des Falzes dicht oben am Kapitale ein Loch durch das Pergament des Rückens von innen heraus, zieht den Pergamentstreifen nach, sticht dann gegenüber ein zweites Loch durch den letzten

Bruch des Falzes und durch die Decke und zieht den Pergamentriemen wieder herein. Sind so alle vier Streifen der beiden Kapitale an dieser und jener Seite durchgezogen, so wird auf gleiche Art mit den Pergament= streifen, worüber geheftet worden, verfahren. Man spaltet sie nämlich in zwei u n g l e i c h e Theile, wovon der eine auch nur einige Linien breit ist, und zieht den schmalen Theil bei jedem Bunde ebenso durch den Falz und die Decke, weshalb ebenfalls zwei Löcher gestochen werden. Zuletzt zieht man alle diese schmalen Streifen scharf an und befestigt sie inwendig im Buche, wenn zu= vor ihre Enden und Ränder gut abgeschärft worden sind.

Da die Pergamentbände für starke Bücher gehören und daher oft doppelte Deckel bekommen, zwischen welche die breitere Hälfte der gespaltenen Heftstreifen ein= geleimt werden, so hat man den Falz bei dem Heften hiernach zu richten, damit die Deckel nicht höher werden, wie die Kante des Rückens. Die auf den Rücken zwi= schen den Bünden aufgeleimte Leinwand wird dann, oben und unten in w e n d i g, die mittelste a u s w e n d i g, an die Deckel befestigt. Bei einfachen Deckeln kommt die breitere Hälfte der gespaltenen Heftriemen e i n w ä r t s, die am Rücken aufgeleimte Leinwand a u s w ä r t s zu liegen; aber sämmtliche schmale Streifen, sowohl oben und unten vom Kapitale, als auch die schmalere Hälfte der gespaltenen Heftriemen, werden, wie beschrieben, durchgezogen und erhalten ihre Lage und Befestigung inwendig.

Das Pergament wird ebenfalls mit dem erforder= lichen Einschlag zugeschnitten, an allen Kanten gehörig ausgeschärft und, der Vorsicht halber, nach der Größe der Deckel und des Rückens mit dünnem, reinem Papiere gefüttert, das mit Leim angestrichen, gut angerieben und beschwert wird.

Ist die Fütterung gehörig trocken, so wird der Rücken ebenso, wie bei einem Pappbande, gebrochen, nur mit dem Unterschiede, daß neben dem äußern Bruche noch ein Bruch nach innen auf jeder Seite des Rückens gemacht werden muß. Man setzt also das eiserne Lineal genau an die Linie des eingefütterten starken Papiers, welches den hohlen Rücken geben soll, und reibt mit der Schärfe des Falzbeines einen Bruch, von oben nach unten, wie bei dem Rücken des Pappbandes hinlänglich beschrieben worden ist. Sind die beiden Brüche, nach der Breite des Rückens, gezogen und das Pergament umgebogen und niedergedrückt worden, so wendet man es um und zieht ebenfalls zwei Brüche, welche, nach dem Verhältniß der Breite des Falzes, bald näher, bald weiter von den erstgezogenen abstehen, reibt auch hier das umgebogene Pergament gut nieder, und wenn auch dieses geschehen und der oben bemerkte dritte Bruch, neben dem äußern nach innen, auf jeder Seite gemacht worden, so wird der gefütterte Rücken mit dem Falzbeine gut ausgerundet und der Ueberzug endlich aufgeleimt, und hierbei ist das beste Bindemittel ein guter, nicht zu dicker und von allen Unreinigkeiten befreiter Tischlerleim.

Erweicht man das Pergament vor dem Ueberziehen durch Wasser und wendet als Bindemittel Kleister an, so erhält dadurch das Pergament eine hornartige Beschaffenheit und unverwüstliche Dauer.

H. Die Handlungs- (Komptoir- und Geschäfts-) Bücher.

Obwohl dieselben unter eine der bereits erwähnten Gattungen Büchereinbände gehören müssen, so soll denselben schon aus dem Grunde ein besonderer Abschnitt und eine detaillirte Beschreibung gewidmet werden, weil der Einband derselben sowohl der Dauer, ganz besonders aber dem guten Auflegen im Innern genügen und deshalb eine diesen Erfordernissen entsprechende Konstruktion erhalten muß.

Bei dieser Art Bücher ist schon das Heften eine Hauptsache, weil davon ebensowohl Dauer als gutes Aufschlagen abhängt. — Aus diesem Grunde ist es so gut nachtheilig, wenn die einzelnen Heftlagen zu stark, als zu schwach sind, wenn sie mit zu starkem, als auch mit zu schwachem Zwirne geheftet werden, wenn man sie zu stark niederhält, als zu hoch steigen läßt.

Nehmen wir z. B. an: es wäre ein Handlungsbuch von 10 bis 12 Buch in groß Median=Folio von ziemlich starkem Maschinenschreibpapier zu binden, so würden bei einem Zwirn stärkerer oder stärkster Sorte Heftlagen von 5 bis 6 Bogen genügen. Das Heften selbst würde auf fünf Riemen von starkem Pergament und ziemlich einem halben Zoll Breite geschehen müssen, die so angelegt werden, daß sie den Rücken in sechs Theile theilen, von denen nur der unterste etwas größer ist, als die übrigen, die unter sich gleich sind. Es muß Hauptaugenmerk beim Heften sein, daß die Lagen unter sich mit größtmöglichster Festigkeit verbunden werden, ohne daß jedoch der Heftzwirn übermäßig stark angezogen wird, oder ein zu sehr steigender Falz entsteht. Daß liniirtes Papier nach den Linien gefalzt und eingesteckt werden muß, bedarf wohl keiner besonderen Erwähnung.

Bevor man jedoch zum Heften schreiten kann, wird das in Lagen gebrachte Papier einige Zeit gut eingepreßt, und darauf in folgender Weise ein gutes Vorsatz mit Leinwandfalz auf der ersten und letzten Lage angebracht. Zu diesem Zwecke nimmt man zwei Bogen Papier, am liebsten von demselben, aus welchem das Buch besteht, falzt sie in der Mitte genau zusammen, schneidet dann zwei Streifen, vielleicht grünen Kalliko, von ungefähr zwei bis dritthalb Zoll Breite und so lang als das Buch hoch ist, zu, bricht diese ihrer Länge nach zusammen, doch nicht in der Mitte, sondern so, daß ein Theil davon ungefähr einen halben Zoll breiter als der andere wird. Darauf streicht man diesen Leinwandfalz an der schmalen Seite hinten am Bruche ungefähr einen Achtelzoll breit mit recht heißem Leim an, nimmt denselben dann und klebt ihn auf einen der zusammengebrochenen Vorsatzbogen dergestalt, daß dabei der Bruch des letzteren nach dem Arbeiter zuliegt und sich dieser Leinwandfalz darauf um den

Bogen nach der andern Seite herumschlagen läßt. Auf dieses klebt man noch einen Streifen dauerhaftes Papier als Falz und bricht diesen auch mit nach der andern Seite um. Es befindet sich demnach jetzt an der Bruchseite des Bogens ein schmaler Streifen doppelter Kalliko und Papier, dieser Streifen wird gut mit Leim angestrichen und dann das Vorsatz mittels dieses Streifen Leims auf die erste und letzte Heftlage geklebt. So ist man nun im Stande, den Vorsatzbogen als Heftlage betrachten zu können und wird dieselbe mit geheftet, was den großen Vortheil bietet, daß keine Fälze, welche Kleister erhalten müssen, in das Buch hineinkommen und dem guten Aufschlagen hinderlich sein würden.

Am zweckmäßigsten ist es bei starken Büchern, die Riemen auf der Heftlade aufzuspannen und so das Buch zu heften; schwächere Bücher heftet man aus freier Hand. Zu den Riemen wurden früher die Pergamentdecken ganz alter Bücher verwendet; doch diese werden immer seltener, darum läßt man sich jetzt aus den Trommelfellfabriken die Abfälle kommen, welche daselbst pfundweise verkauft werden und aus Kalbleder bestehen. Diese Riemen sind ungeheuer fest und läßt es sich sehr schön darauf heften.

In unserer Nähe befindet sich eine Trommelfell- und Pergamentfabrik von B. Sondermann in Linderbach bei Erfurt, in Erfurt selbst eine dergl. von A. Rheniß und kostet das Pfund 20 bis 25 Sgr.

In Ermangelung der Pergamentriemen werden auch viele Kontobücher auf leinene Band oder Leinwandstreifen geheftet, was aber natürlicherweise den Halt nicht bieten kann.

a) Erste Methode.

Nachdem das Buch recht akkurat geheftet wurde, wird der Falz, welcher durch das Heften entstanden, hinten und vorn am Buche in eine egale Stärke gebracht, indem man den Falz, welcher bei diesem Heften auch nach vorn steigt, nach hinten in die Höhe zieht, folglich nach hinten vertheilt. Darauf sieht man nach, ob alle Lagen des Buches in recht gerader Linie liegen und wird nun das Buch oben und unten bis an den ersten Riemen, einschließlich desselben, geleimt.

Darauf wird das Buch vorn beschnitten, was sich bei liniirten Büchern selbstverständlich nach der Liniatur richtet und kommt es hier hauptsächlich auf sehr akkurates Beschneiden an, darauf wird das Buch gerundet, einige Zeit mit Herauslassung der Riemen zwischen zwei Bretern in die Stockpresse gesetzt, so daß der ganze Falz des Buches weggepreßt wird. Hat dieß einige Zeit gestanden, nimmt man das Buch heraus, klebt die eine Seite des Leinwandfalzes auf den weißen Vorsatzbogen, und pappt auf das übrige Naturpapier auf, während man an die andere Seite des Leinwandfalzes das Naturpapier, ungefähr ¼ Zoll breit angeschmiert, in der nöthigen Entfernung vom Rücken anhängt. — Am Vorderschnitte steht dieß nun über, daher es mit dem Lineal und Messer abgeschnitten und darauf das Buch oben und unten beschnitten wird. Nachdem bindet man es wieder auf, marmorirt den Vorderschnitt, dann die oberen Schnitte, läßt sie trocknen, rundet das Buch nochmals ordentlich, setzt es abermals mit Herauslassung der Rieme zwischen zwei Querbretern in eine Handpresse, richtet das Buch in dieser noch ganz akkurat, dreht dann dieselbe zu und leimt nun erst den Rücken des Buches vollständig mit recht heißem Leim. Dann schneidet man ein Stück Leinwand, welches die Länge des Buchrückens hat und ungefähr 3 Zoll breiter als derselbe ist, zu, betupft es mit Leim und leimt es über den Buchrücken, so daß die Leinwand rechts und links egal übersteht, reibt es tüchtig an, damit es recht fest sitzt, und wird auf diese Weise überhaupt die Leinwand fest kleben, wenn beide Theile, wie oben beschrieben, mit recht heißem Leim bestrichen wurden.

Nach dieser Operation ist es gut, wenn das Buch ungefähr 4 bis 6 Stunden, bis dasselbe vollständig ausgetrocknet ist, in der Presse stehen bleibt. Wird das

Buch dann wieder aus der Presse genommen, schneidet man die Riemen, wenn dieß nicht schon früher geschah, etwas schief ab, so daß sie eine Länge von ungefähr anderthalb bis zwei Zoll haben, sticht dann mit dem Messer bei den Riemen Löcher durch die Leinwand, zieht dieselben durch letztere hindurch und klebt die Leinwand auf den vorgehefteten Papierfalz auf.

Jetzt macht man sich nun die Deckel zu dem Buche zurecht und zwar in folgender Weise: Zuerst sind es zwei schwache Deckel, welche zugeschnitten werden, und dann noch zwei starke. — Die schwachen Deckel müssen ungefähr jede einzeln $\frac{1}{4}$ und die starken $\frac{3}{4}$ der ganzen Pappenstärke, welche das Buch verlangt, ausmachen, und müssen so groß zugeschnitten werden, daß sie nach dem Kaschiren in der Presse beschnitten werden können. — Von den starken Pappen schneidet man nun an einer langen Seite, welche nach hinten genommen werden soll, einen Streifen von einem Zoll Breite ab, zeichnet sich an der hintern Kante der schwachen Pappe die Breite dieses Streifens vor, schmiert dieselbe bis an diese Vorzeichnung mit Leim an, giebt der innern Seite der starken Pappe, welche auf die schwache geklebt wird, hinten auch etwas Leim und legt sie auf die schwache Pappe auf, so daß dieselbe jetzt einen Zoll breit vom Ende der schwachen Pappe zurücksteht. Den schmalen Streifen giebt man vielleicht zwei Tupfen Leim und legt sie an ihre betreffende Stelle, so daß nun die Pappe wieder egale Stärke hat. Jetzt setzt man beide so kaschirte Deckel in die Stockpresse und läßt sie dann gut trocken werden.

Nach diesem schneidet man von nicht zu starker Rückenpappe ein Stück zu, welches ungefähr 4 Zoll breiter als der Rücken des Buches stark ist, schneidet es in der Höhe des Buches einschließlich der Kanten genau zu, schärft die langen Seiten ab und bricht für das Buch einen Rücken genau so, wie bereits beim Pappbande beschrieben wurde, zieht durch diesen die Riemen durch, leimt den Rücken auf den Falz des Buches, auf welchem sich bereits die über das Buch geleimte Leinwand befindet, fest, und auf dieſes wieder in recht gerader Richtung die Riemen. Auf dieſes werden nun die Deckel, nachdem ſie in der Preſſe beſchnitten wurden, angeſetzt und zwar ſo, daß der ſchmale, ein Zoll breite Streifen Pappe hinten am Rük= fen nach außen zu liegen kommt, und ſetzt man das Buch dann feſt in eine Handpreſſe.

Nun ſchreitet man zur Bildung des Sprungrückens, da dieſer gebrochene Rücken für ein ſolches Buch nicht hinreichend ſein würde. Iſt es ein Buch, vielleicht von 5 Buch Papier, ſo ſchneidet man genau ſo hoch als der Rücken und genau ſo breit als derſelbe über ſeine Run= dung hinweg iſt, ein Stück Rückenpappe zu, rundet die= ſes und beſtreicht es wieder mit gutem, ſtarkem Leim, ſowie auch den Rücken, läßt den Leim gut anziehen und klebt dieſes Stück auf den Rücken auf und reibt es mit dem Falzbeine recht feſt an, darauf ſchneidet man noch ein zweites Stück wieder in derſelben Weiſe zu, und leimt es auch noch darauf. Für ein Buch von dieſer Stärke wird ſo der Rücken genügen; iſt das Buch aber vielleicht noch einmal ſo ſtark, muß natürlich auch der Rücken ſtär= fer gearbeitet werden. Ehe nun mit der Arbeit weiter fortgefahren werden kann, iſt es nothwendig, daß ſowohl die angeſetzten Deckel, als auch der Rücken gehörig aus= trocknen. Iſt letzterer Fall eingetreten, kommt das Buch aus der Preſſe und nimmt man nun die beiden 1 Zoll breiten Streifen Pappe davon ab, ſo daß nun nächſt dem kleinen Falz des Rückens noch ein 1 Zoll breiter Falz in der Pappe vorhanden iſt.

Jetzt ſchneidet man noch zwei kleine Streifchen Pappe, welche nicht ſo breit ſein dürfen als die Kanten und von der Stärke ungefähr als die ſchwächere Pappe am Buche war, rundet ſie und klebt ſie zur Verſtärkung des Kapi= tals in daſſelbe hinein.

Dann wird das Buch ausgeputzt, doch nicht, wie bei andern Büchern, am Kapital eingeſchnitten, um den Einſchlag des Ueberzugs gut hineinlegen zu können, da= mit die Feſtigkeit des Buches in keiner Weiſe geſtört wird. —

Man schneidet sich nun den Ueberzug zu, welcher entweder in starker grüner Leinwand, oder in Moleskin (sogenanntes englisches Leder) besteht. Bei beiden Stoffen macht es sich nöthig, die Pappen mit Leim anzuschmieren und geschieht dieß zuerst mit dem Rücken, einschließlich des breiten Falzes, worauf der Ueberzug angelegt, gut am Rücken und im Falze an- und eingerieben wird, dann werden die Decken ebenfalls angeschmiert und gleichfalls gut angerieben, wonach man, wenn dieß etwas abgetrocknet, die schmalen Pappstreifen in den Falz legt und das Buch eine kurze Zeit einpreßt; darauf schneidet man die Ecken ab, doch läßt man hier etwas mehr als gewöhnlich Ueberzug stehen, damit die Ecken recht fest werden; am Kapital schneidet man den Ueberzug ein, da der Falz nicht eingeschnitten wurde, damit sich der Ueberzug in den Rücken und auf die Decke schlage; doch darf der Einschnitt nicht weiter gehen als die Kante des Buches breit ist, damit der Ueberzug ohne Einschnitt über der Kante liegt. Man schmiert nun den Einschlag recht gut mit Leim, sowie die Kante der Deckel an, damit die Pappe recht fest werde und schlägt das Buch ein. Bei Moleskin, welches ein etwas starker Stoff, brennt man mit einem Brenneisen die hohe Kante innerlich, damit sie nicht so sehr unter dem Vorsatz hervortritt, nieder, pappt darauf das Buch an und preßt es wieder mit Einlegung der schmalen Pappenstreifen ein.

Bei großen Kontobüchern, welche mit grüner Leinwand überzogen werden, macht man auch häufig erst einen Lederrücken an das Buch und schlägt am Kapital die Leinwand nicht über das Leder ein, sondern zurück unter sich selbst, damit das Kapital von Leder sichtbar bleibe, auch macht man häufig Pergamentecken an diese Bücher, schlägt die Leinwand um, damit sie nicht fasere und läßt die Pergamentecken nur ganz klein sichtbar sein.

Große Hauptbücher bekommen auch häufig Ecken von Messing und Schlösser zum Verschließen, und werden dieselben auch oft mit Juchten- oder Schweinsleder, oder mit Kalb- und Rauhleder überzogen.

Ist das Buch fertig, erhält es gewöhnlich auf den Rücken einen Titel von rothem Leder in Gold gedruckt. Man thut am besten, diesen zu drucken und dann erst auf das Buch aufzukleben, da man es dadurch viel bequemer hat.

Von diesen Geschäftsbüchern giebt es nun sehr viele Gattungen, welche in Bezug auf ihre Liniatur ꝛc. sehr verschieden sind: so giebt es z. B. Kopie=, Journal=, Kassa=, Haupt=, Wechsel=, Obligations=, Koupons=, Preis=, Waarenlager=, Kommissions=, Speditions=, Lohn=, Verfall=, Einkaufs=, Gift=, Adreßbücher ꝛc. ꝛc.

Näher auf die Liniaturen dieser Bücher einzugehen, ist hier nicht am Platze und würde dieß auch zu weit führen; ich verweise daher auf die Musterliniirung von König u. Ebhardt in Hannover.

Häufig werden auch zu den Büchern Alphabete gemacht, welche entweder gleich mit hineingebunden sind, oder es wird ein Buch für sich gemacht und werden diese Alphabete gewöhnlich mit Löschpapier durchschossen, damit bei schnellem Gebrauch die Reinlichkeit aufrecht erhalten wird.

b) Zweite Methode.

Diese zweite Methode ist ganz übereinstimmend mit der ersten, insoweit es sich auf das Heften, Leimen, Beschneiden, Niederpressen des Falzes, überleimen mit Leinwand und Vorsatz erstreckt, doch wird hauptsächlich hier der Rücken ganz anders gefertigt.

Nachdem die über den Rücken geleimte Leinwand auf den Papierfalz des Buches geklebt wurde, schneidet man zwei Streifen Pappe zu, jeden von ungefähr 4 bis 5 Zoll Breite und in der Stärke als die schwächere Pappe bei der ersten Methode war, etwas länger als das Buch hoch ist, und schärft an jeden eine lange Seite gut ab; darauf werden diese Streifen Pappe hinten und vorn, mit Zurückschlagung der Riemen, und ungefähr $\frac{1}{16}$ Zoll Abstand vom Rücken auf die Fälze aufgeklebt, damit spä-

ter beim Aufschlagen etwas Spielraum vorhanden ist. —
Ist dieß geschehen, schneidet man das oben und unten
überstehende der Pappe genau nach der Buchhöhe ab.
Diese aufgeleimten Pappenstreifen haben nun den Zweck,
das Buch aus dem nun anzufertigenden Sprungrücken
herauszudrücken.

Zum Zweck der Fertigung desselben schneidet man
sich abermals ein Stück Pappe zu, von derselben Stärke,
als die jetzt aufgeleimte war, welches genau so lang als
das Buch in seiner Höhe mit Einschluß der Kanten, welche
es erhalten soll, sein muß, und so breit, daß es über den
Rücken hinten und vorn noch ¼ Zoll breit auf die Seiten
übergreift. Dieses Stück Pappe formt man sich ganz genau
nach dem Rücken, biegt rechts und links auch das zum
Uebergreifen bestimmte genau in seine Form, leimt dann
ein Stück Leinwand in diesen Rücken, welches ungefähr
an jeder Seite 2 Zoll breiter ist, und die Länge desselben
hat. — Nachdem diese Leinwand angetrocknet ist, bringt
man den Rücken an das Buch, zieht die Riemen wieder
durch die Leinwand und klebt selbige unter festem Anziehen des Rückens an das Buch auf die vorgeklebten Pappen. — Setzen wir den Fall, es sei ein Buch von ¼
Ries Papier, welches in dieser Weise gemacht werden
sollte, so würde dieß schon einen ziemlich starken Rücken
erfordern, daher klebt man über diesen schon mit dem
Buche vereinten Rücken noch zweimal Pappe, welche et=
was schwächer als die erste sein kann.

Beim Aufleimen dieser Pappen, welche eben so gut
wie die erste auf die Seiten herübergreifen müssen, ist
es nöthig, wieder beiden Theilen gehörig Leim zu geben,
damit alles recht gut hält, und der Rücken durch diesen
Leim hart wird; dann werden die Deckel mit Berechnung
dem Buche angemessener Kanten, in der Presse beschnit=
ten, doch blos oben, unten und hinten. Darauf werden
sie in der Entfernung von einem Viertelzoll von dem
Sprungrücken angesetzt, mit dem Winkel ganz genau gerichtet und dann das Buch zwischen zwei Bretern, welche

24 *

mit auf den übergreifenden Rücken gelegt werden, eingepreßt.

Hat das Buch vielleicht zehn Minuten gestanden,
nimmt man es heraus und leimt noch einmal über den
Rücken bis herüber auf die Deckel starke Leinwand auf,
setzt es nochmals in die Presse, und läßt es nun vielleicht
4 bis 6 Stunden in derselben gut trocknen. Ist letzterer
Fall eingetreten, werden die vordern Kanten formirt, ein
Bindfaden von ziemlicher Stärke in das Kapital geleimt,
um darüber dann den Ueberzug zu schlagen, und einreiben zu können, damit es ein besseres Aussehen erhalte.

Das Kapitalen und Bestechen desselben finde ich bei
solchen Büchern nicht am Platze, da dadurch leicht das
Buch im Aufschlagen behindert wird. Das Ueberziehen
und Anpappen geschieht nun ganz in der Weise, wie bei
der ersten Methode. — Nach dieser Angabe gearbeitete
Bücher schlagen sich sehr gut auf, so daß in der Mitte
des aufgeschlagenen Buches am Rücken gar keine Vertiefung entsteht, und beide Seiten eine gleiche Fläche bilden; doch müssen sie mit der größten Aufmerksamkeit gearbeitet werden.

Wer dem Gange der hier beschriebenen Arbeiten mit
Aufmerksamkeit gefolgt ist, wird zu der Ueberzeugung gelangt sein, daß ein solches Buch allen Anforderungen sowohl in Bezug auf Dauer, Eleganz und vorzüglich gutes und bequemes Auflegen und Zuschlagen, genügen muß,
wenn sonst dabei nichts verabsäumt wurde, denn durch
das Niederpressen allen Falzes erhält der Rücken ebensowohl Festigkeit, als hinlängliche Elasticität zum vollständigen und leichten Auflegen, so daß bis ganz in den
Bruch mit Leichtigkeit geschrieben werden kann: — Das
dünne, einmalige Auftragen des Leimes auf dem Rücken
nach vorheriger Rundung desselben garantirt ein leichtes,
sicheres Eindringen zwischen die einzelnen Lagen, wodurch
diese vor dem Hervorschießen gesichert werden, ohne daß
der Rücken selbst hart und spröde wird, was auch durch
das Ueberkleben mit Leinwand nicht geschieht.

Die Heftriemen von starkem Pergament, sowie die im Verhältniß bedeutende Rundung des Rückens erhalten letzteren auch bei außergewöhnlicher Anstrengung in der erwähnten Lage, wozu auch ein gut gefertigter Sprung-rücken wesentlich beiträgt.

Bei der außerordentlichen Wichtigkeit der Handlungs-bücher im Geschäftsverkehr muß aber die Bestrebung des Buchbinders auch unaufgefordert dahin gerichtet sein, die-selben allen Anforderungen entsprechend, mit möglichster Vollkommenheit zu liefern. Und in der That ist man auch fortwährend mit der Vervollkommnung der Hand-lungsbücher beschäftigt gewesen und noch beschäftigt.

Dem denkenden Arbeiter wird es nicht schwer fallen, nach richtigem Verständniß dieser Abhandlung über Hand-lungsbücher, für jede Art derselben, sie mögen stärker oder schwächer, größer oder kleiner, werthvoller oder ge-ringer sein, einen für die jedesmaligen Verhältnisse pas-senden, allen Erfordernissen genügenden Einband zu kon-struiren, da es gerade unmöglich ist, eine für alle Fälle passende Beschreibung zu geben.

Seit neuerer Zeit werden sämmtliche Handlungsbü-cher paginirt, und hat man zu diesem Zwecke eine ebenso sinnreiche wie praktische Maschine:

Die Paginir-Maschine,

welche in Fig. 34 Tafel VII in ihrer natürlichen Größe abgebildet ist, erfunden. Zu derselben gehört noch ein flaches Kissen, auf welches die Druckerschwärze mittels der kleinen Walze, Fig. 35, aufgetragen wird, und von welchem dann die Zahlen mit Schwärze versehen werden; von der Abbildung dieses flachen Kissens, welches mit et-was Leder überzogen wurde, ist deshalb abgesehen, weil sich dasselbe wohl jeder vorstellen kann. Es hat ungefähr 4 Zoll in der Länge und eben so viel in der Breite.

Die Paginir-Maschine paginirt bis 9999 und be-steht im wesentlichen aus dem Körper a, a, den vier runden Scheiben c, d, e, f und dem Handgriff b. In dem Körper a sind die vier runden Scheiben c, d e, f, welche in g ihren Drehpunkt haben, angebracht. — Die erste Scheibe c enthält an ihrer Kante die Zahlen 1 bis 9, während die Scheiben d, e, f die Zahlen 0 bis 9 enthalten. Soll nun paginirt werden, so ist die Maschine so gestellt, daß blos die Zahl 1 auf der Scheibe c vorn steht. Der Arbeiter nimmt nun die Paginir-Maschine in die Hand, tupft mit der Zahl 1 auf das Schwärzekissen uud druckt dieselbe auf die erste Seite des Buches. Am besten ist es nun, wenn beim Paginiren zwei Personen thätig sind, erstens eben der Paginirer und zweitens eine Person, welche die Blätter umwendet; dieß letztere kann nun auch ein Knabe oder ein Mädchen sein, jedoch muß hier streng darauf gesehen werden, daß beim Umwenden nicht doppelt gegriffen wird, weil sonst ein Fehler entstehen würde, welcher nicht gut zu machen wäre. -

Sobald die Zahl 1 gedruckt ist, giebt der Paginirer mit dem Daumen derselben Hand, welche die Maschine hält, dem Knopf h einen Druck nach unten, welcher in der Maschine selbst auf eine Feder wirkt, durch welche die Scheibe a fortbewegt wird und die Zahl 2 hervortritt. Ist dieselbe ganz in der Weise, wie die erste, mit Schwärze versehen gedruckt worden, drückt der Paginirer abermals auf den Knopf h, und die Zahl 3 wird nun die Stelle der 2 eingenommen haben. In dieser Weise geht es fort, bis zur Zahl 9; beim darauf folgenden Drucke auf den Knopf h erscheint wieder auf der ersten Scheibe c die 1, während auf der zweiten Scheibe d die 0 sich neben die 1 stellt, folglich die Zahl 10 gedruckt werden kann. — Auf der ersten Scheibe bleibt jetzt die 1 stehen und verändern sich blos die Zahlen auf der zweiten Scheibe, sobald aber die Zahl 19 gedruckt ist, tritt wieder auf c die 2 hervor und auf d die 0. Nach der Zahl 99 tritt auf der ersten Scheibe die 1 und auf der zweiten die 0 hervor, während gleichzeitig auf der dritten ebenfalls die 0 in die Reihe rückt, so daß nun 100 gedruckt werden kann. Jetzt bleibt nun die 10 stehen, während sich die Einer hinten verändern u. s. w.

Sobald die dritte Zahl hervortreten soll, fängt der Haken i an zu wirken; dieser steht ebenfalls in Verbindung mit der Feder und schiebt, sobald auf den Knopf gedrückt wird, die dritte und vierte Scheibe mit den Zahlen vorwärts.

So können nun die Zahlen von 1 bis 9999 gedruckt werden, ohne daß nur im mindesten nöthig wäre, nachzusehen, ob auch die richtige Reihenfolge stattfindet. — Beim Paginiren macht es sich übrigens nöthig, kleine Papierblätter dazwischen zu legen, damit das Frischgedruckte nicht auf der andern Seite abschmuze.

Ist man mit Paginiren fertig und man beabsichtigt wieder von vorn anzufangen, so wird der Haken i zurückgeschlagen und die Scheiben alle so zurückgeschoben, daß die 1 wieder allein vorn zu stehen kommt, worauf wieder dasselbe Manöver beginnen kann.

Mit einer solchen Paginir-Maschine können bei einiger Uebung in der Stunde 8 bis 10 Buch paginirt werden und kostet eine dergleichen 20 bis 25 Thaler.

Vorliegende soll aus Paris bezogen sein und wurde mir das Nähere über das Geschäft, aus welchem sie hervorging, nicht mitgetheilt.

Nach dieser erlaube ich mir noch einer besonderen Gattung von Büchern zu erwähnen, welche freilich, so zu sagen, gewissermaßen zwischen Buchbinderei- und Portefeuillearbeit stehen. Dieß sind:

Die Photographie-Albums,
beſtimmt zur Aufnahme von Photographien in Viſiten-kartenformat.

Wenn etwas einen großartigen Umfang genommen, so ist es dieser Artikel, der seit seinem ungefähr 5jährigen Bestehen, hunderte von Händen beschäftigte, und hunderttausende von Thalern in Umlauf brachte. Kein Artikel ist aber auch mehr ausgebreitet worden, als dieser, da sein Auftauchen gerade in eine Zeit fällt, wo die Regsamkeit in unserem Geschäft eine so hohe Stufe erreicht hat. —

Diese Albums werden meist in Portefeuille-Fabriken, doch hier von Buchbindern gefertigt. Das Innere besteht aus Kartons, welche in der Mitte einen Ausschnitt für die Photographie haben und im Rücken mit Leinwandstreifen verbunden werden; zwischen diese Kartons kommen wieder nach der Größe der Photographien ausgeschnittene oder ausgestanzte weiße Pappen, welche die Stärke haben, daß zwei derartige Visitenkarten in diesen ausgestanzten Raum aufgenommen werden können.

Diese Albums werden nun nicht geheftet, Kartons und Pappen werden zuerst vorn beschnitten und dann in folgender Weise aufeinandergeklebt:

Zuerst kommt ein Doppelblatt Kartons, auf dieses eine ausgestanzte Pappe, wieder Kartons, dann Pappe 2c. Da das Buch, wenn alles zusammengeklebt ist, nicht rund geklopft werden kann, so wird beim Aufeinanderkleben alles so gelegt, daß die Rundung herauskommt, das heißt, rund geklebt. Am unteren Schnitt wird der Karton so breit nicht an die Pappe geklebt, als die Visitenkarten breit sind, um dieselben einschieben zu können, wenn nicht bereits in den Kartons selbst ein Einschnitt zum Einschieben enthalten ist; hinten und vorn kommt dann ein einzelner Karton und auf diesen wird dann das Vorsatz, gewöhnlich mit Leder oder Leinwandfalz versehen, aufgeklebt. Darauf wird der Vorderschnitt ausgeraspelt, geschabt und der Goldschnitt rund gemacht, und wird dann der untere und obere Schnitt beschnitten und vergoldet, dann erhält das Album auf dem Rücken eine Hülse von schwacher Leinwand, an welcher die Decke eingehängt wird. —

Der größte Luxus in Verzierung der Decken koncentrirt sich jetzt hauptsächlich auf diese Albums und ist es wirklich überraschend, was für Mannichfaltigkeit und Eleganz hier entwickelt wird. Hauptsächlich werden diesel-

ben (natürlich hat man auch ganz billige Sorten) in Chagrin-Saffian (Kochenille-roth, Magenta-, Solferino, Franz
Joseph- u. Rudolph von Habsburggrün, Elisabethblau ꝛc.)
gefertigt, mit Reliefpressungen, abgeschrägten Kanten und
hauptsächlich schönen, vergoldeten Beschlägen, oder auch
werden dieselben mit Sammet überzogen und mit geschnitz-
ten Elfenbeinverzierungen oder mit Chagrin- und Juchtenleder, mit Alpakas und Elfenbeinplatten u. dergleichen
Schlössern ausgestattet.

Auch werden Holzdeckel mit schönen Schnitzereien
dazu gefertigt, sowie man für diese letzteren ein Surrogat von Sägespänen, Leim ꝛc. erfunden hat, welche Masse
in die dazu bestimmte Form gepreßt wird, und sehr schöne
feste Deckel, welche ähnlich den Holzdeckeln sind, giebt.

Auf letzteren sind gewöhnlich Ansichten in Relief
von bekannten Gegenden, als: Stolzenfels, Rolandseck,
oder die Germania ꝛc. ausgeführt.

Im Ganzen genommen haben die Einbände dieser
Albums wenig Halt, sie sind auch oft sehr mangelhaft,
wenig den Principien der Buchbinderei entsprechend, gearbeitet, und sind es hauptsächlich die Beschläge und Reliefpressungen, welche das Auge bestechen.

Gefertigt werden dieselben ungefähr zu dem Preise
von 2½ Thaler per Dutzend an bis hundert und noch
mehr Thalern.

Am Schlusse dieser Abhandlung über die verschiedenen Arten der Büchereinbände, bedarf es wohl kaum der
besonderen Bemerkung, daß in derselben nur die Hauptgattungen der Einbände und ihre charakteristischen Eigenschaften erwähnt werden konnten, daß diese Hauptgattungen aber wieder so vielfach variirt werden können, als
die zu verarbeitenden hauptsächlichsten Materialien, ihre
Anwendung und Zusammensetzung, sowie endlich die verschiedenen Arbeiten selbst Abwechselungen und Abweichungen möglich machen und zulassen. — Es kann letzteres
aber um so weniger Gegenstand einer erschöpfenden, allgemein gültigen Beschreibung sein, da es Sache individuellen Geschmacks, der Mode und des freien Ermessens·

des Arbeiters ist; ohne Zweifel aber glauben wir in den zwei letzten Kapiteln so weit unterrichtet zu haben, daß auch der Minderbefähigte etwas wesentliches nicht vermissen wird.

Das Stempeln der Briefpapiere, Adreß- und Visitenkarten.

Ein in der neuesten Zeit sehr ausgebreitetes Geschäft, welches hauptsächlich von Buchbindern, da dieselben fast alle Papierhandel haben, betrieben wird, ist das Stempeln der Briefpapiere, Adreß- und Visitenkarten. Um nun diese Arbeit ausführen zu können, ist es natürliches Erforderniß, eine Stempelpresse und die dazu nöthigen Schriften zu besitzen, nebst Gebrauchsanweisung, Kenntniß der Anfertigung der Kontrestanzen, Anreiben der Farben beim Farbendruck c.

Derartige Pressen liefern nun die Gebrüder Heim in Offenbach in vier verschiedenen Größen und kostet eine Stempelpresse zum Stempeln nach Muster:

Nr. 1, 3, 7, 8 . . . . 80 Fl.
eine dergl. zum Stempeln nach Muster 2, 4   70 „
     „   „   „   „   „   „   5, 6   60 „
Zu den größern Wasserzeichenschriften liefern dieselben eine ganz schwere Stempelpresse zu . . 110 „

Selbstverständlich ist es, daß mit den größeren Pressen die kleinen Muster um so besser geprägt werden können.

Wir lassen nun hier die verschiedenen Stempeleinrichtungen folgen:

Die Stempel-Einrichtung
Nr. 1

besteht aus 427 Buchstaben, in 6 verschiedenen Schriften, worunter 4 lateinische und 2 gothische sind, aus 30 Ziffern, 15 Abkürzungszeichen, 12 Interpunktionen, 50 Spatien, 1 Halbbogensatz, 3 gravirten Messinglinien, 15 einfachen desgl., 4 eisernen Linien, 1 Setzkästchen, 2 Stecheisen, 1 Schraubenzieher und 1 Pincette. — Alles in einem polirten Kästchen, kostet 77 Fl.

Nr. 2

besteht aus 230 Buchstaben in 2 verschiedenen lateinischen Schriften und 1 lateinischen Bengelschrift, 20 Ziffern, 12 Abkürzungszeichen, 12 Interpunktionen, 40 Spatien, 2 gravirte Messinglinien, 15 einfache desgl., 4 eiserne Linien, 1 gravirte messingene Umfassungslinie, 1 Setz= kästchen, 2 Stecheisen, 1 Schraubenzieher und 1 Pincette. Alles in einem polirten Kästchen, kostet 50 Fl.

Nr. 3.
Für Visitenkarten

besteht aus 127 lateinischen Buchstaben, 1 gravirten Ein= fassung, 6 Abkürzungszeichen, 6 Interpunktionen, 30 Spatien, 1 Setzkästchen, 2 Stecheisen, 1 Schraubenzieher und 1 Pincette, wiederum in einem polirten Kästchen und kostet 45 Fl.

Nr. 4

besteht in 50 Buchstaben, lateinische Zierschrift zum Ein= setzen, 1 gravirter Einsatz für 2 Buchstaben, 1 dergl. für 3 Buchstaben und 1 dergleichen glatter zu 2 Buchstaben, 6 Kronen, 1 Setzkästchen, 1 Stecheisen und 1 Schraube= zieher in einem polirten Kasten und kostet 42 Fl.

Nr. 5

hat kleinere Einsätze, kleinere Setzkästchen ꝛc. und kostet bei der gleichen Einrichtung 35 Fl.

Nr. 6

besteht aus 42 großen verzierten gothischen Buchstaben, 6 Kronen, 1 Setzkästchen, 1 Einsatz ꝛc. und kostet 32 Fl.

Nr. 7

besteht aus 85 lateinischen Buchstaben, Wasserzeichen oder Tiefdruck, 10 Abkürzungszeichen, 7 Interpunktionen, 50 Spatien.

85 lateinischen Buchstaben, kleinerer Schrift, Wasser=
zeichen oder Tiefdruck, 7 Interpunktionen, 50 Spatien,
1 Halbbogensatz, 1 gravirte Stahllinie, 12 einfache Li=
nien, 1 gehärteter Setzkasten nebst einer gehärteten Stahl=
Stempelplatte, Schraubenzieher, Pincette in polirtem
Kästchen und kostet 88 Fl.

Nr. 8

besteht aus 255 Buchstaben, Wasserzeichen oder Tiefdruck,
in 3 verschiedenen Schriften, 12 Abkürzungen, 27 Inter=
punktionen, 120 Spatien, 20 Zahlen, 1 Bogenlinie,
2 gravirten Stahllinien, 12 einfachen Linien, 1 gehärteten
Setzkasten und 1 gehärteten Stahl=Stempelplatte, Schrau=
benzieher ꝛc. und kostet 150 Fl.

Nr. 9

besteht aus 48 großen lateinischen Buchstaben, Wasser=
zeichen, 3 Punkte, 10 Spatien, 4 Zwischenlinien, 1 ge=
härteten Setzkasten und 1 dergl. Stahl=Stempelplatte,
1 Pincette ꝛc. und kostet 56 Fl.

Für Farbendruck.

Nr. 10

besteht aus 380 Buchstaben, lateinische und gothische
Schattenschriften, Ziffern, Abkürzungen und Interpunktio=
nen, 80 Spatien, 2 verzierten Linien, einer Linie mit
einem Städtenamen (wie Offenbach a. M.), einer Bogen=
linie, 20 Zwischenlinien, einem Setzkasten, 3 Stecheisen
zum Anfertigen der Kontreßtanzen, Schraubenzieher ꝛc.
und kostet 140 Fl.

Nr. 11

besteht aus 45 großen gothischen Buchstaben, 6 Kronen,
einem Einsatz für 2 Buchstaben, einem Setzkasten ꝛc. und
kostet 56 Fl.

Nr. 12

besteht in 45 Buchstaben Bengelschrift und in derselben Zusammensetzung wie Nr. 11 und kostet 48 Fl.

Nr. 13

besteht aus 45 Buchstaben Bengelschrift, 2 verzierten Einsätzen für 2 und 3 Buchstaben, einem glatten Einsatz für 2 Buchstaben, 6 Kronen, 1 Setzkasten, 2 Stecheisen ꝛc. und kostet 54 Fl.

Nr. 14

besteht aus 150 verschlungenen lateinischen Doppelbuchstaben, einem Einsatz, 6 Kronen, 1 Setzkasten, 2 Stecheisen ꝛc. und kostet 100 Fl.

Nr. 15

besteht in derselben Zusammensetzung wie Nr. 14, nur andere Schrift und kostet 170 Fl.

Die vorstehenden Zusammenstellungen können nach Wunsch der Besteller noch abgeändert, die Alphabete vertauscht, vermehrt oder vermindert werden, wornach sich dann auch der Preis ändert.

Erläuterungen zur Anfertigung von Kontrestanzen zu Stempelpressen,

zu Muster Nr. 1—6.

Die Kontrestanze wird von starkem, dichtem Sohlleder gemacht. — Bei der Anfertigung derselben feuchtet man zuerst die Oberfläche des Leders nur ganz wenig an und schlägt zu (indem man den Balancier mit beiden Händen hält), bis sich die Gravüre lesbar eingeprägt zeigt, — alsdann hebt man den unteren Einsatz der Presse heraus, um das die Gravüre umgebende Leder auszuschneiden. Man setzt dann den Einsatz von Neuem ein und schlägt wiederholt so lange zu, bis sich die Gra-

düre bis auf den Grund deutlich ausgeprägt hat. —
Nun sticht man vorsichtig, ohne die Gravüre zu beschädi-
gen, alles Leder weg, welches sich bei den Probeabdrücken
noch als überflüssig zeigt.

Die Buchstaben und ebenso das Innere des Setz-
kästchens müssen in vollkommen sauberem Zustand gehalten werden, da der geringste Ansatz von Staub hinreicht,
die Schrift unegal, d. h. einen Buchstaben höher, als
den andern, erscheinen zu lassen.

Beim Einsetzen der Buchstaben muß man, bevor man
die Stellschräubchen fest anzieht, dieselben mit einem flachen geraden Holz egal niederschlagen, so daß sie alle
gleichmäßig auf dem Grund aufsitzen.

Anleitung zum Stempeln mit Farben.
Muster 10, 11, 12 und 13.

Die Anfertigung der Kontrestanze ist ganz gleich mit
der Angabe zu Muster 1—6.

Der Farbenapparat zu den Schattenschriften Nr. 10,
11, 12 und 13 besteht aus 8 Röhrchen mit 8 verschiedenen flüssigen Oelfarben, einer unpolirten Glasplatte zum
Anmachen der Farben, einem Auftragewälzchen und einem
Tampon in einem polirten Kästchen und kostet 11 fl.

Aus diesen zugeschraubten Metallröhrchen nimmt
man in der Größe einer Erbse die Farbe auf die Glasplatte. — Die Farbe wird mit der Gummiwalze auf
derselben gleichmäßig vertheilt und wenn dieß geschehen, die Gummiwalze nochmals auf dem beiliegen-
den mit einer Masse von Leim und Syrup belegten
Bretchen abgewalzt, so daß die Farbe auf der Gummiwalze ganz dünn, aber gleichmäßig vertheilt ist.
Man trägt alsdann mit der Walze die Farbe auf die
Buchstaben, indem man mit derselben einigemal quer über
die Schattenstriche hin und her rollt und stempelt dann
wie gewöhnlich. — Die Hauptsache ist, daß die Farbe
zähe ist und sehr dünn, aber überall gleichmäßig aufgetragen wird, wenn man schöne Abdrücke erzielen will.

Nach längerem Gebrauch setzen sich die Schattirungen voll Farbe und der Abdruck wird alsdann unrein. Man nimmt in diesem Fall ein reines Läppchen mit wenig Terpentinöl und putzt damit die Stempel vorsichtig aus.

Anleitung zum Stempeln mit Farben.
Muster Nr. 14 und 15.

Die Anfertigung der Kontrestanzen geschieht hier wiederum auf dieselbe Weise, wie vorstehend angegeben.

Von der trocknen Farbe nimmt man ungefähr eine Messerspitze voll auf die Glasplatte und reibt diese mit Firniß (Dammarlack) zu einer breiigen Farbe an. Mit einem spachtelartig zugeschnittenen Holz schmiert man die Farbe, ähnlich wie Butter, in die Gravüre, putzt dann den Stempel mit einem Läppchen, welcher mit einigen Tropfen Terpentinöl genetzt ist, leicht und rein ab, wobei man Acht geben muß, daß man die Farbe nicht aus der Gravüre reibt, und stempelt wie gewöhnlich. Der Farbenapparat zu dem Farbendruck Nr. 14 und 15 besteht aus 8 Flacons mit 8 verschiedenen Farben, einer unpolirten Glasplatte und zwei Reibsteinchen zum Anmachen der Farben, einem Spachtelmesser, einer Büchse mit feinem Firniß, einer Büchse mit Reinigungsmittel in einem polirten Kästchen und kostet 25 Fl.

Die Maschinenfabrik von Koch und Komp. in Leipzig liefert auch dergleichen Pressen. Fig. 50 zeigt uns eine derselben; sie sind wieder etwas anders gebaut als die von Gebrüder Heim, doch das Princip, so wie die Behandlung ist dasselbe.

Eine solche Presse kostet:

Ganz von Eisen: Kleine Sorte . . 24 Thlr.
„ „ „ Mittlere Sorte . 32 „
„ „ „ Größte Sorte . . 75 „

Schriftapparate dazu für Hochdruck und Wasserzeichenschrift in beliebiger Zusammenstellung kosten 30, 60 und 100 Thlr. nach Muster.

Dritter Abschnitt.

Zur Geschichte der Buchbinderei.

Erstes Kapitel.

Ueber Buchbinderpreise.

Eines der älteren und interessanten Aktenstücke, in Betreff der Buchbinderpreise, ist das Reskript des Kurfürsten August von Sachsen vom J. 1578. Dasselbe lautet, nach der aus den Papieren des königl. sächs. geh. Finanzarchivs gefertigten Ebert'schen Abschrift, wörtlich folgendermaßen:

„Von Gottes gnadenn Wier Augustus Hertzogk zu Sachssenn des Heiligen Röm. Reichs Ertzmarschalch vnnd Churfürst rc.

Thun kunth kegen Menniglich, daß wir vnsern lieben getreuen Caspar Meusern zu vnserm Buchbinder bestelt vnd aufgenommen vnd thun solches himit vnd der kraft diß brifes, daß ehr vnns getrew, holdt vnd dinstgewertigk vnd schuldick sein soll, Vnsern nutz vnd frommen nach höchstem seinem Vermugen zu schaffen vnd zu befurdern vnd dokegen schaden nachteil und schimpf zu warnen wen-

den vnd vorkommen. Ehr soll auch eigene Werkstadt haltenn, vnd sich an dem orte, da wir vnser Hofflager halten werdenn, wesentlich enthalten, vns auch, do wir es,
begeren vfn Reisen volgen, Vnd vnserer arbeit so Ime
vndergeben, treulich vnd fleissigk abwartenn, Vnd die
Bucher vnserm Aufschaffen nach, vf Teutzsch, Frantzosisch
oder welsch einbinden, Vnd dartzu alle notturst, Es sei
an Alaun, schnuren, faden, Leim, Pergament, breter,
Pappendeck, Aurum pigment, Renschel, Judich, Allerlei
Leder, Stift, Clausuren, Golt vnd silber vnd anderm
Werkzeuck, vf sein selbst darlage vnd kosten schaffen vnd
haltenn, vnd vnns mit vnserer arbeit vor allen andern
furdern, Auch vor das vnd weil ehr vnns zu arbeiten
hatt, keine andere Arbeit annehmen, noch zusagen.

Dokegen wollen wir Ime die gefertigte arbeit nach
folgender gestalt aus vnser Cammer gnedigst betzalen
lassen.

Nemblich

Ein verguldet Regal in Pappen vnd Roth-
    leder, vfm Schnitt Poncenirt, vnd vfs

fleißigste verfertiget . . .	sieben gulden
Von einem Median . . .	sechs gulden
Von einem kleinen Median . .	fünf gulden
Von einem In folio . .	fünf gulden
Von einem In quarto . .	iij fl.
Von einem In Octauo . .	1 fl. 3 gl.
Von einem In Sedetz . .	1 fl.

Verguldete PergamentBucher.

Ein Regal in weiß Pergament glatt vfm
    Schnitt vnd aufm Pergament verguldet

	drei gulden
Vonn einem Median . . .	dritt halben fl.
Vonn einem kleinen Median . .	Zwen fl.
Von eim folio . . .	Anderthalben fl.
Von eim quarto . . .	Achtzehn groschen
Von einem Octauo . . .	Zwölf groschen
Von einem Sedetz . . .	Acht groschen.

Preter Bucher In Weiß Schweinen Leder
     vnnd grün Aufm Schnitt.

Von einem Regal in Preter . .	Zwen fl.
Von einem Median . .	Anderthalben fl.
Von einem Klein Median . .	1 fl. 3 gl.
Von einem folio . . .	Achtzehen groschen
Von einem quarto . . .	Zehen groschen
Von einem octavo . . .	sechs groschen
Von einem Sedeß . . .	vier groschen.

PappenBucher In Weißleder vnd grün auf
     dem Schnidt.

Von einem Regal In Pappen .	Anderthalben fl.
Von einem Median . .	1 fl. 3 gl.
Von einem klein Median . .	1 fl.
Von einem Folio . . .	14 gl.
Von einem Quarto . . .	8 gl.
Von einem Octavo . . .	4 gl.
Von einem Sedeß . . .	3 gl.

Pergament Bucher, weiß Capitalt, Ein-
     geschlagen und nicht verguldet.

Von einem Regal . . .	ein gulden
Von einem Median . .	Achßehn groschen
Von einem Klein Median . .	14 gl.
Von einem Folio . . .	12 gl.
Von einem quarto . . .	6 gl.
Von einem octavo . . .	4 gl.
Von einem Sedeß . . .	2 gl.

     Vnd dann

Von einem gemeinen dick oder dünn	Acht groschen
Von einem Tage zu heftenn allerlei Materi	sechs groschen.

Vnd soll solche arbeit alle reiniglich vnd bestendick fer-
tigenn, vnd sich in keinerlei weise noch wege seumen,
Noch vns damit aufhalten, Was wir auch Ime geheimb
gehalten wissen wollen, dasselbe niemands offenbaren,
vnd sonsten alles andere thun, was einem treuen Diener

legen seinen Herrn eigent vnd geburet, Welches ehr also
versprochen vnd zugesagt, vnns auch dorüber schriftlichen
Reuers zugestelt hat.

Wan ehr vns auch ausserhalb der gewonlichen Hofflager vffn reisen volgen wirdet, wollenn wir Jnen mit
freier Kost oder anstatt deren mit gewöhnlichem Kostgelde
versehenn.

Zu vrkundt haben wir vnns mit eigener Handt vn-
derschrieben vnd vnser Secret hierauff drucken lassen. Ge-
benn zu Moritzburg den 9. Septembris Nach Christi vn-
sers lieben Herrn geburt, Tausent funff Hundert vnd Jm
Acht und Siebentzigsten Jare."

Neun Jahre später findet man vorstehende Buchbin-
dertaxe in einem Rescripte des Kurfürsten Christian von
Sachsen, d d. Dreßden, den 21. Januar 1587, bestätigt.

In dem Münz-Mandat und der Taxordnung des
Kurfürsten Johann Georg zu Sachsen findet sich für
Buchbinder vom Jahre 1623 folgende Taxordnung:

Im Chur-Kreis.

In Schweinleder. Groß Format in Fol.			1 fl.	3 gl.
In gemein fol.			1 fl.	
Median in 4				12 gl.
In gemein 4				8 gl.
In groß 8				5 gl.
In gemein 8				4 gl.
In Duodecimo				3 gl.
In Sedecimo				2 gl.
In weiß Pergament. In groß Format in Fol.				18 gl.
In gemein fol.				15 gl.
Median in 4				8 gl.
In gemein quarto				6 gl.
In groß octavo			4 gl.	6 Pf.
In gemein octavo				4 gl.
In Duodecimo				2 gl.
In Sedecimo				2 gl.

Würde aber der Einkauff an den materialien, so sie zu ihrem Handwergk bedürffen, fallen, sol dißfals jederzeit moderation getroffen werden.

Im Düringischen Kreiß.

In Schweinleder gantz gebunden mit Clausuren, in Bretern oder Pappen, oder auch in schwarz Kalbleder, ohne bänder:

Median	1 fl. 3 gl.
Folio	1 fl.
Median in quarto . . .	12 gl.
Quarto	8 gl.
Median Octavo . .	5 gl. 3 Pf.
Gemein Octavo . .	4 gl. 3 Pf.
Duodecimo . . .	3 gl. 3 Pf.
Sedecimo . . .	2 gl. 3 Pf.

In weiß Pergament.

Median	18 gl.
Folio	15 gl.
Median quarto . . .	8 gl.
Gemein Quarto . . .	6 gl.
Median Octavo . .	4 gl. 3 Pf.
Gemein octavo . .	3 gl. 6 Pf.
Duodecimo . . .	2 gl.
Sedecimo . . .	1 gl. 9 Pf.

Im Meißnischen Kreiß.

Von einem Bundt in Median, in gantz Schweinleder, mit Clausuren vnvergüldet, 30 gl.

In Folio	1 fl.
In quarto Median . .	12 gl.
Quarto simplex . . .	½ fl.
Median octavo . . .	8 gl.
Gemein octavo . .	5 gl. 6 Pf.
In duodecimo et sedecimo 4.	5 gl.

In weiß Pergament.

Median	1 fl.
In Folio . . .	15. 16 gl.
Median quarto . .	10. 12 gl.
Quarto gemein . .	7. 8 gl.
Median octavo . .	5. 6 gl.
Gemein octavo . .	3. 4 gl.

Was aber vergüldet vnd mit seidenen Bändern gebunden:

In Folio . . .	1 fl. 6 gl.
In Quarto . . .	12 gl.
In Octavo . . .	6 gl.
In Duodecimo . .	5 gl.

Was in rothe Pappen oder Leder gebunden vnd außwendig vergüldet:

In Folio . .	1 fl. 6 gl.
In Quarto . .	15 gl. 16 gl.
In Octavo . . .	8 gl.
Duodecimo et Sedecimo .	6 gl.

Was aber vfm schnitt vergüldet, mit bund vnd allen, in roth oder schwartz Leder, mit seidenen bendern eingefasset:

In Folio . .	1 fl. 16 gl.
In quarto Median .	1 fl. 6 gl.
Quarto simplex .	1 fl.
Median Octavo . .	12 gl.
Schlecht Octavo . .	9 gl.
Duodecimo et Sedecimo .	6 gl.

Was darüber vnd darunter, werden sich die contrahenten, zu vergleichen wissen.

Im Leipzigischen Kreiß.

Von einem Buch in Regal folio, in Schweinleder gebunden . . .	2 fl.
Von einem Buche in Median folio, Schweinleder . . .	1 fl. 10 gl. 6 Pf.

Von einem Buch in folio . . . 15 16 gl.
In Quarto . . . . . 6 in 8 gl.
In Octavo . . . . . 3. 4. in 5 gl.
Median . . . . 18 gl.
Fol. . . . . 15 gl.
Quarto gemein oder Median . . . 6 in 8 gl.
Octavo gemein oder Median . . . 3 in 4 gl.

Im Erzgebirgischen Kreiß.

Von einem Bund in Regal weiß Schwein-
leder, Breter vnd Clausuren . . 1 fl. 9 gl.
Von einem Bund Regal in Schweinleder
gepapt . . . . . . 1 fl. 6 gl.
Von einem Bund in Median Schweinleder,
mit Breter vnd Clausuren . . 1 fl. 3 gl.
Median in Schweinleder bunt gepapt . . 1 fl.
Von einem Bund in folio mit Schweinleder,
Bretern vnd Clausuren. . . . 1 fl.
Gepapt in Schweinleder . . . . 18 gl.
In Pergament . . . . . 15 gl.
Von einem Bund Median in quarto Schwein-
leder, Breter vnd Clausuren. . . 10 gl.
Gepapt Median in quarto . . . 9 gl.
In Pergament . . . . . 7 gl.
Vor gemeinen Bund in quarto Schweinleder,
Breter vnd Clausuren, jeder art 1 gl.
weniger.
Von einem Bund in Octavo, Schweinleder
vnd Clausuren . . . . . 5 gl.
Gepapt . . . . . . 4 gl.
In Pergament. . . . . . 3 gl.

Im Voigtländischen Kreiß.

Vor ein Median in folio, Schweinleder oder
Pappen . . . . . 1 fl. 3 gl.
Nachdem es aber dick vnd groß . 1 fl. 5 gl. 3 Pf.

Ein gemein in Fol. Schweinleder ... 1 fl.

Halb in Schweinleder gepapt vnd die
   ecken mit kappen .... 15 gl. 9 Pf.

Ein Median in folio weiß Pergment . 15 gl.

Ein Median in quarto in Schweinleder 10 gl. 6 Pf.

Gemein quarto in Schweinleder ... 7, 8 gl.

Halb in Schweinleder vnd gepapt .. 5, 6 gl.

Median in quarto weiß Pergament .. 7, 8 gl.

Gemein quarto in weiß Pergament . 5, 6 gl.

Median in Octavo in Schweinleder .. 5 gl.

Gemein octavo in Schweinleder ... 4 gl.

Median Octav in weiß Pergament .. 3 gl. 6 Pf. 4 gl.

Gemein Octav in weiß Pergament ..   2 gl. 2 Pf.

Ein 12. In Pergament .... 2 gl. 2 gl. 6 Pf.

Ju assecurirten Aemptern.

Von einem Median in folio, in Schweinleder, im pappen .... 1 fl.

Ein gemein. in folio, in Schweinleder . 15 gl. 9 Pf.

Ein Welscher bundt in folio, gepapt
. vnd die ecken mit kuppen ..... 15 gl. 9 Pf.

Ein Median in fol. in weiß Pergament 16 gl.

Gemein Fol. in weiß Pergament ... 12 gl.

Ein Median in quarto, in Schweinl. 10 gl. 6 Pf.

Gemein quarto in Schweinleder ... 8 gl.

Halb in Schweinleder vnd gepapt .. 7 gl.

Ein Median in quarto in weiß pergament .... 6 gl.

Ein gemein 4. in weiß pergament .. 5 gl. 3 Pf.

Ein Median Octav in Schweinleder .. 7 gl.

Ein gemein Octav in Schweinleder . 6 gl.

Ein Median 8. in weiß pergament .. 4 gl.

Ein gemein 8. in weiß pergament .. 3 gl.

Ein 12. in weiß Pergament ..... 2 gl.

Ein Calender in quarto mit der Pract. 2 gl.

Ein Calender in octav . . . . 1 gl. 6 Pf.
Ein kleiner Calender . . . . — „ 6 „
Ein Laßtafel . . . . 1 gl.

Da auch die Papierpreise der damaligen Zeit in obiger Beziehung von Interesse sind, so theilen wir dieselben aus der gedachten Taxordnung des Herzogs Johann Georg, vom Jahre 1623, mit.

Im Meißnischen Kreiß.

Ein Rieß Herrn Pappier . . . . 1 fl. 15 gl.
Ein Buch desselben . . . . — 2 gl.
Ein Rieß gut Schreibpappier, Zwenitzer,
   Freybergisch, Dreßdenisch, Königsteiner,
   Hermeßdorffer, vnd dergleichen . . . . 1 fl. 1 fl. 3 gl.
Ein Buch desselben . . . . 15 Pf.
Ein Buch gemein Pappier . . . . 1 gl.
Ein Buch Median . . . . 2 gl. 6 Pf.
Ein Buch Regal . . . . 3 gl.
Ein Buch Makulatur . . . . 3 gl. 4 Pf.
Druckpappier, einen Ballen . . . . 4 fl.

Im Leipzigischen Kreiß.

Ein Rieß schön Herrn Pappier . . . . . 2. 3. Thaler.
Ein Rieß Rabensburger . . . . 2 fl. 2 Thaler.
Ein Rieß Pautzner . . . . 1 fl. 3 gl. 1 fl. 6 gl.
Ein Rieß Landpappier . . . . . . 1 fl. 1 fl. 3 gl.
Ein Balln Maculatur . . . . . . 2 fl. 12 gl. auch 2 fl.
Ein Balln weiß drucker Pappier . . . . . 5 fl. 5½ fl.
Ein Balln braun drucker Pappier . . . . 4 fl.
Ein Rieß Regal Pappier . . . . 5. 6 Thaler.
Ein Rieß Median . . . . 3. 4 Thaler.

Im Erzgebirgischen Kreiß.

Ein Rieß Herrn Pappier . . . . 1½ fl.
Ein Buch Herrn Pappier . . . . 1 gl. 4 Pf.

Ein Rieß Schreibe Pappier . . . . 18 gl.
Ein Buch . . . . 1 gl.
Ein Buch guten Ausschuß . . . . 10 Pf.
Ein Buch geringen . . . . 7 Pf.
Ein Palln weiß Drucker Pappier . . . . 6 fl.
Ein Palln halb weiß Drucker Pappier . . . . . . 5 fl.
Ein Palln gemein Drucker Pappier . . . . 4 fl.
Ein Palln Schranz . . . . 2 fl. 6 gl.

Lumpenträger.

Einen Centner klare Lumpen . . . . 16 gl.
Ein Centner grobe Lumpen . . . . 8 gl.

Im Voigtländischen Kreiß.

Ein Rieß Canzley Pappier . . . . . . 1 fl. 5 gl. 3 Pf.
Ein Rieß gemein gut Schreibpappier . . . . . . 20 gl.
Ausschuß . . . . 12 gl.
Schranz . . . . 8 gl.

In assecurirten Aemptern.

Ein Rieß Canzley Pappier . . . . . 1 fl. 5 gr. 3 Pf.
Gemein gut Schreibpapier . . . . 20 gl.
Ausschuß . . . . 12 gl.
Schranz . . . . 8 gl.

Aus der neueren Zeit hat Bergius im neuen Po-
lizei- und Kameral-Magazin, Bd. 1, S. 345 bis 346,
die berliner und dresdener Buchbindertaxen vom Jahre
1764 bekannt gemacht: die erstere ist auch in der Krü-
nitz'schen Encyklopädie, Th. 1. S. 169 bis 170 wieder
abgedruckt worden.

Berliner Taxe, 1771 revidirt.

	Folio ℳ	Folio Sgr	Folio ₰	Quart ℳ	Quart Sgr	Quart ₰	Octav ℳ	Octav Sgr	Octav ₰	Duod.
Ein englischer Band mit Gold abgedruckt, ordinär Format	1	8	—	—	16 bis 18	—	—	8	—	Die Duodezbände sind 1 bis 2 gl. billiger, als die Octavbände.
Ein ganzer Franzband mit Gold abgedruckt	1	4	—	—	14	—	—	7	—	
Ein halber Englischer auch halber Franzband	1	—	—	—	10	—	—	5 bis 6	—	
Ein ganzer Pergamentband	—	20	—	—	10	—	—	5	—	
Ein welscher Band Rücken und Ecken von Pergament	—	18	—	—	8	—	—	4	—	
Ein Schafslederner Band unverguldet	—	18	—	—	8	—	—	4	—	
Ein Pappband mit Papier überzogen	—	7	—	—	5	—	—	3	—	
Ein Buch geheftet, planirt u. überzogen	—	5	—	—	3	—	—	2	—	
Ein dünnes Buch mit Spohn angesetzt, hinten Leder							—	1 bis 2	—	
Ein Buch unplanirt geheftet							—	1	—	

Die Bände größeren Formats, als die ordinären, sind 1, 2 bis 3 gl. theurer.

Dresdener Taxe.

	Folio			Quart			Octav			Duod.		
	ℜ	Sgr	₰	ℜ	Sgr	₰	ℜ	Sgr	₰	ℜ	Sgr	₰
Ein Schweinslederner Band	1	8	—	—	14	—	—	6	—			
bis	1	10	—	—	16	—						
Ein Pergamentband	—	20	—	—	10	—	—	4	—	—	3	—
bis	1	—	—	—	12	—	—	6	—	—	4	—
Ein Franzband	1	8	—	—	16	—	—	10	—	—	5	—
bis	1	16	—	—	20	—	—	12	—	—	6	—
Ein Corduanb. vergoldet auf dem Schnitt	3	—	—	1	8	—	—	8	—			
bis	4	—	—	1	12	—	—	10	—			
Ein Band mit Pappe	—	6	—	—	4	—	—	2	—	—	1	6
bis	—	8	—	—	5	—						

Bücher mit Rücken und Ecken von Pergament und Franzbänden kosten halb so viel, als ganze Pergament- und Franzbände.

Für die Gegenwart gilt in Betreff von durchschnittlichen Buchbinderpreisen — denn Taxen giebt es nicht, außer in London — folgende Tabelle zum nöthigen Anhaltepunkte:

	Deutsch							
	Dresden.							
Arten der Bände.	Folio		Quart		Octav		Duod.	
	Rthl.	Sgr.	Rthl.	Sgr.	Rthl.	Sgr.	Rthl.	Sgr.
Juchtenleder mit Rücken=vergoldung u. farbigem Schnitt	4	—	2	—	1	5	—	22½
H. Juchtenband desgl. .	2	15	1	5	—	20	—	10
Saffianband desgl. . .	5	—	3	—	1	25	1	—
H. Saffianband desgl. .	3	—	1	20	—	22½	—	12½
Schweinslederband dgl.	3	—	1	20	—	22½	—	12½
H. Schweinslederband desgl.	1	10	—	25	—	20	—	10
Kalblederband desgl. .	4	—	2	—	1	5	—	22½
H. Kalblederband desgl.	2	15	1	5	—	20	—	10
Schaflederband desgl. .	3	—	1	20	—	22½	—	12½
H. Schaflederband desgl.	2	—	1	—	—	15	—	10
Engl. Leinwandband dgl.	1	15	—	25	—	15	—	10
H. Engl. Leinwandband desgl.	—	25	—	15	—	7½	—	6
Ord. Leinwandband dgl.	1	5	—	22½	—	12½	—	7½
H. ord. Leinwandband desgl.	—	22½	—	12½	—	5	—	4
Pappband desgl. . .	—	20	—	12½	—	5	—	4
H. Papp= od. steif broschirter Band .	—	10	—	5	—	3	—	2½
Gehefteter oder broschirter Band ...	—	7½	—	5	—	2½	—	2

Berlin.				Wien.			
Folio	Quart	Octav	Duod.	Folio	Quart	Octav	Duod.
Rg. Sgr.	Rg. Sgr.	Rg. Sgr.	Rg. Sgr.	fl. kr.	fl. kr.	fl. kr.	fl. kr.
3 —	2 —	1 10	- 25	8 —	4 30	2 30	1 20
2 —	1 10	- 15	- 12½	2 20	1 —	— 40	— 24
3 —	2 —	1 10	- 25	7 —	4 —	2 30	1 20
2 —	1 10	- 15	- 12½	2 —	1 20	— 36	— 24
				4 40	2 40	1 20	— 48
				1 40	1 —	— 40	— 30
3 —	2 —	1 10	- 25	4 30	2 40	1 48	1 —
2 —	1 10	- 15	- 12½	2 —	1 —	— 30	— 24
2 —	1 15	- 25	- 17½	3 —	1 48	— 48	— 40
1 10	1 —	- 10	- 7½	1 30	— 48	— 24	— 20
1 —	- 17½	- 10	- 7½	1 12	— 40	— 20	— 16
- 25	- 12½	- 7½	5	— 48	— 24	— 14	— 12
- 15	- 10	- 5	- 4	1 —	— 36	— 16	— 12
- 10	- 7½	- 2½	- 2	— 48	— 24	— 12	— 10
- 15	- 10	- 5	- 4	— 30	— 20	— 10	— 8
- 10	- 7½	- 2½	- 2	— 20	— 14	— 8	— 5
- 7½	- 4	- 2	- 1½	— 10	— 6	— 4	— 2

England.

London.

Arten der Bände.	Folio L. sh. p.		Quart sh. p.		Octav sh. p.		Duod. sh. p.	
Juchtenleder mit Rücken=vergoldung und farb. Schnitt	- 18	10	10	9	4	11	3	4½
H. Juchtenband desgl. .	- 7	7	5	6	2	4½	1	6½
Saffianband desgl. . .	1 5	—	17	4	7	8	4	10
H. Saffianband desgl. .	- 13	4	7	11	3	8	2	8¼
Schweinslederband dgl.								
H. Schweinslederband desgl.								
Kalblederband desgl. .	- 7	10	5	1	2	4½	1	8¼
H. Kalblederband desgl.	- 5	8	4	10	2	2½	1	6½
Schaflederband desgl. .	- 5	5	3	3	1	5¼	1	—
H. Schaflederband desgl.								
Engl. Leinwand desgl. .	- 2	2	1	2	—	6	—	4½
H. Engl. Leinwandband desgl.	- 1	8	—	11	—	5	—	3½
Ord. Leinwandband dgl.								
H. ord. Leinwandband desgl.								
Pappband desgl. . .								
H. Papp= od. steif bro-schirter Band . . .								
Gehefteter oder broschir-ter Band								

Frankreich.

Paris.

Folio	Quart	Octav	Duod.
Fr. Ct.	Fr. Ct.	Fr. Ct.	Fr. Ct.
20 —	10 —	5 —	2 75
10 —	5 —	2 50	2 —
16 —	8 —	4 —	2 50
8 —	4 —	2 —	1 50
14 —	7 —	3 75	2 —
7 —	3 —	1 50	1 10
6 —	3 —	1 50	1 —
4 —	2 —	1 —	— 80
4 —	2 —	1 —	— 80
3 —	1 50	— 75	— 50
2 75	1 40	— 70	— 45
2 —	1 —	— 50	— 40

Von den vorstehenden Buchbinderpreisen sind die Dresdener vom Buchbinder Burckhardt in Dresden, die Berliner vom Hof-Buchbinder Vogt in Berlin, die Wiener von einem dortigen Meister, die Pariser vom Buchbinder Pfister in Paris und die Londoner nach dem Bookbinders-Price-Book ausgeworfen worden.

Seit dem Erscheinen der 5ten Auflage dieses Werkes, April 1856, hat sich sehr viel in Hinsicht auf Material, Arbeitslöhne 2c. geändert, so daß dadurch theils die Preise höher, theils niedriger zu stehen kommen, eine ganz genaue Angabe der Preise läßt sich überdieß gar nicht machen und wird durch vorliegende Tabellen nur eine ungefähre Kenntniß der Preise bezweckt.

Was das Broschiren für Verlagsbuchhändler anbelangt, so richtet sich der Preis nach der Bogenzahl des Buches und wird durch diese derselbe bestimmt. Halbe und Viertelbogen, Kartons und aufzuklebende Oktavblätter, Kupfertafeln und Umschlag werden für einen ungehefteten Bogen berechnet. — Es kosten nun 100 Bogen Oktav ungeheftet zu broschiren 1 Sgr. bis 1 Sgr. 3 Pf. und 100 Bogen zu heften auch 1 Sgr. Nehmen wir an, es sei eine Broschüre von 24 Bogen zu fertigen und es befände sich nächst diesen noch ein Viertelbogen Titel, der letzte Bogen sei auch ein Viertelbogen, und der Umschlag dabei, so würde dieß zusammen 27 Bogen ausmachen und dieß wäre demnach 27 mal 1 Sgr. 3 Pf.

= 1 Thlr. 3 Sgr. 9 Pf.

Nun soll aber die Broschüre geheftet sein, so würden hier also 23 Bogen geheftet werden müssen, was also 23 Sgr. betrüge, folglich käme nun die vollständige Broschüre, 100 Exempl. 1 Thlr. 26 Sgr. 9 Pf.

Zweites Kapitel.

Buchbinderarbeiten auf der Londoner Indu-strie-Ausstellung 1862.

Eine Ausstellung von Gewerbs- und Industrieerzeug-nissen giebt uns ein treues Bild von den gemachten Fort-schritten und der Kulturhöhe der daselbst vertretenen Zweige menschlicher Thätigkeit und bildet gleichsam eine Geschichte derselben im Kleinen, die um so interessanter und belehrender ist, je umfassender und zahlreicher die Betheiligung der Aussteller war.

Die Wiener Gewerbeausstellung vom Jahre 1845, die Leipziger Industrieausstellung von 1850, die Londo-ner Gewerbe- und Industrie-Ausstellung im Jahre 1851, sowie die Münchener im Jahre 1854 liegen uns zu fern und aus diesem Grunde hielten wir es für zweckmäßig, blos der letzten großen Gewerbe- und Industrie-Aus-stellung in London im Jahre 1862 zu gedenken.

Bericht des Herrn Arnold,

eines der vier vom Rathe der Stadt Leipzig nach Vor-schlag des Direktoriums der Leipziger polytechnischen Ge-sellschaft zur Industrie-Ausstellung nach London gesendeten Gewerbsgenossen, über Buchbinderei und Portefeuille-arbeiten[*]).

Auf der Ausstellung war die Buchbinderei am reich-haltigsten durch England vertreten, dort aber nur in so-

---

[*]) Leipziger Tageblatt 1863. Nr. 11 und 12.

genannten Ausstellungsstücken, die um jeden Preis mit dem größten Aufwande von Fleiß und Mühe und durch Verwendung des kostbarsten Materials aufs Prächtigste hergestellt wurden, aber bei den hohen Preisen, die ähnliche Arbeiten nothwendig haben müssen, zu vielseitiger Verwendung nicht gelangen können. Namentlich war in schönen Bibeleinbänden, von denen ein einziges Geschäft wohl 40 Stück ausgestellt, ein großer Luxus entwickelt; namentlich waren auch Mosaikbücherschnitte in schönster Ausführung zu sehen, sowie auch kunstvolle Mosaikleder- decken mit Linienvergoldung. Doch hatte ich später Ge- legenheit, sowohl im Kensington-Museum, als auch in der Bibliothek des britischen Museums Büchereinbände aus dem 16ten und 17ten Jahrhunderte zu sehen, die meistens in Venedig gebunden waren, die in Bezug auf Ausfüh- rung der jetzt ausgestellten englischen Bücher als genaues Muster gedient zu haben schienen, da dieselben sich fast durch nichts als den sichtbaren Einfluß des Alters un- terschieden. So kommt man also oft nach Jahrhunder- ten richtig wieder auf irgend einem früheren Standpunkte an. Dennoch kann man der englischen Buchbinderei das Zeugniß geben, daß sie vor allen Dingen auch die Dauer berücksichtigt, wenn sie auch, in Bezug auf äußere Aus- stattung, in der Massenfabrikation für den Buchhandel nicht gerade den schönsten Geschmack hat.

Bei der englischen Abtheilung waren natürlich auch Kontobücher gut vertreten, doch da bei denselben vor allen Dingen die Art und Weise des Bindens die Dauer und den bequemen Gebrauch bedingen, dieselben aber, wie überhaupt fast alle Bücher, hinter Glas lagen und also näherer Besichtigung nicht zugänglich, so kann ich darüber nichts wesentlich neues berichten, da ja, wie gesagt, die dabei angebrachte Eleganz durchaus nicht als Erforder- niß betrachtet werden kann.

Von England gelangte man nach Rußland, durch vier Aussteller in unserm Fach vertreten. Ich erwähne hier nur ein astronomisches Werk mit Globus in Relief und Kreiseintheilung in Linienvergoldung recht schön ausgeführt.

Schweden und Norwegen einige große Albums von Peck aus Stockholm mit vielem Fleiße ausgeführt.

Dänemark war kaum erwähnenswerth vertreten.

Belgien durch Brüssel vertreten, mit schönen Kontobüchern, überhaupt einzelne recht hübsche Sachen.

Nun gelangte man auf diesem Wege unter die westliche Domkuppel, wo der Zollverein und Oesterreich seinen Sitz aufgeschlagen hatte. In Oesterreich wäre nun vor allen das Geschäft von Chiradet in Wien zu erwähnen, welcher längst fast die Grenzen des Handwerks überschritten und sein Geschäft zur Kunst erhoben. Welch herrliche Werke, geschmackvoll und fleißig bis in die kleinsten Details, nach Zeichnungen von Wiener Professoren gearbeitet. Hier sieht man mit Stolz, welcher Vollendung ein Handwerk fähig ist, wenn aller Fleiß darauf verwendet wird. Nächst Chiradet ist nun das Geschäft von Habenicht, welches besonders in Reliefledertapeten Ausgezeichnetes geleistet, zu erwähnen. In Wien wurde von demselben ein Saal für 6000 Gulden tapezirt.

Das größte Buch der Ausstellung war durch die Gebrüder Rollinger in Wien geliefert; ein kolossales Album 600 Pfund schwer, Allen auffallend durch ungeheure Größe. Freilich war es auch nur ein gelöstes Problem, bis zu welcher Größe sich Bücher schaffen lassen, ob aber die darauf verwendeten Kosten und die Zeit sich lohnen, möchte ich fast bezweifeln; denn die Erringung einer Preis-Medaille ist doch wohl höchstens eine kleine Genugthuung für den Ehrgeiz, kaum aber noch eine Anziehungskraft für Käufer, um so mehr, da besonders dießmal die Menge der Preis-Medaillen den Kours derselben nur noch mehr herunterbringen wird.

Im Zollverein war die eigentliche Buchbinderei nicht viel vertreten. Von Preußen aus in Kontobüchern zunächst am stärksten durch Heffert u. Komp. aus Bres-

lau, deren ausgestellte Gegenstände in den Strafanstal-
ten in Breslau, Brieg und Ratibor gearbeitet werden.
Wenn es auch vollkommen anzuerkennen ist, wenn man
den Sträflingen durch Arbeit einen Theil ihrer Erhal-
tungskosten tragen läßt, so ist es auf der andern Seite
gewiß zu bedauern, wenn man, gestützt auf die Billigkeit
solcher Arbeitskräfte, durch die niedrigen Preise der gefertigten Waare, eine so unerträgliche Konkurrenz schafft,
daß dann die Arbeit gewöhnlicher bürgerlicher Geschäfte
fast auch zur Strafarbeit werden muß, um den Druck
jener Konkurrenz auszuhalten. Wenn man bedenkt, wie
z. B. in Berlin schon jetzt Frauen und Kinder mit zur
Arbeit gezogen werden müssen, um nur den nothdürftigen
Unterhalt einer Familie zu ermöglichen, so könnte man
dieß hauptsächlich mit auf Rechnung jenes Umstandes
bringen. Man kann hier vielleicht entgegenhalten, daß
man dadurch schon frühzeitig die Kinder zur Arbeit gewöhnt und dadurch vor mancher falschen Richtung bewahrt; wenn dieselben aber dennoch mit allem Fleiße
kaum das Nothdürftigste erschwingen können, so werden
dieselben wohl kaum die Arbeit lieb gewinnen können,
sondern nur von früher Kindheit an darin einen Druck,
eine Last sehen, ganz abgesehen davon, welchen Einfluß
das frühe Hineinbringen von Kindern in Fabriken in
moralischer Beziehung haben muß, oder gesunde körper-
liche Entwickelung stören und erschweren muß.

Von Sachsen aus war die Buchbinderei gar nicht
vertreten, obgleich, wie schon gesagt, Leipzig ein Haupt-
platz dafür ist; nur in Verbindung mit den von Brockhaus, Giesecke und Devrient und einigen anderen ausgestellten Buchdrucksachen, hatte man Gelegenheit, einige
geschmackvolle Einbände zu sehen. Die übrigen Zollver-
einsstaaten waren auch nur wenig vertreten, und ich
komme nun zu Frankreich. Dort finden wir immer wieder ein weites Feld; hier, wie schon in der englischen
Abtheilung, fallen mir vor allen Dingen die prächtigen
Mosaikschnitte auf, die wohl die englischen noch übertreffen, ebenso die schönen Vergoldungen, dann auch der

Reichthum an Material; hier sehen wir Bronze, Perl=
mutter und Elfenbein in Verbindung mit Sammet und
Seide, vereinigt zu einem harmonischen Ganzen, durch
den unleugbar guten Geschmack der Franzosen, und daher
wirken auch diese Gegenstände anziehend auf Nichtkenner.
Hier kann ich nun zugleich die Photographie=Albums er=
wähnen, die gewissermaßen zwischen Buchbinderei und
Portefeuillearbeit stehen. Wenn etwas einen großartigen
Umfang einnahm, so war es dieser Artikel, der seit sei=
nem kaum 3jährigen Bestehen hunderte von Händen beschäf=
tigte und hunderttausende von Thalern in Umlauf brachte.
Kein Artikel ist aber auch mehr ausgebreitet worden als
dieser, da sein Auftauchen in eine Zeit fällt, wo die Reg=
samkeit in unserem Geschäfte eine so hohe Stufe erreicht
hat. Ein Geschäft in Paris, welches ich bei der Rück=
reise über Paris mit zu besuchen Gelegenheit hatte, war
wirklich glänzend vertreten, und soll dasselbe seit dem Be=
stehen dieses Artikels ein paarmal hunderttausend Frank
damit verdient haben. — Ebenso waren Grämel und
Michel aufs glänzendste vertreten. In der englischen
Abtheilung war dieser Artikel nicht so reich vertreten, in
Oesterreich hingegen wieder sehr schön, im Zollverein durch
Berlin, Stuttgart, Offenbach.

Gehe ich nun auf die Portefeuillearbeit über, so war
England ganz besonders in schönen Reisenecessären in rei=
cher Ausführung vertreten; es waren welche bis zum
Preise von 1 bis 300 Pfund Sterling ausgestellt, was
eben auch nur Gegenstände für den Einzelnbedarf in den
höchsten Ständen sind. Hier findet man nun auch wie=
der mehr Einfachheit und Solidität vereinigt, und es
haben die Leistungen der Engländer darin fast unbedingt
den Vorzug. Am schönsten, wenigstens am bestechend=
sten für das Auge war aber Oesterreich, das heißt, hier
wieder Wien vertreten; Wien, welches längst einen selbst=
ständigen Platz eingenommen, ganz unabhängig von Paris,
was doch immer eigentlich den Ton angab.

Aus Wien ist nun vor allen Dingen das Geschäft
von August Klein zu erwähnen, hinsichtlich seiner Ar=

beiterzahl sowohl, als auch seiner Leistungen das erste dort; es sind in demselben wohl 150 Arbeiter beschäftigt, nämlich Buchbinder, Lederarbeiter, Gürtler, Bronzearbeiter, Tischler, Vergolder u. s. w. Kommanditen befinden sich in London, Paris und andern großen Städten. Ich hatte Gelegenheit, während meines Aufenthalts in Wien die dortige Fabrikation kennen zu lernen, und fand also fast lauter bekannte Geschäfte vertreten; ich erwähne hier noch Breul und Rosenberg, Gebr. Rotteck, Reiber und Breiter, welche alle glänzend vertreten waren; außer diesen noch eine Anzahl anderer. Was die Wiener Fabrikation vor allen Dingen mit befördern hilft, sind die ausgezeichneten Bronzearbeiten, die man in dieser Vollkommenheit selbst in Paris nicht findet; dann die schönen Leder in den herrlichen neuen Farben in lila, neuroth und weiß, was man in dieser Schönheit in Frankreich auch nicht findet, wie mir Pariser Fabrikanten selbst versicherten, und da die bisherige hohe Eingangssteuer die Einfuhr derselben nach Frankreich erschwerte, so ist wohl erst nach dem Zustandekommen des Handelsvertrages an eine Einfuhr nach Frankreich zu denken.

Vor allem trug auch die äußerst günstige Beleuchtung unter der westlichen Domkuppel, sowie das geschmackvolle Arrangement in der Aufstellung dazu bei, dieselben im vortheilhaftesten Lichte erscheinen zu lassen, weshalb sie auch von allen Seiten für die schönsten der ganzen Ausstellung gehalten wurden.

Die Preise der Wiener Fabrikate sind ziemlich hoch und wenn man noch dazu die Zölle rechnet, so kann man von denselben eine Konkurrenz eigentlich nicht erwarten; ich sah dort Briefmappen verkaufen, das Stück zu 10 Pfd. Sterl., ein Preis, der uns kaum für das Dutzend zugestanden wird.

Der Zollverein, der hinsichtlich des Geschmackes zwischen Wien und Paris steht, war von den besten Geschäften gar nicht vertreten, denn Mönch in Offenbach, Moßner in Berlin, Schlegel in Freiberg und einige andere waren nicht vertreten, aus Berlin nur Kulkeich,

Rade und Vité, die aber den Wienern lange nicht
gleich kamen in Bezug auf Schönheit; in Billigkeit über=
treffen aber die Berliner alle andern und machen in die=
ser Beziehung eine drückende Konkurrenz; auch Offenbach,
Stuttgart und Frankfurt am Main waren vertreten, dar=
unter einige recht gut.

Von Frankreich erwähne ich vor allen Schoß und
Revenaux, das beste Geschäft in Paris. Hier tritt nun
wieder die Feinheit und Eleganz zu Tage, die man von
den Pariser Fabrikanten gewohnt ist. — Freilich ist es
dort leicht zu fabriciren, wo alles zur Herstellung erfor=
derliche Material am Orte selbst zu haben, der Fabrikant
also durchaus nicht genöthigt ist, viel Kapital auf An=
legung von Rohmaterial zu verwenden, und derselbe nur
beliebig wählen darf, was er wünscht; in Wien ist das
ebenfalls der Fall. Wie schwierig ist es dagegen zum
Beispiel in Leipzig, wo wir kaum einen Bronzearbeiter
haben, der auf derartige Arbeiten eingerichtet ist, keine
Lederfabriken, keine eingerichteten Elfenbein= und Perl=
mutterarbeiter, und so unzähliges andere, was wir erst
aus allen Himmelsgegenden verschreiben müssen; es ist
zu erwarten, daß nach dem Eintritte der Gewerbefreiheit
auch in dieser Beziehung etwas geschehen wird, da ja
der Bedarf darin schon nicht unbedeutend ist.

Einige interessante Notizen über diese Ausstellung,
entnommen aus dem Illustrirten Katalog von Brockhaus
in Leipzig, aus dem Katalog für Oesterreich, sowie aus
dem Zollverein lassen wir hier noch folgen:

In der Kunst des Büchereinbandes sind unstreitig
die Engländer am weitesten, sowohl was gediegene solide
Technik, als auch was Luxus und Reichthum betrifft; das
letztere erklärt sich aus der Prachtliebe der britischen Ari=
stokratie und Timokratie. Frankreich liefert zwar eben=
falls schöne Buchbinderarbeiten, allein noch höher als die
französischen stehen die deutschen, und Wien ist der Haupt=
sitz des Geschmacks und der Konfektion in diesem Artikel.

Unter den englischen Einbänden treten hauptsächlich
hervor die Einbände aus den Ateliers von Bemrose

and Sons in Derby, einer sehr berühmten Firma ihres
Fachs, obgleich dieselbe in einer kleinen Stadt ihren Sitz
hat. Wir erwähnen hier den Einband des Handbuches
der Holzschneidekunst (Manual of Wood Carving), welches
mit geschickter Beziehung des Inhaltes in Holz gebunden,
das von W. Bemrose jun. auf der Vorderseite trefflich
geschnitten und verziert ist, während die andere Seite
eine Probe des neuen Stils „Damastschnitt" (Diaper
Carving) bildet, dann das Buch Hiob, als ein ausgesucht
schönes Exemplar der Binderei in gemaltem Pergament.

Aus dem fashionabelsten Atelier der Hauptstadt, dem
von Joseph Zähnsdorf in Brydges Street war der
Einband des dritten Theiles der göttlichen Komödie des
Dante, L'Inferno (die Hölle), ausgestellt, und wurde als
das vollendetste Meisterstück seiner Art in der ganzen
Ausstellung anerkannt. Der Name sagt schon, daß der
Künstler ein Deutscher und er hat deutscher Kunst und
Industrie in England schon manchen Sieg errungen.
Die wundervolle Ausführung der Lederbände des Dante
übertrifft alles, was man bisher in der Buchbinderkunst
gesehen hat und die Briten bekennen selbst, daß hier sogar die berühmten Einbände aus der Sammlung Gro-
lier's, welche bisher als unerreichte Muster der biblio-
pegistischen Kunst gegolten haben, übertroffen worden
seien.

Bone, Fleet Street, London stellte vier Einbände
aus. Dieselben sind allerdings nur für gewöhnliche
Bücher nicht für Zierbücher in den Salon einer Lady
bestimmt, gaben aber gerade dadurch hinlänglichen Beweis, wie weit es die Neuzeit in der Buchbinderei gebracht hat. Mag man immerhin die schweinslederne
Solidät früherer Zeit rühmen, so ist doch gegenwärtig
der Geschmack und die Kunst des Einbandes zu einer
Höhe gediehen, an die man vor einem Vierteljahrhundert
noch nicht dachte, und was das beste ist, man weiß eben
so solid zu binden, wie vordem, wenn es nöthig ist, und
ein sehr zierlicher Einband kostet jetzt nicht mehr wie vor
Jahren ein ganz roher und unschöner.

Ein Beispiel englischer Buchbinderkunst liefert das Psalmenbuch der Königin Viktoria von Großbritannien, welches der Ausstellung überlassen worden war; die Zeichnung dieses originellen Einbandes ist von Owen Jones, einem Künstler, dessen artistische Produktionen man in seinem Vaterlande überaus hochstellt und ihn selbst als einen der größten Förderer des Kunsthandwerks proklamirt. Was die Zeichnung dieses Psaltereinbandes anbetrifft, so ist dieselbe gelungen, wenn auch etwas schwer zu nennen; ihr Verdienst ist vorzüglich dasjenige, sich dem verwendeten Material gut anzupassen. Das letztere ist Leder und die Ausführung des halbhohen Reliefs nach dem patentirten Verfahren von Leake ist unübertrefflich. Gebunden wurde dieses Buch in dem Atelier von Leighton, Son and Hodge in London.

Das ganze Buch ist ein wahrhaft königliches und werth der mächtigen Frau anzugehören, deren Namenszug das Medaillon der Decke schmückt.

Aus dem Atelier der Madame Engelmann Gruel in Paris, wie schon der Name sagt, deutscher Abstammung, welches nicht blos in Frankreich, sondern in ganz Europa als eins der ersten seiner Art gilt, erwähnen wir unter andern den prachtvoll verzierten Einband eines Gebetbuches in außerordentlicher Perfektion.

Trotz dem im allgemeinen Ausgezeichneten der Pariser Leistungen wurden dieselben doch durch die Wiener übertroffen. Bemerkenswerth sind die Einbände von Breul und Rosenberg in Wien, welches Etablissement sich schon seit einer langen Reihe von Jahren eines großen Renommées erfreut. Unter den Einbänden trat besonders hervor ein Bibeleinband, welcher wunderschön in Zeichnung und Ausführung, untadelhaft gepreßt, mit Metallwerk von vergoldeter Bronce und Medaillons von Porzellan mit vorzüglicher Malerei, ausgestattet war.

Rollinger, Gebrüder stellten aus Riesenalbum und Geschäftsbücher. Das Etablissement besteht bereits seit 62 Jahren und beschäftigt im Hause 80—100 und außer dem Hause noch 10 Arbeiter durch zweckmäßige

Vertheilung der Arbeit und Erzeugung von großen Massen aller Gattungen Geschäftsbücher; vom kleinsten Notizbuch bis zum größten Hauptbuch wird eine vollkommen billige und solide Arbeit erzeugt. Im J. 1860 wurde das Etablissement mit Ausführung von 800 Großfoliobänden für die Feier des Maria Theresien=Ordensfestes betraut und mußte innerhalb 14 Tagen 400 Bände davon liefern. Dieselben waren bei einer ungewöhnlichen Dicke ganz in rothen Gros grain=Safsianleder gebunden und reich vergoldet, ferner hat dasselbe im Jahre 1861 für den Wiener Magistrat in Zeit von 48 Stunden 22,000 Foliobroschüren gebunden.

Das ausgestellte Riesenalbum (der Londoner City gewidmet) mit Originalverzierungen wurde erfunden und ausgeführt von Karl Rollinger. Dieses Album (16 Quadratschuh) wurde absichtlich in so riesigen Formen erzeugt, um die Leistungsfähigkeit des Etablissements zu bestätigen, insbesondere um dem Publikum diese originellen Verzierungen auf das deutlichste ersichtlich zu machen. Außerdem waren noch viele Geschäftsbücher ausgestellt.

Habenicht, August, Buchbinder= und Ledergalanteriewaarenfabrik: Ein Sortiment verschiedener Büchereinbände.

Gucker, Joseph, und Boldog, beide Buchbinder in Pesth, hatten ebenfalls verschiedene Buchbinderarbeiten ausgestellt.

Posner, Karl, Handlungsbücherfabrik, besteht seit 1854 und erfreut sich sehr günstiger Erfolge. Unter den ausgestellten Gegenständen befanden sich das goldene Buch und das Fremdenbuch, die zu Geschenken für die ungarische Akademie der Wissenschaften bestimmt waren.

Edler und Krische in Hannover, 16 Stück verschiedene Geschäftsbücher, nämlich: ein Hauptbuch 90 Thlr., ein Konto=Korrentbuch 17 Thlr. 15 Sgr., ein Hauptbuch 15 Thlr., ein Kassenbuch 17 Thlr. 15 Sgr. ꝛc.

König und Ebhardt in Hannover ein Sortiment von 26 Stück gebundenen liniirten Geschäftsbüchern mit

Seitenzahlen und theilweise mit gedruckten Köpfen. In Propatria-, Bienenkorb-, Median-, Royal-, Superroyal- und Adlerformat.

Deustel, Robert, Hofbuchbinder in Darmstadt, eine Decke über ein Diplom.

Gundlach, W., Fabrikant in Breslau. Fabrikate mit Lederblumen, als: Arbeitskörbchen, Aschenbecher, Briefbeschwerer, Briefhalter, Cigarrenhalter, Cigarrenkästen ꝛc.

Kullrich, F. F., Buchbinder- und Lederwaarenfabrik in Berlin, Albums zu 25—200 photographischen Visitenkarten, Geldtaschen, Cigarrentaschen, Brieftaschen, Mappen mit und ohne Schreibeinrichtungen, Schreibzeuge, Damentaschen, Arbeitskörbchen ꝛc.

Kühn, Cleon (Karl Kühn und Söhne), Berlin, Kontobücher in verschiedenartigen Einbänden, mit Kopfdruck, in englischer, französischer, spanischer und deutscher Sprache. Große Kupferstichmappe in ächtem Maroquin mit Probekartons.

Münch, C. H., Universitätsbuchbinder in Königsberg in Preußen, eine Damen-Briefmappe in Chagrin von violetter Farbe (Magenta) mit Relief und freier Handvergoldung.

Schmidt, Buchbinder in Halle a. S., 2 photographische Albums.

Weiß, Ewald, und Komp., Geschäftsbücherfabrik in Gladbach. Ein elegantes Hauptbuch 40 Thlr. und ein Journal zu 5 Thlr.

Enslin und Clostermayer, Ledergalanteriewaaren-Fabrikanten in Kirchheim in Würtemberg. Ein großes Sortiment von Damentaschen, Schreibzeuge, Reise-Necessaires, Brieftaschen, Portefeuilles ꝛc.

Müller und Richter, Fabrikanten von Photographie-Albums und Ledergalanteriewaaren in Stuttgart. Schönes Sortiment Photographie-Albums bis das Stück 120 Fl.

Drittes Kapitel.

Die Association der Buchbinder in Reutlingen zur Beschaffung ihres erforderlichen Rohmaterials.

Im Monat December 1853 haben 15 Buchbinder in Reutlingen eine Association gebildet, wie sie anderwärts bei mehreren Gewerben schon längere Zeit besteht und deren Zweck ebenso lobenswerth, als für die Theilnehmer vortheilhaft ist, da durch dieselbe dem Einzelnen, auch bei vielleicht fehlenden pekuniären Mitteln die Möglichkeit geboten wird, sich seine Rohmaterialien zu den Fabrikpreisen zu verschaffen.

Da solche Associationen nur als nachahmenswerth empfohlen werden können, so wollen wir in nachstehendem die Grundsätze der Reutlinger, die sich leicht allen örtlichen Verhältnissen anpassen lassen, ausführlich mittheilen. Die Grundzüge derselben sind:

Die Association ordnet ihre Angelegenheiten selbst in wöchentlichen Zusammenkünften. Die Mitglieder wählen:

1) einen Vorstand, der die Versammlungen zu leiten, deren Beschlüsse zu vollziehen und den Kassirer zu kontroliren hat, derselbe leistet seine Dienste unentgeltlich;

2) einen Kassirer, zugleich Stellvertreter des Vorstandes, der Buch und Rechnung, die Kasse, die Korrespondenz zu führen und das Geschäftsmaterial zu verwahren hat; er leistet für die ihm anvertrauten Gelder und Waaren Kaution, und empfängt für seine Dienstleistungen ein am Rechnungsabschluß von den Mitgliedern zu bestimmendes Salaire. Dem Kassirer ist eine besondere Instruktion eingehändigt worden;

3) eine Kommiſſion, beſtehend aus drei Migliedern, die neben dem Vorſtand und Kaſſirer die Einkäufe der Materialien leitet und die Preiſe derſelben beſtimmt.

Auf den ſelbſtkoſtenden Preis werden für die Mitglieder 8 Proc. aufgerechnet, um die laufenden Unkoſten, Salaire des Kaſſirers u. ſ. w. zu decken.

Die Einlage wurde nur auf Drei Gulden per Kopf feſtgeſetzt, welche Summe zur Anſchaffung von Geräthſchaften für das Waarenmagazin verwendet und bei Austritt eines Mitgliedes nicht mehr zurückgegeben wird.

Darlehen werden keine von der Aſſociation angenommen, ſondern ſie hat ſich wegen eines Kredits von fl. . . mit einem hieſigen Handlungshauſe, gegen ſolidariſche Haftung aller Mitglieder, in Verbindung geſetzt, mit welchem die Aſſociation in laufender Rechnung ſteht und ihm die jeweiligen vorräthigen Gelder (nicht unter fl. 25) einhändigt, ſowie die nöthigen Geldbezüge bei ihm macht; für die Dienſtleiſtungen des Bankiers wird demſelben ⅓ Proc. Proviſion von der Aſſociation vergütet.

Jedes Jahr am letzten Juni wird Abrechnung gepflogen. Der ſich ergebende Gewinn wird in zwei Theile getheilt, wovon der eine Theil zum Reſervefonds, der andere den Mitgliedern je nach der Summe der vom Lager gemachten Waarenbezüge gutgeſchrieben wird. Sobald der Reſervefonds auf fl. 500 angewachſen iſt, wird die ihm zukommende Gewinnhälfte nach Köpfen vertheilt und die andere Gewinnhälfte den Austretenden hinausbezahlt. Bei einer Auflöſung der Aſſociation wird der Reſervefonds zu einer wohlthätigen Stiftung verwendet, weil die Gelüſte der Vertheilung, wenn der Reſervefonds eine gewiſſe Höhe erreicht hätte, die Auflöſung der Aſſociation ohne weiteres herbeiführen könnten.

Jedes Mitglied der Buchbinderzunft iſt zum Eintritt in die Aſſociation befähigt und muß daſſelbe die gleiche Einlage machen, ſowie auch zum Reſervefonds einen verhältnißmäßigen Antheil in die Geſellſchaftskaſſe bezahlen. Der Wittwe eines Buchbinders iſt es ebenfalls geſtattet, ſobald ſie das Geſchäft fortführt, an der Aſſociation Theil zu nehmen. Der Austretende hat keinen Antheil am Reservefonds und bleibt für die Schulden, welche zur Zeit seines Austritts vorhanden waren, bis zu ihrer Abtragung verhaftet. Ausgeschlossen wird jedes Mitglied, das sich Verfehlungen gegen die Statuten zu Schulden kommen läßt, seine Verbindlichkeiten gegen die Association nicht erfüllt, ein feindseliges, den Frieden störendes Benehmen sich erlaubt u. s. w.

Die Auflösung findet statt, wenn $\frac{2}{3}$ sämmtlicher Mitglieder sich dafür aussprechen.

Zur Schlichtung von Streitigkeiten, im Fall die Association dieselben nicht unter sich ausmachen kann, wird ein Schiedsgericht ernannt, in welches die beiden streitigen Theile zwei Männer außerhalb der Association, die vier aber einen rechtskundigen Obmann wählen und findet keine weitere Appellation mehr statt. Eine Aenderung der Statuten kann nur stattfinden, wenn $\frac{3}{4}$ sämmtlicher Mitglieder dafür stimmen.

Es wird keines großen Scharfblicks bedürfen, um berechnen zu können, daß unter solchen Umständen die Buchbinder prosperiren müssen, das aufgenommene Kapital nicht nur 2 — 3 Mal, sondern wenigstens **zehn Mal** in Cirkulation kommt und somit ergiebige Procente abwirft. Außer den 5 Procenten, welche sie bei Baarzahlung von den Fabrikanten genießen, erzielen sie durch den Ankauf in größeren Quantitäten einen wohlfeilern Preis (an einzelnen Artikeln oft 25 — 30 Procent) und durch den Verkauf im Kleinen an Nichtmitglieder wird das Gesellschaftsvermögen ebenfalls namhaft vergrößert.

Ein Hauptförderungsmittel der schnellen und öfteren Cirkulation des Grundkapitals liegt in der Bestimmung, daß sowohl an die Mitglieder als Nichtmitglieder nur gegen **baar Geld** Materialien vom Lager abgegeben werden.

Außer dem pekuniären Vortheil, welchen eine solche Association zu Tage fördert, ist wohl der wichtigste, daß die einzelnen Mitglieder in wenigen Jahren frei dastehen und nicht, wie vor der Zeit ihrer Einigung, den jeweiligen

Launen und Schikanen des Fabrikanten oder Zwischenhändlers anheimgestellt sind.

Das Resultat der Association der Buchbinder in Reutlingen werde ich nach Rechnungsabschluß seiner Zeit mittheilen; es wäre aber im Interesse der Gewerbtreibenden sehr zu wünschen, daß ähnliche Associationen bei den Mitgliedern anderer Gewerbe stattfänden und bin ich gern bereit, mit Rath und That an die Hand zu gehen, die Statuten anzufertigen, sowie die Schemas zu den betreffenden Geschäftsbüchern anzulegen.

Statuten der Association der Buchbinder in Reutlingen.

Die unterzeichneten Meister der hiesigen Buchbinderzunft treten zu einer Association zusammen, welche die Anschaffung der zum Betriebe ihrer Profession erforderlichen Gegenstände und Materialien für gemeinschaftliche Rechnung bezweckt, um dadurch den einzelnen Mitgliedern soviel als möglich die Vortheile des Ankaufs im Großen zu gewähren, und haben hierfür folgende nähere Bestimmungen festgesetzt.

§. 1. Die Association ordnet ihre Angelegenheiten in regelmäßigen Zusammenkünften, wobei die anwesenden Mitglieder mit einfacher Stimmenmehrheit für alle beschlußfähig sind, ausgenommen in den in §. 6, 7, 9 vorgesehenen Fällen. Bei Stimmengleichheit ist im Sinne derjenigen Hälfte zu handeln, mit welcher der Vorstand gestimmt hat. Die Abstimmung ist geheim. Alle Beschlüsse werden in ein von dem Kassirer zu führendes Protokollbuch eingetragen und müssen zu ihrer Gültigkeit von den anwesenden Mitgliedern unterzeichnet sein; von wichtigeren gefaßten Beschlüssen sind die nicht anwesend gewesenen Mitglieder durch den Vorstand binnen acht Tagen in Kenntniß zu setzen.

§. 2. Die Association wählt alljährlich aus ihrer Mitte:

1) einen Vorstand, der die Versammlungen zu leiten, deren Beschlüsse zu vollziehen und den Kassirer zu kontroliren hat;

2) einen Kassirer, zugleich Stellvertreter des Vorstandes, der Buch und Rechnung, sowie die Kasse und die Korrespondenz zu führen und das Geschäfts=material zu verwahren hat. Die Briefe werden von dem Vorstande mitunterzeichnet;

3) eine Kommission, bestehend aus 3 Mitgliedern, die neben den beiden Chargirten die Einkäufe leitet und die Preise für die Abgabe der Materialien zu be=stimmen hat. Alle Verrichtungen besorgen die Mit=glieder unentgeldlich, nur der Kassirer, welcher zugleich die Verantwortung für Gelder und Mate=rialien, soweit sie in seinen Händen sind, zu über=nehmen hat und dafür Kaution leisten muß, erhält eine am Schlusse des ersten Rechnungsjahres näher zu bestimmende Belohnung.

§. 3. Gegenüber von Dritten haften die Mitglie=der Alle für Einen und Einer für Alle. Zur Herbeischaffung der nöthigen Geldmittel wird eine Ver=bindung mit einem Handlungshause angeknüpft, welche der Vorstand gemeinschaftlich mit dem Kassirer unterhält.

§. 4. Die Kommission setzt die Preise fest, zu wel=chen die vorhandenen Materialien an Mitglieder, sowie an Nichtmitglieder abgegeben werden dürfen. Der Absatz an letztere steht nur der Association zu und an Beide darf nur gegen baar Geld verkauft werden.

§. 5. Auf den letzten Juni 1852 erstmals und von da an jedes Jahr wird eine Abrechnung gefertigt, bei welcher die vorhandenen Materialien und Inventarien=stücke zum kostenden Preise oder zum wirklichen Werthe, wenn dieser kleiner als jener sein sollte, angenommen werden. Ein sich ergebender Gewinn wird in zwei Theile getheilt, wovon der eine dazu dient, einen Reservefonds zu bilden, der andere den Mitgliedern nach Verhältniß ihrer vom Lager gemachten Bezüge gutgeschrieben wird.

Sobald der Reservefonds auf die Summe von 500 Fl. angewachsen ist, so wird die ihm zukommende Gewinnhälfte nach Köpfen vertheilt. Der Antheil der Mitglieder an der andern Gewinnhälfte wird dem Austretenden hinausbezahlt. Bei einer Auflösung der Associationen wird der Reservefonds zu einer wohlthätigen Stiftung verwendet.

§. 6. Jedes einzelne Mitglied zahlt ein Eintrittsgeld von drei Gulden; dasselbe hat jedes neueintretende Mitglied zu erlegen, sowie auch zum Reservefonds den verhältnißmäßigen Theil (das 13te Mitglied also den zwölften) beizuschießen. Zum Eintritt ist jeder Buchbindermeister befähigt und erfolgt die Aufnahme durch Gesellschaftsbeschluß nach vorheriger Anmeldung beim Vorstand und eigenhändiger Unterschrift der Statuten. Der Austritt ist jedes Jahr zulässig, nur muß er vier Wochen vor dem Rechnungsabschlusse dem Vorstande schriftlich angemeldet werden.

Wer nach vorausgegangener vierwöchiger Aufkündigung austritt, hat keinen Antheil am Reservefonds, bleibt aber für die Passiva (Schulden) des Vereins, welche zur Zeit des Austrittes vorhanden waren, bis zu ihrer Abtragung mitverbindlich.

Der Wittwe eines Mitgliedes steht die Fortsetzung der Theilnahme an der Association frei, wenn sie das Geschäft hiesigen Orts fortführt; im andern Falle tritt sie aus der Association alsbald aus, ohne am Gewinn oder Reservefondsüberschuß des laufenden Rechnungsjahres Theil zu haben. Etwaige Verbindlichkeiten gegenüber der Gesellschaft müssen alsbald erfüllt werden. Das Gleiche, wie bei unfreiwillig Austretenden, gilt bei den durch Geschäftsbeschluß und zwar, wenn ⅔ sämmtlicher Mitglieder dafür stimmen:

1) wenn ein Mitglied sich Verfehlungen gegen diese Statuten zu Schulden kommen läßt;
2) wenn es seine Verbindlichkeiten gegen die Association nicht erfüllt;

3) wenn es sich ein dem Gedeihen der Gesellschaft feindseliges oder hinderliches Benehmen fortgesetzt erlaubt;

4) wenn es durch unordentliches Betragen in den Versammlungen den Frieden stört, einzelne Mitglieder oder den Verein beschimpft, mit Gegenständen, die die Association führt, auf eigene Rechnung Handel treibt.

§. 7. Die Association löst sich auf, wenn ⅔ sämmtlicher Mitglieder sich dafür aussprechen. Die Art der Vertheilung des Associationsvermögens nach Berichtigung der Schulden, worunter auch die Gewinnantheile der einzelnen Mitglieder zu begreifen sind, nur vorbehältlich der wegen des Reservefonds in §. 5 getroffenen Bestimmung, steht der Association zu.

§. 8. Ueber alle sich etwa zu erhebenden Schwierigkeiten, welche die Association nicht unter sich auszumachen im Stande wäre, entscheidet endgültig, und ohne daß gegen dessen Ausspruch eine Berufung an ein anderes Gericht zulässig wäre — ein Schiedsgericht, in welches die beiden streitigen Theile, je zwei Männer außerhalb der Association, diese vier aber einen Obmann wählen. Sollte ein Theil seine Wahl nicht treffen, so ist der andere berechtigt, das Stadtschuldheißenamt um Vornahme der Wahl anzugehen.

Das Schiedsgericht urtheilt den bestehenden Gesetzen gemäß, jedoch ohne an bestimmte Formen gebunden zu sein.

§. 9. Eine Abänderung dieser Statuten kann nur stattfinden, wenn ⅔ sämmtlicher Mitglieder dafür stimmen. —

Vorstehende Statuten sind von den Associationsmitgliedern angenommen und durch eigenhändige Unterschrift vollzogen.

Reutlingen, den . . . . . .

Die zur Verwaltung der Association nothwendigen
Bücher sind: ein Protokoll-, Kassen-, Lager- und Hauptbuch oder Buch der laufenden Rechnungen für die Mitglieder, ein Kopir-, Inventarienbuch, und Tagebuch oder
Notizbuch.

Das Protokollbuch ist das Buch, in welches alle
Gesellschaftsbeschlüsse unter Beisetzung des Monatstags
und der Jahreszahl dem Inhalte nach, so getreu als nur
möglich, vom Vorstand oder vom Kassirer eingetragen
und von den anwesenden Mitgliedern unterzeichnet werden müssen. Dieses Buch wird dem Vorstande zur Aufbewahrung anvertraut.

Notizbuch oder Tagebuch.

Der Kassirer hält sich, da er vielleicht verhindert ist,
die von einem Mitgliede abgeholten Waaren sogleich in
das Kassen- und Lagerbuch einzuschreiben, ein Taschen-
oder Notizbüchlein, von wo aus er alsdann die Posten
jeden Abend in die betreffenden Bücher einträgt, was
ebenfalls noch zur Kontrole des richtigen Eintragens dient.

Das Hauptbuch

dient einzig dazu, den Mitgliedern eine laufende Rechnung über ihre Waarenbezüge zu halten, um nach Jahres-
schluß die Summe der Bezüge zum Behufe der Gewinn-
theilung zu benutzen; auf den letzten Blattseiten wird ein
Namensregister angelegt. Auf die querlaufende Linie wird
der Name des Mitglieds, alsdann auf die zweite die
Jahreszahl, der Monat und das Datum, die Waaren,
die Nummer derselben, der Preis des einzelnen Stückes,
Pfundes, der Elle 2c., zuletzt der Betrag geschrieben.

Laufende Rechnung eines Mitgliedes.
Karl Bühler, Mitglied.

1852.			Preis	laufende Nummer	Betrag
			fl. | kr.		fl. | kr.
Jan.	1	2 Rieß fein Schreibpapier Kanzlei-format . . . p. Rieß	2 | 12	1	4 | 24
„	20	2 Ctr. Pappendeckel . p. Ctr.	6 | —	2	12 | —
Febr.	23	1½ Ctr. Stärke . . p. Ctr.	10	4	15 | —
März	16	¼ Ctr. ordin. Leim . p. Ctr	18	6	9 | —
Mai	3	2 Buch bunt Papier . p. Buch	24 | —	3	— | 48
„	15	1 Pfd. Bindfaden . . p. Pfd		7	— | 15
Juni	4	10 Pfd. Saffian, schwarz p. Pfd	4 | —	8	40 | —
„	8	8 Stück Gesangbücher, roh, p. Stück	— | 28	9	3 | 44
„	20	Verschiedene Goldborten . .		11	3 | —
„	29	2 Buch fein Gold . . p. Buch	1 | 12	13	2 | 24
					90 | 35

Kassenbuch.

Dasselbe hält Rechnung über baare Geldeinnahmen und Ausgaben auf zwei einander gegenüberstehenden Blattseiten und dient zugleich, den Eingang und Ausgang der Materialien zu kontroliren. Am Ende jeden Monats wird der Abschluß gemacht, indem man Einnahmen und Ausgaben addirt, letztere von den ersteren abzieht, das vorräthige Geld zur Ausgleichung unter die Ausgaben schreibt und es im neuen Monat wieder unter die Einnahmen setzt. Die laufende Nummer der einzelnen Artikel wird auf der linken Seite der Einnahmen und Ausgaben in die erste Kolumne geschrieben, alsdann der Monatstag nebst Jahreszahl beigesetzt. Die Nummern der Belege finden ihren Platz rechts in der ersten Kolumne vor der Währung (Geld); zuletzt wird der Geldbetrag im einzelnen und von da aus in die Kolumne des Betrags im Ganzen getragen. Das Vergleichen (Kollationiren) der einzelnen Posten mit dem Kassen- und Lagerbuche darf nie unterlassen werden. Hier folgt das Schema des Kassenbuchs:

Laufende Num-mer der Waare.	Monatstage der Einnahme.	Einnahmen.	Nummer der Belege.	Betrag.		
				fl.	kr.	hl.
	1852.	Johs. Müller Bantier				
	Jan. 1.	für Anlehen . .	1	600		
	„ 2.	Einlagen von 12 Associations=				
		mitgliedern à 3 fl.	2	36		
1	„ 3.	2 Centner Pappendeckel				
		p. Ctr. 7 fl. 33⅓ kr.		15	7	
7	„ 15.	5 Rieß Kanzleikoncept p. Rieß				
		2 fl. 9 kr. 3 hlr.		10	47	3
13	„ 28.	1 Büchlein fein Gold .			27	
10	„ 20.	1 Rieß fein Kanzleipapier		3	13	5
3	„ —	1 Fell appretirt Leder* .		1	20	
1	„ —	6 Pf. Pappendeckel p. Pf. 5½ kr.*			33	
4	„ 21.	1 Pfd. schwarzen Saffian*			7	
2	„ —	10 Pfd. Leim, p. Pfd. 14 kr.*		2	20	
9	„ 22.	1 Rieß mittelfein Kanzleipapier		2	48	2
6	„ —	12 Pf. Stärke, p. Pfd. 5 kr. 5 hl.		1	10	
13	„ 23.	2 Buch f. Gold, p. B. 5 fl. 24 kr.		10	48	
2	„ 24.	1 Ctr. Leim . .		15	7	1
3	„ —	2 Dutzend appretirt Leder,				
		p. Dutzend 14 fl. 2 kr. 2 hl.		28	4	4
12	„ 25.	½ Rieß blau Koncept .		10	48	
16	„ —	½ Rieß bunt Papier, p. Rß. 6 fl.*		3		
17	„ 26.	7 Buch marmorirt Papier,				
		p. Buch 28 kr.*		3	16	
7	„ 27.	3 B. Kanzleikoncept, p. B. 7 kr.			21	
8	„ 28.	2 Buch Kanzleikoncept,				
		(ordin.) p. Buch 8 kr.			16	
6	„ 29.	1 Ctr. Stärke . .		9	43	1
2	„ 30.	25 Pfd. Leim, p. Pfd. 14 kr.*		5	50	
				761	7	4
		Monat Februar 1852.				
	Febr. 1.	An baar Geld v. Januar		269	1	4

Laufende Nummer der Waare	Ausgaben.	Nummer der Belege.	Betrag. im Einzelnen.			im Ganzen.		
			fl.	kr.	hl.	fl.	kr.	hl.
	Reisekosten des Vorstandes und Kassirers nach Stuttgart	1				11		
	Fracht von 7 Ctr. Waaren à 18 kr.	2				2	6	
1	10 Ctr. Pappendeckel, p. Ctr. zu 100 Pfd.	3	7			70		
2	5 Ctr. Leim à 100 Pfd.	4	14			70		
3	6 Dutzend appretirtes Leder, versch. Farben, p. Dtzd.	5	13			78		
4	4 Pfd. schwarz Saffian, p. Pfd.	6	3	30		14		
5	6 Pfd. roth Saffian p. Pfd.	6	4			24		
6	200 Pfd. Stärke p. 100 Pfd.	7	9			18		
7	1 Ballen Schreibpapier, Kanzleikoncept	8	20			20		
8	1 Ballen Schreibpapier, ordinär Koncept	8	22			22		
9	1 Ballen Schreibpapier, mittelfein Koncept	8	26			26		
10	1 B. Schreibpapier, f. Koncept	8	30			30		
11	1 Ballen blau Koncept	8	20			20		
12	1 Ballen rosa Koncept .	8	22			22		
13	6 Buch fein Gold, p. Buch	9	5			30		
14	10 Ellen englische Leinwand ⅞ breit p. Elle	10		30		5		
15	10 Ellen sächsische Leinwand ⅞ breit p. Elle	10		24		4		
16	2 Rieß bunt Papier, p. Rieß	11	5			10		
17	2 „ marmorirt „	11	8			16		
	Baar Geld in der Kasse					269	1	4
						771	7	4

Monat Februar 1852.

Pappendeckel.

Fortlaufende Nummer.	Eingang.	Einkaufs-preis. fl.	Einkaufs-preis mit 8 Proc. Aufschlag. fl. | fr. | hl.	Einkaufs-preis mit 8 Proc. Auf-schlag im Ganzen. fl. | fr.	Fortlaufende Nummer.	Ausgang.	Betrag. im Einzelnen für Mitglie-der. fl. | fr. | hl.	im Ganzen für Mitglie-der. fl. | fr.	im Ganzen für Nicht-mitglieder. fl. | fr.
1	10 Ctr. Pappendeckel, p. Ctr. zu 100 Pfund.	7	7 | 33 | 3	75 | 35					
					1	6 Pfd. Pappendeckel, p. Pfd.			— | 55
					1	50 Pfd. Pappendeckel, p. Pfd.	— | 4 | 3	— | 27	
					1	10 Pfd. Pappendeckel, p. Pfd. 5 1 fr. *	— | 4 | 3	— | 45	
					1	12 Pfd. Pappendeckel, p. Pfd. 5½ fr.*			1 | 6
					1	200 Pfd. Pappendeckel, p. Ctr.	7 | 33 | 3	15 | 7	
					1	15 Pfd. Pappendeckel, p. Pfd. 5½ fr.*			1 | 22

Die mit * bezeichneten Preise sind für Nichtmitglieder.

Das Lagerbuch

nimmt den Ein= und Ausgang der Materialien auf zwei einander gegenüberstehenden Blattseiten auf. Gleich nach dem Einkaufe werden die erkauften Quantitäten sorten=weise nebst Angabe der Nummer des Kosten= und Ver=kaufspreises unter Bezug auf die Rechnungsbelege der Zeit nach in das Lagerbuch geschrieben. Auf die oben querlaufende Linie der Name des Artikels in die Mitte gesetzt. Links die fortlaufende Nummer, alsdann der Be=trag des selbstkostenden Preises der Waaren; gleich ne=benan der Verkaufspreis an die Mitglieder mit 8 Proc. Aufschlag; links auf der entgegengesetzten Seite die lau=fende Nummer, alsdann der Betrag im einzelnen, der Betrag im ganzen für Mitglieder und zuletzt für Nicht=mitglieder. Jedem Artikel wird eine abgesonderte Ver=kaufsrechnung gegeben und das Verkaufte unter Rubrik „Ausgang" nebst Verkaufspreis beigesetzt. — Auf solche Weise werden sowohl die Lagerstände als der aus ihrem Verkauf fließende Erlös kontrolirt und die Details für die Geldrechnung und für das Inventarium beim Rech=nungsabschluß genommen. Es darf nie übersehen wer=den, bei Abschluß einer Rechnungsperiode die sämmtlichen Waarenrechnungen jedesmal mit abzuschließen und die in den einzelnen Rubriken (Branchen) verbliebenen Bestände wieder auf die neue Rechnung vorzutragen, weil sonst, wenn man die alte Rechnung neben der neuen fortfüh=ren wollte, am Ende alle Uebersicht verloren ginge. Die für die Verwaltungskosten, für die zu zahlenden Zinse und andere Unkosten auf die Kostenpreise zu berechnenden 8 Procente werden, ehe der Eintrag in das Lagerbuch ge=schieht, auf die betreffenden Artikel geschlagen. Z. B. die Gesellschaft kauft gegen baar Geld 20 Centner Pappen=deckel frei ins Haus geliefert, zu 7½ fl. den Ctr., ergiebt 150 fl. Auf die 150 fl. werden nun sogleich die 8 Proc. zugerechnet und wird nun berechnet, wie viel Gulden und Kreuzer auf die 150 fl. kommen, wenn 100 fl. 8 fl. Auf=

schlag erleiden, Antwort 12 fl. Folglich koften die 20
Centner Pappendeckel 162 fl., und fomit 1 Pfd. 4⅗ fr.
für die Mitglieder mit dem Auffchlag von 8 Proc. Auf
diefe Weife ift mit allen Artikeln beim Berechnen zu ver=
fahren. — Wenn ein Mitglied Waaren durch Jemand
Anderes kaufen läßt, fo hat er fein Abrechnungsbüchlein
mitzufchicken, damit der Kaffirer folche eintrage. Jeder
einzelne Artikel wird hinten in ein Namensregifter ein=
getragen, um das Nachfchlagen zu erleichtern.

Inftruktion des Kaffirers.

Die Beftimmungen werden in dem Protokoll nie=
dergelegt.

Gefuche um Geld beim Bankier und Quittungen über
folche Gelder müffen vom Vorftand und Kaffirer unter=
zeichnet fein. Letzterer darf nur unter fchriftlicher Ein=
willigung des Vorftandes Auszahlungen machen. Zu Zah=
lungen an den Bankier bedarf es einer folchen Einwilli=
gung nicht. Die Korrefpondenz führt der Kaffirer, alle
Briefe müffen in ein Buch (Kopirbuch) abgefchrieben wer=
den. — Gelder für verkaufte Gegenftände nimmt der
Kaffirer allein ein. Die Einficht der Bücher fteht den
einzelnen Mitgliedern nur mit Einwilligung des Vorftan=
des oder der Affociation frei. Die jährliche Abrechnung
ift von allen Mitgliedern im Protokoll unterfchriftlich an=
zuerkennen. Der Kaffirer ift verpflichtet, wenn er nicht
vorausfieht, daß er in ganz kurzer Zeit eine Zahlung zu
machen hat, kein Geld in Kaffe liegen zu laffen, fondern
alles in runden Summen (nicht unter 25 fl.) dem Ban=
kier zu geben. Der Kaffirer giebt den Mitgliedern auf
Verlangen Abfchriften von den feftgefetzten Preifen.

Formular zu einer folidarifchen Schuldver= fchreibung für Darlehen, welche eine Affocia= tion empfängt.

Wir Unterzeichnete bekennen hiermit, daß wir von
N. N. in N. ein Darlehen von Gulden . . . . . erhal=

ten haben. Indem wir den baaren Empfang dieser Gul=
den ..... bekennen, verpflichten wir uns, dieses Dar=
lehen alljährlich mit .... vom Hundert vom .....
an zu verzinsen und nach vierteljähriger Kündigung in
der empfangenen Münzsorte zurückzuzahlen. Wir haften
für dieses Darlehen Alle für Einen und Einer für Alle
und berechtigen den Darleiher, uns sowohl gemeinschaft=
lich als auch jeden Einzelnen von uns auf das ganze
Darlehen nebst allen Zinsrückständen in rechtlichen An=
spruch zu nehmen.

Reutlingen, den

(Unterschriften der Mitglieder.)

Solidarische Schuldverschreibung der Buch= binder in Reutlingen gegenüber ihrem Bankier.

Nachdem sich das Handlungshaus N. N. hier be=
reit erklärt hat, der sich im laufenden Monat gebildeten
Association der Buchbinder in Reutlingen eine laufende
Rechnung zu eröffnen und auf derselben einen Kredit von
.... fl. schreibe ...... Gulden im 24½ Guldenfuß
einzuräumen, so machen sich die endesunterschriebenen
Mitglieder der erwähnten Association hierdurch für diese
Summe solidarisch, d. h., Einer für Alle und Alle
für Einen, verbindlich und versprechen die jedes=
maligen Empfänge mit fünf Procent Zinsen und ei=
nem halben Procent Provision für Anschaffung des Gel=
des heimzubezahlen. Hierbei wird ausdrücklich bestimmt,
daß die Wirksamkeit des Dokuments mit der Zeit begin=
nen soll, zu welcher der jeweilige Vorstand, sowie der
Kassirer unserer Association den verwilligten Kredit ganz
oder theilweise in Anspruch nehmen werden, und daß
wir für sämmtliche Empfänge unseres Kassirers und alle
Verpflichtungen, welche solche mit Zustimmung des Vor=
standes unserer Association gegen das Handlungshaus

N. N. hier übernimmt, bis zum Betrag von ......
Gulden nebst Zinsen und Provision als Selbstschuldner
und Selbstzahler solidarisch in so lange haften, bis
das Handlungshaus N. N. vollkommen befriedigt und
die Verbindlichkeit getilgt sein wird. Wenn aber auch
im Laufe unserer Geschäftsverbindung mit dem Handlungshause N. N. ein- oder mehreremale der Fall eintreten sollte, daß unsere Association nichts schuldig, die
Rechnung ausgeglichen wäre, so soll hiermit unsere Haf-
tungsverbindlichkeit nicht aufgehoben sein, sondern sofort
wieder in Kraft und Wirkung treten, sobald unsere Kassirer mit Zustimmung unseres Vorstandes wieder Wechsel,
Waaren, Geld oder Geldeswerth von dem mehrgenann-
ten Handlungshaus erhalten, oder sonstige Verpflichtungen gegen dasselbe eingegangen wird. Wir verzichten auf
alle und jede Einreden, namentlich der Einreden des Irr-
thums, der Verletzung und der Rechtsunkenntniß.

Reutlingen, den 6. December 1851.

Die Association der Buchbinder in Reutlingen.

Der Vorstand N. N.   Der Kassirer N. N.

(Folgen die Unterschriften der Mitglieder.)

Rechnungs-Abschluß.

Derselbe muß alle Jahre am ...... geschehen,
jedoch kann er, wie auch das Inventarium, zu einer Zeit
vorgenommen werden, wo der Geschäftsbetrieb etwas ruhiger ist.

Zuerst werden die Lagerkonti abgeschlossen, der Ausgang (das Verkaufte) vom Eingang abgezogen und dieses
Resultat mit dem Vorrath auf Lager verglichen; letzterer
wird specificirt auf neue Rechnung wieder übertragen. —
Auf solche Weise wird bei jedem einzelnen Artikel verfahren. Die laufenden Rechnungen der Mitglieder über
ihre Waarenbezüge werden ebenfalls addirt und der jeden
Einzelnen treffende Gewinn auf seiner laufenden Rech-

nung im Hauptbuche zugeschrieben. Die vorhandenen Materialien und Inventarienstücke werden zum kostenden Preise oder zum wirklichen Werthe, wenn dieser kleiner, als jener sein sollte, angenommen; alsdann der Abschluß, welcher dem Inventarienbuch einverleibt und jedem Mitglied zur Einsicht eingehändigt werden muß, vorgenommen. Die Aktiva werden vor Allem specificirt aufgeführt. Z. B. das baare, vorräthige Geld in der Kasse, die Inventarienstücke, die vorräthigen Waaren, etwaige Ausstände. Von der Summe dieses Vermögens werden abgezogen die Passiva (Schulden), hierher gehören das Anlehen des Bankiers, sammt rückständigen Zinsen, der Betrag der Waarenbezüge von Geschäftsfreunden, welche zur Zeit des Abschlusses noch nicht bezahlt sind, Salaire (Guthaben des Kassirers), die Einlagen der Mitglieder. Der Ueberschuß wird dem Reservefonds einverleibt; hier wird übrigens ganz nach §. 5 der Statuten verfahren. Der reine Gewinn ergiebt sich nach Abzug der Schulden (Passiva) von dem Vermögen (Aktiva).

Aus Schulze-Delitzsch Jahresbericht 1861 entnehmen wir folgendes Resultat obiger Association.

12	Mitgliederzahl am	
181 Thaler.	Guthaben (Geschäfts-antheil) der Mitglieder an eingesteuerten Bei-trägen u. zugeschriebe-ner Dividende.	a
485 Thaler	Bestand der vom Ver-ein aufgenom. Anlehen am Jahresschlusse.	b
118 Thaler.	Zurückgelegte Reserven am Jahresschlusse	c
757 Thaler.	Haupt-Summe.	d
1,437 Thaler und 812 Thlr. vorjähriger Be-stand incl. vorjähr. Inventar nach dem Ankaufswerthe.	Summe d. Einkaufs im Jahre u. des Lagerbestandes aus dem Vorjahre des letztern nach dem Verkaufswerthe.	
1,886 Thaler nach durchschnittlich 6 Proc. Aufschlag.	Summe des Verkaufserlöses und durchschnittl. Procentauf-schlag gegen d. Einkaufspreis.	
459 Thaler nach dem Ankaufswerthe.	Verbliebener Lagerbestand nach dem Verkaufswerthe.	
29 Thaler Zinsen und 38 Thaler Gehalt.	Zinsen an die Vereinsgläu-biger und Verwaltungskosten einschließlich der Gehalte.	
42 Thaler, wovon 21 Thlr. zur Reserve u. 21 Thlr. zur Dividende genommen werden.	Reingewinn und dessen Ver-theilung.	
—	Verluste.	
Abschluß vom 1. Juli 1860 bis 30. Juni 1861. Carl Bühler, Kassirer.	Bemerkungen und Namen der Vereinsvor-stände und Lagerhalter rc.	

(Betriebs-Kapital.)

Viertes Kapitel.

Das Verhältniß der Buchbinderei zur Portefeuilles= und Etuisfabrikation.

———

Es steht wohl so viel als unbestreitbare Thatsache fest, daß die Portefeuilles= und Etuisfabrikation überhaupt und die Fort=schritte in diesem Industriezweige insbeson=dere von wesentlichem Einfluß auf die Ver=vollkommnung und Hebung der Buchbinderei gewesen sind und noch sein werden. Mit dieser Behauptung soll keineswegs in Abrede gestellt sein, daß die Buchbinderei nicht fähig wäre, sich aus sich selbst her=aus und durch sich selbst zu verbessern und zu vervoll=kommnen — es ließe sich dieß leicht durch das Gegen=theil beweisen —; es kann jedoch dem denkenden Buch=binder und Techniker ebensowenig entgangen sein, daß letzteres bis jetzt nur zum bei weitem kleinsten Theile ge=schehen ist. Es kann nicht unsere Aufgabe sein: durch namentliche Aufführung von Thatsachen hierfür den Be=weis zu liefern (obwohl dieß nicht schwer sein dürfte); die in Nachfolgendem versuchte Aufführung der Gründe für die am Eingange dieses Abschnittes aufgestellte Be=hauptung wird vielmehr auch dafür mit sprechen.

Fragen wir zunächst, worin besteht der Einfluß, den die Portefeuillesfabrikation auf die Buchbinderei ausübt und ausüben wird? so ist einfach zu antworten: in der Erzielung einer vollkommnern Arbeit in Hinsicht auf Dauer, Eleganz, Schnelligkeit und dem damit nothwendig ver=bundenen geringern Preis derselben. Das hier Gesagte kann sich natürlich weniger auf die sogenannte niedere Buchbinderei beziehen, als auf den Theil derselben, an welchen man in Hinsicht auf Ausführung, Ausschmückung und Verzierung schon höhere Ansprüche macht.

Fassen wir zuvörderst diesen Theil der Buchbinderei und seine Beziehung zu den zuletzt aufgestellten Behauptungen ins Auge, so können wir letztere, was vorerst größere Dauer und Eleganz betrifft, nicht anders als begründet erachten. Seitdem in der Buchbinderei der Gebrauch des Leders (Schaf-, Kalbleder ꝛc.) allgemeiner eingeführt ward und den des Pergamentes und der Schweinshaut, bei für die Dauer berechneten Einbänden, immer mehr verdrängte, geschah dieß, in Ansehung der Zubereitung und endlichen Behandlung des Leders, nur zum Nachtheil auf die Dauerhaftigkeit desselben. Wohl jeder Buchbinder und Techniker wird mit uns darin übereinstimmen, daß die ursprüngliche Bearbeitung und Behandlung des Leders für die Zwecke der Buchbinderei nichts weniger als geeignet war, demselben Anspruch auf Eleganz und Dauer zu verschaffen; denn eine nur oberflächliche Anschauung und Untersuchung von Einbänden aus dieser Periode wird dieß hinlänglich bestätigen.

Schon der Gerbeproceß für Leder dieser Bestimmung, den wir hier nicht umständlich erörtern wollen, war sehr unvollkommen und der Art, daß oben erwähnte Mängel daraus entstehen mußten; die Behandlung desselben aber durch den Buchbinder war nicht geeignet, diese Mängel zu verbessern oder zu beseitigen. Die Art des Lederfärbens, Beizens und Zubereitens zum Vergolden, z. B., das Färben mit Eisenschwärze, Pottasche, Scheidewasser und andern Säuren und Beizen, sowie das mehrmalige Grundiren und die darauf folgende Behandlung desselben mit dem in einen ziemlich hohen Hitzgrad versetzten Glättkolben, nahmen dem Leder seine natürliche Fettigkeit und Geschmeidigkeit, machten es spröde und leicht brüchig. - Rechnet man zu diesen Mängeln des Leders noch die durch den Gerbeproceß und die endliche Bearbeitung des Buchbinders, vorzüglich die durch das Ueberfahren mit Eiweiß überaus begünstigte Angreifbarkeit desselben durch Insekten und Würmer, die selbst dadurch nicht vermin-

wurde, daß es nur ungespalten zum Verbrauch kam, so
findet der erste Theil unserer hier aufgestellten Behaup=
tung seine volle Bestätigung.

Die Konsumtion in diesen Ledergattungen durch die
Buchbinderei rc. war indeß zu gering, als daß dieselbe
einen erheblichen Einfluß auf die Verbesserung der Ger=
bemethode hätte äußern können; anderntheils aber konnte
bei der Stabilität hierin ein verbessertes, vollkommne=
res Verfahren für die endliche Zubereitung des Leders:
Färben, Beizen rc., durch die Buchbinderei nicht wohl
in Anwendung kommen, — Uebelstände, die durch die
Fortschritte und die Ausdehnung der Portefeuillesfabri=
kation ihre vollständige Beseitigung fanden.

Durch den dadurch herbeigeführten erhöhten Bedarf,
verbunden mit den höhern Ansprüchen, die man in Be=
zug auf Dauer und Eleganz an das Leder zu machen
berechtigt war, mußten nothwendigerweise Verbesserungen
und Vervollkommnungen in der Gerbemethode eintreten,
die bei der inzwischen eingetretenen Leichtigkeit des all=
gemeinen Verkehrs bald um so allgemeiner werden muß=
ten, und die bei der Verwandtschaft der Portefeuillesfabri=
kation und Buchbinderei letzterer nicht unbekannt bleiben
konnten.

Die Vorzüge des jetzigen Gerbeverfahrens und
der Zubereitung des Leders zum Verbrauch, im Vergleich
mit dem früher üblichen, werden Jedem einleuchten, der
mit einiger Aufmerksamkeit den hiervon handelnden Ab=
schnitt dieses Werkes eingesehen hat. Er wird zu der
Ueberzeugung gelangt sein, daß das Färben, Spalten,
Glätten, Appretiren rc. des Leders in der Art geschieht,
daß demselben seine natürliche Fettigkeit und Geschmei=
digkeit nicht nur verbleibt, sondern daß es auch dadurch
an Dauerhaftigkeit und äußerer Eleganz wesentlich ge=
winnt. In der That hat man auch, diese Vorzüge wohl
einsehend, von der Anwendung des lohgaren, nicht ge=
färbten und zubereiteten Leders in der Buchbinderei ab=
gesehen und neuerer Zeit vollständig zubereitetes, gefärb=
tes und appretirtes Leder auch zu geringern Einbänden

verwendet und gefunden, daß man, troß der, wenn auch nur geringen, Preiserhöhung des leßtern, im Vergleich mit dem erst erwähnten, doch noch im Vortheil bleibt, da dieser scheinbare Preisaufschlag durch die Entbehrlichkeit des Färbens 2c., in Verbindung mit dem dadurch herbeigeführten Aufenthalt in der fortlaufenden Arbeit, mehr als ausgeglichen wird.

Nicht minder aber äußert die Portefeuillesfabrikation ihren Einfluß auf die Buchbinderei ferner in Bezug auf die Erzielung einer größeren Eleganz in den Arbeiten der leßteren. Es ist bereits dargethan worden, daß durch die Verbesserungen und Vervollkommnungen in der Zubereitungsmethode des bei der Portefeuillesfabrikation verwendeten Leders, durch Anwendung desselben in der Buchbinderei, außer größerer Dauerhaftigkeit, auch höhere Eleganz in der Ausschmückung und Ausführung der einzelnen Arbeiten erzielt werde. Obgleich die Anwendung des Leders eine ausgedehnte genannt werden muß, sind doch, besonders im Hinblick auf höhere Eleganz der Arbeiten, noch andere Faktoren hierbei in Betracht zu ziehen.

In Folge der Stellung der Portefeuillesfabrikation, als ein für sich bestehender, zum großen Theil von Luxus und Mode abhängiger Industriezweig, genügt es nicht, hiebei nach gegebenen Schema's oder Modellen zu arbeiten, sondern der Portefeuillefabrikant muß auch erfinden. — Die ungleich höheren Ansprüche, die man an seine Fabrikate macht, zwingen ihn zu einem unablässigen Streben nach neuen Mustern und Artikeln, und wenn diese gegeben sind, nach immer geschmackvollerer Ausschmückung und Verzierung derselben. Es giebt unter diesen Fabrikanten allerdings auch viele, welche sich nur mit Anfertigung der gewöhnlichen kurrenten Artikel befassen und der Erfindungsgabe entbehren können; immerhin müssen aber auch diese eine ungleich größere technische Ausbildung besißen, als der empirische, nur nach dem Grundsaße: „die Menge muß es bringen," oder „die

Alten haben es auch so gemacht," arbeitende Buchbinder. Viele unter den Portefeuillesfabrikanten können sowohl in Bezug auf ihre Geschmacksbildung, als auf ihre manuellen Fertigkeiten mit allem Recht auf den Namen eines Künstlers Anspruch machen. Daß dieß nur zum bei weitem kleinsten Theile von der Buchbinderei behauptet werden kann, liegt in der Stellung derselben als Gewerbe; daß diese aber erst dann für Verbesserungen und Vervollkommnungen, zumal da, wo sie noch „zünftig" betrieben werden, empfänglich sind, wenn verwandte Industriezweige als Kulturmittel für sie auftraten, ist eine bekannte, wenn auch nicht erfreuliche Thatsache.

Der Einfluß, welchen die Portefeuillesfabrikation auf die Buchbinderei und insbesondere auf größere Eleganz und Nettigkeit der Arbeiten derselben ausübt, ist aber in jeder Beziehung ein überaus günstiger. Indirekt geschieht dieß durch den anregenden Eindruck, den das „fortwährend vor Augen haben" vollkommener Erzeugnisse unbewußt und unmerklich ausübt; direkt aber dadurch, daß bei vielen Arbeiten der Buchbinder, die eine feinere Ausführung, gefälligere Form und geschmackvollere Verzierung erhalten sollen, die bezüglichen Ideen hierzu von der Portefeuillesfabrikation entlehnt werden, ein Verhältniß, das umgekehrt nicht stattfindet und nicht stattfinden kann. —

So wurden die größere Ausdehnung der Stempel-, Platten- und Linienvergoldung, nebst dem Gebrauche der Vergoldepresse, die Anwendung des Seidenzeuges, des Sammets, der Stahlgarnituren rc. bei der Buchbinderei offenbar von der Portefeuillesfabrikation entnommen und der dadurch in Hinsicht auf Eleganz und Nettigkeit der bezüglichen Arbeiten erzielte Erfolg ist ein Beweis mehr für unsere desfalls aufgestellte Behauptung.

Vorzüglich ist die Verbesserung des bisher üblichen Vergoldeverfahrens und insbesondere die ausgedehntere Anwendung der Vergoldepresse von erheblicher Wichtigkeit für die Buchbinderei. — In neuerer Zeit, wo von

dem deutschen Buchhandel vorzüglich viel für die Buchbinderei gethan wurde, ist das von der Portefeuillesfabrikation entlehnte Vergoldeverfahren mittels Platten
und der Vergoldepresse recht in seiner Wichtigkeit erkannt
und zur gehörigen Geltung gekommen, wie aus dem Umstande klar einleuchtet, daß in allen Städten, wo große
Buchhandlungen existiren, eine oder mehrere Vergoldepressen in Thätigkeit sind.

Außer dem Leder und dem verbesserten Vergoldeverfahren sind aber auch in neuerer Zeit noch andere
Stoffe aus dem Bereiche der Portefeuillesfabrikation zur
Verzierung und Ausschmückung der Buchbinderarbeiten
verwendet worden, wir meinen Seide, Sammet, Stahlgarnituren ꝛc. und deren verschiedene Anwendung. Es
läßt sich zwar nicht in Abrede stellen, daß diese Stoffe
schon seit langer Zeit Verwendung fanden; doch war
diese im Vergleiche mit jetzt sehr unvollkommen und stüm-
perhaft, wie schon aus dem Umstande zur Genüge hervorgeht, daß es sich nicht von lange her datirt, wo die
Kenntniß des Verfahrens bei der Vergoldung des Sammets und Seidenzeuges das Eigenthum nur einiger weniger Buchbinder war und die Verarbeitung dieser Stoffe,
nur selten vorkommend, schon unter die Kategorie der
Kunstfertigkeiten gerechnet wurde.

Die Portefeuillesfabrikation hat dargethan, daß sich
die genannten Stoffe mit günstigem Erfolg auch zum
Zwecke der Buchbinderei verwenden lassen, wie wohl Jeder zugeben wird, der Gelegenheit hatte, jene zierlichen,
herrlich vergoldeten und solid gearbeiteten Albums,
Stammbücher ꝛc. zu bewundern. Eben so verhält es sich
mit dem Gebrauche der Stahlgarnituren, Schloß, Ecken,
Linien, Mittelstücke von Messing galvanisch vergoldet oder
von Silber. — Die Fabrikation dieser Artikel verdankt
ihr Entstehen und ihre Fortbildung lediglich der Porte-
feuilles- und Etuisfabrikation, und es braucht nur auf
die neuesten Industrieausstellungen verwiesen zu werden,
um darzuthun, auf welchem Standpunkte dieser Industrie-

28 *

zweig jetzt steht. Der Verbrauch der Stahlgarnituren zum Zwecke der Buchbinderei ist zwar von jeher und bis auf die neueste Zeit nur gering, indeß werden dieselben doch häufig zum Verzieren der Decken ꝛc. verwendet und oft derartigen Verzierungen aus Bronce, Messing, Silber ꝛc. substituirt.

Zählen wir zu diesen Thatsachen noch den Umstand, daß das Vorhandensein des gewöhnlichen Lederfirnisses (sogenannter Pariser Lack) eher als eine Erfindung der Portefeuillesfabrikation als der Buchbinderei zu betrachten sein dürfte, so können wir auch wohl diesen Theil unserer anfänglich aufgestellten Behauptung als bewiesen ansehen.

Was den letzten Theil derselben, hinsichtlich Erzielung eines beschleunigten Arbeitsystems anlangt, so folgt der Beweis hiefür aus dem Vorhergehenden von selbst. Durch die Uebertragung des durch Portefeuillesfabrikation entstandenen und durch sie vervollkommneten Vergoldeverfahrens mittels Platten und Vergoldepresse erhielt das ganze System der Buchbinderarbeiten eine merkwürdige Veränderung. Es braucht wohl nicht besonders darauf hingewiesen zu werden, mit welchen Umständen und Zeitverlusten es verbunden sein würde, wenn der Einband einer ganzen Auflage eines Werkes nach der früher üblichen systematischen Reihenfolge der einzelnen Arbeiten hergestellt werden sollte, welche Preiserhöhungen dieses herbeiführten und wie dennoch nur eine ungenügende Arbeit zu Stande kommen würde. Es läßt sich zwar nicht leugnen, daß die Anschaffung der bezüglichen Apparate und die Erlernung der hierher gehörigen Arbeiten mit manchen pekuniären Opfern verbunden sind; indeß sind diese bedeutend minder hoch in Anschlag zu bringen, wenn man andererseits erwägt, daß sie durch größere Sauberkeit, Eleganz und Schnelligkeit der Arbeit, sowie durch erhöhten Absatz der bezüglichen Artikel, nicht zu gedenken der dann geringern Erstehungskosten derselben, fast völlig ausgeglichen werden.

Wir müssen jedoch auch noch einen Punkt hierbei
in Erwägung ziehen, der für unsere Beweisführung nicht
minder von Wichtigkeit ist. Es ist bereits darauf hingewiesen worden, wie der ausgedehntere Gebrauch des
gefärbten und schon zubereiteten Leders nur von überaus
günstigem Einfluß auf die Dauerhaftigkeit und die Ausführung der damit versehenen Arbeiten sein kann; es
kömmt aber auch zu dem noch, daß dadurch ein nicht unbedeutender Gewinn an Zeit und Arbeitskräften erzielt wird.

Die Zubereitung des Leders durch den Buchbinder,
wie: Färben, Grundiren, Glätten und die zwischen jeder
dieser Operationen erforderliche Zeit zum Trocknen ver-
ursachte, vorzüglich bei größeren Massen, einen nicht un-
bedeutenden Aufwand an Zeit und Arbeitskräften, der
jedoch außer Ansatz kömmt durch die Anwendung des
schon zubereiteten Leders.

Es ist aber eine durchaus irrige und falsche Meinung, wenn manche Buchbindereien durch den scheinbar höhern Preis des zubereiteten Leders sich abhalten
lassen, dasselbe ausschließlich zu verwenden. Zieht man
hierbei folgende Thatsachen in Erwägung: daß das zubereitete Leder, wie es zur Portefeuillesfabrikation verwendet wird, abgesehen davon, daß die einzelnen Felle größeren Formates sind, als das in der
Buchbinderei verwendete, nicht zubereitete Leder, auch
in der Qualität der Art ist, daß Ausschuß dabei fast
gar nicht vorkömmt; daß trotzdem der Preis nicht hoch
genannt werden kann; und daß bei der jetzt aus-
gedehnteren Fabrikation dasselbe mit Leichtigkeit zu beziehen ist: so reducirt sich diese Preiserhöhung, im Zu-
sammenhalt mit den bereits erwähnten Vorzügen und
Vortheilen, auf nichts.

Vereinigt man nun bei der Buchbinderei mit den
eben erwähnten Vorzügen des Leders die durch das verbesserte Vergoldeverfahren gebotenen Vortheile, so wird
man, die Schnelligkeit der Arbeit anlangend, ein, gegen

das bisher übliche Arbeitssystem, bedeutend günstigeres Resultat erzielen.

Nach Darlegung aller dieser für die anfänglich aufgestellte Behauptung sprechenden Gründe muß die Portefeuillesfabrikation geradezu als ein Kulturmittel für die Buchbinderei angesehen werden; eine Wahrheit, die, da sie nicht bestritten werden kann, das Urtheil derer berichtigen mag, die die Portefeuillesfabrikation als einen Theil der Buchbinderei oder gar als von dieser abhängig ansehen. Auf dieses Urtheil würde zwar an und für sich sehr wenig Gewicht zu legen sein, wenn es nicht zur unmittelbaren Folge hätte, daß die gewerbliche Stellung der Portefeuillesfabrikation sehr oft abhängig gemacht würde von der gewerblichen Stellung der Buchbinder, d. h., ein sogenannter „zünftiger" Betrieb der ersteren da verlangt würde, wo er gesetzlich für letztere existirt; ein Verfahren, das durch nichts gerechtfertigt werden und nur dazu dienen kann, der freien Entwickelung der Portefeuillesfabrikation in jenen „zünftigen" Gegenden hemmend entgegenzutreten, und daß dieß nur zum Nachtheile für die Buchbinderei geschehen kann, ist eine unleugbare Thatsache.

Gegenwärtig hat sich die Portefeuillesfabrikation in der Industrie einen bedeutenden Platz errungen und ist zu ihrem eigenen Vortheile aus den Windeln des Zunftwesens zu einem Fabrikzweig gehoben worden; eine Thatsache, die zur Genüge beweist, daß die Gewerbeindustrie mit der Zeit fortschreitet, daß die Mode regiert, und daß die Gewerbe, welche die Zeit nicht erfassen, begreifen, mit ihr forteilen, — zurückbleiben und trotz Fleiß, Monopolen und Privilegien langsam untergehen müssen.

Fünftes Kapitel.

Die Graviranstalt von A. Falkenberg und
Komp. in Magdeburg, die Graviranstalt von
G. F. Laschky in Berlin und die Schriftgießerei von August Kahle in Weimar, in ihren
speciellen Beziehungen zur Buchbinderei
und namentlich zum Vergolden.

————

Zur Ergänzung des vom „Vergolden" handelnden
Abschnittes, soll hier noch einiger Anstalten gedacht werden, die damit in engem Zusammenhange stehen, bei
welcher Gelegenheit wir nicht umhin können, einige allgemeine Bemerkungen über Vergoldeinstrumente und
deren Gravirung einzuschalten.

Die Vergoldung, oder, besser, die durch diese dargestellt werdenden Dessins, sind, wie schon erwähnt, der
Mode unterworfen, oder hängen mehr oder minder vom
Geschmacke des Fabrikanten, Graveurs und des Publi-
kums ab. Dieser durch den fortschreitenden Modegeschmack
bedingte öftere Wechsel in den Vergoldestempeln und
Platten brachte die in diesem Genre früher wenig oder
nicht bekannte Gravirkunst zur besonderen Geltung.

Das Graviren der aus Messing oder aus einer mes-
singartigen Komposition bestehenden Vergoldestempel und
Platten geschieht theils durch bloße Handarbeit, theils,
jedoch nur sehr wenig, durch Maschinen in besonders
dazu eingerichteten Etablissements. Das früher gegen
derartige Maschinenarbeit gehegte Vorurtheil ist verschwunden, seitdem bewiesen ist, daß sich, unbeschadet der
untadelhaften Beschaffenheit, die so erzeugten Vergoldestempel und Platten im Preise bei weitem niedriger stellen. Die größte und renommirteste derartige Anstalt ist

Die Graviranstalt von Albert Falkenberg und Komp. in Magdeburg.

Obwohl diese Anstalt einen ausgezeichneten, weit verbreiteten Ruf genießt, wie Bestellungen aus Rußland, Schweden ꝛc. an dieselbe genügend beweisen, halten wir es doch im Interesse der resp. Fachgenossen, eine ausführlichere Mittheilung über dieses großartige Etablissement, dem sich wohl, in Deutschland mindestens, keine zweite dergleichen Anstalt an die Seite stellen kann, folgen zu lassen, wozu wir durch die bereitwilligen Mittheilungen der Herren Falkenberg u. Komp. bestens in den Stand gesetzt sind.

Schon ein flüchtiger Blick in die von dieser Anstalt bis jetzt im Buchhandel erschienenen „Musterblätter" ꝛc. und deren „Ideenmagazin" ꝛc. beweist zur Genüge, auf welch' erfreulicher Höhe der Kunst die Leistungen dieser Anstalt stehen, und wie sie, selbstschöpferisch, stets bemüht ist, neues und geschmackvolles zu bieten.

Die bis jetzt erschienenen Hefte der „„Musterblätter"" (à 7½ Sgr.) zählen viele tausend Nummern, ungerechnet der bedeutenden Auswahl in Alphabeten und Fileten. Ebenso reichhaltig ist das „„Ideenmagazin für Buchbinder"" (à Heft 10 Sgr.) an geschmackvollen Zusammenstellungen von Stempeln und allerhand Vergoldungen, Platten ꝛc., ein Beweis, wie reichhaltig das Lager genannter Anstalt ist.

Das „Ideenmagazin" vorzüglich kann dem vergoldenden Buchbinder nicht dringend genug empfohlen werden, da er dasselbe wohl in den wenigsten Fällen unbefriedigt aus der Hand legen wird, auch dann, wenn die Vergoldeinstrumente nicht aus der Falkenberg'schen Fabrik wären, indem es Anregungen und Ideen giebt, die von einem Arbeiter doch nicht immer leicht kombinirt werden können.

Die Falkenberg'sche Graviranstalt besitzt, außer mehreren andern sehr kostspieligen Maschinen, auch einige Guillochirmaschinen, auf denen die schwierigsten Dessins mit der größten Akkuratesse in allen gangbaren Größen hergestellt werden.

Außerdem werden noch alle Arten von Gravir-arbeiten in Holz, Messing, Stahl 2c., Stempel zu erhabener Prägung, Petschafte 2c. gefertigt. Nicht minder groß, als in Stempeln und Platten, ist die Reichhaltigkeit des Lagers genannter Anstalt in Linien und Fileten, und da sämmtliche in den „Musterblättern" und dem „Ideenmagazin" verzeichnete Gegenstände beständig auf Lager erhalten werden, so kann jede eingehende Bestellung, so lange diese nicht Abänderungen an jenen Gegenständen enthält, sofort ihre Effektuirung finden.

Die Anstalt lieferte die Platten früher in einer Stärke von ⅓ Zoll, doch wird jetzt seit einigen Jahren alles blos in der Stärke von ¼ Zoll geliefert. Die eigends dazu erfundene Metallkomposition ist sehr hart und verträgt den stärksten Druck unter der Vergoldepresse. Die Platten werden im Ganzen, sowie auch verschiedene Gegenstände in einzelnen Theilen geliefert, d. h. in zum Zusammensetzen eingerichteten, in Form einer Platte (Stanze) gravirten, auf egale Höhe bearbeiteten einzelnen ¼ Zoll starken Stempeln, die dann beliebig zusammengestellt und gleich einer aus einem Stücke bestehenden Platte unter die Presse gebracht werden können.

Platten zum Blindpressen in vertiefter Manier sind ebenfalls aus genannter Anstalt zu beziehen und werden, insofern nicht von den bereits vorhandenen Auswahl getroffen wird, nach Vorschrift hergestellt.

Außer Platten und Stempeln sind auch noch Rollen, nebst Gabeln dazu, Linien, Fileten, Schriftkästen, Glättzähne, Alles akkurat und dauerhaft gearbeitet, zu beziehen, und mit der Gravir- und Guillochiranstalt ist eine Schrift- und Stereotypengießerei, Buch-, Kongreve- und Kupferdruckerei, sowie eine Papierhandlung verbunden.

Seit vielen Jahren arbeitet Verfasser mit aus der Falkenberg'schen Anstalt bezogenen Sachen und sind dieselben äußerst akkurat und sauber gearbeitet; die Preise dafür (per comptant) sind ohne Ausnahme billig gestellt, wie sich Jeder überzeugen wird, der das auf den Muster-blättern und Ideenmagazin angegebene Preisverzeichniß einer Durchsicht würdigt.

Die einzelnen Hefte der „Musterblätter" und des „Ideenmagazins" sind unter dem schon angegebenen Titel und Preise im Buchhandel zu haben, und man wird nach Durchsicht derselben mit uns der Meinung sein, daß die Gravir- 2c. Anstalt von Albert Falkenberg u. Komp. in Magdeburg allen gerechten Ansprüchen, die man an eine solche Anstalt zu machen berechtigt ist, in jeder Be-ziehung entspricht und einer allgemeinen Empfehlung würdig ist.

Anmerkung. Zu den bereits unter dem Abschnitt „Vergolden" über das Reinigen der Platten, Stem-pel 2c. gegebenen Anleitungen entnehmen wir aus dem 4. Hefte des Falkenberg'schen Ideenmagazins noch folgende Notiz über denselben Gegenstand:

Es mag wohl in Buchbindereien 2c. vorkommen, daß sich feinere Schraffirungen der Stempel 2c. durch Grund oder Schmuz mit der Zeit zusetzen. Wenn nun die oft Lehrlingen überlassene Reinigung derselben nicht sorgfäl-tig ausgeführt wird, so kann es den Herren Principalen oft erscheinen, als seien die Stempel zu flach gravirt, was jedoch bei unsern Stempeln nicht der Fall ist.

Man lege die Stempel, Fileten, Platten 2c. in heißen Spiritus und bürste sie mit einer harten Zahn-bürste ganz rein. Ist der Gegenstand auf diese Weise gereinigt, so nehme man ein Stückchen glatt gehobeltes Lindenholz, thue etwas Baumöl und Wienerlack dar-auf, reibe dann den Gegenstand auf seiner Oberfläche mit aller Kraft und Schnelligkeit vorsichtig ab und wasche ihn mit etwas Baumwolle und Terpentinöl aus.

Der Spiritus löst nämlich alle Theile, welche sich in die Schraffirungen setzen, auf, und diese werden durch das Bürsten entfernt; durch das Abreiben auf Lindenholz aber erhält der Gegenstand seinen frühern Glanz wieder.

Um die Empfehlung der Falkenberg'ſchen Anſtalt unterſtützen zu können, geben wir, auf Taf. XII abgebildet, einige aus den „„Muſterblättern‟‟ und dem „„Ideenmagazin‟‟ entnommene neueſte Vergoldemuſter mit deren Preisangabe.

Fig. 57	Nr. 5376	.	.	20 Thlr.	—	Sgr.	—	Pf.
„ 58	„ 5496		.	10 „	—	„	—	„
„ 59	„ 5404		.	5 „	15	„	—	„
„ 60	„ 5669		.	— „	—	„	—	„
„ 61	„ 5699	.		— „	—	„	—	„
„ 62	„ 5652		.	— „	—	„	—	„
„ 63	„ 5670	.		— „	—	„	—	„
„ 64	„ 5423		.	2 „	15	„	—	„
„ 65	„ 5168		.	4 „	—	„	—	„
„ 66	„ 5306		.	1 „	5	„	—	„
„ 67	„ 5380		.	4 „	—	„	—	„
„ 68	„ 5238		.	— „	25	„	—	„
„ 69	„ 5262	.	.	1 „	5	„	—	„
„ 70	„ 5096	.	.	— „	12	„	6	„

Die Graviranſtalt von G. F. Laſchky in Berlin.

Obgleich dieſe Anſtalt noch nicht den großen Umfang erreicht, wie die Falkenberg'ſche, da dieſelbe erſt einige Jahre beſteht, können wir doch nicht umhin, derſelben ebenfalls rühmend zu gedenken und dieſe Anſtalt bei Bedarf ebenſo beſtens zu empfehlen.

Auf Taf. XI ſind in Fig. 51 — 56 einige Platten dieſes Geſchäftes abgebildet. Verfaſſer bezieht ebenfalls Platten aus dieſer Fabrik und ſind dieſelben, was feine und akkurate Gravirung anbelangt, eben ſo ſchön und preiswürdig als die von Falkenberg.

Es koſtet z. B. die Platte Nr. 552, Fig. 54, beſtehend aus 4 Eckſtücken und 12 Verbindungsſtücken, 16 Thlr. Nr. 348, Fig. 55 3 Thlr. 5 Sgr. Nr. 345, Fig. 56 3 Thlr. 5 Sgr. Fig. 53 koſtet 5 Thlr. 15 Sgr.

Die Schriftgießerei von Aug. Kahle
in Weimar.

Da es dem Buchbinder auch darum zu thun sein muß, gute Schriften zu haben, welche vorzüglich recht scharf und nicht zu flach, ebenso von einer Komposition, welche nicht zu leicht schmilzt, verfertigt sind, empfehlen wir als Bezugsquelle obige Schriftgießerei. Die Buchbindersätze sind in allen Buchstaben nach Bedarf derselben eingerichtet und sind nebenstehend die Musterblätter genannten Geschäfts, so wie Preiskourant zur Erleichterung bei Bestellungen, beigegeben.

Verbesserungen.

Auf Seite 160 lies statt: ein Zoll breiten Fischpinsel zum Auftragen des Goldes — zum Auftragen des Eiweißes.